글로벌 전자상거래시대의

# 해외마케팅

최 장 우

도서출판 두남

# 머리말

최근 세계경제의 지속적인 저성장, 미국과 중국 간 무역 마찰, 한·일 간 무역 갈등 등 대외무역환경이 갈수록 한국기업에게 불리한 방향으로 전개되고 있다. 특히, 우리나라는 미국과 중국 간 무역 분쟁으로 인해 중국에 대한 중간재 수출이 많은 타격을 입고 있어 새로운 수출시장 개척을 필요로 하고 있다. 우리 기업은 복잡하고 다원화되는 세계 무역구조의 변화에 대비하여 인식의 전환을 통해 과거와는 다른 새로운 수출전략을 수립해야 할 것이다. IoT가 탑재된 고부가가치 제품의 개발, 제조업의 서비스화, 상품과 서비스가 결합된 수출모델 개발 등을 통해 수출경쟁력을 확보하여 새로운 수출 동력을 확보해야 한다.

새로운 환경변화 속에서 수출 성장 동력을 지속시켜 나가기 위해서는 과거와 같은 양적 성장 중심의 전략으로는 한계가 있다. 4차 산업혁명이 가져올 기술의 변화, 산업 간 경계의 붕괴, 디지털 경제의 확대와 같은 패러다임 변화에 대비하여 수출 제품, 시장, 방법 등의 측면에서 인식의 전환을 통해 과거와는 전혀 다른 새로운 수출전략을 수립하여 우리나라의 수출구조를 세계경제의 흐름에 맞게 조화시키는 노력이 필요하다. 특히, 우리나라 중소기업은 과거의 대기업 납품 또는 대형 유통기업을 통한 해외진출 전략에서 벗어나 창업 초기부터 독자적인 글로벌 역량을 강화하여 해외시장에 직접 진출하기 위한 마케팅 전략을 수립할 필요가 있다. 특히, 소비패턴이 점차 디지털 플랫폼을 활용한 네트워크 거래로 이전되고 있어 차별화된 플랫폼 개발 및 네트워크 활용 전략 수립에 관심을 가져야 할 것이다. 이외에도 SNS, 차별화된 마케팅기법, 빅데이터 등을 활용하여 소비제품의 브랜드화를 이루기 위한 적극적인 노력도 필요하다.

21세기 디지털경제 시대에서 인터넷은 정치, 경제, 사회, 문화 전반에 걸쳐 많은 변화를 초래하고 있다. 인터넷 시대에 기업들이 경쟁우위를 확보하기 위해서는 과거와는 전혀 다른 전략과 경영방식이 필요하게 되었다. 이러한 패러다임의 급격한 변화 속에서 기업들은 살아남기 위해 치열한 생존경쟁을 벌이고 있다. 무역 분야도 예외는 아니어서 기업들은 경쟁력을 높이기 위해 인터넷을 수출시장개척 업무에 적극 활용하고 있다.

필자가 본서를 집필하게 된 동기는 무역현장에서 실제로 중소기업의 해외마케팅을 지원했던 경험과 애로사항, 그리고 대학에서의 해외마케팅 교육을 통해 축적된 지식 등을 활용하여 수출시장 개척에 노력하고 있는 국내 중소기업의 수출담당자들과 대학에서 무역학을 공부하는 학생들에게 글로벌 전자무역 시대에서 해외마케팅 업무를 효과적으로 수행하기 위한 이론적 배경과 실무적인 지식을 제공하는 데 있다. 특히, 필자는 그 동안의 중소기업 해외마케팅 컨설팅 경험을 바탕으로 독자들이 본 서적만으로도 해외마케팅의 이론과 실무기법을 습득할 수 있도록 하는데 초점을 두었다. 따라서 본서는 해외마케팅 강좌의 기본 교재뿐만 아니라 수출업무 종사자들을 위한 실무지침서로 유용하게 활용될 수 있을 것으로 기대된다. 또한, 본서는 내수중심의 수출초보 기업과 무역업 창업을 희망하는 사람들에게도 해외마케팅실무 가이드로서의 충분한 가치를 제공해 줄 수 있을 것으로 본다.

지금까지 「인터넷 무역론」 또는 「무역마케팅론」이라는 이름으로 국내에서 출간된 대부분의 서적들은 전자상거래의 기술적인 내용에 치중되어 있으며, 무역실무 지침서들도 Off-line의 한계를 크게 벗어나지 못하였다. 하지만 본서는 전통적인 무역거래의 전체 과정을 다루지 않고 수출업무에서 가장 중요한 해외마케팅 전략 수립과 이행, 그리고 해외거래선 발굴에 초점을 두었다는 점에서 차별성을 갖고 있다. 다시 말해, 본서는 주로 해외마케팅전략 수립, 수출상품 발굴, 해외시장조사, 해외거래선 발굴, 해외신용조사, 해외전시회 활용, SNS 해외마케팅 기법, 수출상담 및 계약 체결, 수출목표시장의 문화 및 상관습 이해 등 해외마케팅 업무를 수행하는 데 필요한 내용을 설명하는 데 많은 지면을 할애하였다.

한편, 본서는 제3부 제14장으로 제1부 해외마케팅 환경변화, 제2부 해외마케팅 기초, 제3부 해외마케팅 실행 등으로 구성되어 있다. 즉, 제1부에서는 해외마케팅을 둘러싼 대내외 시장환경 변화 이해와 해외마케팅의 기초 개념을, 제2부에서는 해외마케팅전략 수립을, 제3부에서는 수출아이템 발굴에서 무역상담까지의 해외마케팅 실행에 관한 내용을 중점적으로 다루고 있다.

아무쪼록 본서는 해외마케팅 분야에 특별한 관심을 갖고 있는 독자들에게 유용한 이론 및 실무 지침서가 될 것으로 확신하며, 글로벌 전자무역시대에서 해외마케팅 업무를 수행하는데 실질적인 길잡이가 되고 성공의 밑거름이 되길 바란다.

끝으로 본서가 출간되기까지 많은 도움을 주신 도서출판 두남의 전두표 사장님께 진심으로 감사를 드리며, 무엇보다도 본서를 성공적으로 출간할 수 있도록 지혜와 건강을 주신 하나님께 감사하며 이 모든 영광을 드린다.

2020년 2월

저자 씀

# 차 례

## 제1부 해외마케팅 환경 변화

## 제3부 해외마케팅 실행

# 제1부 해외마케팅 환경 변화

# 제 1 장

# 해외시장 환경 변화 이해

## 01 해외시장 환경 변화와 한국 무역

### 1) 해외시장 환경 변화와 수출시장 다변화

세계경제의 지속적인 저성장, 미국과 중국 간 무역 마찰, 한일 간 무역 갈등 등 대외무역환경이 갈수록 한국기업에게 불리한 방향으로 전개되고 있다. 우리나라의 수출은 지나치게 중국에 의존하고 있어 수출시장을 다변화해야 하는 과제를 안고 있다. 앞으로 세계경제와 무역은 매년 3~4%대의 증가에 그치고, 국제유가와 환율도 우리나라의 무역에 불리하게 작용할 것으로 전망된다. 특히, 우리나라는 미국과 중국 간 무역 분쟁으로 인해 중국에 대한 중간재 수출이 많은 타격을 입고 있어 새로운 수출시장 개척을 필요로 하고 있다.

이에 따라 우리나라 기업은 복잡하고 다원화되는 세계 무역구조 및 무역환경 변화에 대비하여 인식의 전환을 통해 과거와는 다른 새로운 수출전략을 수립해야 할 것이다. IoT가 탑재된 고부가가치 제품의 개발, 제조업의 서비스화, 상품과 서비스가 결합된 수출모델 개발 등을 통해 수출경쟁력을 확보하여 새로운 수출 동력을 마련할 필요가 있다. 중국과 동남아 신흥국에서 중산층이 지속적으로 확대되고 중국의 경제성장 정책 변화, 서비스 교역의 증가, 그리고 국경 간 전자상거래와 같은 디지털 거래의 확산 등으로 소비재 교역이 크게 늘어날 것으로 예상되므로 소비재 수출 강화를 위한 전략 수립과 시장개척 노력이 필요하다.

이러한 새로운 환경변화 속에서 수출 성장 동력을 지속시켜 나가기 위해서는 과거와 같은 양적 성장 중심의 전략으로는 한계가 있다. 4차 산업혁명이 가져올 기술의 변화, 산업 간 경계의 붕괴, 디지털 경제의 확대와 같은 패러다임 변화에 대비하여 수출 제품, 시장, 방법 등의 측면에서 인식의 전환을 통해 과거와는 전혀 다른 새로운 수출전략을 수립하여 우리나라의 수출 구조를 세계경제의 흐름에 맞게 조정하는 노력이 필요하다.

특히, 우리나라 중소기업은 과거의 대기업 납품 또는 대형 유통기업을 통한 해외진출 전략에서 벗어나 창업 초기부터 독자적인 글로벌 역량을 강화하여 해외시장에 직접 진출하기 위한 마케팅 전략의 수립이 필요하다. 소비패턴이 점차 디지털 플랫폼을 활용한 네트워크 거래로 이전되고 있어 차별화된 플랫폼 개발 및 네트워크 활용 전략을 수립하는 문제도 적극 고려되어야 한다. 이외에도 SNS, 스토리텔링, 차별화된 마케팅기법, 빅데이터 등을 활용하여 소비제품의 브랜드화를 이루기 위한 노력도 필요하다.

그리고 우리나라는 대외 시장 환경 변화에 매우 취약한 수출구조를 갖고 있어서 수출시장을 다변화해야 하는 중대한 과제를 안고 있다. 사드 문제를 통해 경험했듯이 중국을 대체할 시장으로 아시아, 중동, 아프리카 시장을 적극 개척해야 할 것이다. 우리나라 수출은 1970년 세계 53위에서 2017년 세계 6위로 47계단 상승하며 수출 6강을 달성하였다. 1970년 우리나라의 세계 수출시장 비중은 0.26%에 불과했으나 2017년 3.24%로 12배 이상 증가하였다. 우리나라의 수출규모는 1970년 잠비아와 콩고 수준이었으나 현재는 네덜란드 및  프랑스와 비슷한 수준으로 성장하였다. 우리나라의 수출 대상 국가 수는 1970년 100여 개국에서 2017년에는 240여 개국으로 2배 이상 확대되었다. 미국 등 전통적인 수출국 비중은 점차 감소하고 있으며, 중국과 베트남 등 신흥시장 수출 비중이 크게 확대되고 있다. 이러한 현상을 지속시켜 나가기 위해서는 베트남에 이어 인도네시아 등 주변 동남아시장을 보다 적극적으로 개척할 필요가 있다.

## 2) 우리나라 중소기업의 국제경쟁력 현주소

일반적으로 중소기업은 대기업에 비해 경영환경의 변화에 취약하다. 고객의 욕구가 변하거나 경쟁기업이 새로운 마케팅전략을 도입할 경우 이러한 환경변화에 신속하게 적응하는 능력은 중소기업이 대기업에 미치지 못한다. 이는 환경변화에 대응할 수 있는 내부자원과 능력이 부족하기 때문이다. 환경변화에 적응하는 수동적 측면이 아니라 환경을 변화시키는 능동적 측면에서도 마찬가지이다. 대기업은 외부환경 변화에 탄력적으로 적응하여 자사에게 유리한 환경을 창출하거나 유도해 낼 수 있다. 강력한 로비활동과 시장지배력을 활용하여 법률적 환경을 자사에게 유리하게 조성해 나갈 수 있다. 이런 점에서 중소기업은 대기업과의 경쟁에서 불리한 입장에 놓이게 된다.

대기업에 대한 중소기업의 상대적인 경쟁 열위는 마케팅 측면에서도 나타난다. 중소기업의 이러한 취약점을 마케팅의 4P관점에서 살펴볼 수 있다. 먼저 제품(product) 면에서 살펴보면, 신제품 개발을 위한 연구 인력과 기술이 대기업에 비해 상대적으로 취약하다. 시장조사 인력과 투자 재원이 부족하여 고객이 진정으로 원하는 제품이 무엇인지, 앞으로 어떤 제품을 선호하게 될 것인지에 대한 정보수집이 대기업에 비해 늦다. 따라서 고객을 효과적으로 만족시킬 수 있는 신제품을 개발하거나 도입하는 활동이 원활하게 이루어지지 않는다. 가격(price) 면에서 중소기업은 가격결정을 선도하기보다는 대기업이 결정하는 가격을 수용하는 수동적인 위치에 있다. 판매촉진(promotion) 면에서도 많은 광고비를 지출하여 고객 인지도를 높이거나 유명 브랜드의 지명도를 통해 고객 충성도를 높이는 데 한계가 있다. 구매 이후에도 고객이 어떤 점에 대해 불만을 갖고 있는지에 대한 피드백이 부족하고 고객 만족을 높여주는 애프터서비스 활동도 충분히 수행할 수 없기 때문에 기업의 좋은 이미지를 유지하기가 어렵다. 유통(place) 면에서는 자체 유통망을 구축하거나 유통채널 상의 권한을 강화할 수 있는 정도의 물량이 뒷받침되지 않는다. 이러한 요인으로 인해 중소기업은 특정제품이나 고객집단을 대상으로 전문화 또는 집중화 전략을 통해 경쟁우위를 창출하고 지속시켜 나가는 것이 중요하다. 그러나 항상 대기업과의 직접적인 경쟁을 회피하고 제한된 시장만을 추구할 필요는 없다.

## 02 해외시장 패러다임 변화와 특징

기업이 목표시장에 대한 수출에 성공하기 위해서는 해외시장 환경 패러다임 변화를 잘 이해하고 있어야 한다. 해외시장에 대한 거시적 환경을 이해하는 것도 중요하지만 수출기업에게 실질적인 비즈니스 기회를 가져다주는 미시적인 해외시장 환경 패러다임 변화를 이해하는 것도 무엇보다 중요하다.

미시적인 관점에서 해외시장 환경의 주요 트렌드 변화를 살펴보면, 중동 및 동남아 할랄시장(종교시장)의 급성장, 중국·동남아·이슬람권 지역의 여성시장 성장, 베트남 등 동남아 및 중국의 신세대 소비계층의 급증, 골든 싱글족(중국, 일본, 영국, 대만) 시장의 급속한 성장, 웰빙시장(아시아, 인도, 중국 등)의 성장, 실버시장(일본, 미국, 유럽, 중국)의 급속한 확대, 4차 산업혁명에 따른 소비행태 및 유통방식 변화, 아시아 중산층 소비시장의 급성장, 친환경 제품 시장의 지속적인 성장, 애완동물시장(이태리, 호주, 일본, 캐나다, 중국 등)의 성장 등으로 요약할 수 있다. 특히, 세계 최대의 소비시장이며 우리나라의 첫 번째 수출시장인 중국시장의 환경 변화에 대한 체계적인 이해가 필요하다. 중국에서는 소비시장 발전과 4차 산업혁명 등의 영향으로 소비행태와 유통방식이 크게 변화하고 있으며, 이른바 'CHINA'분야에서 다양한 수출 기회가 나타나고 있다. 'CHINA'는 Clean(친환경시장), Hygiene(개인 위생용품시장), Infant(베이비붐 시장), Nutrition(15억 식탁에 부는 한류), Aging(고령화시대 도래) 등으로 요약되며, 이들 분야에서 시장환경이 크게 변화되고 있다.

중국에 이어 아세안을 비롯한 대부분 아시아국가에서도 'WOW'로 지칭되는 3대 소비시장 트렌드 변화가 나타나고 있다. WOW는 "Well-being, On-line, Women"의 약어로 웰빙 시장, 온라인 시장, 그리고 여성 시장을 의미한다. 먼저 웰빙 시장에서는 아시아 소비자들의 소득 향상으로 건강관리에 대한 관심이 증가하면서 태국의 건강보조식품 시장과 베트남의 기능성 식품 시장 등이 급속한 성장을 이루고 있다. 그리고 '유기농'과 '무환경호르몬'이라는 개념이 식품에서 소비재에까지 확대되고 있으며, 화장품, 장난감, 식기, 유아복 등 소비시장 전반에 친환경 바람이 일고 있다. 이외에도 한류의 여파와 웰빙 시장의 성장으로 인해 우리나라 한식에 대한 외국 소비자들의 관심이 높아지고 있다.

다음으로 아시아의 온라인 시장이 급속하게 성장하고 있다는 점을 주목할 필요가 있다. 온라인 문화와 최신 IT를 즐기는 Y세대(15~29세)가 아세안 인구 전체의 27%를 이루고 있다. 인도네시아는 아세안 국가 중에서 인터넷과 모바일, 그리고 SNS 사용인구가 가장 많은 국가로서 온라인 유통시장이 폭발적으로 성장하고 있다. 베트남, 필리핀, 태국 등도 모바일 상거래와 SNS 활용 증가로 온라인 시장이 급속하게 성장하고 있다. 이에 따라 eBay, Google, Alibaba 등 글로벌 온라인 기업들이 속속 아시아에 진출하여 시장을 확대해 가고 있다.

그리고 아시아의 여성시장이 급속하게 발전하고 있다는 점에도 주목해야 한다. 전통적으로 동남아는 여성이 경제활동을 주도해 오고 있다. 특히, 아시아 경제가 발전하면서 여성들의 사회활동이 크게 늘어나고 소득의 증가로 인해 여성의 경제활동은 더욱 확대되고 있다. 이에 따라 아시아국가에서 여성은 핵심 소비계층으로 부상하고 있어 기업의 비즈니스 대상이 되고 있다. 동남아에서는 여성이 남성제품을 대신 쇼핑해 주는 경향이 있어 여성들의 구매력 파워는 더욱 강화되고 있다. 따라서 기업은 아시아시장을 공략할 때 여성소비층을 겨냥한 마케팅 전략을 체계적으로 수립해야 시장개척에 성공할 가능성이 있다.

## 03 주요 해외시장 패러다임 변화 내용

### 1) 세계 친환경시장 성장과 친환경 제품 개발

전 세계적으로 기후변화와 환경보호에 대한 관심이 높아지면서 각국은 환경보호를 명분으로 기술규제를 강화하고 있으며, 이는 수출시장 환경에도 영향을 미치고 있다. 각국은 에너지 절약, 탄소 배출량 감소 및 환경보호 등을 목적으로 에너지 효율이 높은 제품을 사용하도록 규제하거나 관련 제품에 에너지 효율 표시를 의무화하고 있다. 선진국뿐만 아니라 개도국과 후발개도국도 환경보호를 위해 기술규제 조치를 적극 도입하고 있어 외국기업의 입장에서는 비관세 무역장벽으로 작용할 가능성이 높아지고 있다. 중국은 온실가스 배출권 거래제도의 전국 단위 시행, 오염물 배출 초과 기업에 부과하는 벌금을 세금으로 대체하는 환경보호세법 시행, 물 효율 라벨 부착 의무제도 시행 등 다양한 친환경 정책을 실시하고 있다.

기후변화 방지를 위한 국제사회의 노력과 각국의 환경정책 도입 등으로 소비자들의 환경상품에 대한 요구가 커지면서 친환경·저탄소 상품 관련 시장이 확대되고 있다. 이에 따라 선진국 기업은 친환경 기술을 개발하고 제조 혁신을 통해 시장선점에 박차를 가하고 있다. 따라서 우리나라 기업은 친환경·저탄소 상품 관련 시장 중에서 상대적으로 진출하기 용이한 소비재 시장에 관심을 가질 필요가 있다. 환경상품은 고부가가치 시장으로 기존 제품에 대한 리모델링이나 친환경 인증만으로도 더 많은 소비자층을 확보할 수 있는 특징이 있다. 온라인 구매의 증가, 소비의 친환경성 확대 등 소비 트렌드 변화는 글로벌 브랜드 이미지가 부족한 우리나라 환경 상품의 고부가가치 소비재의 틈새시장 공략에 있어 기회요인으로 작용하고 있다.

최근 환경에 대한 관심이 고조되면서 친환경적이고 지속 가능한 제품을 선호하는 소비자들이 전 세계적으로 늘어나고 있다. 이에 따라 회사 이미지나 제품의 친환경성이 소비자들의 구매의사를 결정하는 중요한 요소로 작용하고 있다. 환경제품에 대한 다각적인 마케팅 활동을 통한 제품 신뢰도 제고 및 품질 개선, 제품 구색의 다양화 등이 이루어진다면 환경제품의 시장성은 매우 밝은 편이다. 해외시장에서 우리나라 환경제품의 인지도와 관련해서는 뛰어난 성능과 상품 신뢰도를 높게 평가받고 있는 반면, 낮은 내구성과 비싼 가격은 구매 기피요인으로 작용하고 있으므로 이에 대한 보완이 필요한 상황이다. 한국산 환경제품 중에서 구매를 희망하는 품목은 전자제품, 생활용품, 사무용품· 문구류 등으로 수출확대 기회가 주어져 있다. 따라서 이들 품목에 대해 유해물질을 친환경성 물질로 대체하는 등 원료의 친환경성을 추구하면서도 제품 본연의 내구성을 향상시키는 것이 무엇보다 중요하며, 가격경쟁력도 갖추고 있어야 수출 확대가 가능할 것이다.

해외시장에 대한 환경제품의 수출과 관련하여, 중국시장은 가격에 대한 저항성이 적고 친환경성을 중요하게 여기는 특성이 있으므로 환경마크를 부착하는 등 제품의 환경 이미지 개선에 주력하고 고품질 고부가가치화를 추구하는 전략이 필요하다. 특히, 국가별 환경제품의 구매 성향이 다르므로 각국 소비자의 환경 의식 및 구매 성향에 따른 전략적 접근이 필요하다. 이에 비해 미국의 생활용품 시장에 주목할 필요가 있으며, 오프라인 유통채널을 강화해 소비자들이 직접 제품을 체험할 수 있는 기회를 확대하고 원료부터 폐기까지 전 과정에 걸쳐 친환경을 실천하는 기업이라는 이미지를 홍보하는 전략이 필요하다. 중국의 경우에는 SNS나 왕홍 등 온라인 마케팅을 통해 유기농과 천연원료임을 강조하고 고품질 고가전략으로 시장을 공략하되 특히 포장에 환경마크를 부착하는 것이 유리하다. 일본은 우수한 내구성과 함께 현지 맞춤형 디자인으로 사무용품 및 문구류 시장 진출이 유리하다. 독일은 절전형 전자제품 시장 진출이 유리할 것으로 판단되며, 가격경쟁력과 우수한 내구성을 강조하는 체험마케팅전략으로 승부해야 한다.

한편, 환경제품의 수출확대를 위해서는 세계적인 저탄소·친환경의 흐름에 맞게 생산효율성 제고와 품질개선 노력을 기울여야 하며, 친환경 경영으로 비용절감과 기업 이미지 제고를 추진해야 한다. 친환경 제품과 서비스가 틈새시장에서 주류시장으로 시장의 구조적 환경이 바뀌고 있어 자원절약과 사회적 책임을 위한 지속 가능한 혁신에 투자하는 기업은 새로운 환경시장에서 경쟁우위를 갖게 될 것이다. 우리나라 기업은 제품 수출에 앞서 수출국의 환경관련제도와 규제사항을 모니터링하고 각종 환경규제에 적극적으로 대응하고 제품개발부터 생산·관리까지 전 과정에 걸쳐 유해물질을 관리하고 환경경영을 실천하기 위한 관리체계를 구축하고, 지속적으로 강화되는 환경규제로 인해 새롭게 생겨나는 친환경시장을 선점하기 위해 친환경 기술과 제품 개발에 주력하는 등 선제적 대응이 필요하다.

### 2) 17억 무슬림 할랄시장의 급성장과 수출기회 확대

전 세계 할랄시장은 17억 명과 거대한 소비규모를 갖고 있는 블루오션으로 수출기회가 확대되고 있다. 할랄시장은 전세계 할랄 인구의 증가, 할랄산업 분야 및 할랄 소비자층 확대 등으로 인해 빠르게 성장하고 있다. 할랄시장의 주요 소비자인 무슬림 인구는 2014년 기준 17억 명에서 2030년에는 22억 명에 달해 전세계 인구의 약 26%를 차지할 것으로 전망되고 있다. 또한, 젊은 무슬림 인구가 점차 증가함에 따라 2030년에는 전세계 청년층(15~29세) 인구 중 무슬림이 29%를 차지하게 되어 전 세계적으로 젊은 소비자 시장규모가 커질 것으로 전망된다, 할랄 인구는 아시아와 중동지역에 약 80% 이상이 거주하며, 그 외에도 아프리카, 유럽, 미주 등 각지에 분포되어 있다. 최근 세계적으로 젊은 소비자층을 중심으로 '웰빙 라이프'에 대한 인식이 점차 확산되면서 비(非)무슬림 인구의 할랄 제품 수요도 증가하여 할랄시장의 성장 잠재력은 더욱 커지고 있다.

할랄(Halal)은 '허용된'이라는 뜻의 아랍어로서 이슬람 율법에 따라 무슬림에게 허용되는 일상의 모든 행위에 적용된다. 할랄 시장은 육류와 가공식품 중심에서 식품산업 전반과 화장품, 의약품, 관광, 미디어 등 여타 산업으로 저변이 확산되고 있다. 할랄 제품은 원료·상품·서비스·시설의 생산-처리-가공-포장-물류 등 과정 전반에서 하람(Haram, 금지된)적인 요소가 엄격히 배제될 것을 요구한다. 할랄을 '돼지고기 금지'로만 인식하는 경향이 있는데 실제로 할랄 여부를 판단하는 범위는 매우 넓으며 아직 통일된 국제 표준은 없다. 할랄의 반대 개념은 '하람(Haram)'으로 돼지고기, 동물의 피, 부적절하게 도축된 동물의 가공식품, 알콜, 비늘 없는 생선, 양서류 등이 포함된다. 할랄 시장은 주요 소비자층이 무슬림이라는 공통분모가 있지만 할랄 국가별로 시장과 소비자 특징이 다르기 때문에 유의해야 한다. 국가별로 상이한 할랄 인증 제도를 시행하고 있으며 소비자의 할랄 인증에 대한 민감도도 차이가 있으므로 할랄 시장에 진출할 때 해당 지역에 부합하는 준비를 해야 한다.

할랄 인구가 아시아와 중동을 중심으로 분포되어 있으므로 이들 지역에서 선풍적인 인기를 모으고 있는 한류가 우리나라 기업의 수출에 긍정적인 요인으로 작용할 것으로 기대되며, 아울러 웰빙 소비층이 증가하고 있어 수출기회가 확대되고 있다. 따라서 우리나라 기업은 할랄 개념과 무슬림의 상관습을 깊게 이해하고 할랄 시장에 접근해야 수출에 성공할 수 있을 것이다. 우리나라의 주요 할랄제품(식품, 화장품, 의약품) 수출은 최근 수년간 지속적인 증가세를 보이고 있지만 주요 할랄시장(말레이시아, 인도네시아, 싱가포르, 태국, UAE, 터키)에 대한 시장점유율은 아직 미미한 수준이다.

### 할랄시장의 5대 특징

첫째, 할랄 시장도 한류가 대세이다. 세계 할랄 인구 중 가장 많은 무슬림 인구가 집중되어 있는 지역은 아시아와 중동이며, 이 지역에서는 한국 드라마, 영화, 한식, 아이돌 패션, 연예인 화장법 등 한류가 유행하고 있다. 말레이시아, 태국 등 동남아에서는 한국 예능프로그램, 드라마 등에 등장하는 한류패션과 한식이 많은 인기를 끌고 있다. 싱가포르와 베트남에서는 김을 한국의 대표 건강식품으로 인식하여 김에 대한 선호가 매우 높다. 중동의 일부 지역에서는 한국 드라마 시청률이 85%에 달하는 등 한류가 유행하고 있다. 한국 드라마와 예능에 등장하는 한식과 화장품에 대한 관심이 증가하면서 관련 매장이 증가하고 있다. 말레이시아에서는 현지인들이 찾는 한국식당이 300여개에 달하며, 한국 식품을 판매하는 슈퍼마켓도 현지인들에게 좋은 호응을 얻고 있다. 한식의 건강한 이미지, 한국의 천연·유기농 마케팅에 대한 긍정적인 인식이 한국제품의 구매에 긍정적인 요인으로 작용하고 있다.

둘째, 할랄인증은 할랄 시장 진출을 위한 비자 역할을 한다. 할랄인증은 공식적인 절차를 통해 제품이 할랄임을 인정받고 할랄 마크를 부착할 수 있도록 하는 증명일 뿐이지 수출의 성공과 직결되지는 않는다. 할랄인증을 취득하면 할랄 마크를 제품에 부착할 수 있으며, '할랄제품'으로 소비자들에게 홍보할 수 있으며 유통마트의 '할랄코너'에도 진열할 수 있다. 할랄인증의 필수 여부는 진출 국가별로 상이하지만 점차적으로 의무화되는 추세에 있다. 주요 할랄 국가들은 자국 산업 보호, 소비자 먹거리에 대한 보호와 할랄인증 산업 활성화를 위해 할랄 인증 취득 의무를 강화하는 추세에 있다. 하지만 할랄인증을 발급하는 정부기관, 종교단체, 민간기관 등은 전 세계적으로 200~300개에 달하며, 기관에 따라 소요비용과 인증서 유효기간이 다르고 동일한 제품이라도 각 인증기관에서 심사하는 절차와 내용도 달라서 기업에게 어려움을 가져다주고 있다. 말레이시아 정부는 식품, 화장품 등에 할랄 마크를 표기할 것을 적극 권장하고 있으며, 인도네시아는 2019년부터 식품, 의약품, 화장품 등 수입제품 전반에 할랄 인증을 의무적으로 부착하도록 하는 법안을 통과(2014년 9월)하여 외국기업에게 어려움을 가져다 줄 것으로 전망된다. 중동은 할랄 인증 없이도 할랄 시장에 진출이 가능하지만 말레이시아를 제치고 국제 할랄 표준에 대한 주도권을 확보하기 위해 노력하고 있으며 수입식품에 대한 할랄 표기 의무를 강화하는 추세에 있다. 아울러, 말레이시아를 시작으로 UAE, 인도네시아 등 주요 무슬림 국가들은 할랄인증을 법제화하고 민간인증에서 정부인증으로 전환하는 추세에 있다.

셋째, 할랄 시장에는 다양한 소비자가 존재한다. 무슬림 소비자는 할랄인증 제품을 선호하지만 국가별로 인증마크를 중시하는 정도가 다르다. 동남아에는 돼지고기를 주식으로 삼는 중국 화교가 많아 무슬림 소비자들은 '하람'식품과 확실히 구분되는 할랄인증 마크가 부착된 제품만을 찾는 경향이 있다. 제품의 할랄 여부만 고려하는 소비자가 있는 반면, 어느 기관에서 발행된 할랄인증 인지를 중시하는 소비자도 있다. 인도네시아에서는 우리나라에서 받은 할랄인증을 인정하지 않고 MUI인증만을 요구한다. 할랄 제품 중에서 무슬림 소비자들이 할랄 여부를 가장 중요하게 생각하는 것은 식품이며, 특히 육류 및 가공식품에 대한 예민도가 높은 편이다. 비(非) 할랄 제품에 대한 표기를 의무화하려는 움직임과 함께 비(非)식품군에 대해서도 할랄 표기를 권고하는 할랄 국가들의 사회적 분위기가 조성됨에 따라 소비자들은 화장품, 의약품 등과 같이 사람의 피부에 닿거나 복용하는 제품에 대해서도 할랄 인증이 있는 제품을 선호하기 시작하였다. 중동 여성의 사회 진출 확대에 따라 화장품, 패션, 의류, 즉석식품 등에 대한 신규 소비 수요가 증가하고 있다. 이란은 인구 중 99.5%가 무슬림이며 외국인 여성까지 히잡 착용을 의무화할 정도로 무슬림 문화가 강하다. 할랄 마크가 없어도 당연히 할랄 식품이라고 인식하는 경향이 있으나 수입식품에 대해서는 정식 수입과정에서 할랄인증을 요구한다. 말레이시아는 다인종 국가로 인구 중 60%가 무슬림 인구이며, 중국 화교의 비중이 높아 특히 식품에 대한 할랄 여부를 엄격히 구분하고 있다.

넷째, 무슬림의 상관습에 대한 이해가 필요하다. 거래를 결정할 때 제품의 거래조건에 따라 당장 계약을 체결하기보다는 시간을 충분히 두고 사람 간의 신뢰를 쌓는 과정이 필요하다. 약속된 시간에 상담회장에 나타나지 않거나, 상담 도중에 기도하러 가는 경우가 발생하기도 한다. 무슬림은 가족 중심의 문화가 있으며 신뢰가 쌓이면 가족 모임에 초대하는 등 친구처럼 대하는 경향이 있다. 무슬림 바이어가 식사 대접이나 선물을 받을 경우에도 할랄 기준이 엄격하게 적용된다. 여성 무슬림은 악수하거나 손등·얼굴 등 피부를 접촉하는 것을 꺼려하므로 화장품 업체들은 별도 모델을 두고 시연하는 경우가 일반적이다.

다섯째, 할랄은 웰빙 트렌드와 맥을 같이한다. 이슬람 율법에 따라 할랄식품은 'Tayyib (순수한, 영어로 pure)'함을 요구받기 때문에 '최상의 품질'로 생산되며, 이는 곧 비(非)무슬림 인구의 할랄 식품 소비를 촉진시킨다. 할랄 제품은 인간의 건강에 해로울 수 있는 재료와 성분을 금지하고 있어 웰빙 라이프를 추구하는 소비자들에게 인기가 있다. 따라서 비(非)무슬림 소비자들은 할랄 제품을 종교적으로 인식하기보다 일종의 '웰빙 제품'으로 인식하면서 할랄 마크가 있는 상품을 선호하고 있다.

### 우리나라 중소기업의 할랄시장 수출 성공전략

첫째, 할랄 시장에 대한 철저한 이해가 우선이다. 시장진출에 앞서 할랄 관련 정보를 수집하고 진출 시 유의사항 등 지역별, 국가별 품목 시장에 대한 철저한 분석을 통해 할랄 시장의 특성을 이해하여야 시장진출에 성공할 수 있다. 돼지고기와 알코올, 화학성분 중에서도 사람에게 해로운 물질이 제품에 포함되어서는 안 되며, 라마단 기간이나 기도시간 등 무슬림의 상관습에 대해서도 사전 이해가 필요하다. 단순히 종교적인 측면으로만 접근할 경우 수출에 실패할 수 있으므로 할랄 시장의 특성을 이해하고 대응해야 한다. 우수한 기존 제품에 대한 리모델링이나 할랄인증만으로도 글로벌 기업과 선입견 없이 경쟁할 수 있어서 중소기업이 성장할 수 있는 좋은 기회로 작용할 수 있다.

둘째, 해당 시장에서 반드시 할랄인증이 필요한지를 검토해야 한다. 진출시장, 바이어 또는 할랄 인증의 종류에 따라 요구되는 인증이 다르며 인증 없이도 수출이 가능한 경우가 있으므로 자사 제품 수출시 최선의 방법을 선택하는 것이 중요하다. 할랄시장 바이어의 경우 샘플 배송단계부터 할랄 인증을 요구하는 경우가 있어 이 과정에서 시장 진출을 위해 무조건 할랄인증부터 획득했다가 비용만 부담하고 수출에 실패하는 경우도 있다. 따라서 기업은 인증의 필요성 유무, 인증 종류, 소요비용 및 기간, 갱신절차 등을 면밀히 따져보고 할랄 인증 획득 여부를 결정해야 한다.

셋째, 고객 맞춤형 할랄제품으로 차별화해야 한다. 같은 할랄이라도 지역별로 다른 특성을 보이고 있으므로 해당 시장에 적합한 할랄 제품 개발과 혁신으로 차별화된 경쟁력을 확보해야 한다. 국가별로 이슬람 율법의 강도가 다르고, 지역별로 제품 인증의 필수 여부, 포장 디자인, 맛, 성능 등의 선호도에 차이가 있으므로 해당 시장별 맞춤형 제품으로 승부해야 한다. 할랄 요건을 충족하면서도 고품질 사양의 제품을 만들어내는 기술 노하우가 관건이다.

넷째, '상품'보다는 '신념'을 파는 자세로 임해야 한다. 할랄은 이슬람 율법에서 허용하는 제품들로 무슬림들이 반드시 지켜야하는 필수 규율임을 이해하고, 그들의 신념을 지켜줄 수 있는 업체라는 신뢰를 심아 주는 것이 중요하다. 무슬림들의 할랄 제품에 대한 수요는 취향에 따른 '선호도'가 아니라, 반드시 지켜야 하는 '신념'의 문제로 접근해야 한다. 따라서 제품에 대한 신뢰가 한번 무너지면 할랄 시장에서 퇴출될 수도 있으므로 제품 관리에 주의가 필요하다. 일본 조미료 대기업인 '아지노모토'사는 인도네시아에서 할랄인증을 받았으나 이후 돼지고기 부산물을 원료로 사용한 사실이 드러나 공장 가동을 중단하고 제품을 회수한 사례가 있다.

### 3) 역발상 마케팅과 수출시장 차별화

우리나라 수출기업이 불확실한 대내외 시장 환경에 선제적으로 대응하기 위해서는 발상의 전환과 과감한 전략 변화가 필요하다. 선진국의 경기회복이 지연되고 신흥국의 경제 성장세가 둔화됨에 따라 세계 수입수요가 회복되지 않는 상황에서 생존하기 위해서는 고정관념을 초월한 창의적인 제품개발을 통해 수요를 창출하고 시장점유율을 확대해 나가야 한다. 신흥국과 기술격차가 점차 축소되고 있고 제품 경쟁력이 약화되는 상황에서 주요 수출시장별로 차별화된 전략을 구사하여 수출경쟁력을 확보하고 강화하는 노력이 필요하다. 우리나라 산업연구원에 의하면, 중국과의 제조업 기술격차는 2015년 기준 대기업은 3.3년, 중소기업은 3.5년으로 나타났다. 따라서 지금은 발상의 전환을 통해 각 시장별로 맞춤형 수출전략을 마련할 필요가 있다. 앞으로 세계 무역규모가 과거와 같은 성장세를 보이기 어려운 것으로 전망되므로 수출 포트폴리오를 다양화하고, 차별화된 기술과 마케팅 역량을 구축해야 시장선도자로서 살아남을 수 있을 것이다. 역발상 수출전략은 창의적 아이디어를 가진 중소기업으로 하여금 세계시장에 진출할 수 있는 가능성을 제공하고 혁신을 통해 미래 무역의 경쟁력 향상에도 긍정적인 영향을 미칠 수 있을 것이다. 한국무역협회(국제무역연구원)가 제시한 역발상 마케팅에 관한 구체적인 사례를 소개하면 아래와 같다.

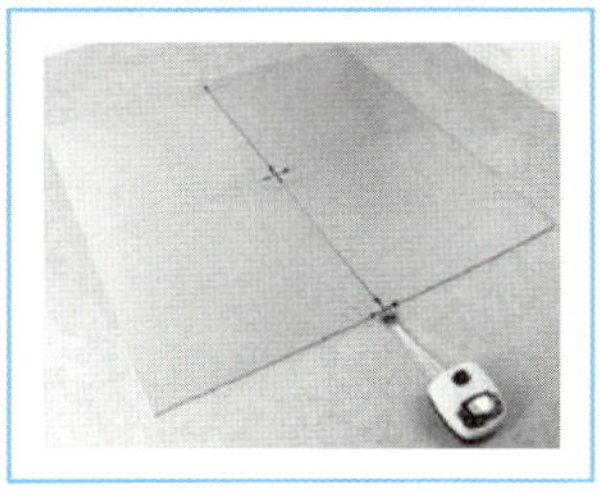

첫째, 편견을 깨고 신시장 개척에 나서야 한다. 철저한 시장조사와 소비트렌드 분석을 바탕으로 마케팅을 전개해야 한다. 대외 무역환경이 어려울수록 소비자의 잠재적 욕구를 찾아내어 미래 고객을 스스로 창출하고 위험을 감수하며 무역활로를 개척하는 시장 주도적 전략이 필요하다. 신규 수요를 창출하여 차별화에 성공할 경우 수출 선두기업으로서 홍보효과, 기술선점, 시장점유율 확보 등의 이점을 누릴 수 있다. 새로운 시장에 수출하기 위해서는 목표시장을 지속적으로 모니터링하고, 시장잠재력 평가와 관련된 수출정보를 습득하는 것이 중요하다. 또한, 수출시장의 트렌드를 간파하고 정부정책, 기술변화, 소비자 선호 변화 등에 선제적으로 대응하여야 한다. 이와 관련하여 이하에서는 역발상 마케팅으로 수출에 성공한 사례를 제시하였다. 먼저 바닥 난방문화가 없는 유럽에 온돌을 수출하여 성공한 사례가 있다, 에이오지시스템(AOG System)사는 "전기 온열기기나 라지에이터 같은 난방 기구를 사용하는 유럽에 우리나라 온돌을 팔면 어떨까?"라는 질문에서 수출 가능성을 검토하기 시작하였다. 유럽은 바닥 난방 기구를 사용하지 않는 지역이다. 당연히 유럽으로 온돌을 수출할 생각을 한다는 것은 어려운 일이다. 그러나 이 회사는 우리 조상의 지혜가 담긴 온돌을 현대화해서 유럽 등 다른 나라에 판매한다면 충분히 수출 가능성이 있다고 판단했다. 이 회사의 온수관이 내장된 조립식 패널 제품은 전기를 직접 사용하는 난방 기구에 비해 에너지 비용이 훨씬 적게 들고 기존 바닥위에 바로 깔아 사용할 수 있는 편리함으로 인해 온돌을 처음 접하는 해외 바이어에게 관심을 끌기 시작했으며, 러시아를 중심으로 수출되기 시작하였다. 현재는 뛰어난 품질과 기술력으로 우크라이나, 라트비아, 네덜란드, 호주 등지로 수출되고 있다.

둘째, 경제가 불황일 때 호황을 미리 준비해야 한다. 최근 세계경제 불황으로 수출이 어려운 상황 속에서도 기술혁신과 품질 제고를 위해 핵심역량을 집중하고 연구개발을 강화한 기업들은 경쟁력을 꾸준히 유지하고 있다. 특히, 중소기업의 경우 자금난과 인력부족 등으로 연구개발에 대한 투자가 쉽지 않으나 이러한 어려움을 뚫고 꾸준한 기술혁신을 위해 노력한 기업들은 수출에서 성과를 내고 있다. 독일의 강소 수출기업(히든 챔피언)의 성공 비결 중 하나는 불

황일 때 오히려 호황을 준비하며 투자를 확대하고 위기를 기회로 활용하는 것이다. 한국도자기는 경쟁사가 생산을 줄일 때 연구개발과 설비투자를 늘려 수출에 성공하였다. 2008년 금융위기 때 영국의 웨지우드 등 세계 도자기 회사들은 생산을 감소했으나 한국도자기는 오히려 설비투자를 확대했다. 인도네시아에 제3공장을 증설하고 기존 자동화기기를 최첨단 설비로 교체하는 등 과감한 설비투자에 집중했다. 도자기 업계의 불황을 오히려 기회로 삼겠다는 역발상 전략에서였다. 실제로 유명 기업들이 자체 생산을 줄이고 주문생산을 늘리자 한국도자기의 매출이 급상승하기 시작했다. OEM방식으로 노하우를 쌓은 후 뛰어난 품질과 기술력으로 자체브랜드 생산을 시작했다. 특히, 한국도자기는 연구개발 투자를 아끼지 않았다. 10여 명 단위의 연구개발 인력을 가진 다른 업체에 비해 한국도자기의 연구 인력은 한국과 인도네시아에서 모두 150여 명에 이른다. 이 결과 한국도자기는 완전 밀폐 도자기를 세계 최초로 개발하며 세계 최대 도자기 생산능력을 지닌 기업으로 성장했다.

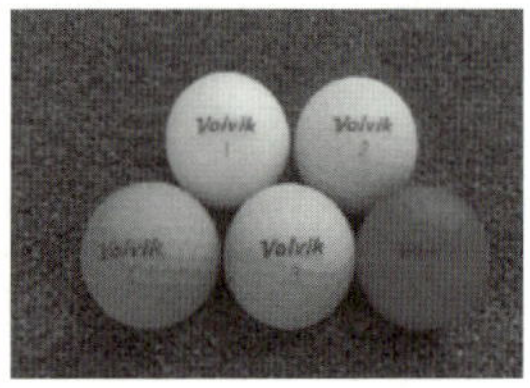

셋째, 고정관념을 깨는 신제품과 독특한 마케팅으로 승부해야 한다. 경쟁이 치열한 상황에서는 고정관념의 틀을 깨고 남들이 하지 않는 것을 과감하게 시도하여 경쟁업체와 차별화하는 수출전략이 필요하다. 신제품 출시에 소극적일 경우 공격적 경쟁자에게 점차 시장을 잠식당할 가능성이 높으므로 동종업계와는 차별화된 아이템을 선보이며 새로운 트렌드를 만들어 가는 노력이 요구된다. 일본의 하드록은 '풀리지 않는 더블너트'를 개발해 세계시장을 석권하였다. 일본 신칸센이나 모노레일 교량 부품에 사용되며 세계 각국으로 수출되고 있는데, 이 회사는 고정관념을 깬 신제품으로 새로운 시장을 창출할 수 있다는 것을 보여주고 있다. 독특한 마케팅은 초기 틈새시장 진입을 용이하게 하고 소비자에게 오랫동안 각인되어 홍보효과가 크다. 각 시장에 맞게 제품을 홍보하는 수단과 제품을 바라보는 시각에 변화를 주는 차별화된 마케팅을 구사할 필요가 있다. ㈜볼빅은 하얀 골프공에 컬러를 입히는 역발상 마케팅전략으로 수출에 성공하였다. ㈜볼빅은 골프공이 흰색이라는 고정관념에서 벗어나 컬러 볼을 개발하면서 세계적인 스포츠 브랜드회사로 성장하고 있다. 이 회사는 여름철 야간에 골프를 칠 때 잘 보이는 공을 만들자는 생각에 야간용 노란색 골프공을 개발하게 되었고, 이를 발판으로 본격적인 컬러 볼 개발에 들어갔다. 여러 명의 골퍼가 같은 공을 사용하면 볼을 찾기 어려워 여러 가지 색깔을 사용하면 좋지 않을까라는 단순한 생각은 형형색색 다양한 컬러 볼 생산으로 이어졌다. 기존의 컬러 볼은 겨울에 눈이 올 때만 주로 사용하는 것으로 흰색 공에 페인트칠을 하는 수준이었다. 하지만 볼빅의 제품은 컬러가 선명하고 햇빛 노출 시 눈부심이 적어 미국, 일본, 프랑스 등에서 인기를 끌고 있고 있다.

컬러 볼은 초보용이라는 편견을 뒤엎고 골프시장의 대세로 만들었다. 볼빅은 현재 전세계 컬러 볼 시장의 3~4% 점유율을 기록하고 있다.

넷째, 치열한 경쟁 속에서도 틈새시장을 공략해야 한다. 해외시장에서 특정 국가나 기업의 시장지배력이 높은 경우 우리나라 기업은 보통 해당 시장 진출을 기피 또는 포기하는 경우가 대부분이다. 기존 선두업체가 확보한 시장과는 차별화된 시장으로 진출하거나 구매채널을 다양화하는 등의 틈새시장을 공략한다면 우리 기업만의 새로운 수출 활로를 창출할 수 있다. 최근 합리적인 가격과 다양성을 추구하는 실속형 소비가 트렌드가 되면서 신규 브랜드에 대한 수용이 넓어지고 있다. 후발 수출기업은 기존 선두업체의 진출전략을 답습하기 보다는 독창적인 전략으로 소비자의 수요를 이끌어내는 반전 경영을 할 필요가 있다. 모두가 마스크팩을 생각할 때, 손발팩을 생산하여 수출에 성공한 사례도 있다. 한류 영향으로 우리나라 화장품이 아시아에서 큰 인기를 끌자 중소 화장품업체가 급증하면서 과잉 경쟁이 우려되고 있다. 마스크팩 시장은 우수한 품질과 인지도를 지닌 기업이 시장을 점유하는 진입장벽이 높은 시장이었다. 그러나 엔젤아로마스토리는 포화상태인 마스크팩 시장에서 '손발팩'으로 틈새를 노렸다. 동종 업체들이 마스크팩에 집중하고 있어서 초기에는 왜 손발팩을 생산해야 하냐며 생산공장으로부터 외면 받았다. 생소한 손발팩을 사람들이 과연 사용할까 하는 우려도 있었지만, 엔젤아로마스토리의 손발팩은 국내 출시 2년 만에 홍콩, 태국, 싱가포르, 말레이시아 등 아시아 각국으로 수출되고 있다. 2015년에는 중국에서 수출계약을 따내며 4만 달러의 수출을 기록하였다. 경쟁이 심해진 화장품 시장에서 기존업체와 차별화된 상품으로 승부수를 띄운 것이 성공의 비결이었다.

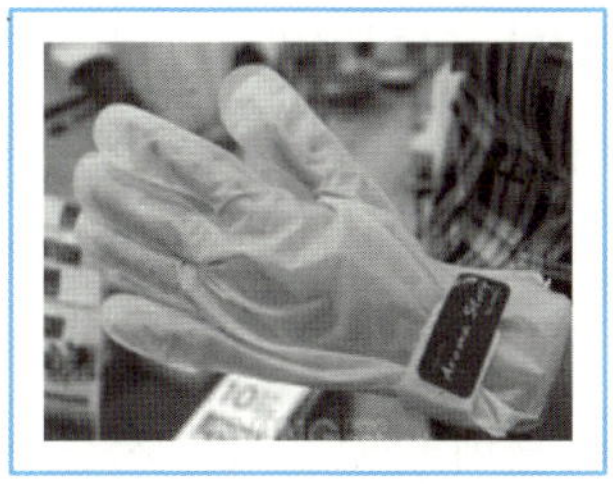

다섯째, 명품화 전략으로 선진국을 공략해야 한다. 일반적으로 수출기업들은 가격과 품질 면에서 신흥국 진출이 유리하다고 판단하여 해외시장 진출을 위한 제품 표준을 중국 등 신흥시장만을 염두에 두었다. 일본 교세라는 세라믹 부품을 생산하는 기업으로 먼저 미국 시장을 개척해 IBM 등과 거래한 명성을 바탕으로 일본 본국과 세계 선진국 시장에서 제품 경쟁력을 인정받아 신흥국 시장에 진출하고 브랜드 인지도를 확보해 나갔다. 선진국 시장을 뚫기 위해서는 독자적인 기술과 엄격한 품질관리가 매우 중요하며, 해외 바이어와 꾸준한 신뢰를 구축해야 한다. 인지도가 낮은 중소기업의 경우에는 OEM, ODM 방식으로 글로벌 시장에 진출하여 축적된 노하우와 시장유통망을 이용해 자체브랜드 생산에 나서는 것이 바람직하다. 와이지원이라는 우리나라 기업은 세계 1위에 만족하지 않고, 고급제품 시장

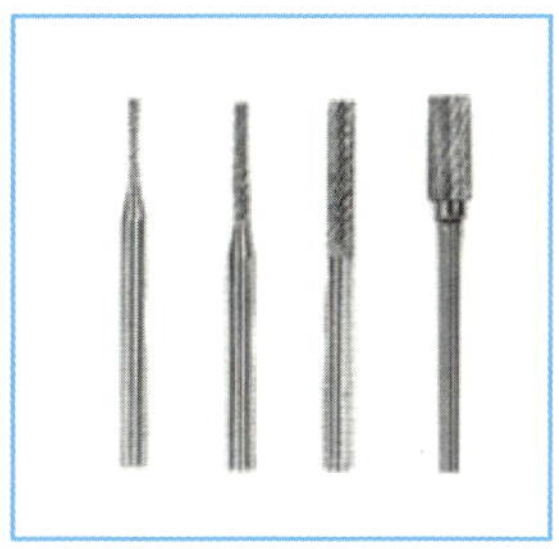

개척에 성공한 사례가 있다. 와이지원이 제조하는 절삭공구는 전세계 1만여 기업 중 1위를 차지하는 제품으로서 도요타 자동차 엔진, TGV를 제작한 알스톰에 제품을 공급하고 있다. 와이지원은 설립 당시부터 해외시장을 공략하여 1992년 미국에 첫 현지공장을 설립한 후 일본, 중국, 인도, 독일, 캐나다에 10개 공장을 가동 중이다. 히든챔피언의 창시자 헤르만 지몬이 명명한 한국 기업 23개 중 하나다. 와이지원은 지속 성장을 위해 고가 제품군 확대가 필수적이라고 판단하고 있다. 미국에 '항공테크센터'를 설립해 북미 항공시장 공략에 나섰고, 인덱서블 공구 시장 진출에도 박차를 가하고 있다.

### 4) 싱글족(1인 가정) 시장의 급성장과 소비형태 변화

한국무역협회에 의하면, 세계 2위 내수시장인 중국의 가구 수는 전세계의 20%인 4억5천만(2015년 기준) 가구에 달한다. 이 중에서 1인 가구는 약 16%인 7,442만 가구로 지속적으로 늘어나고 있으며, 2025년경에는 1억 가구를 돌파할 것으로 전망된다. 1인 가구는 1인당 소비지출 규모가 다인가구에 비해 높으며 '가족중심'이 아닌 '개인중심'의 새로운 소비성향을 보이고 있다. 중국의 도시에 거주하는 1인 가구는 구매력이 높은 20~30대가 약 47%를 차지하고 있다. 세계 1인 가구의 트렌드를 보면, 1인 가구 소비시장이 성숙기에 진입한 한국, 일본, 독일 등은 지속적인 증가세에 있으며 서로 공통된 특징을 보이고 있다. 즉, 간편 가정식 시장의 형성, 소형 상품의 인기, 맞춤형 서비스 부상, 애완동물시장 관련 시장의 성장, 생활밀착형 구매 채널의 성장 등이 공통적으로 나타나고 있다.

중국의 1인 가구의 주요 트렌드를 살펴보면, 첫째, 작고 간편한 것을 지향한다는 것이다. 일과 생활의 구분이 명확하지 않은 1인 가구 소비자는 간편하고 시간 효용성이 높은 간편 가정식과 가공식품을 선호한다. 최근 중국에서는 제한된 공간을 효율적으로 사용할 수 있고 디자인적 요소가 가미된 조립형 가구와 다기능 컨버전스 제품이 인기를 끌고 있다. 중국에 진출한 스웨덴의 조립형 가구전문기업인 이케아(IKEA)는 현재 중국 내 가구시장 점유율 1위를 차지하고 있으며, 복합기능과 심미적 요소를 가미한 디자인 가구로 중국의 2억 명에 달하는 화이트칼라 싱글족을 집중 공략하고 있다. 중국 파나소닉은 1인용 세탁기를 출시하여 매출이 크게 늘어났다. 1인 가구는 제약된 공간으로 인하여 크기는 작고 성능은 보장되는 제품이면서 소형제품(소포장 식품, 소형 가전, 1인용 생활용품, 소형 가구 등)을 선호한다.

둘째, 맞춤 서비스로 공략해야 한다. 중국에서는 1인 가구가 효율적 시간 활용을 선호하면서 이사, 심부름, 식자재 배달 등 생활 지원서비스의 수요가 확대되고 있다. 최근 중국 충칭에서는 소형주택 이사를 전문으로 하는 소형이사센터가 등장하였는데, 소비자의 입장에 맞춰 24시간 연중 무휴로 서비스를 제공하며 온라인으로 쉽게 서비스를 신청할 수 있어 인기가 있다. 충칭파오투이 유한공사는 생활 지원 잔심부름서비스 대행업체로서 대신 줄서주기, 밥 사다주기, 택배 부쳐주기, 선물 대신 사다주기 등의 일을 대행하고 있다. 혼자 생활하는 시간이 많은 1인 가구가 밥을 혼자 먹어도 불편함이 없는 좌석을 갖춘 식당도 등장하고 있다. 중국 베이징의 실리콘 밸리로 알려진 중관춘의 샤브샤브 전문점 '씨아부씨아부'에는 4인용 테이블보다 1~2인 고객을 겨냥한 일자형 긴탁자의 자리가 많아 주말에도 1인 고객이 찾아오고 있다. 제한된 공간에서 혼자 사는 1인 가구의 특성상 개인의 안전과 관련된 서비스, 효율적으로 소비재를 활용할 수 있는 렌털서비스 등을 선호하고 있다. 최근 젊은 층을 중심으로 '소유'보다는 '합리적 렌털'을 선호하는 트렌드가 대두되고 있다. 대도시를 중심으로 공기청정기, 정수기뿐만 아니라 의류, 액세서리, 애완동물 임대까지 혼자 살며 시간이 많지 않은 1인 가구의 라이프 스타일 특성상 개인의 안전을 스스로 지킬 수 있고, 시간과 재화를 효율적으로 활용할 수 있는 다양한 생활 지원형 서비스에 대한 니즈가 확대되는 추세이다.

셋째, '나만을 위한' 소비를 주목할 필요가 있다. 기존의 '가족 중심 소비'에서 '개인 중심 소비'로 소비패턴이 달라짐에 따라 가족에 대한 지출보다는 개인을 위한 패션, 서비스, 레저 활동 목적의 소비 비중이 높아지고 있다. 중국 1인 가구의 40% 이상을 차지하는 20~30대의 빠링허우(80後, 1980년대 출생)와 지우링허우(90後, 1990년대 출생)는 개인 중심적 소비가 강하며 마음에 드는 품목에는 돈을 아끼지 않는 특징을 보인다. 1인 가구는 가족과 육아에 대한 부담이 없고 개인 지향적 소비성향이 강하여 다인 가구에 비해 의류, 신발, 여가 등에 대한 소비 여력이 높다. 중국 대도시의 1인 가구는 빠링허우와 지어링허우인 20~30대가 주를 이루고 있어 이들의 개인 중심적 소비성향과 여성 중심의 소비에 관심을 가질 필요가 있다. 따라서 개인을 위한 화장품, 의류, 액세서리, 문화생활, 이미용 서비스(네일숍, 에스테틱, 미용실 등) 등에 대한 소비지출이 늘어나고 있다. 혼자 생활하는 외로움을 달래기 위하여 애완동물을 키우는 인구도 증가하면서 애완용품과 관련 서비스 시장이 계속 확대되고 있다.

넷째, 온라인(모바일)·편의점 채널에 관심을 가질 필요가 있다. 대형마트 보다는 접근성이 높은 생활밀착형 유통채널인 '편의점'을 선호하는 소비패턴이 확산되고 있다. 온라인 구매는 지속적 증가세로 젊은 층을 위주로 확대되고 있으며, 소비재와 생활용품에서 최근에는 신선식품까지 확대되고 있다. 중국 온라인정보센터(CNNIC)에 따르면, 온라인 구매고객의 약 80%가 20~30대에 집중되어 있어 20~30대의 비중이 높은 중국 1인 가구는 온라인·모바일, O2O 등 스마트 채널을 중심으로 소비구조가 변화하고 있다.

▎중국 1인 가구의 소비 트렌드 변화 ▎

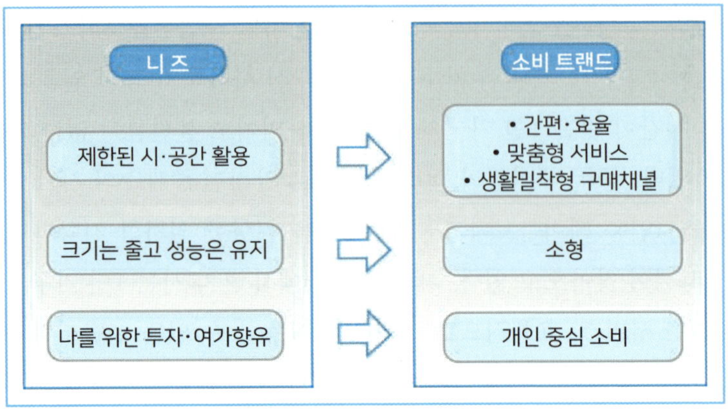


자료 : 한국무역협회 국제무역연구원

## 5) 아시아 신흥국의 중산층 부상과 소비패턴 변화

최근 아시아 신흥국의 빠른 경제성장과 1인당 소득 증가로 중산층 규모가 크게 확대되고 있어서 신흥국 중산층은 새로운 소비시장의 중심으로 등장하고 있다. 2030년 아시아 중산층은 세계 중산층의 66%에 이를 것이며, 특히 아시아 신흥국의 중산층 인구비중은 2020년 70.4%를 차지할 것으로 보인다. 아시아 중산층의 증가는 역내 소비증가로 이어져 소비시장의 중요성이 높아질 전망이다. 아시아 신흥국 중산층 소비자는 식품구매와 외식 외에도 여가생활비, 피복비 및 건강생활 관련 지출을 확대할 것으로 전망된다. 특히, 여가활동비는 신흥국 중산층 소비자 모두 높은 비중으로 확대될 것으로 예상되며 이외에도 건강생활, 자녀교육, 뷰티 관련 지출도 늘어날 전망이다. 내구재 중에서는 휴대폰, 노트북, 액정 TV, 자동차 등의 소비가 확대될 것으로 보인다.

아시아 신흥국 중산층은 대체적으로 가격보다는 기능과 품질을 중시하는 소비패턴을 보이고 있다. 중국과 인도의 중산층 소비자들은 소비패턴에 있어 브랜드를 선호하고 유행에 민감하며 가격 저항이 낮은 점이 유사하지만 아세안 중산층은 품질을 중시하면서도 가격 저항이 있는 편이다. 중국과 인도는 가격보다는 제품의 품질 및 기능, 브랜드가 제품 구매 결정요인인 반면, 아세안 국가는 제품의 품질, 기능 및 가격이 구매 결정요인이 되고 있다. 특히, 중국은 브랜드 제품 선호도가 높으며 한류의 영향으로 화장품, 의류와 액세서리와 같은 한국제품을 선호한다. 인도는 한류의 영향이 거의 미치지 않으며 한국산 내구재 중 전자제품에 관심도가 집중되어 있다. 중국과 인도는 주로 온라인을 통한 정보 취득 및 구매가 이루어지며, 아세안은 백화점, 쇼핑몰 등 오프라인 쇼핑을 선호하며 상품구매 채널은 국가별로 다소 차이를 보여 시장 진출 시 고려할 필요가 있다.

이들 신흥국 중산층 소비자들은 한국제품에 대해서는 뛰어난 성능과 디자인을 높이 평가하는데 비해 비싼 가격과 낮은 내구성, 그리고 낮은 브랜드 인지도가 구매 기피 요인으로 작용하고 있다. 구매를 희망하는 한국제품은 전자제품, 의류 및 액세서리, 화장품 등이다. 아시아 신흥국 중산층은 각국의 문화적 요인 등에 따라 특성이 상이하여 각국 소비자의 소비의식 및 패턴에 따른 전략적 접근이 필요하다.

## 6) 중국의 소비시장 트렌드와 수출시장 환경 변화

중국인들의 생활수준 향상에 따라 중국 소비자들의 소비성향도 크게 변화하고 있다. 주거, 의료·보건, 교육·문화·오락 관련 소비가 증가하는 등 중국인들의 소비구조가 업그레이드되고 있다. 이에 따라 중국 소비시장의 주요 트렌드는 "신소비, 신소매, 신세대"로 요약할 수 있다. 신소비 현상과 관련해서는 가구, 화장품, 의약품 등 개인의 만족을 위한 이른바 웰빙(Well being) 상품의 소비가 늘어나고 있으며, 모바일 결제 이용자가 5억 명을 돌파하는 등 모바일 소비시장이 크게 확대되고 있다. 한편, 온라인 소매기업들의 오프라인 진출 등 온·오프라인 융합을 의미하는 신소매 방식이 업계의 새로운 트렌드가 되었고, Z세대와 같은 신세대가 미래의 소비 주력군으로 부상했다. 향후 중국 소비시장에서 소매기업들의 온·오프라인 융합은 계속 확대될 것이며, 농촌·서부 소비자, Z세대, 독거청년 등 신흥 소비자들이 소비시장의 성장을 이끌 새로운 동력이 될 것으로 전망된다.

**▌중국 소비시장의 3대 특징**

한국무역협회 국제무역연구원은 중국 소비시장의 3대 특징 및 트렌드를 아래와 같이 분석하여 제시하였다.

첫째는 신소비의 심화 현상이다. 신소비(新消费)는 2015년부터 나타난 개념으로 중국인들의 생활수준 향상에 따라 소비자들의 상품 소비구조가 업그레이드되는 현상을 말하며 이에 따라 웰빙(Well-being) 관련 상품 소비의 증가세가 지속되고 있다. 소득 수준 향상에 따라 기초 생활 유지를 위한 필수적 소비보다 개인의 만족, 자기계발, 생활 환경 개선 등을 위한 소비의 증가세가 뚜렷해지고 있다. 뿐만 아니라 중국인들의 환경의식 제고에 따라 에너지 절약, 환경보호 상품을 의미하는 이른바 녹색상품(绿色产品) 소비도 큰 폭으로 증가하고 있는 추세이다. 그리고 중국 모바일 컨슈머(mobile consumer) 증가에 따른 모바일 소비시장이 확대되고 있다. 2017년 광군제(11월 11일) 기간 동안 톈마오(天猫)에서 발생한 구매내역 중 모바일을 통한 결제 비중은 90.0%에 달할 정도로 중국 모바일 소비시장은 크게 확대되고 있다.

둘째는 신소매 활성화이다. 최근 중국에서는 온라인, 빅데이터 등 신기술과의 융합 및 유통·물류를 통합한 새로운 소매방식이 확산되고 있다. 즉, 소매업계의 온라인 활용도 증가로 온·오프라인 융합 신소매업이 활성화되고 있다. 소매기업들은 다양한 O2O (Online to Offline/Offline to Online) 판매 전략을 추진하고 있다. 특히, 신소매 개념을 처음 제시한 마윈 회장의 알리바바와 함께 텐센트 등 온라인 선도 기업들은 신소매 전략 추진에 따라 자체 매장을 개점하는 등 오프라인 진출이 활발해지고 있다. 알리바바는 2017년 종합 쇼핑몰인 허마시엔셩(盒马鲜生)을 개점하여 온라인 앱(App)과 지불수단인 알리페이를 통해서만 결제가 가능한 신소매 플랫폼을 선보였다. 또한, 알리바바 B2B 플랫폼인 링셔우통(零售通)을 통해 오프라인 편의점격인 톈마오샤오디엔(天猫小店)을 전국적으로 개설하는 등 활발한 오프라인 진출을 추진하고 있다. 텐센트도 오프라인 진출을 위해 중국 5대 유통기업인 융후이마트(永輝超市) 지분을 인수하는 등 다양한 신소매 전략을 펼치고 있다.

셋째는 신소비 주력군인 'Z세대'이다. Z세대는 일반적으로 1995년~2000년 이후 출생자들로 3억 명에 달하며 '온라인 세대', '모바일 원주민 1세대'로도 불리며 디지털 신기술과 온라인 환경에 익숙한 젊은 소비층을 지칭하며 최근 새로운 소비 주력군으로 부상하고 있다. 1980, 1990, 2000년 이후 출생자들은 약 5.5억 명으로 중국 전체 인구의 40% 정도를 차지하고 있으며, 이들은 일정한 사회적 지위와 수입을 갖고 있거나 새로운 문물에 대한 수용이 빠른 주요 소비군이다. 특히, Z세대는 광군제 기간에 왕성한 소비력을 인정받아 새로운 소비 주력군으로 주목받기 시작했고 소매업계의 Z세대에 대한 분석이 활발해지고 있다. 알리바바의 분석에 따르면, 2017년 광군제에 참여한 Z세대는 대부분 18~22세로 지우링허우(90后 : 90년대 출생자)로 범위를 넓히면 광군제 전체 소비자의 43%, 전체 소비액의 25%를 차지한 것으로 나타났다. 개성이 강하고 자아의식이 뚜렷한 Z세대는 홀로 즐기고 소비하는 것에 익숙하며 혼자 밥 먹기(一人食), 혼자 놀기(一人娱)와 같이 자기 자신만을 위한 소비행태를 보인다. 또한, Z세대는 유행에 민감하고 외모 가꾸기에도 관심이 높아 화장품을 포함한 각종 미용 용품 소비에 많은 금액을 지출한다.

향후 중국 소비시장에서 소매업은 온-오프라인 융합 형태로 가속화될 전망이다. 오프라인 소매 기업은 온라인 소비시장의 성장으로 경영상 한계를 겪고 있으며, 온라인 전자상거래 기업들은 새로운 성장 모멘텀을 찾고 있어 이들 간 협력 및 융합 추세가 더욱 거세질 것으로 예상된다. 알리바바는 오프라인 기업인 싼쟝쇼핑(三江购物), 인타이백화점(银泰百货), 바이롄그룹 (百联集团), 월마트(沃尔玛), 용후이슈퍼(永辉超市) 등에 대한 투자 및 협력을 통해 오프라인 기업의 물류, 서비스, 체험기능과 온라인의 정보유통 등의 기능을 융합하고 있다.  온라인 소비시장이 지속 성장하고 있으나 온라인 구매에 대한 소비자들의 불만도 크게 늘어나고 있다. 따라서 온라인 전자상거래 기업들은 소비자 체험, A/S 확대 등 다양한 방법을 통해 소비자 불만에 대응하고 철저한 판매상품의 관리 감독을 통해 소매의 질적 업그레이드를 추진할 것으로 전망된다.

한편, 우리나라 중소기업은 중국에서 새로운 소비채널이 활성화되고 관련시장 규모가 더욱 확대될 것으로 전망되므로 이를 적극 활용하기 위한 구체적인 방안을 모색해야 할 것이다. 중국인들의 해외 직구가 크게 증가하며 새로운 소비 주력군으로 부상하였으므로 중국 내 직구 플랫폼과의 협력을 통한 소비재 수출방안을 모색할 필요가 있다. 중국 직구 플랫폼의 수입액은 크게 늘어 소비자들의 온라인 소비 중 해외 직구 비중이 1.6%(2014년)에서 10.2%(2017년)까지 증가하였다.

다음으로 웨이보(微博), 각종 동영상 플랫폼 등 SNS를 활용한 소셜 e커머스 시장이 빠르게 성장하고 있어 이를 적극 활용할 필요가 있다. 주요 소비층으로 부상한 90后, 95后 등 Z세대를 중심으로 SNS를 통한 전자상거래가 크게 확대되고 있다. 합리적 소비를 추구하는 소비자들이 점차 늘어나는 추세로 중국 온라인 PB 마켓을 활용한 소비시장 진출방안도 고려하는 것이 바람직하다. 특히, 브랜드 파워가 약한 중소기업의 경우 조달 및 공급망 관리에 직접 참여하는 PB 마켓을 통한 진출이 효과적일 수 있다.

그리고 모바일용 콘텐츠, 홍보, 프로모션은 중국 소비재시장 진출의 필수요건이 되고 있다. 대부분의 온라인 소비는 모바일을 통해 이뤄지므로 모바일에 최적화된 상품소개 및 설명, 홍보영상, SNS 연동, 관련 프로모션 등은 필수적이다. 모바일 사용자의 대부분(71.4%)이 모바일 결제를 이용하고 있고, 오프라인에서의 모바일 결제비중도 67.2%로 모바일 소비가 일상화되고 있다. 최근 주목받고 있는 이른바 '란런 경제'의 핵심요소도 결국 모바일을 통한 소비라고 할 수 있다. 란런(懶人)경제는 '게으른 사람의 경제'라는 의미로 음식배달 등 현대인들을 위한 생활편의 소비 시장을 의미한다.

### 7) 제4차 산업혁명과 소비유형 및 유통방식의 변화

제4차 산업혁명기술의 발전은 인터넷과 모바일을 소비의 주축으로 하는 중국인의 소비행태에 변화를 초래하고 있으며, 이에 대응하는 소비자 중심의 유통방식도 달라지고 있다. 고도로 발달된 정보통신 인프라에 인공지능(AI), 빅데이터(Big Data), 사물인터넷(IoT) 등 혁신기술이 접목되면서 중국의 소비행태와 유통방식이 새롭게 변화하고 있다.

2017년 중국 인터넷 이용자 규모가 7.72억 명, 인터넷 보급률이 55.8%이며, 그 중 모바일 인터넷 이용자가 7.53억 명으로 전체 인터넷 이용자의 97.5%에 달하고 있다. 혁신기술을 기반으로 하는 중국 공유경제 기업들이 글로벌 유니콘 기업으로 등극하고 중국의 일부 공유 소비시장 규모가 최대 연간 200%이상 성장하고 있다. 중국 소비자의 높은 모바일 사용률, 소셜 계정 연동 자동결제 방식의 보편화와 함께 제품 성능보다 혁신을 접목한 체험과 서비스 차별성을 중시하고 신기술에 대해 보다 개방적인 것이 변화를 주도하고 있다. 20~30대 젊은 소비층은 발전 초기단계인 신기술을 적극적으로 수용하고 피드백을 제공하고 있다. 중국의 20~30대 인구는 모바일을 중심으로 한 소비의 주력군이며, 특히 전자상거래의 경우 19~35세 연령층이 전체 이용자의 약 65%를 차지하고 있다.

한편, 4차 산업혁명이 불러온 중국 소비유형과 유통방식 변화에 따른 중국 소비시장의 트렌드가 우리나라 기업에 주는 시사점은 다음과 같다. 사물인터넷, 클라우드 및 모바일 기술과의 융합으로 초연결성 기반의 플랫폼이 발전하고 O2O, 공유경제와 같은 새로운 비즈니스모델이 등장하면서 중국 소비행태와 유통방식의 변화를 초래하고 있다. 중국 소비자들은 개성과 체험을 추구하는 한편, 공유소비, 로봇 수술 등 새로운 서비스에 대해 보다 개방적인 특성을 보이고, 업계는 소비자 체험을 위한 다양한 형태의 온-오프라인 플랫폼을 제공하는 형태로 변화를 시도하고 있다. 혁신적 제품과 서비스, 신규 비즈니스모델의 등장, 기술혁신에 적응하는 새로운 소비습관 등이 생겨나면서 온-오프라인 경계를 허문 소비자들의 체험 및 공유소비 확대 등 다양한 소비행태가 등장하고 있다. 다양한 분야에 로봇 도입을 통한 소비자 체험의 확대, 빅데이터를 활용한 맞춤형 쇼핑과 서비스, IoT에 기반한 공유소비의 보편화, 스마트 무인서비스 이용 등이 가능해지고 있다. 그리고 빅데이터 활용을 통한 온라인 유통업계의 오프라인 진출, 빅데이터 및 인공지능을 접목한 소비자 마케팅 및 서비스 외연의 확대, IoT 기반 공유소비 서비스 확대, 배송체계 혁신 등 유통방식의 변화가 일어나고 있다. 업계에서 먼저 사용하기 시작한 '신소비' 및 '신유통' 개념을 주축으로 소비자의 일상생활 전반에서 상품 및 서비스 유통의 온-오프라인 융합과 기술 혁신이 가시화되고 있다.

**I 4차 산업혁명 시대의 중국 소비행태와 유통방식의 특징 I**

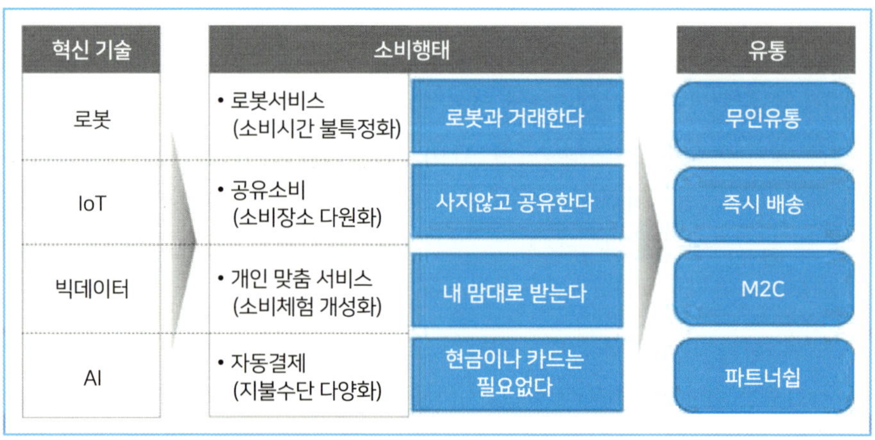


자료 : 한국무역협회 국제무역연구원

우리나라 기업들도 빠르게 변하는 중국의 소비트렌드를 파악해 미래핵심전략을 재정비하고 소비행태 변화에 따른 기존 수출전략을 재검토하여 혁신제품 생산 및 새로운 비즈니스 창출 등 적극적인 대처가 필요하다. 4차 산업 관련 혁신기술을 생산과 유통관리에 접목하여 소비자의 수요를 예측하고 사전 대응하는 자세가 필요하다. 기업의 내·외부에서 생성 및 축적되는 빅데이터를 활용하여 공급망을 관리하고, 투명하고 안전한 거래를 기반으로 새로운 유통방식에 신속하게 대응해야 한다. 새로운 유통방식에 맞는 제품의 연구개발, 생산관리체계를 정비하고 신(新) 소비자 수요에 맞춘 마케팅전략 수립이 필요하다. 실시간 피드백과 인공지능 분석을 기반으로 위치기반 유통망 관리와 마케팅의 혁신을 추구해야 한다.

이에 대한 구체적인 대응전략으로 기업은 우선 중국의 소비시장 변화로 생성되는 기회를 최대한 활용하면서 자신의 약점과 비교우위를 고려한 현지업체와의 협력을 강화해야 한다. 급변하는 소비행태에 선제적으로 대응하고 있는 '신유통'기업, 서비스 업체 등과의 협력 또는 M&A 투자 등을 통해 현지 시장진출의 경쟁력을 확보해야 한다. 둘째, 체험형 소비를 중시하는 중국 소비자의 구매 욕구를 자극할 수 있는 맞춤형 상품 개발에 주력해야 한다. 제품의 기획부터 판매 및 사후 서비스에 이르기까지 전 영역에 걸쳐 소비자 참여를 적극적으로 유도해 자신만의 개성을 담은 제품을 생산하는 전략도 모색해야 한다. 셋째, 온-오프라인을 넘나드는 소비패턴에 대응하기 위해 새로운 결제방식의 도입과 함께 옴니(Omni)채널을 구축해야 한다. 기업이 주도적으로 효율성 및 수익성 개선 측면에서 각 채널을 독립적으로 운영하던 것에서 벗어나, 소비자 중심으로 모든 채널을 통합하고 연결하여 일관된 정보 제공으로 소비자 체험 강화 및 판매를 증대시키는 전략을 도입해야 한다.

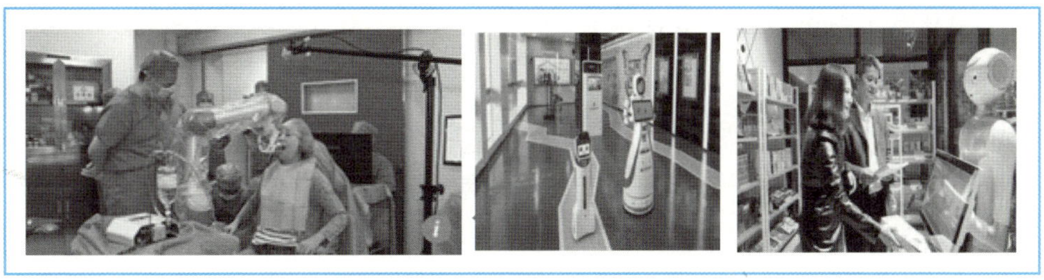

### 8) 블루오션 실버산업과 수출시장 부상

급속한 고령화로 인해 중국의 법정 은퇴연령인 60세 이상 노인인구는 2000년 1억 3천만 명에서 2013년 2억 명으로 늘었다. 전체 인구에서 차지하는 비중도 같은 기간 10.3%

에서 14.9%로 늘어났다. 저출산과 인구 고령화로 60세 이상 노인과 14 세 이하 아동의 인구 비율이 2000년 1:2에서 2035년에는 2:1로 역전될 전망이다. UN은 중국의 베이비부머들이 지속적으로 고령화되면서 2030년에는 60세 이상 노인인구가 미국 인구보다 많은 3억 5천만 명에 달해 거대한 실버마켓이 생겨날 것으로 전망하고 있다.

노인인구가 증가함에 따라 노인을 대상으로 상품 또는 서비스를 제공하거나 판매하는 이른바 실버산업이 중국의 새로운 성장산업으로 부상하고 있다. 중국의 실버산업 규모는 2004년 약 4조 위안에서 2050년 106조 위안으로 크게 늘어날 것으로 보인다. 노후를 준비하는 50세 이상 시니어 세대의 금융상품까지 포함할 경우 실버산업 규모는 같은 기간 5조 위안에서 133조 위안으로 증가할 전망이다.

노인들의 생활수준 향상과 소비관념 변화로 보건식품, 의약, 재활보조기구, 간병 용품, 의료기기 등 노인 용품과 핵가족화, 1인 노인 가구 증가 등 인구구조 변화에 따라 가사서비스, 헬스케어(의료위생), 간병 및 문화/여행/오락서비스 등의 수요가 빠르게 증가하고 있다. 특히, 자녀에게 의지하지 않으려는 중고소득층 노인 및 직장 때문에 부모를 모실 수 없는 고소득자를 대상으로 편안하고 쾌적한 주거 환경과 의료시설을 제공하는 실버타운의 인기가 높아지고 있다.

중국 내수시장에 새로운 블루오션으로 부상하고 있는 중국 실버산업에 진출하기 위해서는 우선 차별화된 제품과 서비스로 진출해야 한다. 중국 실버산업이 빠르게 성장하고 있으나 여전히 성장 초기단계라서 저품질 로컬제품들이 난립하고 있기 때문에 이들과 차별화된 프리미엄전략으로 진출할 필요가 있다. 첨단 IT기술을 접목한 헬스케어, 노인전용 전자제품, 애플리케이션, 천연건강보조제 등 신체적으로나 사회적으로 건강을 증진시킬 수 있는 프리미엄 제품이 유망하다. 또한, 은퇴 이후 늘어난 시간을 즐겁고 효율적으로 보낼 수 있는 관광, 교육, 문화센터 등도 진출이 유망한 분야이다. 문화혁명과 급격한 개혁개방을 겪으면서 여유 없이 살았던 노인들이 은퇴하면서 취미활동과 사회활동 참여에 대한 수요가 증가하고 있기 때문이다.

그리고 중국 기업과의 합작을 통한 양로서비스 노하우 및 시스템 수출도 유망하다. 최근 실버타운, 노인아파트 등 양로부동산이 인기를 얻고 있어 수많은 중국 기업들이 진출하고 있으나 양로서비스 경험이나 노하우 및 양로시스템을 갖추고 있지 못하고 있다. 또한, 온라인 쇼핑몰을 활용한 실버마켓 진출이 필요하다. 2014년 기준 중국의 60세 이상 인터넷 사용자 수는 1,327만 명으로 2008년 447만 명에 비해 3배나 증가했다. 인터넷 환경에 익숙한 시니어(50대)세대를 포함할 경우 인터넷 사용자 수는 4,614만 명으로 전체 인터넷 사용자의 약 7.3%를 차지한다. 노인들의 인터넷 사용이 증가하면서 중국 최대 온라인 쇼핑몰인 타오바오에는 노인용품 판매가 늘어나고 있다. 향후 온라인 쇼핑몰이 실버마켓의 주요한 유통채널로 성장할 것으로 보인다. 이와 함께 실버산업 관련 조달시장에 적극 진출해야 할 것이다. 중국 양로시설의 약 72%는 정부 또는 공공기관에서 운영되고 있어 향후 정부차원의 조달시장이 확대될 것으로 전망된다. 따라서 양로시설에 필요한 침대, 의료기기, 노인용품 등의 조달시장에 적극적으로 진출할 필요가 있다.

### 9) 아시아 고급 소비재시장과 틈새 수출시장 급부상

아시아 신흥국을 중심으로 중산층 인구와 소비규모 확대로 향후 고급 소비재 시장이 지속적으로 성장할 것으로 전망된다. 아시아 중산층은 2009년 5.3억 명에서 2030년 32.3억 명으로 증가할 전망이며, 이 기간 중 중산층의 소비규모는 50억 달러에서 326억 달러로 6.5배 확대될 전망이다. 중저가 범용 소비재의 경우 신흥국들의 생산기반이 탄탄하고 가격 면에서 우위를 점하고 있기 때문에 고급소비재 분야에서 경쟁력을 확보해야 한다.

온라인 구매의 증가, 소비의 실용성 확대 등 고급 소비재의 소비 트렌드가 변화하면서 글로벌 브랜드 이미지가 부족한 우리나라 제품의 고급 소비재 틈새시장 공략이 가능하다. 일반적으로 고급 소비재는 특정 브랜드에 대한 충성심이 오래 지속되기 때문에 초기 시장 진입이 어렵고, 명품 이미지 구축을 위해 상당 기간의 시간이 요구된다. 최근 합리적인 가격대와 개성을 중시하는 실속형 소비가 증가하면서 독창성과 독특한 감각을 지닌 우리나라 고급 소비재가 해외시장에서 강점을 갖고 있다. 브랜드와 품질, 디자인을 동시에 고려하는 실용적 소비문화는 신규 브랜드에 대한 수용이 양호하기 때문에 우리나라 제품의 진출이 비교적 용이하다. 전자상거래 활성화로 고급소비재 구매 채널이 다양화된 것도 기회요인이 되고 있다. 세계 명품 매출액에서 온라인 판매가 차지하는 비중은 2015년 기준 6%에 달하는 것으로 추정되며 꾸준히 증가할 것으로 전망된다. 전자상거래는 기존 유럽 명품 소비층의 사교모임과 디자이너 컬렉션을 대체하는 역할을 수행할 수 있어 품질과 마케팅이 뒷받침 될 경우 우리나라 제품의 글로벌 브랜드화가 가능할 것으로 예상된다.

아시아 지역에서는 한류가 한국 소비재의 프리미엄 이미지 제고에 일조하고 있어 고급 소비재 마케팅에 활용이 가능하다. 해외 소비자들에게 우리나라 브랜드가 잘 알려지지 않았던 패션의류, 화장품, 실내 장식류 등은 한류에 따른 홍보효과로 제품 인지도가 높아지고 있다. 향후 문화 콘텐츠와 연계한 명품 소비재를 발굴하고, 한류를 활용한 판매 전략을 구사한다면 브랜드화 된 한국 명품소비재의 수출 확대가 기대된다.

한편, 우리나라 기업은 유럽 선진국 고급소비재와 브랜드 인지도, 디자인 역량 등에서 차이가 있기 때문에 중장기적으로 아시아 시장에서 브랜드 이미지를 제고하기 위해 노력할 필요가 있다. 전통 브랜드보다는 새로운 감각을 찾는 소비층 증가와 온라인 구매 증가 등의 새로운 소비 트렌드는 브랜드 인지도가 상대적으로 약한 우리나라 제품의 고급 소비재 틈새시장 공략을 가능하게 한다. 한류로 인해 우리나라 소비재의 이미지가 개선되었기 때문에 이를 마케팅과 홍보에 적극 활용한다면 아시아 신흥국의 고급 소비재시장 진출에 크게 도움이 될 것이다. 기존 명품브랜드의 성공전략을 장인정신, 문화와 역사성, 패션디자인, 컬렉션·사교모임, 매니아층으로 볼 때 우리나라도 명품 소비재를 성장시킬 수 있는 유사한 인프라를 갖추고 있다. 장인정신·패션디자인 면에서는 한국인의 독특한 손재주와 감각적인 디자인 능력을 갖추고 있다. 문화와 역사성 면에서는 한류를 통해 우리나라의 브랜드 인지도가 상승하고 있고, 매니아층의 감성을 자극하는 스토리텔링을 통해 전통 명품국가의 문화와 역사성을 대체할 기반이 충분하다. 컬렉션·사교모임은 차별화된 아이디어를 활용한 SNS 홍보 전략으로 기존 명품 소비자층의 구매 채널을 대체할 수 있다. 이러한 인프라를 적극 활용하여 한국의 문화와 IoT기술이 가미된 고급 소비재를 브랜드화 할 경우 향후 고급 소비재도 우리의 유망 수출품목으로 성장할 가능성이 매우 높다. 이에 대해 한국무역협회는 몇 가지 수출 성공사례를 다음과 같이 제시하였다. 먼저 '별에서 온 그대'가 중국에서 선풍적인 인기를 끌면서 극중 천송이가 걸치고 사용한 패션 아이템이 완판을 거듭하였다. 이후 '태양의 후예'가 인기를 얻자 중국 최대 온라인 마켓인 타오바오에서는 극중 송혜교와 송중기가 착용한 패션 아이템이 불티나게 팔렸다. 송혜교가 사용한 립스틱과 원피스는 중국에서 품귀현상을 일으키기도 하였다. 다음으로 제일모직은 IT기술을 접목한 스마트 골프의류를 출시했다. 빈폴 골프웨어는 옷에 부착된 NFC(근거리무선통신) 태그를 통해 라운딩할 골프장의 남은거리, 방향 등 분석정보를 스마트폰으로 제공해준다. 이 밖에 제일모직은 모바일 명함을 상대방에게 전송 가능한 로가디스 스마트 수트 출시에도 주력하며 명품의류의 스마트화에 앞장서고 있다.

그리고 GS홈쇼핑은 2015년 140종, 총 20만 개의 한국상품을 홈쇼핑을 통해 해외로 수출하였다. 롯데홈쇼핑은 대만 내에서 홈쇼핑 1위 기업으로 자리매김하면서 중국, 베트남 등에 진출하였으며, 현대홈쇼핑도 태국과 베트남 진출을 시작으로 말레이시아, 인도네시아 진출을 추진 중이다. 홈쇼핑을 통한 주요 수출품목은 주방용품, 이미용품 등이며 화면을 통해 시연을 보여줌으로써 소비자들의 신뢰도를 높이는 것이 성공전략의 비결로 꼽힌다.

### 10) 중동시장과 새로운 수출유망시장

중동은 아시아와 유럽을 연결하는 서아시아와 북아프리카의 국가들로 풍부한 천연자원과 막대한 성장 잠재력을 보유하고 있다. 우리나라는 중국과 미국시장 의존도가 높기 때문에 시장다변화 차원에서 국제유가 회복으로 경제가 회복되고 있는 중동시장을 수출유망시장으로 적극 활용할 필요가 있다. 중동은 18세 이하 인구가 전체의 35.0%, 20~30대의 비중이 34.3%에 달할 정도로 젊은 인구를 보유하고 있어 시장 확대에 매우 유리한 조건을 갖추고 있다. 또한, 각국 정부에서 국가 경제의 에너지 의존도를 낮추기 위해 산업다각화 정책을 추진하는 등 균형 경제발전에 주력하고 있어 우리기업에게 기회요인이 되고 있다.

우리나라의 중동 내 1위 수출대상국은 UAE이며, 사우디아라비아와 이란이 그 뒤를 잇고 있다. 우리나라는 주로 중동에 중간재를 수출하고 1차 산품을 수입하는 상호보완적인 무역구조를 띠고 있으나 아직 중동 수입시장 내 비중은 크지 않은 편이다. 우리나라의 중동 수입시장 점유율은 2.7%에 불과하여 중국(11.3%), 미국(7.9%), 독일(5.2%), 일본(3.3%) 등에 비해 크게 뒤져있어 진출 확대를 위한 노력이 필요하다.

중동으로의 수출을 확대하기 위해 주목해야 할 분야로는 소비시장과 의료시장, 할랄시장 등이 꼽힌다. 먼저 중동의 소비시장은 유리한 인구구조와 높은 구매력에 힘입어 성장세가 지속될 것으로 보인다. 한편, 여성의 경제활동이 늘고 온라인 및 모바일 환경이 발달하며 여성 소비자와 온라인 유통·홍보채널이 소비시장의 주요 트렌드로 주목받고 있다. 중동의 뛰어난 의료 인프라와 높은 의료서비스 수요를 겨냥한 의료기기 및 의약품 수출에도 주목할 필요가 있다. 특히, 2017년에는 우리나라의 UAE로의 의료기기 수출이 18.4%, 의약품 수출이 19.7% 증가한 가운데 현지 헬스케어 인프라 투자 확대가 전망되어 우리기업의 수출기회가 늘어날 것으로 보인다. 마지막으로 전체 인구의 약 80%가 무슬림인 중동에서는 할랄 시장을 빼놓을 수 없다. 최근에는 식품 외에도 화장품, 의류, 제약, 위생용품, 관광 등 할랄 시장이 다양한 분야로 확대되고 있다. 우리 기업들은 과거 할랄 가전제품으로 중동 소비자를 사로잡은 바 있으며, 기존 제품에 현지 특성을 고려한 기능을 추가하는 창의적인 노력이 지속되어야 한다.

### 11) 프론티어 시장 아프리카, 마지막 남은 수출유망시장으로 부상

아프리카는 최근 정치·경제적 발전과 함께 자원개발 시장으로서의 전략적 가치가 더해지면서 신흥시장으로 부상하고 있다. 미국, 영국 등 선진국과 중국, 인도 등 신흥국을 중심으로 아프리카 진출이 본격화되고 있는 현시점에서 후발주자인 우리나라의 전략적 진출방안 모색이 필요하다. 아프리카의 2000년부터 2015년까지의 경제성장률은 15년 연속 세계 평균치를 상회하였을 정도로 빠른 경제성장을 보이고 있다. 2016년과 2017년에는 세계 경기 침체와 원자재 가격 하락의 영향으로 성장 폭이 다소 줄어들었으나 세계 경기가 회복되는 2018년부터는 3% 이상의 경제성장률을 회복할 것으로 전망된다.

아프리카는 중국, 인도, 미국과의 교역 비중이 높으며 우리나라와의 교역은 미미하다. 중국으로부터의 수입 비중은 17.5%, 중국에 대한 수출 비중은 7.8%로 교역 규모가 가장 크다. 2017년 우리나라의 아프리카에 대한 수출은 75.3억 달러, 수입은 53.5억 달러로 5년 연속 무역수지 흑자를 유지했다. 우리나라에서 아프리카로 가장 많이 수출하는 품목은 선박해양구조물 및 부품이며 석유제품, 자동차, 합성수지 등이 뒤를 이었다.

아프리카 시장 진출을 확대하기 위해 주목해야 할 분야로는 소비재·IT·자동차·건설 시장이 꼽힌다. 먼저 소비재 시장에서는 도시화와 소득수준 향상 등으로 2015년부터 2025년까지 연평균 3.8%의 가계소비 성장이 전망된다. 가격보다 품질을 중시하는 젊은 중산층의 증가와 온라인 쇼핑몰 등 새로운 유통채널의 확대는 우리 기업의 수출에 긍정적으로 작용할 것으로 예상된다. IT제품 시장은 인터넷 인프라의 발달과 함께 꾸준히 성장세를 유지하고 있으며, 특히 스마트폰 등 모바일 시장의 성장 잠재력이 높다. 정부의 기술투자 확대와 현지 기업 수요 증가로 IT제품에 대한 수요는 계속 늘어날 전망이며, 삼성 전자, LG전자 등 한국산 휴대폰의 점유율이 매우 높아 모바일 관련 업계의 진출이 유망하다.

그리고 향후 3년간 아프리카의 자동차 판매 증가율은 세계 평균을 상회해 2021년 자동차 판매는 130만 대를 넘을 것으로 전망된다. 아프리카 자동차 시장이 가진 높은 성장 가능성과 저렴한 인건비를 이유로 현지 진출하는 자동차 생산기업이 늘어나면서 자동차부품 시장 역시 주목할 필요가 있다. 또한, 대규모 건설 프로젝트가 풍부한 아프리카의 건설업 시장규모는 연평균 5% 이상의 성장을 보이며 2021년 125만 달러로 늘어날 전망이다. 중장비, 건자재 시장도 활성화됨에 따라 우리나라가 수출경쟁력을 갖추고 있는 건설시장 관련 제품의 진출기회가 커질 것으로 보인다.

우리 기업의 효과적인 아프리카 시장 진출을 위해서는 아프리카 전체를 하나로 보는 획일적인 접근보다 개별시장의 특성을 고려한 맞춤형 전략의 수립이 중요하다. 아프리카 대륙의 49개 국가마다 자원분포, 인구특성, 경제발전 및 소득수준 차이가 매우 크고, 그만큼 시장 니즈도 다양하기 때문이다. 특히, 많은 국가들에 대해서는 단기적인 이익 추구를 넘어서 장기비전을 가지고 연구개발 투자, 산업협력, 공적 개발원조 등을 통한 동반성장 전략의 병행이 필요하다.

# 제2장 해외마케팅과 이문화

기업이 해외마케팅을 효과적으로 이행하기 위해서는 먼저 경영학에서 다루는 마케팅에 관한 기본적인 개념을 이해하는 것이 중요하다. 왜냐하면 마케팅 개념을 정확하게 이해하고 있어야 해외마케팅 전략을 체계적으로 수립하고 이행하는데 도움이 되기 때문이다. 따라서 이하에서는 해외마케팅과 관련된 마케팅의 개념, 특징, 유형, 전략 등을 구체적으로 설명하였다.

## 01 마케팅의 기본 개념 이해

### 1) 마케팅 개념의 변화

비즈니스 환경이 물리적인 산업사회에서 디지털 산업사회로 급속히 변화됨에 따라 마케팅의 개념과 수단이 달라지고 있다. 최근에는 인터넷을 활용한 다양한 마케팅 기법이 일반화되고 있다. 예를 들어 인터넷 또는 온라인 마케팅(Internet or Online Marketing)은 인터넷 가상공간에서 고객과의 관계 형성 및 실시간 쌍방향 커뮤니케이션을 통한 판매행위를 의미하는 것으로 기업은 인터넷을 통해 고객에게 제품을 판매하고 소비자는 서비스를 받기 위해 인터넷으로 판매자를 접촉하게 된다. 이하에서는 인터넷 시대에 마케팅 개념이 어떻게 변화하고 있는지에 대해 자세히 알아보고자 한다.

### (1) 마케팅 목표의 변화

최근 들어 마케팅의 목표는 시장점유율 보다는 고객 확보에 초점이 모아지고 있다. 장기적인 관점에서 고객 가치를 판단하고 고객의 확보·유지 노력은 시장점유율 유지에 비해 비용이 적게 들며 기업의 이익을 높이는 방안이 되고 있다.

### (2) 마케팅 전략의 변화

구매의사가 있는 고객을 선별하여 집중적인 마케팅을 전개하기 위한 수단으로 인터넷이 활용되고 있다. 지금은 대중(mass) 마케팅보다는 표적 마케팅, 일대일(one-to-one) 마케팅 또는 인터넷 마케팅이 전략적인 대안으로 떠오르고 있다.

대중 마케팅(mass marketing)은 판매자가 구매자를 대상으로 하나의 표준 제품을 대량으로 생산, 유통 및 촉진 활동을 벌이는 것을 말한다. 표적 마케팅(target marketing)은 전체 시장을 몇 개로 세분화하고, 이중에서 하나 또는 몇 개의 세분화된 시장을 선정하여 각 시장에 적합한 제품과 마케팅 방식을 적용하는 것을 의미한다. 일대일 마케팅(one-to-one marketing)은 인터넷을 통한 쌍방향 커뮤니케이션의 장점을 활용하여 고객의 불만사항이나 의견을 접수하거나 고객의 프로파일, 소비자의 구매형태, 라이프 스타일 등을 DB화 하여 마케팅을 전개하는 것을 말한다. 인터넷을 통해 다량의 정보전달이 가능하고 잠재고객과 우수고객 집단에 대한 전자우편, 메일링 리스트, 홈페이지 등을 통해 고객 의견 수렴이 가능하다.

### (3) 마케팅 과정의 변화

지금은 많은 고객들에게 제품을 판매하는 것보다 한 명의 고객에게 다양한 제품을 반복적으로 판매하는 것이 더 중요해지고 있다. 이를 위해서는 고객과의 장기적인 관계 형성이 필수적이다.

**마케팅 개념의 변화**

| 구분 | 대중마케팅 (mass marketing) | 표적마케팅 (target marketing) | 일대일마케팅 (one-to-one marketing) or 인터넷 마케팅 |
|---|---|---|---|
| 대상 | 대중 | 표적집단 | 개인 |
| 시장접근방법 | 비차별적 마케팅 | 차별적 마케팅 | 데이터베이스 마케팅 |
| 마케팅 목표 | 시장점유율, 매출액, 고객만족도 | | 고객점유율, 고객만족, 매출액 |
| 경제원리 | 규모경제(economies of scale) | | 범위의 경제 (economies of scope) |
| 관리 | 제품관리 | | 고객관리 |
| 커뮤니케이션 | 단방향(one-way) | | 쌍방향(two-way) |

## 2) 마케팅 패러다임 변화

### (1) 시장(market)

종전에는 소비자가 일부 점포의 가격비교만으로 제품을 구매하였으나, 이제는 하나의 인터넷 사이트에서 가격비교가 가능하기 때문에 가격수준이 점차 인하되고 있다. 기업은 소비자가 경쟁사의 가격과 제품내용을 상세하게 파악하고 있다는 점을 염두에 두고 마케팅 활동을 전개해야 한다.

### (2) 소비자(consumer)

정보화 시대의 소비자는 "Prosumer(생산자 = 소비자 : consumer와 producer의 합성어)"로 지칭되는데, 이는 소비자가 제품생산에 참여하고 소비하는 것을 의미한다. 기업은 소비자의 제품생산 참여를 통해 소비자 욕구를 충분히 파악하고 반영할 수 있으므로 시장조사 비용을 절감할 수 있다. 따라서 온라인 마케팅에서는 상호작용, 실시간, 멀티미디어라는 특징을 활용하여 소비자들을 제품개발 프로세스에 참가시키는 '프로슈머형' 마케팅 전략이 필요하다.

### (3) 제품(product)

인터넷의 등장으로 제품의 모방이 빨라지게 되어 제품의 품질 경쟁력을 유지하고 경쟁기업과 제품의 기능 및 서비스를 차별화하기가 점점 어려워지고 있다.

### (4) 가격(price)

인터넷 상에서 가격은 일반적으로 저가화, 무료화, 역가화, 탈가화 되는 추세이다. 저가화는 업체 간 경쟁으로 인해 가격이 과거에 비해 저렴해지는 것을 말한다. 무료화는 회원 확보 경쟁으로 인해 무료 이메일 계정, 무료 접속, 무료 정보 제공 등을 의미한다. 역가화는 소비자가 가격을 결정하는 '역시장(reverse market)'이 등장하는 것을 말하며, 탈가화는 가격의 개념을 넘어 '무료+α'의 현상이 나타나는 것을 의미한다. 이는 고객이 광고를 보면 돈을 주는 것과 유사한 개념이다.

#### (5) 유통(distribution)

소비자는 인터넷을 통해 세계의 어떤 상품이라도 직접 제조업체에 주문할 수 있게 되었으며, 이로 인해 중간상의 역할이 배제되고 있다. 앞으로 중간상이 배제되는 현상이 심화되면서 과거의 중개업 역할이 재정립될 것으로 보인다.

#### (6) 촉진(promotion)

정보화시대에는 인터넷이 쌍방향(interactive) 커뮤니케이션을 가능하게 하므로 촉진의 성격도 변화되고 있다. 이로 인해 디지털 시대에는 단절 없는 One-stop 구매가 가능하다.

### 3) 마케팅 방식의 변화

인터넷을 활용한 마케팅은 기존의 방식에 비해 진행순서에는 별다른 차이는 없으나 업무처리 방법과 수단에서는 과거와 큰 차이가 있다. 즉, 기업은 전자우편, 인터넷 전화·팩스 등을 이용하여 저렴한 비용으로 상담을 전개하고 수출계약을 체결할 수 있다. 아울러, 상품주문이나 대금결제 등도 인터넷으로 할 수 있으며, 화물 흐름도 인터넷을 통해 실시간으로 파악할 수 있다. 또한, 기업은 인터넷상의 자사 홈페이지나 거래알선사이트, 유튜브, 소셜미디어(SNS), 메일링 리스트 등을 통해 자사제품과 서비스를 해외에 홍보하고 신제품이나 바이어 정보를 신속하게 입수할 수 있다.

이외에도 인터넷을 활용한 수출마케팅은 오퍼상 등 중간상을 배제하여 거래비용 절감, 시간과 장소의 제약 해소, 양방향 통신을 통한 고객만족의 극대화 등 여러 가지 이점을 가져다준다. 즉, 인터넷을 무역거래에 활용하게 되면 시간과 공간의 제약이 사라져 24시간 실시간으로 전 세계 어디서나 상품교역이 가능하여 판매거점이 필요 없게 된다. 기존의 무역거래는 상품전시를 위한 물리적 공간을 필요로 했으나 온라인 수출마케팅에서는 네트워크에서 국가 간 상품이나 서비스가 교환되므로 물리적인 장소가 필요 없게 된다.

**| On-Off Line 해외마케팅 방식 비교 |**

| 구분 | 기존 해외마케팅 방식 | 인터넷을 활용한 마케팅 방식 |
|---|---|---|
| 품목선정·정보수집 | • 거래알선기관, 직접방문, 해외전시회 참관 | • 국내외 거래알선사이트 등 인터넷 정보검색 |
| 제품홍보·마케팅 | • 카탈로그, 매체광고, 전시회, 상담회 참가 등 | • 홈페이지 구축, 메일링 리스트, 무역알선사이트 등록, SNS , 사이버 전시회 |
| 의견교환·계약 | • 국제전화·팩스, 우편, 출장 | • 전자우편, 인터넷 전화 / 팩스, 화상대화시스템, SNS 등 |
| 대금결제 | • 신용장, D/A, D/P 등 | • 무역카드, 전자화폐, 전자자금이체 |
| 운송서류 | • 종이서류 | • 전자서류 |

## 4) 마케팅 성공 필수 요소

### (1) 제품경쟁력

자사제품이 경쟁사의 제품과 비교하여 기능, 품질, 가격, 디자인, 용도 면에서 차별성과 독창성이 있어야 한다. 일반적으로 제품경쟁력 평가요소는 성능, 디자인, 브랜드, 품질, 용도, 상품수요와의 일치 정도, 경쟁제품과의 차별성 등이다. 제품가치 평가요소는 제품이 추구하는 기본 기능, 제품의 수명, 제품의 부가기능, 시청각적 평가(디자인), 사용의 편리성, 기능의 효율성, 사용 시 경제성, 단순성과 복잡성, 크기 등을 말한다.

### (2) 시장성

제품가격도 경쟁력의 주요 부분을 차지하는데, 일반적으로 우리나라 수출제품의 가격은 선진국과 개도국 간 샌드위치 상황에 놓여 있다. 수출초보기업이 개도국과 선진국 시장을 함께 개척하기 위해서는 가격경쟁력을 확보하는 것이 무엇보다 중요하다. 세계경제의 침체 여파로 선진국 소비자들도 품질은 좋으면서 가격이 저렴한 제품을 구매하는 경향으로 소비 성향이 바뀌고 있기 때문이다. 아무리 품질이 우수하더라도 합리적인 가격수준을 갖고 있지 못하면 해외시장 개척에 어려움을 겪게 될 것이다. 따라서 수출기업은 목표시장의 소비자들의 구매력과 경쟁상태 등을 반영하는 합리적인 수출가격 정책을 수립해야 한다.

### (3) 영업능력

기업은 수출시장 개척을 수행할 수 있는 자체 전문인력과 인프라를 갖추고 있어야 한다. 영업능력은 제품과 서비스를 외국의 고객에게 판매하기 위해 전개하는 광고홍보, 유통촉진 및 거래 시 제공되는 각종 서비스 능력을 말한다. 영업의 기본 요소에는 시장조사, 상품기획, 유통망, 판매촉진, 가격, 경쟁대응, 브랜드 인지도, 대금회수 능력 등이 있다.

#### (4) 관리능력

생산에 필요한 재료와 부품을 저렴하고 신속하게 조달하는 구매관리 능력도 필요하다. 대만의 중소기업은 공동구매 시스템을 구축하여 우리나라 중소기업에 비해 부품과 원자재를 매우 효율적으로 조달하여 제조원가를 낮추고 있다. 경쟁사에 비해 브랜드가 유사한 경우에는 서비스의 질적 수준이 경쟁우위를 결정한다. 여기에는 적기 납기준수, 사후관리, 정확한 수량, 안전하고 견고한 포장 등의 요소가 있다.

#### (5) 정보수집능력

21세기 정보화시대에는 정보수집 능력이 기업 경쟁력의 핵심요소로 부각되고 있다. 경쟁우위 확보를 위해서는 정보수집 능력과 활용 능력이 매우 중요하다. 수출은 원격지 시장을 대상으로 하기 때문에 신속하고 정확한 정보수집과 적절한 사용이 거래성공의 지름길이다. 이러한 점에서 인터넷을 적극 활용하여 해외마케팅의 효율성을 제고하는 노력이 필요하다.

### 5) 온라인 시대의 마케팅 유형

#### (1) 데이터베이스(DB) 마케팅

이는 고객, 경쟁사, 산업 정보 등 1차 데이터를 직접 수집·분석하고 이를 기초로 마케팅 전략을 수립하는 것을 말한다. 즉, 고객이 무엇을 얼마나 자주 구입했는지, 어느 고객이 어느 매장에서 어떤 유형의 제품을 구입했는지, 그리고 특정 고객층의 재 구매 시기는 언제쯤인지 등과 같은 데이터를 갖고 고객의 성향을 분석한다. DB마케팅은 대량판매를 목적으로 불특정 다수를 고객층으로 하는 Mass 마케팅과 달리 고객과의 개별접촉을 전제로 한다.

#### (2) 일대일 마케팅

일대일 마케팅(one to one marketing)은 소비자와 공급자가 인터넷을 통해 일대일로 사이버 공간에서 직접 만나 거래하는 것을 말한다. 일대일 마케팅의 개념은 새로운 구매자를 유치하는 것보다 기존의 단골을 관리하는 것이 비용이 적게 든다는 점에 기초하고 있다. 일대일 마케팅은 다음과 같은 장점이 있다.

- 일대일 방식으로 직접 고객과 사이버 공간에서 대면하므로 그들의 요구사항을 보다 정확하게 수용할 수 있어 고객관리가 용이하다.
- 고객이 전자상점을 통해 필요 정보를 제공받고 그들의 주장을 직접 반영할 수 있는 통로가 열리므로 시간과 비용이 절약되고 자신의 흥미와 관심에 맞는 유익한 정보를 제공받는다.
- 공급자와 고객 간 대화를 통한 의견수렴이 가능하여 상호 단점을 보완할 수 있다.

### (3) 관계마케팅

종래의 마케팅은 고객과의 지속적 관계보다 거래성사를 강조한 반면, 관계마케팅(relationship marketing)은 고객과의 관계를 형성, 유지 및 발전시키는 새로운 개념의 마케팅이다. 즉, 고객과의 모든 접점에서 발생하는 데이터를 통합된 정보로 구축하여 이를 바탕으로 고객유지, 고객가치 증대, 신규고객 유치 등의 목적을 도모한다. 그리고 선별된 고객과의 장기적이고 수익성 있는 관계를 구축하여 고객가치를 극대화하고 기업의 매출을 증대시키는 목적도 갖고 있다.

### (4) 이메일 마케팅

이메일 마케팅(e-mail marketing)은 기업이 고객에게 이메일을 통해 제품을 소개하고 각종 인센티브를 제공하여 구매를 유도하는 것을 말한다. 그러나 이메일 마케팅 전개에 있어 스팸메일과 같이 고객이 원치 않는 광고나 홍보성 메시지를 보낸다면 오히려 부정적인 효과를 초래할 수 있음을 유의해야 한다.

### (5) 바이럴 마케팅

바이럴 마케팅(viral marketing)은 바이러스가 퍼지듯 마케팅 메시지가 온라인상에서 확산되는 것으로서 기업의 마케팅 메시지를 접한 고객이 인터넷상의 이메일이나 배너, SNS 등 여러 수단을 통해 인접한 고객이나 홈페이지에 전달하는 기법이다. 이는 오프라인에서의 구전(word of mouth) 마케팅과 유사한 개념이며, 벤처 캐피털 회사인 Draper Fischer Jurvetson이 1998년에 처음 사용한데서 비롯되고 있다.

### (6) 제휴마케팅

제휴마케팅(affiliate marketing)은 예를 들어 아마존 닷컴(amazon.com)이 여러 웹사이트에 수수료를 주고 아마존의 책을 판매하도록 유도하는 이른바 상품을 판매하는 전자상거래업체와 이를 잘 판매할 수 있는 웹사이트를 링크하여 거래가 발생할 경우 수익을 자동 배분해주는 방식을 말한다. 모든 웹사이트는 바로 이곳에서 특정 서적을 구입할 수 있다고 사이트 방문자에게 알려주는 작은 배너를 올려놓게 된다. 방문자가 아마존 배너를 클릭하면 순간적으로 아마존의 웹사이트로 옮겨가게 되고 방문자는 이를 통해 책을 구입할 수 있다. 매출의 일정 부분은 수수료로 그 웹사이트에 돌아간다. 링크프라이스(www.linkprice.com)가 대표적이다.

#### (7) SNS 마케팅

기업은 Facebook, Twitter, Instargram, Wechat 등 소셜네트워크 서비스(SNS)를 해외마케팅 활동에 적극 활용하고 있다. 이를 통해 기업은 제품을 효과적으로 홍보하고 신규 바이어를 발굴할 수 있으며, 제품과 디자인을 개발할 때 해외 소비자 니즈를 적극 반영할 수 있다. 아울러, 해외바이어 조사 및 거래성사까지의 시간도 크게 단축시킬 수 있다.

## 02 온라인 해외마케팅의 특징 및 영향

### 1) 온라인 해외마케팅의 특징

인터넷은 국경에 의해 제약받지 않고, 문자, 음성, 그림, 동영상에 이르는 다양한 멀티미디어 정보를 기업과 고객 간에 실시간 교환이 가능하게 한다. 이러한 인터넷은 전 세계적인 연결성, 효과적인 정보공유, 낮은 거래비용, 양방향성 등의 장점을 갖고 있어 그 활용 여부에 따라 해외마케팅 성과는 크게 달라진다. 특히, 중소기업은 인터넷을 통해 마케팅 활동을 수행함으로써 대기업에 비해 불리한 약점을 보완할 수 있다.

한편, 온라인 해외마케팅은 기존 방식에 비해 마케팅 강화, 전략적 경쟁우위 확보, 업무절차 개선, 비용절감 등 다양한 이점을 제공한다. 우리나라 수출입 업체의 인터넷 해외마케팅 도입 이유는 해외 거래선 발굴, 해외시장정보 수집, 자사제품의 해외홍보 등 시장개척 및 마케팅으로 나타났으며, 무역업무 신속화 및 간소화를 통한 인건비, 광고비 등 비용절감의 동기도 큰 것으로 분석되었다.

#### (1) 비용절감에 기여

온라인 해외마케팅은 수출기업에게 커다란 비용절감 효과를 제공해 준다. 과거에는 거래선을 찾기 위해 다수의 잠재 바이어에게 직접 거래제의서한(circular letter)을 작성하여 우편이나 팩스로 보내 전송비용, 작업비용, 샘플비용 등이 많이 들었지만 인터넷을 이용할 경우 비용을 절감할 수 있다. 즉, 수출상담 시 기존의 전화 또는 국제우편 대신 인터넷 전화·팩스를 이용하게 되면 국제 통신비용을 절감할 수 있다. 따라서 인터넷은 정보의 흐름과 통신을 저렴하고 신속하게 하여 거래비용을 실질적으로 낮추는 효과를 가져 온다. 이러한 비용절감 효과는 기업내부 조직 또는 관리상의 효율성을 높이고 공급자간 경쟁력 향상에도 기여한다.

### (2) 시간단축 및 절차개선에 기여

수출기업은 인터넷을 해외마케팅 업무에 도입하여 절차를 개선하거나 시장개척에 따른 소요 기간을 단축시킬 수 있다. 수출계약 조건을 협의할 때 인터넷을 이용함으로써 바이어와 즉각적인 의견교환이 가능하다. 따라서 온라인 해외마케팅은 기존 방식에 비해 시간을 크게 절약하고 효율성을 향상시킬 수 있다. 즉, 기업이 기존방식으로 거래선을 발굴할 경우 무역유관 기관을 직접 방문하여 해당업체의 목록을 찾아 그들에게 우편이나 팩스로 권유장과 오퍼를 발송하여 주문이 올 때까지 기다려야 했으나 인터넷을 이용하면 저렴하고 효과적인 방법으로 이 과정을 수행할 수 있다.

### (3) 효율적인 시장조사 및 분석

인터넷을 통한 시장조사는 기업규모에 상관없이 모든 기업에게 혜택을 주지만, 중소기업에게 더 많은 혜택을 제공해 준다. 인터넷을 통해 중소기업은 고객과 직접 접촉할 수 있을 뿐 아니라 고객의 의견이나 불만을 실시간으로 수렴할 수 있어 고객의 욕구변화나 제품에 대한 장단점을 조기에 파악할 수 있다. 이러한 정보는 새로운 제품이나 시장기회를 파악할 수 있게 하여 경쟁력이 없는 제품을 시장에서 조기에 퇴출시키고 제품전략, 가격전략, 유통전략, 촉진전략 등을 효과적으로 수립·실행하는데 도움을 준다. 이에 따라 대기업에 비해 시장 정보수집 면에서 불리하였던 중소기업의 약점이 보완될 수 있다.

### (4) 글로벌 마케팅 가능

인터넷은 국가 간 장벽이나 지리적 제한이 존재하지 않는 글로벌 네트워크로서 전 세계시장을 대상으로 시간과 공간의 한계를 극복하고 실시간으로 24시간 동안 글로벌 마케팅을 가능하게 해 준다. 즉, 국가별 독립시장이 인터넷 인프라라는 거대한 단일 세계시장으로 통합되어 수출기업은 전 세계 시장을 대상으로 인터넷을 통해 효과적이고도 저렴한 비용으로 상품을 홍보할 수 있다.

인터넷상에서는 마케팅 소요비용이 국내외 간에 큰 차이가 없다. 따라서 전 세계 시장을 대상으로 제품을 판매하고 싶어도 자본과 인력이 부족하여 시장 확대가 불가능했던 중소기업에게 인터넷은 적은 비용으로 해외마케팅을 가능하게 해준다. 더구나 온라인 해외마케팅은 해외마케팅에 수반되는 복잡한 제약조건에 구속되지 않는 이점도 있다. 전통적인 해외마케팅 활동을 수행할 경우에는 현지의 법률적 규제나 광고제한 등이 걸림돌로 작용하여 왔다.

**| 전통적 상거래와 인터넷 상거래 비교 |**

| 구분 | 전통적 상거래 | 인터넷 상거래 |
|---|---|---|
| 유통경로 | 기업 → 도매상 → 소매상 → 소비자 | 기업 → 소비자 |
| 거래대상지역 | 일부지역 | 전 세계(글로벌 마케팅) |
| 거래시간 | 제약된 영업시간 | 24시간 영업 |
| 고객수요 파악 | 영업사원이 획득한 정보 재입력 필요 | 온라인으로 수시 획득<br>재입력 불필요<br>(디지털 정보) |
| 마케팅 활동 | 구매자의 의사에 상관없는<br>일반적인 마케팅 | 쌍방향 통신을 통한 1:1<br>Interactive marketing |
| 고객대응 | Need 포착이 어렵고<br>대응 지연 | Need를 신속히 포착<br>신속히 대응 |
| 판매거점 | 판매공간 필요 | 가상공간 |

### (5) 고객접근성 제고

전통적인 마케팅은 물리적 공간에서 하루에 8시간, 일주일에 5~6일 간 주로 전화로 고객서비스를 제공하고 유지나 보수를 위해 현장을 방문하기도 하였다. 그러나 온라인 해외마케팅은 영업활동시간을 24시간으로 연장시켜 고객이 자사에 접근할 수 있는 가능성을 높여준다. 특히, 시간대가 다른 해외시장의 경우 본국의 영업시간과 상관없이 인터넷을 통해 고객이 24시간 동안 접근할 수 있으므로 매출의 증대와 신규고객의 창출에 기여한다. 이러한 이점은 대기업에 비해 해외시장에 물리적 마케팅 공간을 마련할 수 없는 중소기업에게 보다 유리하게 작용한다.

따라서 기업은 인터넷을 통해 해외마케팅을 공격적으로 수행할 수 있다. 이는 인터넷에서 오퍼를 직접 등록하거나 검색하여 즉각적이고 지속적으로 마케팅 전략을 시행할 수 있다는 것을 의미한다. 기업은 신제품을 홈페이지에 게재하여 24시간 홍보할 수 있어 광고효과를 누릴 수 있다. 기업은 인터넷을 통해 수출시장의 니즈를 신속하게 파악하여 품질개선 등에 반영할 수 있다.

### (6) 기업의 대외이미지 제고

기업은 인터넷을 통해 해외홍보를 효과적으로 할 수 있어 대외이미지를 높일 수 있다.

기업은 그래픽, 동화상, 음향 등을 저렴한 비용으로 인터넷을 통해 효과적으로 제공할 수 있어 잠재 바이어를 대상으로 자사의 이미지를 구축해 나갈 수 있다. 인터넷은 거의 모든 거래영역에서 어떤 광고목적에도 사용할 수 있는 매체가 된다. TV·라디오·신문·잡지 등의 매체는 정보가 제한되어 있으나 인터넷 광고는 광범위한 정보 제공이 가능하다. 그리고 인터넷 광고비용은 일반 잡지나 비즈니스 저널의 1/3 수준에 지나지 않기 때문에 인터넷은 중소기업이 적은 비용으로 많은 고객에게 접근하는 유용한 수단이 된다.

#### (7) 중소기업의 국제화 기여

인터넷은 중소 무역업체의 국제화에 기여한다. 인터넷 거래는 기업의 크기나 유명도보다는 어느 기업이 소비자의 욕구를 얼마나 충실히 반영해 주는가가 중요하므로 양질의 상품과 서비스 능력을 갖춘 기업은 국제적인 기업이 될 수 있다. 과거에는 주로 대기업이 시장정보를 독점하였으나 인터넷의 등장으로 중소기업도 정보를 자유롭게 입수하거나 대기업과 정보를 공유할 수 있게 되었다.

### 2) 온라인 해외마케팅의 영향

#### (1) 기업 간 경쟁 유발

온라인 해외마케팅은 국가 간 상거래, 산업구조, 기업의 경쟁력 변화 등에 영향을 미치고 있다. 온라인 해외마케팅은 기업 내부의 무역업무 절차와 관련 조직을 변화시킬 것이다. 수출기업은 인터넷 등 정보기술을 활용하여 업무를 단순화하고 불필요한 인력을 줄여 경쟁력을 향상시킬 수 있다. 특히, 인터넷은 국가 간 경계를 무너뜨리고 시장의 진입장벽을 낮추어 기업 간 경쟁을 치열하게 하고 경쟁우위의 개념을 변화시킨다. 지금까지 경쟁우위가 있던 기업이 사이버 시장에서도 당연하게 경쟁우위를 유지할 것이라는 보장이 없다. 이러한 변화는 자금력, 정보력, 유통망 등에서 불리한 입장에 있는 중소기업에게 사업영역을 확대해 주는 기회를 제공한다.

#### (2) 산업구조 및 무역거래 방식 변화

온라인 해외마케팅은 산업구조에도 영향을 주게 되어 무역, 금융업 및 서비스 분야에서 전자결제가 보편화되면 사람 중심의 은행이 시스템 중심의 전자은행으로 바뀌게 되고 신용장 위주의 무역거래와 상거래 관습에도 일대 혁신이 일어날 것이다. 특히, 인터넷에 의한 직거래 방식은 무역에 큰 영향을 미친다. 생산자와 구매자를 연결해 주던 오퍼상이나 종합상사의 역할이 인터넷으로 옮겨감으로써 그 동안 국제거래의 단순한 중개에 머무르고 있는 중소 무역업체와 오퍼상이 큰 타격을 입게 될 것이다.

또한, 온라인 해외마케팅은 거래방식에만 영향을 주는 것이 아니라 인터넷으로 유통되는 오퍼, 구매정보를 전문적으로 다루는 사람들이 등장하는 이른바 이들 정보를 기반으로 구매를 대행하는 인터넷 구매 대행업이라는 신종 업종이 등장하고 있다. 또한 기업 간 전자상거래의 영향으로 멀티미디어 컨텐츠 산업, 인터넷 구매 대행업, 인터넷 서비스업, 네트워크 인증업, 무역대행 및 컨설팅 등 새로운 산업의 등장에도 영향을 주게 될 것이다. 즉, 유통망 등의 판매능력과 자금력을 갖춘 기존의 무역중개상과는 달리 전문적으로 무역정보를 수집, 분석, 가공처리 하여 수출자와 수입자를 연결시켜 주는 새로운 형태의 무역중개상이 각광을 받게 된다. 이는 중간 유통단계의 축소에 따라 오퍼상, 바잉 오피스 등의 역할에 커다란 변화가 있다는 것을 의미한다.

### (3) 중소기업과 대기업 간 격차 축소

인터넷에 의해 형성된 새로운 사이버 시장에서는 중소기업과 대기업 간 차이가 축소될 수 있다. 기존에 특정 기업이 독점하던 바이어 정보와 시장정보 등은 인터넷을 통해 누구나 접할 수 있게 된다. 이러한 정보의 공개는 기존의 무역업자와 종합상사의 역할을 대폭 축소시켜 그 존립까지 위협하고 있다. 여러 나라에서 자재를 조달·생산하여 국내는 물론 다른 나라에 판매하는 네트워크를 구축한 창의적이고 유연한 중소기업은 국제무역 환경 변화에 탄력성 있게 대처할 수 있으며, 인터넷을 통해 새로운 기회를 발견할 수도 있다.

## 03 해외마케팅과 이문화 이해

### 1) 이문화 이해의 중요성

문화는 한 집단만이 갖고 있는 고유한 신조와 생활양식으로 외국문화 중 사소한 것을 간과할 경우 시장 진출에 실패할 수도 있다. 기업은 비즈니스 문화의 상대성과 다양성을 인정하고 문화권별 특성에 부합하는 시장접근전략을 수립할 필요가 있다. 상대방 문화에 대한 접근 방식이 비즈니스의 성패를 좌우할 수 있으므로 국제비즈니스에서 이문화에 대한 철저한 이해가 필수적이다. 즉, 수출목표 국가의 경제, 역사, 문화, 종교적 관습, 유머, 복장, 비즈니스 매너 및 스타일, 시간관념, 협상스타일, 제스처, 인사법, 색상·숫자에 대한 인식 등 문화권별로 상이한 문화적 차이를 이해해야 해외마케팅을 성공으로 이끌 수 있다.

따라서 제품과 서비스를 각국 문화와 현지 소비자들의 기호와 니즈에 맞게 디자인, 색상, 크기, 포장 등을 변경할 필요가 있다. 예를 들어 대우일렉트로닉스는 주거 및 쇼핑 문화에 대한 소비자들의 기호 차이를 고려하여 일본과 같이 전기를 절약하고 작은 사이즈를 선호하는 국가의 경우에는 120리터의 소형 냉장고를, 미국과 같이 주말 쇼핑 문화를 갖고 있는 국가를 겨냥해서는 300리터 대형 냉장고를 출시하여 높은 판매실적을 거둔 사례가 있다. 이외에도 LG전자는 적당한 놀이 문화가 없는 터키 가정의 특성을 반영하여 노래방 기능이 부착된 TV를 출시하여 터키시장에서 선풍적인 인기를 모은 사례가 있다. 해태전자도 중국 부유층 소비자들의 과시욕을 반영하는 인켈 브랜드 뮤직 박스를 출시하여 높은 판매실적을 거두었다. 이러한 사례는 문화적인 요소가 비즈니스에 직접적인 영향을 미친다는 것을 보여주고 있다.

## 2) 이문화가 해외마케팅에 미치는 영향

### (1) 문화적 인식(culture marketing)

문화적 인식은 국가 또는 지역별로 상이하다. 예를 들어 선물에 대한 인식과 관행도 국가마다 다르다. 일본인들은 상대방을 방문할 때 선물을 준비하는 것에 익숙해져 있는데 비해, 미국이나 중동 사람들은 선물에 대해 별다른 의미를 두지 않는다. 그리고 선물의 종류에 대한 선호도도 국가마다 차이가 있다.

국가 간 문화적 차이를 반영하여 해외시장에 진출하기 위한 마케팅 기법을 '문화마케팅(culture marketing)'이라고 하는데, 이를 통해 비즈니스 성과를 거둔 사례가 있다. 우리나라의 농심은 1995년 중국의 라면시장에 처음 진출할 때 양국의 문화적 차이를 적극 활용하였다. "음식은 곧 문화"라는 말이 있듯이 그 당시 일본이나 중국 라면에 익숙해져 있는 중국 소비자들을 잡기 위하여 한류를 경험한 젊은 신세대를 적극 공략하였다. 한 국가의 음식 문화는 짧은 기간에 바뀌는 것이 아니므로 농심은 문화라는 컨셉을 내세워 젊은 소비층을 공략하였다. 중국에서 라면 조리법은 한국과 차이가 있기 때문에 외국기업이 그 나라의 조리법을 바꾼다는 것은 어려운 일이었다. 그래서 농심은 "라면은 끓여먹어야 제 맛"이고 "매운 맛을 모르면 사나이가 아니다"라는 마케팅 메시지를 만들어서 대대적인 캠페인을 전개하면서 신세대 젊은 층 소비자의 자존심을 자극하였다. 이와 함께 농심은 고급제품의 이미지를 부각시키기 위해 기존의 일

본 및 중국 라면과의 가격 차별화전략을 구사하였다. 결국 농심 라면은 중국시장에서 매운맛을 가진 유일한 고급 라면이라는 이미지를 확립하는데 성공하였다.

이외에도 우리나라의 중소 수출업체들이 차의 본고장인 중국에 유자차를 성공적으로 수출한 사례도 있다. 우리나라의 유자차 수출업체들은 중국에는 이미 차시장이 폭넓게 형성되어 있으므로 잠재적 소비자들이 많고 중국인들은 단맛과 황금색을 좋아하기 때문에 유자차가 그들의 이러한 욕구를 충족시키기에 안성맞춤이었다. 그리고 유자차 수출업체들은 웰빙 식품이라는 점을 내세운 역발상 마케팅 기법을 활용하여 틈새시장을 적극적으로 공략하였다. 이를 위해 한국의 유자차 수출업체들은 중국 각지에서 열리는 다양한 형태의 식품전시회에 지속적으로 참가하여 시식 체험을 통해 현지 소비자들에게 유자차의 존재감을 적극적으로 알린 결과 급기야 중국 수출에 성공하는 쾌거를 이루었다.

### (2) 소비자 기호

소비자 기호는 해당 국가의 문화적 관습, 국민성, 상관습 등의 영향을 받게 되므로 국가 간에 차이를 보인다. 따라서 기업이 국내에서 판매되는 제품을 그대로 해외시장에 판매한다는 것은 사실상 어려운 일이며 수출목표 국가의 소비자 기호와 니즈를 잘 파악해서 수출제품을 변경하거나 새로운 제품을 개발하여 시장에 접근해야 한다. 이러한 사실은 몇 가지 비즈니스 성공 사례를 통해서도 알 수 있다. 삼성전자는 2016년 인도에 "모기 퇴치 TV"를 출시하여 선풍적인 인기를 모았으며, 이를 모기가 많은 필리핀, 스리랑카 등의 동남아국가에도 판매해 좋은 실적을 거두었다. 이러한 TV는 모기가 싫어하는 초음파를 발생시켜 모기를 자동으로 퇴치하는 원리이다. 이외에도 삼성전자는 현지 소비자들의 기호와 니즈를 반영하여 인도에 크리켓모드 TV, 중남미에 사커모드 TV, 캐나다에 아이스하키모드 TV, 호주 및 뉴질랜드에 럭비모드 TV, 아프리카에 배터리 TV 플러스(정전 시 최장

90분간 시청 가능)를 출시하여 좋은 반응을 얻었다.

이와 함께 2016년 삼성전자는 인도 소비자들의 기호를 반영하여 전자동 세탁기 상단에 애벌빨래용 빨래판이 부착된 "손빨래 액티브 워터 워시 세탁기"를 출시하여 좋은 반응을 얻었다. 동부대우전자도 중동의 무슬림 시장을 공략하기 위하여 히잡이 망가지지 않도록 부드럽게 세탁할 수 있는 세탁기를 출시하여 좋은 성과를 거두었다.

그리고 2003년 LG전자는 중동 시장에 나침판 기능이 부착된 '메카폰'을 출시하여 좋은 반응을 이끌어 냈다. 중동 국가의 종교적 관습에 따른 소비자들의 니즈를 반영하여 기존 휴대폰에 무슬림의 성지인 사우디아라비아 메카 방향을 알려주는 나침판을 부착한 것이 주효했다. 무슬림들은 하루에도 다섯 번씩 메카를 향하여 기도하는데 가끔 엉뚱한 방향으로 기도하는 경우가 있다는 점에 착안하여 중동 사람들의 불편을 해소시켜 주기 위해 이 같은 제품을 출시하여 좋은 성과를 거두었다.

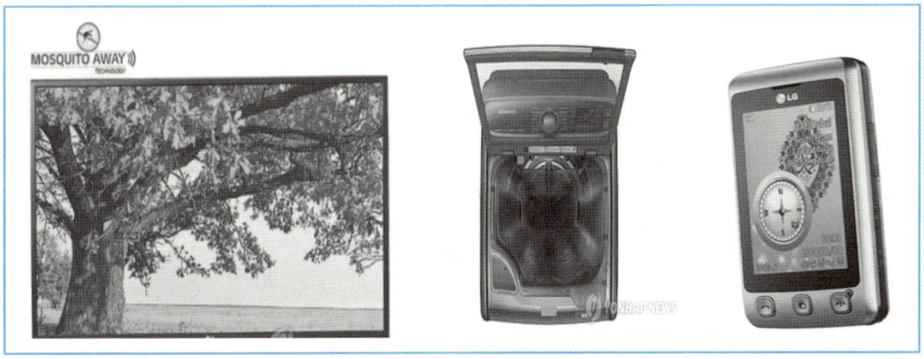


이외에도 아침 식사용 시리얼 메이커인 미국의 Cornflake사는 일본의 아침 식습관과 식문화를 제대로 파악하지 못해서 일본시장 진출 초창기에 많은 어려움을 겪은 사례도 있다. 일본 사람들은 아침 식사 때 주로 쌀밥에 소찬을 먹는 아침 식문화가 존재한다는 사실을 간과하였는데, 이러한 식습관은 하루아침에 바뀔 수는 없었다. 코카콜라도 칠레시장에 진출할 때 칠레인들은 콜라보다는 포도주를 선호한다는 점을 간과하여 시장개척에 어려움을 겪기도 하였다.

### (3) 상표 및 브랜드 인식

상표와 브랜드도 제품 판매에 큰 영향을 미치기 때문에 기업은 상표나 브랜드 네이밍(brand naming)에 신경을 많이 써야 한다. 기업이 이를 간과하여 시장진출에 실패한 사례가 있다. 인도인들은 부엉이를 부정하게 생각하므로 절대로 상표에 부엉이가 표시되어 있으면 판매가 불가능하다. 중동의 이슬람국가에서도 동물을 우상 숭배로 간주하기 때문에 상표가 동물로 표시되어 있으면 소비자들로부터 외면 받을 가능성이 높다. 미국 GM사가 라틴시장을 공략하기 위해 영어로 '신성(New Star)'이라는 의미의 'NOVA'브랜드의 승용차를 출시했으나 좋은 반응을 얻지 못했다. 그 이유는 NOVA는 스페인어로 "나가지 않는 것(no go)"이라는 의미를 갖고 있어 라틴 소비자들에게 부정적인 인식을 주었기 때문이다.

이러한 점에 비추어 볼 때 현지국의 문화에 부합하는 상표와 브랜드 네임을 활용하는 것이 매우 중요하며, 특히 중국시장에 진출할 때에는 이를 중요하게 생각해야 한다. 중국시장에 진출할 때 국내의 상표나 브랜드를 그대로 사용하게 되면 중국 소비자들로부터 외면 받을 가능성이 높다. 이런 이유로 인해 맥도널드, KFC 등 다국적 기업들도 중국 소비자들에게 가깝게 다가가기 위해 자신들의 영어 브랜드 네임을 포기하고 중국어 브랜드 네임으로 상표를 변경하여 사용하고 있다.

## (4) 색상에 대한 인식

색상(color)은 기업을 상징하는 강력한 마케팅 무기가 될 수 있지만 잘 못 사용하게 되면 비즈니스에 부정적인 영향을 미칠 수 있다. 특히, 국가마다 색상에 대한  인지도, 의미 및 기호가 상이하므로 소비자의 제품구매와 기업의 이미지에 커다란 영향을 미친다. 따라서 기업은 제품 디자인이나 포장에 수출목표 국가 소비자들이 선호하는 색상을 잘 활용해야 현지 소비자들로부터 좋은 반응을 이끌어 낼 수 있다.

**국가별 색상 인지도**

- 녹색 : 중동 국가는 선호하지만 정글지역 인들에게는 죽음을 상징하고, 프랑스와 스웨덴에서는 화장품 연상
- 흑색 : 구미 국가는 죽음 상징, 한국과 일본은 백색이 죽음 상징
- 보라색 : 중남미 국가는 죽음 연상, 일본에서도 부정적 이미지
- 황색/오렌지색 : 대부분 국가에서는 기쁨을 상징하지만, 멕시코인에게는 죽음을 상징
- 청색 : 대부분 국가에서 남성적인 색으로 간주되나 이란인들은 비선호
- 핑크색 : 미국인은 최고의 여성적인 색상으로 생각하지만, 기타 국가에서 황색이 가장 여성적인 색상으로 인식
- 적색 : 일반적으로 부와 화려함을 나타냄. 그러나 한국 등 일부 아시아 국가에서는 일본의 국기 또는 공산주의를 연상하여 부정적 이미지

이처럼 국가마다 색상에 대한 선호도가 다르다는 점을 마케팅에 활용하는 것을 '컬러마케팅(color marketing) 기법'이라고 하며, 삼성전자, 베네통, 코카콜라 등 많은 기업들이 색상을 효과적으로 활용하여 비즈니스 성과를 거둔 사례가 있다. 2005년 삼성전자는 우리나라 가전업체 중에서 최초로 포도주색 냉장고를 출시하여 종전의 백색가전이라는 이미지를 탈피하고 세련된 이미지를 강조하여 우수한 판매실적을 거두었다. 이를 계기로 우리나라에서는 다른 가전제품의 색상이 다양해지게 되었다. 또한, 삼성전자는 유럽의 컬러TV시장에서 선호되는 비취색을 선택하여 파란색 TV 외형으로 성공을 거둔 사례도 있다. 화장품업체인 샤넬(Chanel)도 검정과 흰색을 배합하여 지적이며 카리스마적인 이미지를 상품에 반영하여 소비자들로부터 좋은 반응을 얻었으며, 이태리 의류업체인 베네통사도 자연스럽게 그린을 연상시키는 원색과 파스텔 톤의 다채로운 컬러와 단순한 디자인으로 상품 이미지를 구축하는데 성공하였다. 코카콜라도 지난 100년간 흥분과 짜릿한 맛을 느끼게 하는 선명한 빨간색을 활용하여 전 세계 탄산음료시장을 석권하였다.

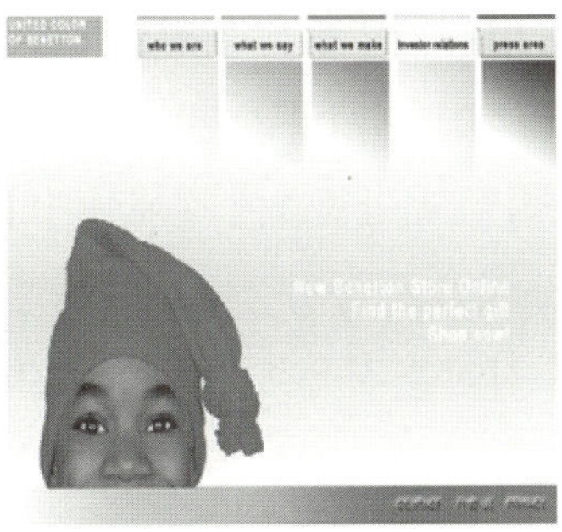

### (5) 숫자에 대한 인식

숫자에 대한 인식도 국가마다 다르다. 기업이 숫자를 가격 책정과 전화번호 등 비즈니스에 활용하는 것을 '숫자 마케팅(number marketing)'이라고 하는데, 특히 중국인들은 숫자에 매우 민감하므로 유의할 필요가 있다. 중국에서 '8(八)'은 '파차이(發財)'와 발음이 유사하여 '재물'을 의미하기 때문에 특히 가격을 책정할 때 잘 사용하면 좋은 비즈니스 성과를 거둘 수 있다. 미국 보잉사가 차세대 전략기종인 '7E7'을 개발하였는데, 중국시장을 공략하기 위해 자체 브랜드 이름을 '787'로 바꾸어 출시한 사례도 있다. 중국에서는 숫자 '9(九)'가 장수를 의미하는 '久(주)'와 발음이 유사하여 주로 건설업체들이 전화번호에 이를 잘 사용하여 소비자들로부터 긍정적인 반응을 얻고 있다. 미국의 골프공 메이커는 일본에 4개 골프공이 한 세트로 들어 있는 골프용품을 출시했으나, 일본인들은 '4자'에 부정적인 이미지를 갖고 있어서 마케팅에 실패한 사례도 있다.

### (6) 종교에 대한 인식

중동과 같은 일부 시장은 종교적 특성이 매우 강하므로 이들 시장에 진출할 때에는 종교적 특성에 유의하여야 한다. 기업의 마케팅 담당자는 종교적으로 민감한 국가의 바이어와 대화할 때에는 종교에 대해 언급을 가급적 회피하는 것이 바람직하다. 기업은 종교적 특성이 강한 지역으로 수출을 추진할 때 반드시 마케팅 전략에 종교적 관습에 대한 부분을 반영해야 한다. 스페인 및 필리핀과 같은 카톨릭 국가에서는 산아제한용품을 판매하는 것이 금지되어 있으며, 힌두교 국가인 인도에서는 소가 우상시되고 있어 쇠고기를 먹을 수 없기 때문에 닭고기 햄버거가 인기가 있다는 점 등이 종교적 특성과 관련이 있다.

중동을 비롯한 이슬람국가에서도 돼지고기를 먹는 것이 금기사항으로 되어 있고 동물이 우상숭배로 간주되고 있다는 점을 비즈니스에 반영할 필요가 있다. 따라서 무슬림 시장에 진출할 때에는 이슬람의 종교적 관습에 따라 먹거나 마실 수 있으며 사용할 수 있다는 것을 인정하는 '할랄(Halal)'인증을 받아야만 시장 진입이 가능하다. 특히, 16억 무슬림 시장을 공략할 때 기업이 유의해야 할 점은 카탈로그와 같은 마케팅 자료에 동물의 형상이나 여성의 신체 일부가 노출된 그림이나 사진이 들어가지 않도록 유의해야 한다.

한편, 종교적 관습을 간과하여 시장진출에 실패했거나 어려움을 겪은 사례도 있다. 미국 타이어 회사인 Good Year사는 중동시장에 진출하면서 제품광고에 신체가 노출된 복장을 입고 있는 레이싱 걸의 사진을 사용했다가 법적 소송에 패하여 광고를 변경한 경우도 있다. 미국 석유회사인 엑손(Exxon)사는 태국에 진출할 때 자사의 전세계 표준광고에서 사용하는 표준 마케팅 메시지인 "Put a Tiger in Your tank"라는 문구를 동일하게 사용하였는데, 태국에서는 호랑이가 신성 시 되기 때문에 현지 소비자들에게 부정적인 인식을 주었다.

### (7) 기술규격 및 표준 차이

미터법, 중량 단위, 길이 표시, 전압 등 기술규격이나 표준도 국가 간에 차이가 나므로 비즈니스에 필수적으로 반영해야 한다. 즉, 국가마다 상이한 기술규격 및 표준이 요구되고 있으므로 기업은 해당 시장에 진입하기 위해 그러한 요건을 반드시 충족해야 한다. 예를 들어 우리나라의 전기업체가 미국시장에 제품을 수출하기 위해서는 우리나라(220V)와 상이한 미국의 전압기준(110V)을 충족해야 한다.

### (8) 포장방법 및 지리(기후) 차이

포장은 제품을 보호하는 역할을 하는 동시에 판매 촉진에 많은 영향을 미치므로 기업은 포장방법에 대해서도 관심을 가져야 한다. 이를 간과하여 시장진출에 실패한 사례가 있는데, 코카콜라는 2리터용 플라스틱 병에 들어있는 콜라를 스페인시장에 출시했으나 별다른 재미를 보지 못했다. 그 이유는 스페인 가정의 경우 집안이 비좁아 소형 냉장고를 사용하는 경우가 대부분이여서 소비자들은 작은 병에 들어있는 콜라를 선호한다는 점을 간과했기 때문이다.

기후나 지리적 요건도 마케팅전략을 수립할 때 반드시 고려해야 하는 중요한 사항이다. LG전자는 러시아와 중앙아시아 국가들은 일교차가 심하고 여름이 짧고 겨울이 길다는 기후적 특성을 반영하여 냉난방겸용 에어컨을 출시하여 크게 성공을 거둔 사례도 있다. 이것은 이들 국가의 대부분은 추운 지역이기 때문에 난방이 강조되지만 이 점을 탈피하여 일교차가 심하고 여름 낮에는 매우 덥다는 점에 착안하여 냉방 기능도 필요하다는 점을 반영했기 때문이었다. 우리나라 아이스크림 업체인 빙그레는 브라질에 메로나 아이스크림을 수출해서 현지 소비자들로부터 선풍적인 인기를 모은 바 있다. 그 이유는 메로나의 색깔이 브라질을 상징하는 녹색이고 맛도 브라질 사람들의 입맛에 딱 맞았기 때문이었다.

## 04 해외마케팅 업무 절차 이해

### 1) 해외시장 개척 관련 중소기업의 니즈

수출기업이나 내수기업의 입장에서 수출시장 개척을 시도하는 초기단계에서 직면하게 되는 주요 니즈와 해결과제는 다음과 같다.

첫째, 자사제품을 판매할 수 있는 적절한 수출대상 국가를 선정할 필요가 있다. 이를 위해서는 목표시장에 대한 체계적인 시장조사를 통해 목표국가에 자사제품과 관련한 시장이 형성되어 있는지, 수입수요는 존재하는지, 그리고 경쟁업체는 있는지 등에 대해 구체적으로 파악해야 한다.

둘째, 다양한 온-오프라인 채널을 통해 자사제품에 관심 있는 잠재바이어 명단을 발굴하여 협상을 진행하는 일이다. 기업은 입수된 잠재 바이어에게 거래제의 서한(Circular Letter : C/L)을 보내서 거래의사를 타진하고 품질, 가격, 대금결제 등 수출거래조건에 대한 협상을 진행해야 한다. 이를 통해 유력 바이어가 확정되면 해당 바이어에 대한 철저한 신용조사를 거쳐 최종적으로 수출계약을 체결해야 한다. 따라서 수출시장 개척을 추진하고자 하는 기업은 잠재바이어 명단을 입수할 수 있는 다양한 루트를 알아야 하며, 거래제의 서한 작성기법, 수출가격 등 거래조건(Incoterms® 2020), 무역계약 체결방법, 바이어 신용조사 방법 등에 대한 체계적인 이해와 전문적인 지식이 필요하다.

셋째, 인터넷과 SNS 등 다양한 방법을 통해 잠재 바이어에게 수출상품을 효과적으로 알리기 위한 수출상품 해외홍보기법에 대한 이해도 필요하다. 이를 위해서는 최근 효율적인 해외마케팅 수단으로 부상하고 있는 SNS마케팅 기법에 대한 이해와 수출상품을 다양한 루트에 홍보하기 위한 정보소스 등을 잘 파악하고 있어야 한다.

넷째, 수출기업은 여러 가지 해외시장개척 방법 중에서 가장 효과적인 수단으로 인식되고 있는 해외전시회를 잘 활용하는 방법에 대해서도 이해할 필요가 있다.

다섯째, 수출업무를 이행하기 위해서는 어떠한 수출마케팅 인프라를 구축해야 할 것인지를 이해해야 한다. 이를 위해서는 수출용 홈페이지 구축, 회사 및 제품설명서 작성, 온-오프라인 카탈로그 제작, YouTube 등 동영상 제작 등 각종 마케팅 자료를 준비하고 수출지원기관의 특성과 지원제도를 구체적으로 이해하고 있어야 한다.

이외에도 수출기업은 수출계약서 작성, 해외규격 및 기술인증 취득, 바이어 통번역 지원 제도 등에 대한 다양한 정보수집 방법과 업무 이해가 필요하다.

### 2) 수출절차의 이해

수출절차는 해외바이어를 발굴하는 수출마케팅 단계, 해당 바이어와의 계약을 체결하는 수출계약체결 단계, 그리고 대금결제, 운송 등과 같은 수출이행 단계 등 크게 3단계로 구분된다. 따라서 기업의 수출담당 실무자는 각 단계에서 업무를 수행할 수 있는 전문적인 지식과 능력을 갖추어야 한다. 수출업무를 체계적으로 수행하기 위해서는 아래의 업무 흐름체계를 이해해야 할 것이다.

**❙ 수출절차 업무 흐름도 ❙**

| 수출절차 순서 | 세 부 내 용 |
|---|---|
| 수출품목 확정 | 수출하고자 하는 품목 결정 |
| 수출가능성분석 | 상품성, 기술성, 시장성 확인 |
| 무역업고유번호 신청 | 무역업고유번호 신청(한국무역협회), 통관고유번호 신청(관세청) |
| 수출요령 확인 | HS 확인 및 수출제한여부 확인(관세청, 무역협회 사이트 활용) |
| 수출시장 선정 및 해외시장조사 | 시장동향 점검 후 수출목표시장 선정, 시장환경 및 경쟁현황 조사(목표시장에 대한 SWOT분석) |
| 해외마케팅전략 수립 및 마케팅자료 준비 | STP전략 및 4P(제품, 가격, 유통, 판매촉진)전략 수립, 홈페이지, 회사소개서, 전자카탈로그 등 마케팅자료 준비 |
| 해외바이어 발굴 | 온-오프라인 방식 활용 |
| 거래제의서한 발송 | 확보된 바이어 리스트를 토대로 거래제의서한(Circular Letter : C/L) 발송 |
| 수출조건협상 | 수출조건(품질, 수량, 가격, 대금결제, 선적, 보험, 포장, 선적, 클레임해결 등)에 대한 협상 전개 |
| 수출계약 체결 | Sales Contract 체결(Offer Sheet, Proforma Invoice, Purchase Order 등의 형태로 진행) |
| 무역대금결제 (신용장 수취) | 신용장조건의 경우 수출대금회수를 위해 수입상으로부터 신용장(L/C) 원본을 수취한 후 계약물품 생산 개시 |
| 수출제품 생산 | 수출용 원자재 및 완제품 조달 |
| 수출선박 예약 | 출항예정일 1~2주 전에 선박 예약(상업송장과 포장명세서를 포워딩업체에 송부) |
| 수출보험 가입 | 가격조건이 CIF인 경우 수출상은 반드시 보험가입(보험회사에 L/C사본, 포장명세서, 상업송장 송부) |
| 수출신고 | 수출신고 후 수출신고필증을 교부(신고 후 30일 이내에 선적해야 함(수출신고필증을 선사나 포워딩업체에 송부) |
| 무역운송 (Door) | 수출제품이 있는 곳으로 컨테이너(FCL 화물인 경우) 차량이나 일반 화물차량(LCL 소량화물인 경우)을 준비시킴 |
| Stuffing & Sealing | Container에 수출물품을 채워 넣고 봉인하는 작업(LCL 소량화물은 보세구역 내 CFS에서 작업) |
| CY로 이동 | 봉인(Sealing)을 마친 컨테이너는 보세구역의 CY로 이동 |
| 선적 | CY에 있는 컨테이너를 본선에 적재하는 작업 |
| 수출대금회수 (L/C Nego) | 선적을 마친 후 L/C에서 요구하는 서류 및 환어음을 작성하여 거래은행으로부터 수출대금 회수 |
| 관세환급 | 환급대상이 되는 품목일 경우 관세환급을 받음 |

자료 : 한국무역협회 무역실무매뉴얼

# 제2부 해외마케팅 기초

# 제3장 해외마케팅 전략 수립

## 01 해외마케팅 전략 수립의 중요성

최근 해외시장 환경은 인터넷 등의 영향으로 급속하게 변화하고 있다. 해외시장은 기술, 경쟁, 고객 욕구, 일반 경제상황 등으로 인해 지속적으로 변화하고 있어 기업에게 위협과 기회를 동시에 가져다주고 있다. 특히, 인터넷을 통해 제품 정보가 국가 간에 빠르게 확산되면서 소비자들의 니즈가 점차 까다로워지고 있고 개인주의적 소비행태로 바뀌고 있어 고객 맞춤형 전략이 없이는 수출 목표시장과 소비자들의 욕구를 충족시켜 주지 못할 것이다. 이러한 상황에서 과거처럼 주먹구구식 마케팅 활동을 통해서는 수출시장을 개척하기 어렵다. 따라서 기업이 해외시장을 체계적이고 효과적으로 공략하기 위해서는 사전에 해외마케팅 전략을 수립하는 것이 무엇보다 중요하다.

기업은 해외마케팅 전략을 체계적으로 수립함으로써 해외시장 환경 변화에 능동적으로 대처할 수 있으며 시장 기회를 최대한 활용할 수 있을 것이다. 특히, 기존 시장에 대한 수출을 확대하거나 또는 신제품 출시를 통해 새로운 시장에 진입할 때 해외마케팅 전략 수립은 필수적이다. 그리고 해외마케팅 경험이 부족한 기업이 수출에 성공하기 위해서는 시장규모, 시장동향, 시장구조, 경쟁업체의 제품 및 가격, 바이어의 구매행위, 마케팅 채널, 시장진입 장벽, 경쟁우위 등에 관한 시장정보 분석을 통해 해외마케팅 전략을 수립할 필요가 있다.

## 02 해외마케팅 전략 수립 절차

해외마케팅 전략 수립 과정은 일정한 틀이 정해져 있는 것은 아니지만 일반적으로 4단계에 걸쳐 진행된다.

- 1단계는 마케팅 조사(marketing research)를 수행하는 것으로 해외마케팅 전략 수립에 필요한 상품, 소비자, 경쟁기업, 유통구조 등 시장 환경을 체계적으로 분석하기 위하여 다양한 정보를 수집하는 활동을 말한다. 마케팅 조사는 목표시장의 제반 환경과 동향에 관한 자료와 정보를 수집·분석하고, 이를 기초로 효율적인 해외마케팅 전략을 수립하여 현지 소비자 욕구를 최대한 충족시키기 위한 목적에서 이루어진다. 마케팅 조사는 현재의 시장상황 뿐만 아니라 미래 예측도 가능하도록 하여 기업의 장·단기 마케팅 활동에 필요한 기초자료를 수집할 수 있어야 한다. 그리고 마케팅 활동을 효율적으로 전개해 나가기 위해서는 시장정보가 지속적으로 수집·분석되고 그 결과가 해외마케팅 전략에 즉각적으로 반영될 수 있어야 한다.
- 2단계에서는 SWOT분석과 3C분석을 통해 도출된 결과를 토대로 기업이 진출하고자 하는 수출 목표국가를 선정하게 된다.
- 3단계에서는 STP전략을 통해 수출 목표국가의 특정 세분화된 시장을 대상으로 특정 소비계층을 표적으로 하여 자사의 제품과 브랜드를 어떻게 포지셔닝할 것인가를 정하게 된다.
- 4단계에서는 해외마케팅 믹스전략(4P : Product, Price, Place, Promotion)을 수립하는 것으로 STP전략에서 도출된 포지셔닝 목표를 효과적으로 달성하기 위하여 마케팅 활동에서 사용되는 여러 가지 요소를 최적으로 조합하는 것을 말한다.

❙ 해외마케팅 전략 수립 절차 ❙

| 구분 | 세부내용 | 수립 전략명 |
|---|---|---|
| What? | • 무엇을 수출할 것인가(아이템 선정)<br>- 제품경쟁력, 수출적합성, 목표시장에서의 가능성 | Market Research |
| Why? | • 수출이 가능한가(수출기회 분석) | SWOT분석 |
| Where? | • 어디에 수출할 것인가(목표시장 분석) | STP전략 |
| How? | • 어떻게 수출할 것인가(수출방식 선택) | Marketing Mix(4P) |
| When? | • 언제 수출할 것인가 | 수출 세부 추진계획 |

# 03 해외시장 환경 분석

## 1) 대내외 시장환경 분석

### (1) 외부환경 분석(PEST)

외부환경은 기업을 둘러싸고 있는 직·간접적 영향을 미치는 모든 형태의 정태적이고 동태적인 상황을 말한다. 기업은 외부환경과 끊임없이 상호작용하는 특성이 있기 때문에 외부환경 변화는 기업의 비즈니스에 영향을 미친다.

외부환경을 분석하는 대표적인 방법으로 'PEST'가 있는데, 이는 거시적 외부환경을 정치(Political), 경제(Economical), 사회(Social), 기술(Technological) 등 4가지 요인으로 구분하여 분석하는 것이다. PEST분석은 기업의 활동 및 성과에 영향을 줄 수 있는 외부환경에서 정치적, 경제적, 사회적 및 기술적 요인 등 기업의 비즈니스에 영향을 주는 외부적 요인을 파악하는 것을 의미한다. 기업은 PEST분석을 통해 기회와 위협 요인들에 대해 선제적으로 대처하거나 변화와 기회를 비즈니스에 적극 활용할 수 있다.

- 정치적 환경(political environment : 정치/법규)은 시장 환경에 긍정적, 부정적 영향을 미치는 정부 정책의 변화, 법규의 제정, 정치적 이슈의 변화 등을 말한다. 예를 들어 미국과 중국의 무역전쟁과 한미 FTA 변화 등 정치적 환경 요소는 산업 전반에 커다란 영향을 미치게 된다.
- 경제적 환경(economical environment : 거시/미시)은 금리 인상, 환율·조세·관세 변화, 인플레이션, 이자율 변화 등 다양한 경제적 환경 요소를 의미한다.
- 사회적 환경(social environment : 사회/문화)은 사회를 구성하고 있는 사람들의 가치관, 인구구조, 생활양식을 말한다. 즉, 고령화, 저출산 등 인구통계학적 변화나 이에 따른 라이프 사이클과 사회 문화적 변화가 소비 형태의 변화를 초래할 수 있다.
- 기술적 환경(technological environment : 기술/정보)은 과학기술 발달에 따라 시장과 산업 환경에 영향을 주는 요인들을 말한다. IT와 과학기술이 발달하면서 새로운 기술이 계속 생겨나고 있기 때문에 기존에 주를 이루던 기술들은 저효율, 고비용 문제로 도태된다. 최근에는 앱, 바이오, 클라우드, AI, 블록체인 등 새로운 기술의 등장으로 시장과 산업 환경이 크게 변화하고 있다.

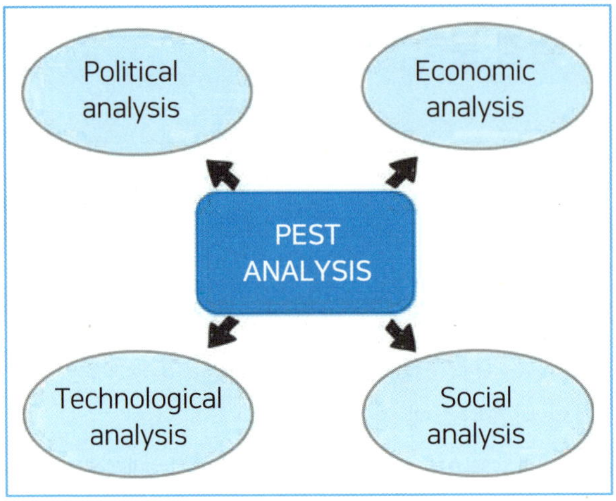


한편, PEST분석 프로세스는 1단계에서 정치, 경제, 사회, 기술 변화에 관한 정보를 수집하고, 2단계에서는 PEST요인 중 어떤 것이 기회나 위협을 가져다주는지 여부를 파악하는 것이다. 유용한 분석이 되기 위해서는 자사의 사업에 영향을 미칠 수 있는 가급적 외부환경 변화를 초래할 수 있는 다양한 정보를 수집하는 것이다. 외부환경 변화가 무시돼도 무방하거나 영향이 미미하다고 판단되는 경우에는 외부환경 분석을 생략할 수 있다.

외부환경을 분석하는 또 다른 방법으로 'STEEP'이 있는데, 이는 사회(Social), 기술(Technological), 경제(Economical), 환경(Ecological), 정치(Political) 등 5가지 요인으로 구분하여 분석하는 방법으로 PEST에 비해 더 포괄적인 외부환경 분석방법이라 할 수 있다.

이외에도 산업 환경 분석방법으로 산업구조가 기업의 행동과 성과에 영향을 미친다고 마이클 포터(M. Porter)가 주장한 "Five Forces Model"이 있는데, 이는 기업이 속한 산업과 연관된 요소들을 분석하는 것이다. 산업 환경을 분석하는 목적은 산업 구조가 기업의 행동, 즉 경영의 방향성에 영향을 미치고 이것이 성과로 연결된다고 보기 때문이다. 실제로 산업이 독과점 구조를 갖고 있다면 기업들은 담합을 통해 기업에 최대 이윤을 가져다주는 가격을 설정하여 초과이윤을 얻을 수 있다.

산업은 내부의 경쟁, 공급자의 교섭력과 구매자의 교섭력, 잠재적 진입자와 대체재의 위협 등을 기준으로 평가하면 된다. 일반적으로 내부 경쟁 수준이 낮고 공급자와 구매자의 교섭력이 약하고 잠재적 진입자와 대체재의 위협이 적다면 현재의 산업구조는 그 산업군에 속한 기업에 유리한 상황이라고 판단한다.

▌Five Forces Model (M. Porter) ▌

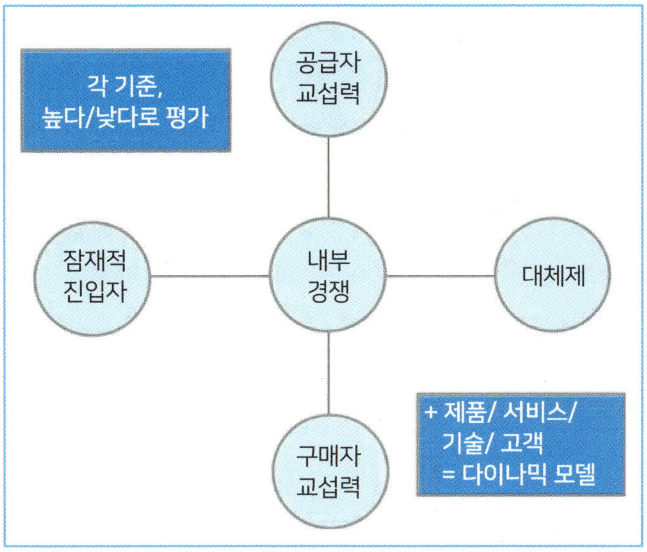


### (2) 내부환경 분석(3C분석)

일반적으로 내부환경 분석(3C분석)은 해외마케팅 전략 수립 과정에서 가장 먼저 시행되며 각 시장의 소비자(customer), 경쟁자(competitor), 기업(company)을 대상으로 표적시장을 선정하기 위해 수행되는 것을 말한다. 즉, 3C분석은 자사의 강점과 약점을 분석하고 자사의 경쟁우위 창출 가능성을 판단하기 위해 실행된다. 기업은 이익 추구가 최대 목표이며 제품이 선정되었다면 그 선정된 제품을 어느 해외시장에서 판매해야 이익을 극대화할 수 있는가를 3C분석을 통해 파악해야 하며, 이 과정을 통해 표적시장(target market)이 선정된다.

① 소비자 분석(Customer)

소비자 분석은 시장규모와 시장 성장률이 주요한 평가 기준이 된다. 적절한 시장규모를 갖추고 있는지와 잠재수요가 어느 정도인지를 분석하고 아울러 시장 성장률의 전반적인 추이와 미래의 성장 가능성을 주의 깊게 파악해야 한다. 이를 통해 현지 시장에서 소비자의 필요(needs)나 욕구(wants)를 알아내는 것이며, 아무리 좋은 제품이나 서비스를 가지고 있더라도 그것이 시장이나 실소비자들에게 필요하지 않다면 시장에서 실패하거나 성과를 내지 못하게 된다. 따라서 소비자 분석은 소비자와 제품, 가격, 유통 등 시장의 제반 여건에서 자사가 앞으로 주요 타겟으로 설정할 제품의 소비층이 어떤 계층이며, 그 계층은 어떤 소비행동을 하는지, 그리고 그러한 소비행동에 영향을 미치는 요소들은 무엇인지를 파악해 내는 것이다.

② 경쟁사 분석(Competitor)

경쟁사 분석은 현재의 경쟁사와 잠재적 경쟁사를 분석하는 것인데, 현재 경쟁사의 경우 경쟁력이 얼마나 있으며, 새로운 잠재적 경쟁사는 시장 진입 가능성이 있는지를 판단하여 현재 시장의 진입장벽 높낮이를 확인해야 한다. 즉, 시장 내 경쟁에서 완전한 독점이 불가능한 경쟁 환경에서 자사가 어떤 기업과 경쟁해야 하는지를 정확히 파악하여 출혈 경쟁은 피하고 시장 및 소비자들에게 경쟁자와 차별되는 강점을 찾아내는 것이 중요하다. 이를 위해서는 우선 제품별로 경쟁사와 비교하여 자사의 강점과 약점을 분석해야 한다. 경쟁 제품별로 강점과 약점을 비교해 보면 경쟁 제품 속에서 자사 제품을 어떻게 위치시켜야 하는지를 판단할 수 있으며, 상대적으로 자사 제품이 다른 제품에 비해 강점은 무엇인지와 취약점은 무엇인지를 파악할 수 있다. 그 다음으로 경쟁 구도를 분석해야 한다. 어떤 제품이 경쟁제품이며, 어떤 구도로 경쟁이 전개되고 있는지를 분석한다. 현재 경쟁이 어떤 양상으로 벌어지고 있는지, 차후에는 어떻게 변할 것인지, 앞으로 경쟁 상대가 될 가능성은 없는지 잠재적 경쟁자까지 분석해야 한다. 마지막으로 시장 점유율을 분석해 보아야 한다. 시장 점유율에 따라 전략이 달라질 수 있기 때문이다. 예를 들면 시장 점유율이 지배적이라면 시장 자체를 키우는 전략을 선택해야 제품 판매를 늘릴 수 있고, 작은 시장 점유율을 가지고 있다면 시장을 키우기보다는 시장 점유율을 높이는 전략을 구사해야 한다.

③ 기업 분석(Company)

기업 분석은 기업 목표, 자원, 시너지 효과 등을 주요 평가기준으로 하는데, 회사 목표와의 일치성, 투입해야 할 자원의 정도와 보유 자원(인적, 물적, 기술적 자원), 시너지 효과(기존의 마케팅 전략과 일관성) 등을 파악하는 것이다. 기업의 장점과 약점을 분석하는 것으로 가격경쟁력, 기술경쟁력, 그리고 시장점유율을 경쟁사와 비교 분석하는 것이다. '지피지기면 백전불퇴'라는 말처럼 자사에 대한 객관적인 분석은 절대적으로 필요하며, 내부분석을 통한 핵심역량을 찾아 마케팅 전략을 수립하는 것이 매우 중요하다.

### 〈3C 평가기준〉

한편. 표적시장 선정을 위하여 각 세분시장별 매력도를 평가하는데 고려되는 사항은 소비자, 경쟁사, 기업 등 3C이며 그 평가기준은 아래의 표와 같다. 각 평가요소는 5점 또는 7점 척도를 사용하여 평가하고 평가 요소별 중요도를 감안하여 각 세분 시장의 매력도를 산출한다. 통상적으로 기업에서는 회사의 목표, 제품의 종류 및 투입 자원의 방법에 따라 3C분석 항목을 설정하고 이를 계량화(점수화)하여 표적시장을 선정한다.

**❙ 3C 평가기준 ❙**

| 3C | 평가요소 | 평가기준 |
|---|---|---|
| 소비자(Customer) | • 시장규모, 시장성장률<br>• 고객니즈<br>• 구조 변화 | • 해당 세분시장이 적합한 규모인가?<br>• 성장 가능성이 높은 시장인가?<br>• 각 세분시장별 잠재수요는 어느 정도인가? |
| 경쟁사(Competitor) | • 현재의 경쟁자, 잠재적 경쟁자<br>• 경쟁자의 장점과 약점<br>• 모델 선진기업의 성공요인과 당사에 주는 의미 | • 현재의 경쟁사들이 공격적이고 강력한가?<br>• 새로운 경쟁자의 진입가능성이 높은가? |
| 기업(Company) | • 기업목표, 자원시너지 효과<br>• 당사 주요제품의 차별성<br>• 매출/이익 공헌도<br>• 기술력<br>• 품질<br>• 판매력<br>• 마진(이익) | • 기업의 목표와 일치하는가?<br>• 인적, 물적, 기술적 자원을 갖추고 있는가?<br>• 기존 브랜드의 마케팅 |

## 2) SWOT분석

PEST분석을 통해 외부환경이 분석되고 3C분석을 통해 내부 환경이 분석되면 이 결과를 토대로 해외마케팅 전략 목표와 방향을 설정하기 위하여 SWOT분석을 실시하게 된다. SWOT분석은 기업의 내부 환경(자사, 고객, 경쟁사 등)과 외부 환경(정치, 경제, 사회, 문화, 기술 등)을 분석하여 강점(strength), 약점(weakness), 기회(opportunity), 위협(threat) 요인을 규정하고 이를 토대로 해외마케팅 전략 방향을 수립하는 기법으로 미국의 경영컨설턴트인 알버트 험프리(Albert Humphrey)에 의해 최초로 고안되었다. SWOT 분석은 방법론적으로 간결하고 응용범위가 넓은 일반화된 분석기법이기 때문에 여러 분야에서 널리 사용되고 있다. SWOT 분석의 가장 큰 장점은 기업의 내·외부환경 변화를 동시에 파악할 수 있다는 것이다. 기업의 내부 환경을 분석하여 강점과 약점을 찾아내며, 외부환경 분석을 통해서는 기회와 위협을 찾아낸다. SWOT 분석은 외부로부터의 기회는 최대한 살리고 위협은 회피하는 방향으로 자신의 강점은 최대한 활용하고 약점은 보완한다는 논리에 기초를 두고 있다.

- 강점(strength) : 내부환경(자사 경영자원)의 강점
- 약점(weakness): 내부환경(자사 경영자원)의 약점
- 기회(opportunity) : 외부환경(경쟁, 고객, 거시적 환경)에서 비롯된 기회
- 위협(threat) : 외부환경(경쟁, 고객, 거시적 환경)에서 비롯된 위협

SWOT분석의 프로세스를 살펴보면, 1단계로 먼저 기업의 상태(현 위치)를 파악해서

S, W, O, T를 평가하여 4사분면에 표시한 후 2단계에서는 SWOT으로 분류된 전략적 이슈들에 대해 순위를 부여하고 3단계에서는 해외마케팅 전략 방향을 결정한다.

**| 한국산 IoT제품의 SWOT분석 예 |**

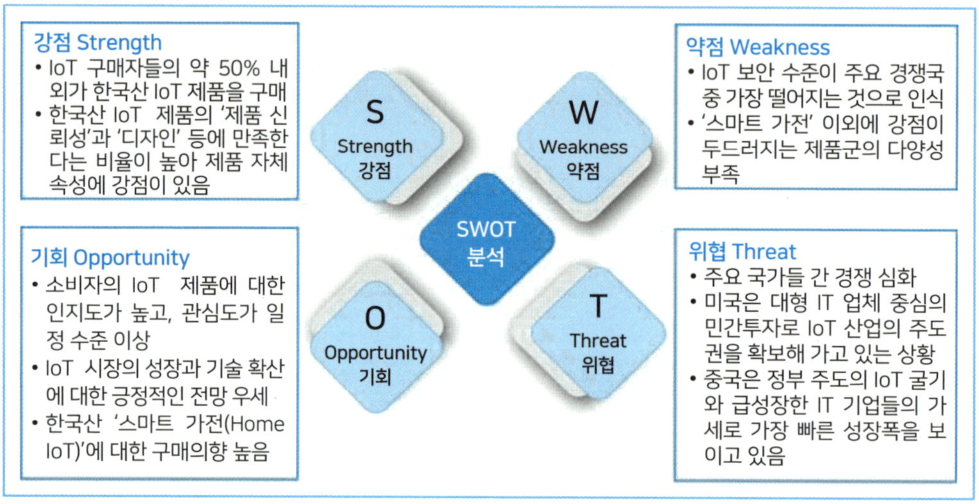


한편, SWOT분석의 목적은 외부환경 분석에서 파악된 기회 및 위협요인과 내부역량분석에서 파악된 장점과 약점을 매칭시킴으로써 각 상황에서의 전략적 과제를 도출하고 해외마케팅 전략의 방향을 설정하는 것이다. 일반적으로 SWOT 분석에 의한 해외마케팅 전략 방향은 다음과 같이 4가지로 구분된다.

첫째, SO전략(강점-기회전략)은 강점을 살려 기회를 포착하는 것으로 시장선점전략 또는 다각화전략을 말한다. 즉, 시장기회가 있고 자사의 전략적 강점이 많은 경우 시장기회 선점 전략을 적용하거나 시장과 제품의 다각화전략을 추구하는 것이다. SO전략은 공격적인 전략으로서 시장에서 선호되는 제품에 대한 경쟁력을 확보하여 공급하는 것을 말한다.

둘째, ST전략(강점-위협전략)은 강점을 살려 위협을 회피하기 위한 것으로 시장침투전략 또는 제품라인 확충전략이라고 한다. 시장의 위협요인이 있으나 자사가 강점을 보유한 경우 그 장점을 적극 활용하여 공격적인 시장침투전략이나 제품라인을 확충하는 전략을 추구하는 것이다.

셋째, WO전략(약점-기회전략)은 약점을 보완하여 기회를 포착하는 것으로 핵심역량 강화전략 또는 전략적 제휴를 말한다. 시장의 기회는 존재하지만 자사의 핵심역량이 부족한 경우 자사의 핵심역량을 강화하여 시장기회를 잡는 핵심역량 강화전략을 구사하거나 시장기회를 먼저 포착하면서 자사의 핵심역량을 보완하는 전략적 제휴전략을 선택하는 것이다.

넷째, WT전략(약점-위협전략)은 약점을 보완하여 위협을 회피하기 위한 것으로 집중화전략을 말한다. 외부환경의 위협요인이 많고 현재 자사의 핵심역량도 부족할 경우 약점 극복을 위해 제품이나 시장을 재구축(restructuring)하여 집중화 전략을 구사하거나 철수하는 전략을 고려하는 것이다.

## 04 STP전략 수립

### 1) 개 요

해외시장 환경 분석과 SWOT분석을 통해 기업의 해외마케팅 전략 목표와 방향이 설정되면 다음 단계로 수출 목표국가의 어느 시장에 기업의 핵심역량과 마케팅 자원을 집중시킬 것인가를 결정해야 한다. STP전략은 시장세분화(Segmentation), 표적시장 선정(Targeting), 포지셔닝(Positioning)의 약자로 전체 시장을 일정한 기준으로 나누고 자사 제품 또는 서비스에 가장 알맞은 시장을 목표시장으로 설정하고 소비자에게 다가가는 것을 의미한다.

STP전략을 실행하는 목적은 세분화된 소비자의 욕구를 만족시키고 목표시장(target market) 또는 틈새시장(niche market)을 발굴하기 위한 것이다. 즉, 소비자가 필요로 하는 것들을 분석하여 제품을 개발하고 어떻게 하면 그들에게 잘 알려서 기억에 남게 하는지가 관건이다.

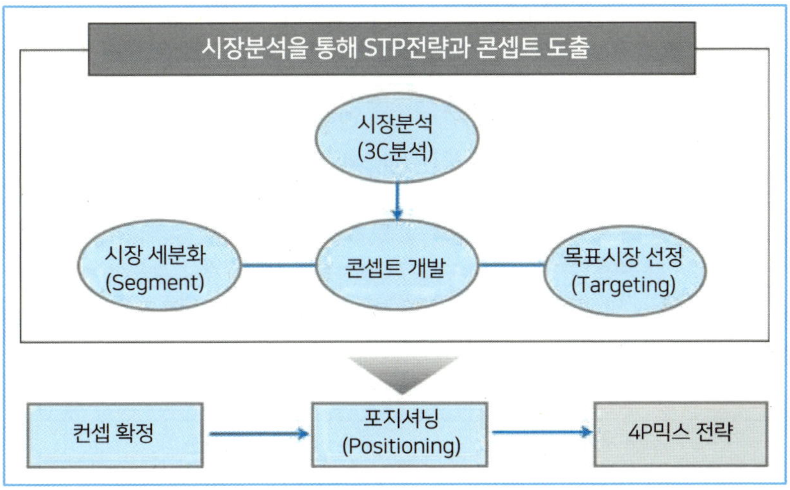

## 2) 시장세분화전략(Market Segmentation)

시장세분화는 전체 시장을 비슷한 연령대와 기호, 취향 등을 가진 소비자들을 집합시켜 몇 개의 시장(집단)으로 구분하는 것을 말한다. 즉, 시장세분화는 전체 시장을 일정한 기준에 의해 동질적인 소비집단으로 분류하는 것으로 주로 지리적(대도시, 중소도시, 농어촌 등), 인구 통계적(성별, 연령, 소득, 직업, 종교, 교육, 가족형태 등), 심리 행동적(라이프 스타일, 개성과 이미지, 상표선호도, 충성도 등) 특성을 기준으로 분류한다. 예를 들어 미국의 경우 P&G의 일회용 기저귀 브랜드인 Pampers는 나이에 따라 신생아(0~5개월), 아기(6~12개월), 걸음마 쟁이(13~23개월), 그리고 미취학 아동(24개월 이상)의 4개 세분시장으로 구분하여 관리하고 있다. 세분화된 시장은 측정가능성(measurability), 실질성(substantiability : 수익실현 가능성), 접근가능성(accessibility), 동질성(homogeneity) 등의 특성을 지녀야 한다.

한편, 시장세분화는 기업이 고객의 필요와 욕구를 좀 더 명확하게 파악하는데 도움이 된다. 세분시장은 규모와 잠재력이 다르기 때문에 시장세분화는 의사결정권자가 보다 정확하게 마케팅 목표를 설정하고 자원을 효율적으로 배분하는데 기여할 수 있다.

**| 시장세분화의 목적 및 이점 |**

<table>
<tr><td>정확한 시장상황 파악<br>• 소비자 욕구, 구매동기 등으로 정확한 시장 상황 파악<br>• 변화하는 시장수요에 적극적인 대응</td><td>기업의 경쟁좌표 설정<br>• 기업의 강점과 약점 확인<br>• 기업의 경쟁좌표 설정</td></tr>
<tr><td>마케팅자원의 효과적 배분<br>• 기업의 마케팅활동에 대한 소비자의 반응 분석<br>• 소비자의 반응분석에 따른 효과적인 마케팅 자원 배분</td><td>정확한 표적시장 설정<br>• 세분시장의 매력도분석에 따른 정확한 목표시장 설정<br>• 마케팅활동의 방향 설정 및 집중</td></tr>
</table>

**| 음료시장 세분화 사례 |**

| 구 분 | 인구 통계적 요인 | 심리적 요인 | 관련 상품 |
|---|---|---|---|
| 흡수력 | 운동선수 | 갈증 해소 원함 | 게토레이 |
| 건강 | 연장자 | 보수적, 건강에 예민 | 영비천 |
| 시원한 맛 | 10~20대 | 자기중심적, 감각적 | 탄산음료 |
| 다이어트 | 젊은 여성 | 미에 관심 많음 | Fatdown |
| 분위기 | 젊은 세대(여성) | 작은 사치를 즐기기 원함 | 카페라떼 |
| 숙취해소 | 30~40대(직장남성) | 스트레스 해소, 건강관심 큼 | 컨디션 |

**❙ 시장세분화기준 ❙**

| 변수 | | 세분화 사례 | 자사 제품/서비스 |
|---|---|---|---|
| 지리적 | 글로벌 | 동남아, 중동, 일본, 중국, 남미, 미국, 유럽 등 | |
| | 국내 | 호남, 전남, 경북, 수도권, 경기, 광역시 등 | |
| | 도시 규모 | 총 인구 규모에 따른 분류 | |
| | 인구밀집 정도 | 도시, 교회, 시골, 인구밀도에 따른 분류 | |
| | 기후 | 강수량/적서량, 해안/산악/평야 등 | |
| 인구 통계적 | 연령 | 특정 연령 구분에 따른 분류 | |
| | 성별/결혼여부 | 남녀, 기혼/미혼 등 | |
| | 가족수 | 1명, 2명, 3~4명, 5명 이상 등 | |
| | 세대 구성 | 1세대, 2세대, 3세대 등 | |
| | 가족 라이프사이클 | 젊고 싱글, 젊고 결혼(자녀 유모), 늙고..., 자녀 학년 등 | |
| | 소득 | 월 000만 원, 년0000만 원 등 | |
| | 직업 | 전문직, 기술직, 사무직, 학생, 주부, 실업상태 등 | |
| | 교육 | 고교이하, 대학, 석사, 박사 등 | |
| | 종교 | 기독교, 천주교, 불교, 무교 | |
| | 인종/국적 | 아시아, 흑인, 한국인, 일본인 등/한국, 일본, 중국, 미국 등 | |
| 심리적 | 사회적 신분 | 하위층, 중산층, 상류층, 노동자층, 고위층 등 | |
| | 라이프 스타일 | 성취지향형, 경쟁적, 투쟁적 등 | |
| | 인성/성격/개성 | 완고, 권위적, 야망이 있는, 사교적 등 | |
| 행동학적 | 사용상황 | 규칙적, 특별한 경우 | |
| | 혜택(이점) | 품질, 서비스, 경제성, 편리성, 속도 등 | |
| | 사용자 유형 | 사용 무, 교차/잠재적/처음/정기적 사용자 등 | |
| | 사용율 | 낮음, 보통, 높음, 매우 높음 등 | |
| | 충성도 정도 | 없음, 약함, 중간, 강함, 절대적 등 | |
| | 구매 준비 단계 | 모름, 알고 있음, 관심있음, 구매욕구 있음, 구매하려고 함 등 | |
| | 제품에 대한 태도 | 정열적, 적극적, 무관심, 소극적, 부정적, 적대적 등 | |

### 3) 표적시장 선정(Targeting)

소비자의 니즈를 잘 파악하여 시장세분화가 이루어진 후에는 목표시장을 설정해야 한다. 기업은 모든 세분화된 시장을 대상으로 마케팅 활동을 할 수 없기 때문에 자사의 역량과 자원을 투입하여 최고의 성과를 거둘 수 있는 특정의 세분시장을 발굴해야 한다. 따라서 표적시장 선정은 세분시장 각각의 매력 정도를 분석하여 자사의 한정된 자원과 역량을 가장 효과적으로 활용할 수 있는 특정의 세분시장을 선택하는 것이다. 목표시장이 지나치게 광범위할 경우에는 기업의 역량과 자원이 분산되어 비효율적이고 에너지를 소모할 가능성이 높다. 그리고 목표시장이 너무 좁을 경우에는 제품 판매에 한계가 있을 수 있다. 따라서 표적시장을 선정할 때 중요한 고려사항은 다음과 같다.

- 이익을 창출할 수 있을 정도의 충분한 현재와 미래의 시장규모
- 미래의 수요를 고려한 잠재적 경쟁 정도
- 기업목표와 표적시장과의 일치 여부
- 기업의 능력과 자원

그리고 마이클 포터(M. Porter)의 시장매력도 분석모델(5 forces model)에 의해 세분화된 시장에서 잠재적 진입기업에 대한 진입장벽이 높고 탈출 장벽이 낮을수록, 구매자의 협상력이 약할수록 매력적이다. 또한 세분시장 내 경쟁업체가 적고 시장이 팽창할수록, 공급업자의 협상력이 약할수록 세분시장은 매력적이다.

### 4) 포지셔닝 전략(Positioning)

포지셔닝은 선정된 표적시장에서 자사의 이미지나 상품을 고객들의 마음속에 각인시키기 위한 제반 마케팅 활동을 말한다. 즉, 경쟁사와 차별화되는 브랜드 이미지를 구축하는 것으로 Positioning은 잠재 소비자에게 자사의 제품 및 서비스가 가진 타사와의 차별성을 인식할 수 있도록 광고, 마케팅, 홍보 등을 활용하여 커뮤니케이션을 하는 마케팅 활동을 말한다.

**❙ 포지셔닝 유형 ❙**

| 제품속성에 의한 포지셔닝 | 제품사용상황 혹은 목적에 의한 포지셔닝 |
|---|---|
| • P&G의 Crest 치약 : "Crest is a cavity fighter"<br>• BMW 승용차 : "the ultimate driving machine"<br>• 진로 Cass 맥주 : 상쾌한 맛 강조<br>• 대우 레간자 : "쉿! 소리로 알 수 있다"(품질) | • LG텔레콤 : 멀리 떨어져 사는 가족 혹은 친구들과 대회 수단 |
| **제품사용자에 의한 포지셔닝** | **경쟁제품을 이용한 포지셔닝** |
| • Johnson & Johnson : 아기용 상품 ("어른들도 사용할 수 있다")<br>• 제일제당 컨디션 : 접대가 많은 비즈니스맨에게 적절한 제품으로 포지션 | • AVIS : "We're number two. so, we try harder"<br>• Compaq : "지는 IBM이 있으면 뜨는 컴팩도 있다"<br>• Empas : "야후에서 못 찾으면 엠파스에서" |

한편, 회사의 제품이나 서비스를 타겟 소비자들에게 효과적으로 각인시키기 위해서는 아래의 예와 같이 마케팅 메시지(marketing message)를 잘 만들어야 한다.

- 소니 : It's SONY!
- Nike : Just do it!
- Compaq : 지는 IBM이 있다면 뜨는 컴팩도 있다
- Empas : 야후에서 못 찾으면 엠파스에서
- 제일제당 컨디션 : 비즈니스맨 겨냥

기업은 다음과 같은 다양한 포지셔닝 기준을 활용할 수 있다.

- 속성 : 제품은 속성, 특징, 고객 편익 등과 관련이 있다. 클리넥스(Kleenex)는 경쟁제품과 차별화하기 위하여 세균을 죽이는 물질이 들어 있는 티슈를 만들었다.
- 가격과 품질 : 높은 가격을 품질의 상징으로 강조하거나 낮은 가격을 가치의 표시로 강조할 수 있다.
- 용도 : 용도를 강조하는 것은 구매자와 함께 제품을 포지셔닝하는 효과적인 수단이 될 수 있다.
- 제품사용자 : 사용자의 개성이나 유형을 강조하는 것을 말한다.
- 제품군 : 제품을 특정한 제품 카테고리와 관련지어 위치시키는 것을 말한다. 마가린 브랜드를 버터와 함께 포지셔닝하는 것이 그 예가 된다.
- 경쟁자 : 경쟁자에 대비하여 포지셔닝하는 것을 말한다.

한편, 포지셔닝 전략은 다음과 같이 4단계의 프로세스를 걸쳐 수립되며, 그 결과를 토대로 자사제품의 현재 포지션과 경쟁상황을 인식하기 위해 포지셔닝 맵(positioning map)을 작성해야 한다.

- 1단계 : 표적시장 분석 목표고객의 성향과 욕구 파악
- 2단계 : 목표시장에서 자사와 경쟁사 포지션 확인
- 3단계 : 자사상품의 목표 포지션 발굴(ideal position)
- 4단계 : 목표위치 도달 여부 평가 및 피드백

한편, 대표적인 포지셔닝 전략으로 3가지가 있는데, 첫째는 소비자들의 기억 속에 최초가 되는 것으로 사람들은 최초로 인식된 것이 가장 좋다고 생각하는 경향이 있으므로 시장이 아니라 고객의 기억 속에 최초가 되기 위해 노력해야 한다.

둘째는 최초가 아니면 현재의 위상을 강조하거나, 1등 그룹을 형성하여 1등임을 주장

하거나, 최초가 될 수 있는 틈새(Niche)를 찾아야 한다.

- 현재의 포지션(위상)을 더 강하게 강조하며 높여라
  예) Avis의 "우리는 업계 2위입니다."
- 1등이 아니면 1등 그룹을 형성하라
  예) Big Eight, Big 3, Top 10, Big 10, 가전 3사
- 최초가 될 수 있는 조그만 틈새를 찾아라
  예) 유통 : 약국에서 파는 비누와 치약

셋째는 경쟁 상대를 재포지셔닝(repositioning)하는 전략도 필요하다. 소비자들의 마음 속에 경쟁사 제품을 재포지셔닝함으로써 자신의 포지션을 구축하는 것이다.

- 자사상품이 아닌 경쟁상품에 대한 소비자의 생각을 바꾸어야 한다.
  예) 타이레놀(부작용 無)과 아스피린, 도자기의 레녹스와 로얄 달튼(영국産), 보드카의 스탈리쯔 나야(미국산), 포테이토 칩의 버든社 와이자(순수한 감자, 식용유)와 P&G의 프링글스
- 비교광고는 소비자의 제품 선택 시 중요한 기준을 제공한다.
  예) 파스테르 우유의 1988년 고온살균 우유 광고
  카페인 없는 칠성사이다
  아반떼 린번 VS. 파워 노믹스 누비라 II

## 05 해외마케팅 믹스 전략(4P) 수립

### 1) 제품전략(Product)

#### (1) 개요

기업이 수출에 성공하기 위해서는 목표시장과 제품에 대한 전문지식을 갖고 있어야 한다. 기업은 해외시장 조사를 통해 자사 제품을 어느 시장에 판매해야 할 것인지를 파악할 수 있다. 그러나 기업은 수출을 이행하기에 앞서 목표시장 바이어의 기호 또는 니즈를 충족시키기 위해 취급제품을 수정할 필요가 있다. 경쟁사 제품에 효과적으로 대응하기 위해서는 현지 소비자들의 욕구를 충족시켜 주는 것이 무엇보다 중요하다. 시장세분화(market segmentation)를 통해 소비자의 다양한 요구를 발굴하여 다양한 모델을 라인업

하는 것이 유리하다. 그리고 소비자들의 관심사는 항상 변화하기 때문에 관련 제품에 대한 소비자들의 편익성과 관심사를 항상 분석하여 반영할 필요가 있다.

기업이 목표시장에 판매할 제품을 어느 정도로 수정할 것인가 하는 여부는 경영진이 해결해야 할 중요한 사항이다. 일부 수출기업은 국내제품을 변경하지 않고서도 수출할 수 있다고 주장하면서 모든 해외시장에서 통용될 수 있는 표준제품을 개발하기 위해 노력하기도 한다. 하지만 최근에는 인터넷의 영향으로 제품 정보가 빠르게 확산되면서 소비자들의 기호가 수시로 변화하고 소비행태가 개인화되는 경향이 있으므로 표준제품으로 목표시장의 소비자를 공략하는 것은 한계가 있다.

한편, 기업은 목표시장에 적합한 수출제품을 선정하기 위해서는 다음의 사항을 고려해야 한다.

- 자사의 제품은 현지 소비자의 니즈를 충족시켜 줄 수 있는가?
- 기업은 자사의 여러 가지 제품라인 중 어떤 제품을 수출할 것인가?
- 기업은 국내시장 판매 제품을 수출용으로 투입할 경우 기존 제품을 변경(디자인, 색상, 크기, 포장 등)할 것인가, 아니면 새로운 제품을 개발해야 하는가?
- 디자인, 색상, 크기, 포장, 브랜드 및 품질보증 측면에서 자사 제품의 특징은?
  - 목표시장에서 자사의 제품과 관련한 정부규제(식품 의약품은 포장, 안전, 위생기준이 상이함)가 존재하는가?
  - 목표시장에서 자사 제품과 관련된 종교적 관습(중동시장의 경우 할랄 인증 중요)으로 시장진입에 어려움은 없는가?
  - 자사 제품의 상표 및 브랜드 네이밍이 목표시장의 소비자 기호에 부합되는가?
- 제품의 판매 전(pre-sale), 후(post-sale)에 제품 관련 필요한 해외서비스는 무엇인가?

**제품전략의 핵심 포인트**

- 시장세분화를 통해 소비자의 다양한 요구를 반영한 모델을 라인업 해라
- 소비자들의 편익성과 관심사를 항상 분석하라(소비자의 관심은 변한다)
- Flagship모델과 저가형 모델을 구분하라(불황기 등 시장의 변화에 따라 저가형 모델 활용)
- 제품전략의 완성은 포장이다

다음으로 제품전략을 수립하기 위해서는 제품(product)의 구성요소와 특성을 잘 이해하여야 한다. 제품은 일반적으로 기능(product core), 포장(packaging), 네임(naming) 등 3가지 요소로 구성된다. 제품의 기능은 상품가치의 실체로서 product concept의 구체적

요소를 의미하고, 제품의 포장은 크기(size), 형상, 색, 모양 등 4가지 요소로 구성되며, 제5의 P로 지칭되는 중요한 요소이다. 식음료 산업에서는 포장이 경쟁기업과의 차별화를 가져오는 중요한 원천이 된다. 특히, 최근에는 환경규제 강화로 포장재를 어떤 물질을 사용할 것인가도 고려해야 한다. 네임은 제품의 품질이나 특성을 말하는 것으로 Product Core를 보완하는 역할을 한다. 한편, 제품을 차별성 있게 포지셔닝할 수 있는 주요한 요소는 다음과 같이 다양하다.

① 형태(Form)

대부분의 제품은 형태(form)에 의해 차별화된다. 형태는 크기(size), 모양(style), 물리적 구조(physical structure) 등과 같이 제품 자체가 가진 물리적 특성을 의미하며, 다른 제품과 차별화시키는 요소가 된다.

② 속성(Features)

모든 제품은 기본적인 기능과 연관하여 제공되는 다양한 속성들을 갖고 있다. 제품 속성의 추가나 감소는 소비자의 입장에서는 제품에 대한 가치로 느껴질 수 있으므로 제품을 포지셔닝하는 요소가 된다.

③ 품질(Performance Quality)

제품의 성과인 품질이 소비자들에게 어떻게 받아들여질 것인가가 중요하므로 제품의 객관적인 품질과 소비자에 의해 지각된 품질 사이의 차이를 줄이는 전략이 필요하다. 품질과 관련하여 기업의 입장과 소비자의 입장 차이를 좁혀주는 포지셔닝이 기업이 원하는 수익을 창출하는데 긍정적인 영향을 미칠 것이다.

④ 내구성(Durability)

제품의 수명이 소비자들이 기대하는 만큼 지속될 수 있는지 여부를 소비자들에게 잘 전달해야 한다.

⑤ 디자인(Design)

디자인은 제품의 속성들을 총망라한 집합체로 볼 수 있으므로 시장에서 경쟁의 핵심적인 요인이 된다.

### (2) 수출제품 준비

① 제품변경

기업이 해외시장에 제품을 성공적으로 수출하기 위해서는 목표시장의 정부규제, 지리적·기후적인 환경, 바이어 기호 및 삶의 기준 등을 충족시키기 위해 원래의 제품을 변경해야 하는 경우가 발생한다.

목표시장에서 수출제품에 대한 정부 규제는 국제무역에서 발생할 수 있는 일반적인 현상이며, 앞으로도 정부규제가 더욱 확대될 것으로 예상된다. 이러한 정부 규제는 관세 또는 비관세 장벽의 형태로 나타나고 있다. 정부는 외국기업과의 경쟁으로부터 국내기업 보호, 국민의 건강 보호, 수입상의 환경규제 동참, 전기 및 측정 시스템에 대한 현지의 기술요건 충족, 특정국 제품의 수입제한 및 비윤리적, 문화적 영향으로부터 국민보호 등을 위해 수입제품에 대해 규제를 하고 있다.

또한, 기업은 지리적, 기후적인 환경을 감안하여 제품을 변경해야 할 경우도 있다. 습기, 에너지 비용 등은 제품의 성능과 사용에 중대한 영향을 미칠 수 있기 때문이다. 목표시장의 바이어 기호도 수출제품을 변형시킬 수 있는 중요한 요인이 될 수 있다. 종교적인 관습도 제품의 시장성에 영향을 줄 수 있다. 소비자 기호 또는 시각적인 효과도 제품에 결정적인 영향을 줄 수 있다. 예를 들어 일본 기업은 제품 포장에 많은 노력을 기울인다. 이는 목표시장의 소비자 기호를 충족시키기 위해서는 제품의 포장이나 디자인을 변경하는 것이 매우 중요하기 때문이다.

또한, 목표국가의 국민의 삶의 수준도 기업의 제품변경에 영향을 줄 수 있다. 소득 및 교육 수준, 에너지 공급능력 등은 해외시장에서 제품의 판매 가능성을 예측할 수 있는 하나의 지표가 될 수 있다. 수출 희망 국가가 저개발 국가의 경우에는 첨단의 정도가 낮은 제품에 대한 수요가 클 것이다. 첨단제품은 가격 수준과 제품 특성 상 저개발 시장보다는 선진국 시장에 부합되기 때문이다. 예를 들어 노동자를 대체할 수 있는 산업용 자동세탁기는 고용을 중시하는 국가에서는 판매되기 어려울 것이다.

제품변경이 필요한 경우에는 직·간접적인 비용이 발생하게 되므로 시장규모가 이들 요인을 흡수할 정도로 커야 한다. 기업은 제품변경에 따라 발생하는 비용을 정확하게 산정하고 제품변경으로 기대되는 추가 수익의 정도를 분석해야 한다.

#### ② 기술표준 및 디자인 변경

수출기업은 목표시장의 문화적 차이와 고객의 기호를 반영하기 위해 제품을 변경하는 것 외에도 제품의 기술적인 사항을 변경해야 하는 경우가 발생할 수 있음을 알아야 한다. 예를 들어 대부분 국가에서 전기와 관련한 기술표준은 국가마다 상이하므로 기업은 현지국의 기술표준을 충족시키기 위해 제품을 기술적으로 변경해야 한다.

또한, 국가 간 미터법 사용, 중량 단위, 길이 표시, 온도 표시 등과 같은 차이도 제품을 변경할 때 반드시 고려해야 할 사항이며, 제품사용 매뉴얼에도 반영되어야 한다.

③ 브랜딩, 라벨링 및 포장

소비자는 제품의 성능과 포장, 품질보증, 서비스 등과 같이 해당 제품과 관련한 부수적인 사항에도 많은 관심을 갖는다. 브랜딩(branding)과 라벨링(labelling) 제품은 해외시장에서 다음과 같은 새로운 이미지를 형성해 준다.

- 국제 브랜드 네임이 특정 제품의 판매촉진과 차별화에 중요한가, 아니면 현지 고객의 관심을 제고하기 위해 현지의 브랜드를 사용해야 하는가?
- 라벨과 포장에 사용되는 색상은 해외바이어를 유인하기에 적합한가? 예를 들어 일부 국가에서는 어느 색상이 죽음과 밀접한 관련이 있으므로 포장지 사용에 주의를 기울여야 한다.
- 라벨은 공식적이고 일반적으로 통용되는 언어로 되어 있는가?
- 제품내용과 원산지 정보는 제공되고 있는가?
- 중량과 면적은 현지 국가의 단위로 표시되어 있는가?
- 각 제품은 개별적으로 라벨을 부착해야 하는가?
- 현지 고객의 기호는 반영되어 있는가?

특정 브랜드에 대한 국제적인 인식을 형성하기 위해서는 많은 비용이 소요된다. 브랜드 네임에 대한 보호의 정도는 국가마다 상이하다. 일부 개도국에서는 해외 브랜드 또는 상표사용을 제한하고 있다. 최근 많은 국가에서 기업 브랜드 네임의 모방과 위조가 일반화되고 있다. 제품과 브랜드 네임을 보호하기 위해서는 특허, 지적소유권, 상표 등에 관한 현지의 법규를 충족 시켜야 한다.

④ 제품설치

수출제품을 준비할 때 기업이 고려해야 할 또 하나의 사항은 제품설치의 용이성이다. 해외에서 제품을 설치할 때 기술자 또는 엔지니어가 필요한 경우 기업은 현장에서 소요되는 시간과 비용을 최소화할 수 있도록 해야 한다. 이를 위해 기업은 수출 선적에 앞서 제품에 대한 사전 테스트를 실시하는 것이 바람직하다.

기업은 선적할 때 제품을 해체하고 해외에서 이를 다시 조립해야 하는 경우도 감안해야 한다. 기업은 교육훈련 매뉴얼, 제품설치 지시사항, 부품 리스트 등과 같은 모든 제품정보뿐만 아니라 비교적 단순한 지시사항까지도 현지 언어로 표시하는 등의 신중을 기해야 한다.

⑤ 품질보증 및 서비스

기업은 바이어의 요청에 따라 품질이행 보증을 해야 하는 경우가 종종 발생한다. 품질보증 수준은 경제발전 수준, 경쟁 관행, 소비자 단체의 활동 정도, 현지 품질표준 등에 따라 국가별로 차이가 난다.

기업은 경쟁업체와 차별화하기 위한 전략으로 품질보증을 광고 목적으로도 활용할 수 있다. 높은 수준의 품질보증은 기업이 수출시장에서 잘 알려지지 않았을 때 신시장을 개척하는데 도움을 줄 수 있다. 어떤 경우에는 품질보증이 거래협상의 중요한 요소가 되기도 한다. 그러나 기업이 불필요한 품질보증을 바이어에게 약속해서 오히려 경쟁기업보다 높은 비용을 부담할 수도 있다는 점을 유의해야 한다. 즉, 수출기업이 해외시장에서 서비스 보증(servicing warranties)을 이행하는데 많은 비용이 든다는 사실을 간과해서는 안된다. 반드시 서비스 보증이 필요한 경우에는 현지의 판매대리인이나 유통업체의 도움을 얻어 현지에서 해결하는 것이 바람직하다.

일부 제품은 판매 후 서비스가 매우 중요한 경우도 있는데, 그 이유는 일반적으로 제품기술이 복잡할수록 판매전 또는 판매 후 서비스에 대한 요구가 높아지기 때문이다.

### (3) 수출제품 개발전략

수출제품전략은 목표시장에 어떤 제품을 공급할 것인가를 결정하는 것이다. 수출기업은 목표시장에 적합한 제품을 공급해야 하며, 이를 위한 제품개발이 필요하다.

① 신제품 개발

신제품 개발은 오늘날과 같이 경쟁이 치열해지고 제품수명주기가 급속하게 단축되는 상황에서 기업의 성장과 존립에 커다란 영향을 미치고 있다. 해외마케팅에서 신제품은 완전한 신제품이나 기술혁신, 기존 제품의 수정, 시장에는 이미 출시되었지만 자사로서는 처음 취급하는 제품, 그리고 자사에서는 이미 취급하고 있지만 특정 시장에는 처음 판매되는 제품 등을 의미한다.

기업이 지속적으로 기술혁신을 이루고 계속해서 신제품을 해외시장에 출시할 수 있다면 지속적으로 독점적 우위를 누릴 수 있다.

신제품 개발은 새로운 아이디어의 창출 및 평가, 아이디어에 대한 사업성 분석, 신제품 개발, 시장테스트, 상업화 등 일련의 과정을 거치게 된다.

첫째, 신제품 개발은 신제품에 대한 아이디어 수집에서 시작된다. 이러한 아이디어는 고객, 원료 공급업자, 경쟁기업, 판매원, 유통업체, 자사의 연구실, 합작회사, 각종 관련기관이나 출판물 등을 통해 수집할 수 있다.

둘째, 일단 신제품에 대한 아이디어가 수집되면 그 다음은 수집된 아이디어를 평가·분석하는 단계를 거치게 된다. 이 때 새로운 아이디어는 제품의 시장성, 수익성, 경쟁상태 등은 물론 예상지역의 제반 환경과 자사의 목표와 제반 능력을 고려하여 평가·분석하게 된다.

셋째, 신제품 아이디어에 대한 평가가 좋게 나온 후에는 신제품 개발을 위한 사업성을 분석해야 한다. 장차 예상되는 판매액, 비용, 이익 등을 기초로 평가하게 된다.

넷째, 신제품을 생산하는 단계에서는 먼저 신제품을 국내에서 생산할 것인가, 아니면 해외에서 생산할 것인가를 결정해야 한다.

다섯째, 신제품이 개발되면 시장테스트 단계에 접어들게 된다. 여러 시장에서의 제품 시험은 시장 간의 차이로 인해 발생할 지도 모르는 오류를 피할 수 있고 때로는 그것이 현지시장에서의 촉진 동기가 된다.

여섯째, 시장테스트가 좋게 나온 후에는 신제품을 상업화하는 단계로 진행된다. 표적시장을 대상으로 제품의 적정 출하 시기와 순서, 그리고 구체적인 마케팅믹스 등을 어떻게 실천할 것인가를 결정해야 한다.

한편, 신제품 개발과 관련한 제품정보와 아이디어는 중국의 글로벌 소시스사가 운영하는 사이트(www.globalsources.com)를 통해 입수할 수 있다. 이 사이트는 다양한 기존제품과 신제품 정보를 전자카탈로그 형태로 제공하고 있다. 따라서 기업은 이를 통해 해외시장에서 최근 판매되고 있는 제품의 디자인과 유형 등을 파악하여 제품개발 또는 제품변경 시 활용할 수 있을 것이다.

② 기존제품 변형

이미 개발된 제품을 목표시장에 맞게 제품을 변형시켜야 하는 경우도 있다. 이러한 변형은 제품의 형태, 색상, 크기, 포장 등 외형적인 것이지만 품질, 서비스 등 질적인 것일 수도 있다. 예를 들어 한국에는 전기가 220V이지만 미국은 110V만을 사용하므로 미국으로 수출하는 전기전자 제품은 110V로 변경해야 한다.

③ 기존제품의 새로운 용도 개발

기존제품의 용도를 시장에 따라 전혀 새롭게 해야 하는 경우도 있다. 기존 제품의 새로운 용도 개발은 제품수명주기를 연장시키는데 중요한 대안이 될 수 있다.

④ 제품 퇴출

수익성이 없고 고정비만 많이 드는 취약한 제품은 시장에서 퇴출시키고 이에 소요되는 자원을 수익성이 높은 분야로 투입시키는 것이 바람직하다.

### (4) 수출제품 표준화와 차별화

① 개념

마케팅 담당자는 해외마케팅 믹스전략을 수립할 때 진출국의 시장 환경에 어떻게 적용시킬 것인가를 고려해야 하는데, 이것이 수출제품의 표준화와 차별화 전략이다. 표준화(standardization)는 국내에서 사용하던 마케팅 믹스를 해외시장에 그대로 적용시키는 것이고, 차별화(differentiation)는 각국의 현지 시장여건에 맞게 수정하여 적용시키는 것을 말한다.

표준화의 가장 큰 이점은 통일적인 기업 이미지를 확립할 수 있으며, 규모의 경제를 누릴 수 있고 제품판매에 있어 본사 또는 다른 해외 자회사와 공동보조를 맞추어 보다 적극적인 마케팅 활동을 벌일 수 있다는 점이다. 예를 들어, 코카콜라는 제품, 광고, 유통경로 등 거의 모든 프로그램의 표준화를 통해 세계시장에 진출하여 비용절감과 통일된 이미지를 구축하고 있다. 그러나 각국 시장별로 사회·문화적 특성과 여러 환경이 다르므로 완전히 표준화하기는 불가능하다. 이에 반해 국가 간 통제하기 어려운 환경 차이가 존재한다면 현지 환경에 맞게 마케팅전략을 차별화해야 한다.

② 표준화 및 차별화 전략

기업은 해외시장의 환경 차이에도 불구하고 국내 판매제품을 그대로 수출할 것인지, 아니면 현지시장 여건에 맞게 적응시킬 것인지를 결정해야 한다.

**▌제품표준화**

이는 해외시장 환경 차이에도 불구하고 다수의 해외시장에 표준화된 동일 제품을 판매하는 전략을 말한다. 이 전략은 규모의 경제, 마케팅의 효율성, 소비자의 상표 충성도를 크게 활용할 수 있다.

제품을 표준화하여 대량생산하게 되면 연구개발, 구매, 생산, 마케팅 면에서 규모의 경제를 실현할 수 있다. 또한, 제품이 표준화되면 마케팅 노하우의 국제 간 이동이 보다 용이해지고 소비자들의 상표 충성도를 최대한 활용할 수 있을 것이다.

**▌제품차별화**

이는 목표시장의 고객 기호, 제품 사용조건, 소득 수준 등 현지 사정에 맞게 국내제품을 수정하는 것을 의미한다. 기업이 제품의 표준화로 인한 다양한 이점에도 불구하고 제품을 차별화 하는 이유는 다음과 같이 사용조건 및 시장여건의 차이와 현지국 정부의 영향 때문이다.

첫째, 자연환경의 차이, 기술수준의 격차 등의 요인으로 제품의 사용조건이 달라질 수 있다. 예를 들어 같은 비료라 하더라도 토양의 차이로 인해 각국 시장마다 성분이 약간

달라진다.

둘째, 소득수준 및 소비자의 기호 차이 등으로 인해 시장여건이 달라질 수도 있다. 저소득 국가에서는 기능을 단순화하여 저가로 제품을 공급하는 것도 유리하다.

셋째, 정부규격과 법률차이로 인해 제품의 차별이 불가피한 경우도 있다. 식품이나 의약품의 경우 제품의 성분, 포장, 효능, 안전, 위생 등에 대해 현지정부의 강력한 규제로 인해 표준제품이 그대로 판매되기가 불가능하다.

### (5) 원산지와 수출제품전략

원산지는 제품에 대한 소비자의 이미지에 영향을 미친다. 원산지국의 경제발전 수준만이 제품의 이미지 평가에 영향을 미치는 것은 아니다. 원산지 국가의 특수성에 따라서도 달라질 수 있다. 예를 들어 멕시코 사람들은 브라질 사람들을 다소 무시하는 경향이 있는 반면, 스위스에 대해서는 호감을 갖고 있으므로 브라질의 한 기계회사는 부품을 스위스로 수출하여 그 곳에서 완제품으로 만들어 멕시코로 수출하여 성공한 사례가 이를 잘 말해준다.

한편, 제품 이미지에 미치는 원산지 효과는 고정되어 있는 것이 아니라 시간의 변화에 따라 달라질 수 있다. 즉, 이러한 변화는 해당국가와 기업의 홍보 및 마케팅 노력에 의해 가능하다.

첫째, 제조국가의 노력이다. 우리나라의 경우 서울올림픽과 월드컵을 통해 국가이미지가 크게 개선된 것으로 인식되고 있다.

둘째, 기업의 지속적인 홍보와 단기적으로는 현지에서 좋은 평판이 있는 유통업체를 통해 제품의 이미지를 높일 수 있다.

셋째, 제품의 원산지를 가급적 드러나지 않게 하는 것이다. 즉, 포장 및 제품 디자인 등을 통해 원산지 표시를 최소화하는 것이다.

### (6) 해외상표전략

상표는 제품의 해외마케팅에 매우 중요한 영향을 미친다. 상표 충성도가 높은 제품은 소비자로부터 좋은 인식과 신뢰를 바탕으로 가격차별화를 가능하게 해 준다. 수출기업은 해외시장 진출에 앞서 목표시장에서 어떤 상표전략을 사용할 것인가에 대해 결정해야 한다.

① 유통업체 및 제조업체 상표

제조기업은 자사의 상표를 사용할 것인가, 또는 무역회사, 수입상, 도매상 등 유통업자 상표를 사용할 것인가를 결정해야 한다. 해외시장에서 잘 알려지지 않은 상표를 갖고 있는 제조업체는 유통업체 상표를 사용하는 것이 좋을 것이다. 제조업체는 이를 통해 시장 침투를 위한 판촉상의 어려움과 비용을 줄일 수 있을 것이다.

주문자상표부착방식(OEM : Original Equipment Manufacturing)에 의한 수출은 해외의 제조 기업이 제공한 기술명세서에 따라 생산한 제품에 주문 기업의 상표를 부착하여 수출하는 방식으로서 우리나라 주력 수출제품의 OEM 수출비중은 약 60~70%에 이르고 있다. OEM 방식의 장단점을 살펴보면 다음과 같다.

**OEM수출의 장점**

- 상대기업의 현지 마케팅 채널을 활용하여 비용의 추가적인 부담이 없이 현지 판매력을 보완할 수 있다.
- 자사상표에 비해 수출채산성이 낮지만 대량주문에 따른 대량생산과 수출이 가능하여 생산시설의 가동률 제고에 따른 생산비 절감효과와 수출증대 효과를 기대할 수 있다.
- 현지기업의 상표로 수출하여 외국인의 우리나라 제품에 대한 거부감을 제거할 수 있을 것이다.

**OEM수출의 단점**

- 주문기업이 철저하게 낮은 가격을 요구하므로 채산성이 낮으며, 수요변동에 따른 위험이 OEM 수출상에게 전가되어 수출기업의 경영이 불안정해 질 수 있다.
- 현지 소비자와 직접적으로 접촉하지 않아 수출시장의 정보축적이 어려워 수요량의 변동이나 소비자의 기호변화에 적절히 대응하지 못하고 무리한 시설투자가 단행될 우려가 있다.

② 단일상표와 다수상표

제조업체는 이질적인 시장에서 여러 개의 상표를 이용할 수 있다. 세이코사는 미국, 유럽 등의 고가시장을 대상으로 '라살레'라는 상표를, 동남아의 저가시장에서는 '펄사', '로러스' 등의 상표를 부착하고 있다.

③ 현지상표와 세계상표

해외마케팅 담당자는 한 가지 상표명으로 전세계 시장에서 사용할 것인가, 아니면 서로 다른 국가시장에서 상이한 상표를 사용할 것인지 여부를 결정해야 한다.

### (7) 수출포장전략

포장의 기능으로는 제품보호와 판매촉진의 두 가지 측면이 있다. 제품보호 기능은 일차적 기능으로 수송·보관 중 제품을 안전하게 보호하기 위한 것이고, 판촉기능은 '포장은 말없는 판매원'이라는 말처럼 포장 그 자체가 소비자의 구매의사 결정에 영향을 미치기 때문이다.

포장과 관련하여 무역마케팅 담당자가 고려해야 할 중요한 사항은 마케팅 활동을 용이하게 전개하기 위해 현지여건에 부합되는 포장방법을 선택해야 한다는 점이다. 예를 들어 습기가 있는 지역으로 수출할 경우에는 종이상자로 포장하고, 대형 포장의 세제를 살 수 없는 후진국 시장에서는 소형 포장을 하는 것이 바람직하다. 포장의 미적인 측면을 강조하는 일본인의 선호를 충족시키기 위해서는 고상한 모양과 디자인을 고려해야 할 것이다.

또한, 현지국 정부의 규제로 인해 불가피하게 포장을 수정해야 하는 경우도 발생한다. 캐나다에서는 담배광고의 경고 문구를 영어와 불어 등 두 가지 언어로 표기하도록 하고 있다. 덴마크는 음료수를 회수가능 용기에 담도록 의무화하고 있어 프랑스의 미네랄워터 수입을 규제하는 효과를 거두고 있다.

이외에도 일부 국가에서는 환경보호를 위해 리사이클링 제도를 도입하고 있기 때문에 포장지가 그 국가의 환경위생기준을 충족하는 지 여부를 검토하여 포장지를 신중하게 선택해야 한다. 만일 이 점을 소홀히 하게 되면 적법한 절차를 거쳐 제품이 특정 국가에 수입되더라도 추후 이 기준을 충족하지 못한 것으로 판명되면 유통이 금지되기 때문이다. 그리고 포장지 색상을 결정할 경우에는 현지 소비자들의 기호에 맞추는 노력이 필요하다. 예를 들어 중국으로 수출할 경우에는 포장지 색상을 중국인들 대부분이 선호하는 빨간색 계통이나 황금색 계통으로 정하는 것이 유리하다.

### 2) 가격전략(Price)

#### (1) 수출가격 전략 수립의 중요성

기업이 취급하는 제품이 아무리 우수한 상품성과 기술성을 갖고 있더라도 시장성(합리적인 가격)이 없으면 목표시장 진출이 어려울 수 있다. 최근 해외시장에서는 WTO, FTA 등으로 시장진입장벽이 낮아져 공급업체가 갈수록 증가하고 있고, 세계적 공급과잉으로 제조기업 간 경쟁이 치열해지고 있다. 또한, 인터넷의 영향(가격비교사이트 등장)으로 갈수록 수출가격이 낮아지고 있어 가격경쟁력 확보가 매우 중요해지고 있다.

기업은 사업의 유지, 발전 및 이윤 추구를 경영활동의 기본 목표로 삼고 있기 때문에 수출가격은 이러한 목표에 부합되게 책정되어야 한다. 특히, 경쟁제품과의 경쟁이 치열해지고 있으며 인터넷 비즈니스 환경에서 가격은 구매를 결정하는 매우 중요한 요소로 작용하기 때문에 적절한 수출가격을 책정하는 것은 무엇보다 중요하다. 일반적으로 수출가격은 마진, 보험료, 포장비 등과 같은 부대비용을 포함하므로 국내 제조원가가 아무리 낮더라도 수출가격은 국내가격에 비해 높아지게 된다. 그러나 수출가격이 지나치게 높게 책정되면 해외시장에서 경쟁력을 상실하게 되고 수요 감소를 초래할 수 있으므로 적절한 수출가격을 산정해야 한다.

수출가격은 여러 가지 마케팅전략 변수와 긴밀한 관련이 있으며, 다음과 같은 영향을 미친다.

- 제품가치에 대한 고객의 인식에 영향을 미친다.
- 중간상에게 자사 제품을 취급할 수 있는 동기를 부여한다.
- 판매촉진전략에 영향을 미친다.
- 다른 마케팅믹스 요소의 약점을 보완할 수 있다.

그리고 수출가격은 어떤 특정한 절차에 따라 산정되는 것이 아니라 국내외 시장에서 경험한 경영상의 시행착오를 토대로 하여 결정된다. 수출가격은 목표시장의 규모, 경제발전 정도(현지 구매력 수준), 경쟁사 대비 차별성, 목표시장의 특성(가격시장 또는 품질시장인지 여부), 제품특성(품질수준, 제품수명주기 등), 경쟁정도 등을 고려하여 합리적으로 산정되어야 한다. 그러나 실제로 수출가격을 결정하는 것은 그리 쉬운 문제가 아니다. 그래서 현실적으로는 해외전시회에 참가하거나 참관해서 경쟁기업들의 가격정보를 입수하여 그 가격을 기준으로 수출가격을 책정하는 것이 오히려 현실적인 방법이 될 수 있다. 아울러, 국내외 경쟁기업들의 가격수준을 파악하여 자사제품의 품질수준 등과 연계하여 수출가격을 산정할 수도 있다. 최근 인터넷 상에서 경쟁기업의 수출가격 정보를 입수하기 위해 바이어로 위장하여 인콰이어리를 제시하는 경우가 있으므로 유의할 필요가 있다.

한편, 국제간 거래에서는 국제상업회의소(ICC)가 정한 "인코텀즈 2020(Incoterms 2020)" 상의 11개 가격조건이 적용되며, 가격조건별로 수출상과 수입상의 비용과 위험 의 부담 의무가 달라진다. 기업은 이들 가격조건 중에서 바이어의 요구에 가장 부합하는 가격조건을 선정할 필요가 있다. 일반적으로 국내 중소기업은 11개 가격조건 중에서 수출기업이 수출항의 컨테이너 선박에 제품 선적을 완료할 때까지 소요되는 모든 비용과 리스크를 부담하는 이른바 본선인도가격조건(FOB)을 가장 많이 사용하고 있다. 해외전시회 현장에서도 주로 FOB 가격조건을 토대로 거래협상이 진행되는 것이 일반적이다.

하지만 수출가격을 산정할 때 가장 중요한 사항은 수출제품의 품질 수준과 연계하여 합리적으로 가격을 정할 필요가 있다. 예를 들어 수출제품의 품질 수준은 떨어지는데 수출가격은 중간 수준 이상의 가격으로 수립한다면 목표시장의 소비자들로부터 외면당할 가능성이 높아지게 될 것이다.

### (2) 수출가격 결정요인

기업의 수출가격에 영향을 주는 요소에는 여러 가지가 있다. 기업은 수출가격이 해외마케팅의 성공 여부에 결정적인 역할을 하므로 이들 요인을 잘 파악할 필요가 있다. 수출가격은 기업의 판매와 수익성에 영향을 미친다. 또한, 경쟁기업의 대응으로 인해 기업의 의지와 관계없이 수출가격을 조정해야 하는 상황도 발생할 수 있다. 그리고 관세, 세금 등 기타 목표시장 진입과정에서 발생하는 추가비용으로 인해 불합리한 수준으로 수출가격을 유지해야 할 때도 있다. 따라서 수출가격은 지속적으로 변화하는 속성이 있으므로 해외마케팅 믹스전략에서 가장 유동적인 요소가 된다고 할 수 있다.

#### ① 기업 및 경영 관련 요소

기업 및 경영에 관한 요소는 기업 내부의 강점 및 약점과 관계가 있다. 수출가격 결정에 영향을 주는 기업 변수로는 기업의 규모와 자원, 기업의 국제경험, 정보시스템의 사용, 해외 생산시설의 숫자, 의사결정의 집중화 정도, 기업의 수출의존도 등이 있다.

##### ▍기업의 규모 및 자원

대기업은 자원 규모가 크기 때문에 수출가격 결정에 영향을 미치는 대외적인 요인을 충분히 흡수할 수 있다. 따라서 대기업은 목표시장에서 경쟁기업의 가격정책에 보다 효과적이고 탄력적으로 대처할 수 있는 장점이 있다.

##### ▍기업의 국제경험

국제경험이 많은 기업은 수출가격과 관계가 있는 내재적인 복잡한 요소를 잘 알고 있다. 따라서 해외 비즈니스 경험이 많은 기업은 그렇지 않은 기업에 비해 수출가격을 보다 효과적으로 결정할 수 있다.

##### ▍정보시스템의 운영

정보시스템은 기업의 경영자에게 수출가격 결정에 영향을 미치는 기본적인 정보를 제공해 준다. 효과적인 정보시스템을 운영하기 위해서는 목표시장에 대한 보다 많은 통제권한을 행사할 수 있어야 한다. 특히, 실질적인 수출가격을 결정하기 위해서는 목표시장에 관한 특정한 정보수집이 필요하다. 일반적으로 수출가격은 판매원과의 컨설팅을 통해서 또는 유사한 제품의 가격정보를 참고하여 산정 되는 경우도 있다. 기업은 현장 실사와 같은 공식적인 조사를 통해 목표시장의 상이한 가격정보를 효과적으로 입수하여 자사 제품의 수출가격 결정에 참고할 수 있다.

##### ▍해외생산시설의 숫자 및 분포

공급업체의 위치와 숫자, 제조시설, 자회사 등은 기업의 수출가격 결정에 중요한 영향을 미치는 요소이다. 저렴한 노동력을 활용하기 위해 해외에서 제품을 생산하는 기업은 최종 가격에 영향을 미치는 여러 가지 비용을 감수해야 한다. 그러나 다수의 생산시설을 보유하게 되면 기업으로 하여금 생산비가 가장 저렴한 시장에서 생산할 수 있게 하며, 이는 결과적으로 고객에 대한 수출가격을 탄력성 있게 운영할 수 있는 여지를 제공한다.

**▎의사결정의 집중화 정도**

집중화된 가격결정구조 하에서는 비용과 수익성이 가격산정의 중요한 요인이 되는데 비해 분권화된 가격결정 구조에서는 경쟁 환경이 중요하다. 다양한 고객의 욕구에 직면하는 기업은 고객의 반응에 민감하게 대처해야 하므로 분권화된 가격결정 구조를 선호하는 경향이 있다.

② 제품 관련 요소

기업은 기술경쟁력이 있는 제품을 생산하는 경우 수출가격을 조정할 수 있는 이점을 갖는다. 어떤 제품이 현지에서 생산되지 않고 정부의 수입장벽이 낮거나 또는 수입상이 유사한 가격상승 요인에 직면하는 상황에서는 약간의 가격조정을 통해 경쟁력을 유지할 수 있다. 이외에도 수출제품의 표준화 정도, 제품수명주기의 단계 등도 수출가격 결정에 영향을 미친다.

③ 산업 관련 요소

**▎수출시장의 경쟁강도**

해당 산업과 수출시장의 경쟁강도(competitive intensity)는 수출가격 결정과 관련하여 신속한 대응을 요구한다. 기업의 중간관리자나 판매원(sales representative)이 수출가격을 자율적으로 결정할 수 있는 권한을 갖고 있다면 경쟁에 신속하게 대처할 수 있을 것이다.

**▎공급업체의 영향력**

수출가격 전략은 원자재의 가격변동과 원자재 조달의 융통성 등과 같은 산업특유의 요인(industry-specific factors)의 영향을 받게 된다. 이에 대한 불확실성을 제거하기 위해 대부분 기업은 원자재 공급업체와의 계약 체결에 앞서 원자재 가격을 고정시키는 협정을 모색한다.

**▎경쟁기업의 약탈적인 가격관행**

일부 산업에서 기업은 공격적인 경쟁기업의 약탈적인 가격관행으로 어려움을 겪게 된다. 최근 이러한 약탈적인 가격관행은 중국 등 일부 아시아 국가와 같이 공업화와 글로벌화를 적극 추진하고 있는 기업이 새로운 시장에 진입하기 위해 공격적인 가격전략을 구사하는 경우에 빈번하게 사용된다.

**▎수출시장의 규제강도**

해외시장의 수입정책과 무역장벽은 수출가격 결정에 중요한 영향을 미친다. 수출가격의 인상이 수입장벽으로 인해 발생하는 경우 기업은 이러한 인위적인 요인이 수출가격에 반영되어 채산성을 상실하게 된다.

교역국 간 무역마찰 증가, 지식소유권, 비관세장벽, 반덤핑법 등은 수출가격에 직접적인 영향을 미치는 중요한 요소로 작용한다. 특히, 특정 제품에 대한 반덤핑법은 기업의 수출가격 결정에 직접적인 영향을 미치게 된다. 기업이 해당시장의 특정한 규제로 인해 비용이 추가되는 경우 수출시장의 규제강도가 높은 시장일수록 시장상황에 기초한 가격결정 방식이 더욱 필요하다.

### (3) 수출가격 산정 시 고려사항

수출가격 산정 시 기업이 반드시 고려해야 할 또 다른 중요한 요소가 있다. 이러한 요소를 간과하게 되면 수출가격이 실제보다 낮게 책정될 수 있으며, 비경쟁적인 가격이 될 수도 있다. 이러한 요소로는 대금지불 조건, 재고유지 비용, 환위험 등이 있다.

① 대금지불조건(terms of payment)

최종 수출가격을 산정할 경우 대금지불 조건이 반드시 고려되어야 한다. 이에 관한 정보는 한국무역협회의 KITA(www.kita.net)를 통해 입수할 수 있다.

② 재고유지비용(inventory holding costs)

일반적으로 재고유지비용이 수출가격 산정 과정에서 누락되는 경우가 발생한다. 여기에는 노무비, 보험료, 자본투자 이자, 창고비용 등이 있다. 따라서 수출기업은 이들 비용을 전체 비용에 적당히 배분하여 수출가격 산정에 반영해야 한다.

③ 추심비용(collection costs)

수출기업의 입장에서 볼 때 사전 송금방식이 가장 안전한 대금결제 방식이지만 바이어에게는 위험이 높은 방식이다. 따라서 실무적으로는 신용장 방식이 일반적으로 사용된다. 이 경우 서류불일치 수수료(discrepancy charges), 신용장 조건변경 수수료 등 추심과 관련하여 비용이 발생한다.

④ 환위험(foreign exchange risks)

일반적으로 수출기업은 자국 통화가 아닌 외국통화로 거래를 하게 되므로 환평가 차익이 발생하게 된다. 수출기업은 이 비용을 최소화하기 위해 선도계약(forward contracts),

선물계약(futures contracts), 스왑거래(swap agreements), 옵션거래(options) 등을 사용하기도 한다.

⑤ 수출비용

기업은 수출시장을 개척하는 과정에서 신속하고 정확한 정보를 필요로 한다. 일반적으로 기업은 자사제품을 수출할 때 발생하는 추가비용과 비용산정을 회계기법과 이에 대한 지식 부족 등으로 인해 국내 시장에서 생산·판매 하는 것보다 어렵게 생각하고 있다. 그러나 비용정보는 수출시장 진출에 따른 기업의 장·단기 계획을 개발하고 평가하는데 매우 중요하다.

### (4) 시장특성과 수출가격 간 관계

① 유통채널이 수출가격에 미치는 영향

기업이 활용하고 있는 유통채널은 수출가격에 영향을 줄 수 있다. 어느 기업이 자사의 해외 자회사를 통해 수출하는 경우 실질적인 시장여건에 관한 정보입수가 가능할 뿐만 아니라 가격을 신속하게 조정할 수 있는 등 수출가격을 직접 통제할 수 있게 된다.

그러나 독립적인 유통업체를 이용하는 기업은 해당 유통업체에 대한 공급가격(landed price)만 조정할 수 있을 뿐이다. 대부분 기업은 수출가격을 유지하기가 매우 어려운 것으로 인식하고 있다. 어떤 국가에서는 유통업체가 제조업체의 공급가격을 200%까지 인상하는 경우가 발생하고 있다. 정부 구매부서에 판매할 경우에는 주로 입찰방식이 사용되므로 장부가격 내지 표준가격을 사용할 수 없게 된다. 기업은 해외시장의 고객에 접근하기 위해 직접적인 유통채널을 구축한다. 유통채널의 구축에 따른 복잡성은 제품가격에 영향을 주는 경향이 있다. 보다 복잡하고 다층구조를 가진 유통채널은 수출기업에게 재고비용과 거래비용의 부담을 높여준다.

② 환경요인이 수출가격에 미치는 영향

해외시장의 기후 등 환경요인도 제품과 유통 상의 변경을 초래하며, 이 결과 추가비용 부담 요인으로 나타나 수출가격에 영향을 미치게 된다. 예컨대, 음료 제조기계 메이커가 열대기후 국가에 수출하는 경우 녹스는 것을 방지하기 위해 제조기계 구조를 변경해야 한다.

③ 경제・통화요인이 수출가격에 미치는 영향

물가상승률, 환율변동, 가격통제 등과 같은 경제적 요인도 시장진입과 기업의 효율성에 부정적인 영향을 미치게 된다. 그리고 경쟁강도가 높은 시장에서 수출기업은 강력한 경쟁기업이 채택하고 있는 통화에 대처할 필요가 있다. 대기업은 통화변동의 영향을 흡수할 여력이 있다. 그리고 국제경험이 풍부한 기업도 외환시장의 복잡성을 잘 이해하고 있으므로 오히려 환율변동의 이점을 잘 이용할 수 있다. 또한, 여러 지역에 생산기지를 가진 기업의 경우에도 시장 간의 조정을 통해 환율의 영향을 최소화 할 수 있다.

한편, 환율변동에 따른 수출가격의 관리의 필요성을 살펴보면 다음과 같다. 수출가격을 약세 통화국의 화폐로 표시하게 되면 표시통화의 예기치 않은 가격하락으로 환손실을 보게 되므로 수출가격은 되도록 강세 통화국의 화폐로 표시하는 것이 바람직하다. 또한, 자국 화폐의 대외가치를 인하시키는 평가절하(devaluation)가 되면 자국화폐 단위로 표시한 외국통화의 가치는 인상되므로 외화표시의 수출가격을 인하시킬 수 있는 여지가 있다. 이 경우 수출기업은 외화로 표시된 수출가격을 얼마만큼 인하시킬 것인가를 결정하려면 목표시장 내 해당 제품의 수요 탄력성을 감안해야 한다. 즉, 수요의 가격탄력성이 높은 경우에는 수출가격을 인하시켜 수출물량이 대폭 증가하게 되므로 가격을 낮추는 것이 유리하다. 그 반대의 경우에는 수출가격을 인하하지 않고 수출단위당 이익의 폭을 높게 유지하는 것이 오히려 이익이 될 것이다.

자국 화폐의 가치를 인상시키는 평가절상(revaluation)이 되면 자국 화폐로 표시한 외국통화의 가치는 하락하게 되므로 수출채산성을 유지하기 위해서는 외화 표시의 수출가격을 인상시킬 필요가 있다. 이 경우 수출기업은 해외시장에서의 기업제품에 대한 수요의 가격탄력성을 고려하여 외화표시 수출가격에 대한 인상폭을 결정해야 한다. 즉, 수요의 가격탄력성이 큰 경우에는 수출가격을 인상하게 되면 수출물량이 대폭 감소될 것이므로 수출가격을 인상하지 말아야 한다. 그 반대의 경우에는 자국 화폐의 평가절상 이전에 이미 확보할 수 있었던 수출단위당 이익 폭을 가급적 회복하기 위해 외화표시의 수출가격을 인상하는 것이 유리하다.

**가격전략의 핵심 포인트**

- 제품 모델별 수익 목표를 별도로 관리하라
- 평균가격을 따르지 말고 전략적 가격설정을 하라
- 거래선의 구매량과 가격할인을 적절히 믹스하라(일정수량 이상의 상품구매 시 높은 할인율 적용)
- 저가정책은 최후의 수단이므로 적극적인 활용에 유의해야 한다.

### 3) 유통전략(Place 또는 Distribution)

#### (1) 개요

유통은 "자사의 제품 또는 서비스를 최종 소비자에게 어떠한 방법으로 도달하도록 할 것인가"를 결정하는 문제로서 경쟁기업과의 차별화를 통해 전략적 무기로 활용할 수 있는 중요한 요소이다. 유통경로는 쉽게 변경하기 곤란한 장기적인 속성을 지니고 있기 때문에 신중한 결정이 요구된다. 특히, 외국시장의 유통구조와 관습은 오랜 시간을 두고 형성되면서 나름대로의 전통과 독특성을 지니고 있어 철저한 사전준비와 이해가 필요하다. 따라서 각국의 유통구조를 면밀하게 조사·분석한 후 여러 형태의 중간상의 활용 가능성과 그들의 구체적인 기능, 여타 유통경로의 이용 가능성, 유통경로에 소요되는 비용 및 효과, 그리고 중간상의 활동을 관리할 수 있는 정도 등을 고려하여 합리적인 유통경로 전략을 수립할 필요가 있다.

해외 유통경로는 특정 기업이 생산한 제품이나 서비스를 해외소비자에게 이전시키는데 관여하는 개인이나 조직 등을 의미하며, 따라서 여기에는 수입상, 도매상, 중개업자, 딜러, 대리점 등 기업외부의 독립적인 중간상이 포함된다.

#### (2) 해외 유통경로의 선정

수출기업은 유통경로를 선정할 때 전체적인 마케팅 목표와 부합되게 해야 하며, 특히 해외시장의 목표고객, 시장규모, 경쟁여건 및 고객요구와 선호도 등을 감안하여 최적의 해외 유통경로를 선택해야 한다. 또한, 목표시장의 경쟁상황 등이 고려되어야 한다. 경쟁이 치열한 목표시장에서는 자사제품의 판촉을 위해 해당 유통업체에 대해 강력한 인센티브를 제공하거나 자사 직속의 판매조직을 갖추어야 한다.

해외 유통전략은 이와 같이 기업이 해외시장에 마케팅 하는 제품이나 서비스를 생산자로부터 현지 소비자에게 가장 효율적으로 도달하도록 다양한 유통경로를 결합하여 최적의 국제 유통경로를 구축하는 것을 의미한다.

한편, 해외유통경로가 기업의 전체적인 마케팅 목표에 부합되기 위해서는 고객, 제품, 중간상 특성, 그리고 환경요인 등이 고려되어야 한다.

① 고객특성

수출 목표시장 내 고객의 구매습관, 지역적 분포, 유통채널 선호도 등에 따라 상이한 유통경로를 선택해야 한다. 일반적으로 고객의 숫자가 적은 경우에는 직판조직이 효율적이며, 그 반대의 경우에는 소매조직이나 우편판매를 이용하는 것이 바람직하다. 또한, 소량취급 소매상이 많은 경우에는 도매상을 이용하는 것이 효율적이며 대량취급 소매상의 경우에는 직판이 보다 비용이 적게 들 것이다.

② 제품특성

표준화 정도, 부패 가능성, A/S 정도, 단가 등의 요인도 유통경로 구축에 중요한 영향을 미친다. 단가가 비싼 제품의 경우에는 자사의 판매요원을 이용한 직판조직을 통해 판매하고, 낮은 단가의 제품은 주로 대리점 조직을 통해 판매하는 것이 바람직하다. 고가품인 컴퓨터의 경우에는 사용법과 고객의 요구에 따라 소프트웨어를 공급해야 하므로 전문 판매요원인 세일즈엔지니어(sales engineer)를 이용하는 것이 유용하다.

③ 중간상 특성

수출기업이 유통경로를 선택할 때 간과해서는 안 될 중요한 사항 중 하나는 중간상들은 거래 시 제조업체 이익보다는 자신의 이익을 극대화하기 위해 노력한다는 점이다. 중간상들은 고객수요가 많은 제품만 주문하고 적극적인 판촉이 필요한 제품은 취급을 회피하는 경향이 있다.

이러한 중간상들의 반응은 해외시장에 처음 진출하는 기업에게는 매우 어려운 문제가 된다. 따라서 신제품을 판매하는 경우나 자사 제품의 시장점유율이 높지 않을 경우에는 중간상들의 회피 경향을 피하기 위해 처음에는 비용이 많이 드는 직판조직을 이용하여 시장점유율을 확보한 후에 보다 경제적인 간접 유통경로를 선택하는 것이 바람직하다.

④ 환경요인

마케팅 담당자는 해외시장의 유통경로를 결정할 때 그 나라의 고유한 사회적, 문화적, 경제적 환경을 고려하여 거기에 부합하는 유통경로를 선택해야 한다.

상이한 발전단계에 있는 국가들의 식품 유통경로를 살펴보면, 그 나라의 시장 환경이 유통경로에 얼마나 많은 영향을 미치는가를 알 수 있다. 미국의 경우 소득수준이 높고 용량이 큰 냉장고 및 자동차의 보유율이 매우 높으므로 슈퍼마켓이 일반적인 유통경로인 반면, 유럽의 경우는 아직도 전통적인 형태의 식료품 구매패턴이 지배적이다. 즉, 빵은 제과점에서, 고기는 정육점에서, 생선은 생선가게에서 각각 구입하는 형태를 보이고 있다. 소득수준이 상대적으로 낮으며 대형 냉장고 및 차량 보유율이 낮은 나라의 경우에는 일반적으로 매일 매일 구입하는 전통적인 유통경로가 지배적이다.

### (3) 해외 유통경로의 유형

해외 유통경로는 국가별, 제품별로 매우 다양하며 그 대표적인 형태로는 중간상과 대리상이 있다. 중간상은 일반적으로 자기의 명의와 계산으로 수출입 활동을 전개하여 구입가격과 판매가격의 차이를 영업이익으로 하고 있다. 이에 비해 대리상은 수출업자 또는 수입업자의 위탁을 받아 당해 위탁자의 명의와 계산으로 거래를 하며 수출입대금의 일정비율을 수수료 형태로 수취하는 유형을 말한다.

① 해외중간상

해외중간상으로는 수입업자, 제조업자, 유통업자, 딜러, 도매상 및 소매상, 외국의 정부 관련 기관 등이 있다.

**수입업자(importer)**

수입업자는 자신의 위험부담과 계산으로 제품을 수입하여 현지의 도매업자나 소매상에게 판매한다. 제품에 대한 전문지식을 요하기 때문에 주로 특정 제품계열만을 전문으로 취급하고 있다.

**유통업자(distributor)**

이는 독립적인 중간상의 대표적인 형태로서 특정국에서 독점적인 판매권을 향유하며, 해외 제조기업과 긴밀한 유대관계를 맺고 있다. 따라서 유통업자는 공급업체에 대한 의존도가 상대적으로 높은 편이며 계약관계도 장기적이고 지속적이다.

**딜러(dealer)**

딜러는 일반적으로 특정 제품의 매매에 있어서 공급업자와 지속적인 관계를 유지하면서 산업재 또는 내구성 소비재를 소비자에게 직접 판매하는 중간상이다. 특히, 딜러는 공급업체와의 지속적인 관계를 바탕으로 특정 지역에서 제조업체의 제품을 독점적으로 판매할 권한을 가지므로 취급품목도 단일 제조업체의 제품으로 한정하는 것이 일반적이다.

**도매상(wholesaler) 및 소매상(retailer)**

이들은 보다 낮은 단계의 유통경로 구성원들에 대한 재 유통이나 최종 소비자를 대상으로 유통 업무를 수행하고 있다.

**제조업체(manufacturer)**

제조업체는 OEM방식으로 수입하거나 KD(Knock Down) 방식으로 수입 · 조립하여 자사의 기존 판매망이나 도소매 유통경로를 통해 판매한다.

**정부(government)**

각국 정부는 소요 물자를 직접 조달하므로 마케팅 담당자들은 현지 정부 및 공공기관과 거래할 수 있다. 특히, 외환사정이 어려운 개도국이나 동유럽 국가들은 국영무역공사와 같은 정부기관으로 대외 교역창구가 일원화되어 있어 이 기관을 통하지 않고서는 수출이 불가능한 경우도 있다는 점을 인식해야 한다.

② 해외대리상

**중개업자(broker)**

중개업자는 일차산품이나 음식료품을 전문적으로 취급하며, 그 대가로 일정액의 중개수수료를 취득한다는 점에서는 대리점과 유사한 성격을 지닌 중간상이다. 대개 이들은 현지고객에 대한 정보에 정통하므로 이들을 활용하면 적은 비용으로 현지시장에 신속하게 침투할 수 있는 이점이 있다.

**대리점(agent)**

대리점은 특정 도시 또는 지역에 소재하며 수출업체의 제품을 판매할 수 있는 권리를 향유하는 유통기구로서 광범위한 시장을 커버할 수 있다는 이점으로 인해 산업재 및 각종 소비재의 유통에 널리 활용된다. 특히, 일정한 통제권과 집약적인 유통을 원하면서도 자체적인 해외 판매조직을 갖출만한 여력이 없는 제조 수출기업들이 선호한다.

**팩터(factor)**

팩터는 수출업자가 맡긴 제품의 판매알선과 함께 구매자의 지급보증업무까지 수행하여 수출업체와 수입업자의 중간에서 신용위험을 덜어주는 기능을 한다. 따라서 팩터는 일정액의 판매수수료 이외에 지급보증의 대가로서 지급보증수수료를 징수한다.

③ 회색시장

회색시장(grey market)은 국가 간 시장가격 차이에 편승하여 특정 기업의 제품을 저가시장에서 구입한 후 이를 정상적인 유통경로 구성원이 제시하는 가격보다 낮은 가격에 판매하여 이익을 추구하는 허가받지 않은 유통업체로 구성된다.

회색시장은 급속한 성장 추세를 보이고 있다. 1970년대 말까지 회색시장은 카메라, 시계, 향수 등의 품목에 한정되어 있었으나 최근에는 자동차, 타이어 등을 포함한 다양한 품목에 걸쳐 회색시장이 형성되고 있다.

회색시장의 생성 배경은 시장의 세계화로 많은 기업이 표준화된 제품을 다수의 해외시장에 동시에 판매하고 있어 환율변동, 제조업체의 수출시장 간 가격차별화 정책, 현지시장의 수급 불균형 등의 요인으로 해외시장 간에 큰 폭의 가격차이가 발생하는 것을 활용하여 이익을 보고자 하는 데서 기인한다.

### (4) 해외 유통경로의 선택기준

기업이 어떤 유통경로를 선택하는 것이 가장 효율적인가 하는 문제는 대상 제품의 특성이나 목표시장의 특성, 그리고 기업 자체의 특성과 장단기 목표 등에 따라 달라진다. 유통경로는 생산업체로부터 시작되어 최종 소비자에 이르러 종료되므로 생산업체는 본국의 유통경로와 목표국가의 유통경로 모두에게 영향을 미치게 된다.

한편, 유통경로는 마케팅 대상 제품의 종류에 따라서도 달라지는데, 소비재의 유통경로는 생산재의 유통경로에 비해 훨씬 복잡하다. 소비재의 경우에는 자사제품을 통신판매, 인적판매, 생산업체, 직영지점 등의 유통경로를 통해 판매할 수 있기 때문이다. 그러나 생산자의 유통경로는 소비재에 비해 간단하다. 이것은 자사의 판매망이나 도매상 또는 이 양자를 결합한 형태의 유통경로를 이용할 수 있다.

#### (5) 해외 유통경로의 관리 및 조정

수출기업이 자사의 능력이나 제품특성, 그리고 목표시장 특성을 고려하여 적절한 유통경로를 선택한 후에는 이러한 유통경로를 효율적으로 관리하는 것이 중요하다. 그 이유는 대리점이나 중간상들은 제조기업의 이익보다는 자신의 이익을 우선하므로 자사에게 이익을 많이 가져다주는 제품만을 판매하기 때문이다. 따라서 수출기업의 입장에서 해외유통채널을 효율적으로 관리하지 못하면 자사의 마케팅 목표를 달성할 수 없게 된다. 이 경우 수출기업은 해외 유통업자를 직접 통제하기보다는 현지 유통업체에 대한 적절한 훈련과 개발, 그리고 판매에 따른 적절한 보수 지급 등의 동기를 부여하여 자사제품을 우선적으로 취급하고 판매하도록 관리하는 것이 효과적이다.

한편, 수출기업이 유통경로를 효율적으로 관리하기 위해서는 필요에 따라 중간상의 영업 상태나 시장침투 범위, 고객에게 제공하는 서비스, 제품의 가격상태 등을 명확하게 파악해야 한다. 유통경로를 조정하고자 한다면 새로운 유통경로가 마케팅 목표를 달성하는데 적합한가, 그리고 그것이 유통경로 조정에 따른 영향을 충분히 흡수할 수 있는가 등을 살펴보는 것이 필요하다.

**유통전략의 핵심 포인트**

- 다양한 유통채널을 확보하라
- 유통별 제품 및 가격 차별화로 매출을 극대화하라
- 독점계약 체결은 신중하되 불가피할 경우에는 의무 구매물량을 제시하라

### 4) 판매촉진 전략(Promotion)

#### (1) 개 요

기업은 품질이 좋고 유리한 가격을 가진 제품을 생산한다 하더라도 소비자에게 자사제품을 인식시키지 못하고 가치를 제대로 평가받지 못한다면 제품을 성공적으로 판매할 수

없을 것이다. 특히, 수출 목표시장의 현지 고객을 대상으로 제품을 판매한다는 것은 매우 어려운 일이다.

판매촉진(sales promotion)은 기업의 제품 또는 서비스 정보를 유통경로에 있는 구성원이나 최종 소비자에게 제공하여 구매를 유인하기 위한 마케팅 노력을 말한다. 고객과의 의사소통을 통해 그들에게 영향을 미치기 위해서는 광고, 판매촉진, 인적판매, 홍보 등의 촉진수단이 필요하다. 이 중에서 촉진(promotion)은 제품, 가격, 유통 등과 함께 성공적인 해외마케팅의 필수 요소인 "마케팅 믹스(marketing mix, '4P'라고도 함)"의 맥락에서 다루어진다.

한편, 판매촉진은 수출기업의 마케팅부서와 가장 직접적인 관계가 있는 분야로서 다음과 같은 목적을 갖는다.

- 잠재 바이어에게 자사의 제품 또는 서비스에 대한 정보를 제공한다.
- 잠재 바이어와 최종 소비자(end users)에게 자사 제품 또는 서비스에 대한 이미지를 제고시킨다.
- 특정 제품을 원하거나 필요로 하는 바이어에게 확신을 가져다준다. 자사제품에 대한 기존의 해외고객 수요가 있고 바이어가 이미 확보된 상태에서 이러한 목적을 달성하는 것은 어렵지 않다.

그러나 판매촉진은 다음과 같은 이유에서 결코 쉬운 일이 아니다.

- 수출기업은 누구를 접촉해야 할 것인지 모르는 경우가 대부분이다.
- 직접적인 접촉 대상이 되는 바이어가 너무 많이 존재할 수 있다.
- 바이어는 특정제품에 대해 전혀 관심을 갖지 않을 수 있다.
- 바이어는 자신과 이미 신뢰관계를 갖고 있는 다른 공급업체로부터 구매하는 것을 더 선호할 수도 있다.
- 특정 제품이 바이어에게 잘 알려져 있지 않아 바이어가 관심을 보이지 않는 경우가 있다.

따라서 수출기업은 수많은 바이어를 상대로 제품구매를 설득해야 하는 과제를 안고 있다. 판매촉진은 목표시장 내 제품수명주기와 밀접한 관계를 갖는다. 예를 들어 캐나다에서 팩스기계를 판매하기 위한 촉진방법으로는 팩스기계의 속도, 기억용량, 가격 등에서 장점이 있다는 점을 강조함으로써 바이어를 유인하는 전략이 효과적이다. 캐나다 고객은 이미 팩스기계의 기능이 무엇인지를 잘 알고 있기 때문이다. 캐나다 시장에서 팩스기계는 이미 제품수명주기의 관점에서 성장단계에 있다. 그러나 이 팩스기계를 아프리카의 에디오피아 시장에 판매하기 위해서는 팩스기계의 기능이 무엇이며 비즈니스맨에게 어떻게 시간을 절약해 줄 수 있는지 장점을 인식시킬 필요가 있다. 팩스기계는 에디오피아 시장에서 제품수명주기의 도입기에 있기 때문이다. 따라서 판매촉진을 성공적으로 수행하기 위해서는 반드시 면밀한 사전 예비조사가 있어야 한다.

한편, 판매촉진 방법은 주로 다국적기업이나 목표시장의 현지 기업이 주로 이용하는 방식과는 차이가 있다. 다국적기업과 현지 기업은 충분한 시장정보를 갖고 있어 목표시장 진입을 원하는 수출기업에 비해 상황에 적합한 다양한 판매촉진전략을 구사할 수 있다.

또한, 기업은 고객(customer)과 소비자(consumer)를 명확하게 구분할 필요가 있다. 고객은 특정 기업이 자사의 제품을 직접 판매해야 하는 유통업체, 도매상, 소매상, 최종 사용자 등과 같은 개인 또는 기업을 말한다. 일부 수출기업에게는 고객과 소비자가 동일한 사람 또는 기업 집단일 수 있다. 그러나 수출기업은 최종 사용자(end-users)에게 제품을 공급하는 중간상(intermediary, customer)에게 제품을 판매하는 것이 일반적이다.

### (2) 수출광고 및 판매촉진 방법

① 해외 수출광고

해외 수출광고(export advertising)는 여러 매체수단을 이용하여 목표 시장의 소비자에게 정보와 메시지를 전달하는 비인간적 표현의 의사소통 수단을 말한다. 해외광고는 목표시장의 언어, 풍속, 관습, 법규, 소비자의 기호나 유행 등 경제, 사회, 문화, 정치 등 제반 환경이 전혀 다른 지역을 대상으로 광고활동이 이루어진다는 점이 다르다. 따라서 해외광고는 광고 언어, 도형, 회화, 도안, 색채 등의 선택이 전혀 다르다는 측면에서 국내 광고와는 다른 전략이 필요하다.

광고전략을 효율적으로 수행하기 위해서는 광고에 대한 현지국의 규제, 언어, 문화, 소비자 운동 등을 고려해야 한다. 즉, 광고활동을 수행하는 과정에서 무역마케팅 담당자가 직면하는 중요한 문제는 광고매체와 광고메시지의 선정과 법적 규제에 관한 사항이다.

#### ▍광고매체 선정

광고매체로는 신문과 잡지 등의 인쇄 매체, 라디오, TV 등의 방송매체, 옥외광고, 전시, 이벤트, 직접 우송광고, 온라인 광고 등이 있으나 국가에 따라 그 이용 가능성이나 역할이 전혀 다를 수도 있다. 따라서 광고전략을 수립하기 위해서는 광고매체에 대한 현지의 환경 즉, 광고매체의 이용 가능성과 비용, 특성과 효과, 그리고 전파 영역 등을 우선적으로 분석해야 한다.

**중동시장 내 코카콜라 사례**

중동지역에서는 '코카콜라'와 관련한 이상한 소문이 퍼져 이 지역 판매에 막대한 타격을 입게 되었다. 이것은 영문 필기체로 표기된 코카콜라의 로고를 거울에 비춰 좌우를 바꿔놓거나 위아래를 뒤집어 보면 아랍어로 'No to Mohammed' 또는 'No to Mecca'라는 문구와 유사하여 이슬람교의 창시자인 마호메트와 이슬람 성지 메카를 부정하는 의미를 지닌다는 것에서 비롯되었다.

이슬람 국가들은 미국의 코카콜라가 교묘하게 이슬람교도를 모독하고 있다고 비난하고 있다. 이에 따라 이들은 대대적인 불매운동과 함께 이집트의 코카콜라 직원 수천 명이 실직위기에 놓이게 되었다.

이에 당황한 코카콜라는 이집트의 저명한 이슬람교 법률 고문을 통해 이러한 오해를 불식시키려고 노력하였다. 전문가들은 이런 소문에 대해 친유대기업으로 알려진 코카콜라가 중동지역에 진출한 것을 못마땅하게 생각한 중동인들의 심리가 반영된 것으로 평가하고 있다.

일반적으로 해외시장에서 광고매체를 선정할 때 고려해야 하는 중요한 요소는 다음과 같다.

- 광고매체의 이용 가능성
- 광고매체의 보급률, 도달범위, 광고 빈도
- 제품 특성(산업재, 소비재 여부)
- 세분화된 목표시장의 특성

### 광고메시지 선정

광고메시지는 궁극적으로 고객과의 의사소통이 원활하게 이루어지도록 개발되어야 한다. 이것은 현지 목표시장의 상황을 충분하게 고려한 광고 메시지가 선택되어야 함을 의미한다. 선진국에서 정원용 기계가 후진국에서는 농기계로 사용된다는 것은 동일한 제품에 대한 기능이 상이하므로 제품 특성과 용도에 대한 적절한 광고메시지가 개발되어야 한다.

광고메시지는 가급적 짧은 것이 좋으며 시각적 표현을 가미하는 것도 바람직하다. 고품질 이미지 구축을 위해서는 회사 이름인 'Sony'를 제품명에 그대로 활용한 소니의 광고 문구인 "It's a Sony(우리들의 독특한 제품이다)"와 Nike의 "Just do it"과 같은 광고메시지는 짧으면서도 호소력이 있다.

### 법적 규제

광고는 목표시장에서 매체 선택, 광고내용 면에서 규제를 받는 경우도 있다. 따라서 이러한 문제를 사전에 감안하여 광고계획을 수립해야 한다. 광고매체에 관한 규제는 주류, 담배 등 건강 관련 용품 등에서 일반화되어 있다.

광고에 대한 법적인 규제가 국가마다 상이하다. 예를 들어 어떤 국가에서는 상업 TV광고를 허용하지 않으며(벨기에, 스칸디나비아 3국), 허용하더라도 TV광고의 허용시간이 국가마다 상이하다. 네덜란드는 상업 TV광고 허용시간이 1일을 기준으로 10분에 불과하지만 스페인은 60분에 이른다. 한편, 광고내용 규제 조항도 국가마다 달라서 담배와 술에 대한 일체의 상업광고를 허용하지 않는 나라도 있으며(독일), 경쟁제품과의 비교 광고를 허용하는 국가(미국)도 있으며 금지하는 국가(일본, 한국)도 있다. 우리나라는 양담배의 라디오와 TV광고를 금지하고 있다. 캐나다의 퀘벡주는 불어권이므로 광고 내용도 프랑스어 이외의 외국어를 사용할 수 없도록 규제하고 있다. 따라서 마케팅 담당자는 광고에 대한 국제적 규제내용이 상이하다는 점을 충분히 고려하여 효과적인 광고전략을 수립해야 한다.

② 판매촉진

판매촉진은 단기적으로 전시회, 설명회, 경품, 견본, 선물, 가격할인, 카탈로그 등을 통해 이루어지는 것을 말한다. 대부분 다국적 기업이 국제 스포츠 행사를 주관하거나 후원하는 것이 좋은 예다. 이 방법은 제품이 해외시장에 처음 소개될 때 효과적인 수단이다.

③ 홍보선전

홍보선전은 기업이 비용을 부담하지 않고 매체로 하여금 기업과 제품에 관한 뉴스를 다루게 하여 수요를 자극시키는 촉진수단이다.

④ 해외 인적판매

해외 인적판매는 고객과의 직접적인 접촉을 통해 판매를 실현하는 방법으로서 판매원을 매개로 하는 촉진수단이다. 판매원은 목표시장에 정통하므로 매우 효과적으로 판매활동을 전개할 수 있으며, 촉진프로그램이나 광고계획에 필요한 정보수집도 할 수 있다. 즉, 이 방법은 소비자를 직접 대면하여 제품을 판매하기 때문에 제품에 대한 현지 소비자의 반응이나 기호, 그리고 판매 제약요소를 정확하게 파악할 수 있는 이점이 있다. 이 방법은 비용이 많이 소요되므로 일반 소비재보다는 제품단가가 높고 제품의 기술적인 복잡성을 이해시킬 필요가 있는 산업재의 촉진수단으로 주로 활용된다.

한편, 인적 판매의 경우에는 우수한 판매원 확보가 매우 중요하다. 마케팅 담당자는 현지에서 필요한 판매원을 본국에서의 파견인력, 현지 채용인력, 제3국인 중 어느 쪽을 선택할 것인지를 결정해야 한다.

### (3) 판매촉진전략 수립과정

판매촉진 활동을 효과적으로 수행하기 위해서는 다음의 6단계 과정을 거쳐야 한다.

- 목표시장을 평가하라. 목표시장에 부합되는 제품을 어떻게 공급할 것인가를 기초적인 시장조사를 통해 분석해야 한다.
- 자사의 견해를 분석하라. 목표시장에 대한 자사의 평가가 정확한지를 판단해야 한다.
- 메시지와 목표를 설정하라. 자사의 판매촉진 활동의 목적과 목표는 무엇인지 분석해야 한다.
- 판매촉진 수단을 선택하라. 효과적인 방법으로 고려하고 있는 판매촉진 수단에 대한 시험조사(pre-test)를 실시하고 경쟁기업의 판매촉진 방법과 비교 평가해야 한다.
- 판매촉진 캠페인을 시행하고 평가하라. 고객에게 메시지를 전달하기 위한 수단을 이용하고, 아울러 판매촉진 활동의 개선을 위한 지속적인 메캐니즘을 마련해야 한다.

① 1단계 : 목표시장 분석

기업은 수출기회 평가(export opportunity assessment)를 통해 목표시장 상황에 대한 기초 조사를 수행하게 된다. 그러나 수출기업이 목표시장에 성공적으로 진출하기 위해서는 보다 많은 세부 시장정보를 입수해야 한다.

② 2단계 : 시장조사 결과에 대한 검증

수출기업이 새로운 시장에 제품을 성공적으로 도입하기 위해서는 다음과 같은 추가적인 정보를 필요로 한다.

- 판매촉진 활동의 주요 대상은 누구인가?(수입상, 소매상, 최종 사용자 등)
- 목표고객을 잡기 위해 어떤 매체를 이용할 수 있을 것인가?
- 목표고객을 확보하기 위해서는 어떤 매체가 가장 효과적인가?
- 제품의 목표고객(target users)의 특징은?
- 어느 전시회가 목표시장에 대한 유용한 정보를 제공해 줄 수 있는가?
- 현지의 비즈니스 관행과 에티켓은 어떠한가?
- 현지의 가격 및 비용 산정 방법은 어떠한가?
- 경쟁기업의 보유시설, 사업 활동, 브랜드, 시장점유율, 고객, 판매촉진 방법, 사업계획 등은 어떠한가?
- 목표시장의 소비자 동향은?

대부분 국가에서는 정부가 수출기업에게 다양한 무역정보를 제공해 주고 있다. 예를 들어 미국의 무역정보지원센터(Trade Information Center)는 해외시장과 산업동향에 관한 정보를 포함하여 국내 수출기업을 지원하는 연방정부 차원의 프로그램과 지원활동에 관한 포괄적인 정보를 제공하고 있다.

③ 3단계 : 메시지 및 목표 창출

수출기업이 일단 목표시장의 고객, 소비자, 국가 등에 관한 시장조사를 마치게 되면 구체적인 판매촉진 계획을 수립해야 한다. 그 첫 번째 단계는 수출기업의 목표시장에 가장 적절하고 효과적인 메시지를 창출하는 것이다. 어떤 목표 고객이 메시지의 내용에 영향을 미칠 것인가를 파악해야 한다. 예를 들어 어느 수출기업이 식품에 대해 판매촉진을 할 때 소비자를 겨냥해서는 독특한 맛을 강조해야 할 것이며, 수출을 위해서는 품질통제 절차, 보관의 용이, 포장 등 보다 기술적인 요소를 강조해야 할 것이다.

수출기업은 시장조사를 통해 누가 구매결정에 영향을 미치며, 이 결과 누가 귀사의 판매촉진 캠페인의 주요 대상이 되는지를 파악할 수 있다.

④ 4단계 : 판매촉진 수단 조사

목표 고객에게 효과적으로 제품을 알릴 수 있는 방법과 관련해서는 활용 가능한 다양한 판매촉진 수단이 있다.

**▎개별판매(personal selling)**

가장 일반적인 판매촉진방법 중 하나는 수출기업의 해외 판매지사(sales representative)가 수입상, 정부 구매부처, 영향력 있는 유통업체 또는 소매상 등 목표시장의 주요 의사결정권자를 방문하는 개별판매(personal selling) 방식이다. 이 방식은 직접적인 접촉을 전제로 하기 때문에 목표시장과 바이어에 대한 결정적인 정보를 입수하는데 효과적이다. 또한, 수출기업은 해당 제품에 대해 잘 모를 수도 있는 중간상에 의존하는 것 보다는 바이어와의 접촉을 통해 제품과 시장에 대한 실질적인 지식을 가진 사람을 알 수 있는 장점도 있다.

**▎무역전시회 및 박람회**

무역박람회 또는 전시회 참가는 짧은 시간에 목표시장에 효과적으로 진출할 수 있는 방법으로서 그 목적은 다음과 같다.

- 판매촉진(sales promotion) : 수출기업은 무역전시회를 통해 제품을 최종 사용자에게 보여줌으로써 기존의 에이전트와 수입상의 판매노력을 지원해 줄 수 있다.
- 시장침투(market penetration) : 수입상이나 에이전트를 직접 접촉하여 그들에게 자사제품의 취급에 관심을 갖도록 유도할 수 있다.
- 판매(selling) : 전시회에 참가한 일반 무역업자나 일반인에게 제품을 실질적으로 판매할 기회를 갖게 된다.
- 구매 테스트(testing) : 제품을 참가자에게 직접 보여줌으로써 고객의 반응을 알 수 있으며, 이것을 토대로 제품채택과 마케팅전략의 지침으로 삼을 수 있다.

한편, 무역전시회의 이점을 최대한 살리기 위해서는 먼저 기업의 전시회 참가 목적이 무엇인지를 결정해야 한다. 따라서 수출기업이 특정 전시회에 참가하기 위해서는 먼저 다음 사항을 준비 내지 검토해야 한다.

- 수출기업이 참가하고자 하는 관련 전시회의 리스트를 만들어야 한다.
- 특정의 전시회가 자사에 도움이 될 것으로 판단된다면 그 전시회 참가를 지원하는 정부 또는 관련 단체를 사전 접촉하는 것이 바람직하다.
- 관련 전시회 중 우선 참가대상 전시회를 확정하고 참가예산을 확보하고 회사 내 참가대상자를 정해야 한다.
- 가능한 한 신속하게 출장일정을 잡고 전시회 참가 물품의 세관통관 절차 및 요건을 점검해야 한다.
- 전시회 부스를 디자인해야 한다.

최근 무역지원기관 및 인터넷 무역 전문업체 등은 수출기업의 해외전시회 참가를 지원하기 위해 인터넷을 통해 매우 유용하고 다양한 정보를 제공하고 있다.

**무역 관련 잡지(trade press)**

수출기업은 자사 제품과 관련하여 무역지원기관 등이 발간하는 비즈니스 잡지를 이용할 수도 있다. 비즈니스 홍보 매체를 선택하기에 앞서 그 잡지의 구독자 현황을 면밀하게 검토할 필요가 있다. 특히, 일반 구독자를 가진 잡지보다는 해당 제품에 대해 관심을 갖고 있는 구독자를 대상으로 발간되는 전문 비즈니스 잡지를 활용하는 것이 보다 바람직하다.

**대중매체(mass media)**

특정의 시장에 신제품을 홍보할 수 있는 신문, 소비자 잡지, TV, 라디오, 영화, 포스트, 벽보 등 다양한 대중매체가 있다. 대중매체는 많은 일반대중을 구독자로 하기 때문에 다른 판매촉진 방식에 비해 비용이 많이 소요되는 단점이 있다. 수출기업은 대중매체를 이용하더라도 세부적인 목표고객(중년여성, 여행을 좋아하는 사람 등)을 파악하고 이들 고객에게 가장 효과적으로 제품을 홍보해 줄 있는 대중매체를 선택하는 것이 바람직하다.

**⑤ 5단계 : 판매촉진방법 결정**

수출기업은 홍보매체에 대한 조사결과를 토대로 자사의 목표 고객에게 가장 효과적으로 도달할 수 있는 매체를 선정해야 한다. 매체를 결정하는 가장 결정적인 요소는 사전 테스트(pre-testing) 방식으로서 일부 지원자를 대상으로 판매촉진 방법에 대한 반응을 조사한다. 이 방식을 통해 수출기업은 목표 고객에 대한 자세한 정보를 입수할 수 있으며, 장기적으로 비용을 크게 절감할 수 있을 것이다.

**회교국가에서의 Nike사의 사례**

Nike사는 아랍시장에 진출하는 과정에서 상당한 고전을 겪은 사례가 있다. 1996년 이 회사는 아랍국가에 농구화 3만 8천족을 수출하였으나 회교도의 강력한 반발에 직면하였다. 그 이유는 농구화에 새겨진 불꽃모양(flame)의 디자인 로고 때문이었다. 이 로고는 아랍어로 알라(신)를 의미하였다. 회교도들에게 발은 가장 부정적인 부분으로 간주되었다. 그들은 가장 불결한 것과 직접 접촉하는 신발에 알라의 이름이 새겨져 있다는 사실을 참을 수 없었다. 결국 나이키사는 수출물량 전부를 회수하기에 이르렀다.

이처럼 판매촉진을 위한 커뮤니케이션 과정에는 상당한 문화적, 언어적 장벽이 존재할 수 있다. 따라서 수출기업은 현지의 문화에 대해 항상 주의를 기울여야 한다.

한편, 효과적인 판매촉진을 위한 커뮤니케이션 수단을 선택하는데 고려해야 할 사항은 다음과 같다.

- 목표시장의 문맹률을 고려해야 한다. 수출기업의 고객이 제품에 명시된 설명서를 잘 이해하지 못한다면 문자보다는 그림, 비디오 또는 음성 등 메시지를 전달하는데 보다 유용한 다른 수단을 이용하는 것이 바람직하다.
- 다중언어 사용국가에서는 특정 언어를 선택해야 한다. 여러 가지 언어가 사용되는 국가에서는 판매촉진 커뮤니케이션 수단으로 한 가지 언어를 사용하게 되면 일부 고객을 상실하게 될 수도 있다. 현지의 광고전문 회사를 이용하면 이러한 문제를 해결할 수 있다.

⑥ 6단계 : 판매촉진 캠페인 시행 및 평가

위에서 설명한 1~5단계를 마친 후 수출기업은 실질적으로 판매촉진 캠페인을 이행할 준비를 해야 한다. 국제적인 판매촉진 캠페인에는 막대한 자금과 인적 투자가 필요하므로 기업은 캠페인 성과를 정기적으로 평가해야 한다.

**판매촉진전략의 핵심 포인트**

- 소비자에게 전달하고자 하는 메시지를 단순화하라
- 메시지를 가장 효율적으로 전달할 방법을 찾으라(고객에게 도착하기 위한 최상의 경로는?)
- 브랜드 이미지 제고에 도움이 되는 판촉전략을 구축하라

## 06 온라인 환경에서의 6C 해외마케팅 전략

온라인 환경에서는 기업과 고객과의 근본적인 관계와 전통적인 마케팅 수단인 4P의 특성도 변화되고 있다. 제품(product)은 가격이 공개되고 비교가 용이해져 기업 간 제품경쟁이 치열해지고 차별화가 점차 어려워지고 있다. 가격(price)의 경우 그 결정 권한은 공급자에서 소비자로 전환되고 있다. 유통(place)은 중간상이 배제된 형태의 구조를 갖게 되었다. 그리고 촉진(promotion)은 단방향에서 쌍방향적인 개념으로 변화되고 있다. 따라서 수출기업은 기존의 오프라인 마케팅 4P전략과 함께 인터넷 특성을 감안한 6C 해외마케팅 전략을 동시에 수립, 시행해야 한다.

### 1) 컨텐츠 전략(Contents)

컨텐츠는 마케팅을 통해 전달하고자 하는 내용물을 의미하는 것으로 전달 형태로는 텍스트와 멀티미디어 등이 있다. 어떤 화물을 운송하기 위해서는 도로, 차, 가솔린이 있어야 하는데, 도로는 인프라로서 차는 하드웨어, 가솔린은 소프트웨어, 화물은 컨텐츠로 각각 비유될 수 있다. 컨텐츠는 고객이 컴퓨터 화면을 통해 처음 보게 되는 첫 접점이며, 인터넷상에서 고객은 제품 자체를 보는 것이 아니라 컨텐츠를 보게 된다. 그러므로 온라인 상거래에서 컨텐츠를 어떻게 구성할 것인가는 매우 중요하다. 인터넷 사이트는 구성 요소인 컨텐츠가 있어야 하며, 컨텐츠 경쟁력에 의해 고객을 유인하고 유지하는 것이 결정된다. 따라서 기업은 잘 설계된 컨텐츠를 제공하여 고객과의 관계를 창출하고 그 관계를 장기적으로 유지해야 한다.

컨텐츠는 Information(정보의 내용), Design(홈페이지의 디자인), Technology(기술) 등 3가지로 구성되며, 상호 적절한 조화를 이루어야 한다. 초고속 통신망이 활용되면서 컨텐츠는 텍스트뿐만 아니라 그래픽, 동영상, 음성, 하이퍼링크 등을 내포하게 되었다. 양질의 컨텐츠는 단순한 정보제공 차원을 넘어 인간의 지적 창의성을 지원하고 상호 작용성을 포함해야 한다.

### 2) 커뮤니티 전략(Community)

커뮤니티는 데이터베이스를 기반으로 뉴스그룹, 채팅, 사설게시판(BBS) 등을 이용하여 고객에게 적합한 메시지를 제공하고 개별적으로 서비스하는 것을 말한다. 따라서 어떤 공동체를 어떻게 구성할 것인가도 인터넷 마케팅을 성공으로 이끄는 중요한 전략적 요소가 된다.

커뮤니티 전략의 중요성을 살펴보면, 자신의 관심 영역과 동질 집단에 대한 소속감과 공유의식을 사이버 공간에서 얻고자 하는 소비자의 욕구가 강해지고 있다. 커뮤니티를 웹사이트에 만들면 일대일 마케팅전략을 강화하고 사용자그룹 내에서 일대다(one-to-many), 다대다(many-to-many) 커뮤니케이션이 가능하다. 그리고 이를 통해 제품 차별화가 가능하고 차별화된 방식으로 제품을 공급할 수 있다. 가상공간을 활용한 공동체는 기존의 물리적 세계에서의 공동체와 동질성 및 차별성을 가진다. 가상공동체는 공동체가 지닌 본질을 벗어나지 않지만, 그것이 인터넷에 기인하므로 차별성을 갖게 된다.

그리고 사이버 비즈니스 커뮤니티(cyber business community)는 기업이 어떤 비즈니스 목적을 달성하기 위해 가상공동체(cyber community)를 주요 매개체로 하여 고객 간 장을 형성하고 중장기적인 관계를 구축·관리하는 일련의 활동을 말한다. 기업은 커뮤니티를 능동적으로 지원하여 저렴한 비용으로 고객 니즈를 파악하여 시장부화기(market incubator)로 활용할 수 있다.

### 3) 커머스 전략(Commerce)

인터넷은 기업의 수익창출 수단으로 활용되고 있다. 기업은 인터넷을 통해 수익창출 방법을 사전에 명확하게 규정할 필요가 있는데, 이것을 커머스 전략이라 한다. 아마존이나 쇼핑몰 등은 인터넷을 기반으로 광고 및 상품판매 수입을 올리고 있는 것이 그 예라 할 수 있다.

### 4) 커넥션 전략(Connection)

커넥션 전략은 기업 간 협력모델을 추진하는 것을 말한다. 기업은 다양한 서비스나 컨텐츠를 고객에게 제공하기 위해 동종 또는 이종 간 적극적인 공동 마케팅전략으로 협력관계를 구축할 필요가 있다. 기업은 이를 통해 자사의 부족한 역량을 강화하고 강점 역량을 제공하는 공동 마케팅을 통해 경쟁자의 진입장벽을 구축할 수 있다. 야후는 날씨, 주식, 스포츠 정보를 전략적 제휴나 아웃소싱을 통해 제공하고 있다. 최근 부각되고 있는 허브(Hub) 사이트들도 이러한 커넥션을 중시하고 있다. 기업은 허브를 형성하여 홍보강화, 회원증대, 핵심역량강화 등 효과를 누릴 수 있다. 커넥션 전략은 협력을 통한 비용절감, 경쟁자의 진입장벽 형성 및 강화, 역량강화를 통한 시장 확대 및 공동이익 추구, 제휴를 통한 신규시장 진입위험 감소 및 비용절감, 상호 간 회원 및 컨텐츠 공유를 통한 회원 증대 등을 실현하는데 목적을 두고 있다.

### 5) 커스터마이징 전략(Customizing)

인터넷 마케팅은 데이터베이스를 근간으로 일대일 마케팅을 전개할 수 있다. 기업은 고객성향이 다양화, 개성화, 차별화 되는 추세에 맞추어 개인의 니즈에 적합한 제품과 서비스를 제공해야 한다. 이를 통해 개별 고객과의 관계를 창출하고 유지·관리하기 위한 새로운 방법을 모색해야 하는데, 이를 고객맞춤(Customizing) 전략이라 한다. 이 전략은 고객에게 맞춤형 서비스를 제공하는 것이다. 시장점유율(market share)보다는 고객점유율(customer share)에 관심을 가져야 하고 충성도가 높은 고객을 발굴하여 이들이 구전효과나 자발적으로 커뮤니티에 참여하도록 기회를 제공해야 한다.

### 6) 커뮤니케이션 전략(Communication)

커뮤니케이션 전략은 효과적인 커뮤니케이션 도구를 제공하여 고객의 참여를 쉽게 하는 것을 말한다. 양방향 커뮤니케이션을 통해 고객 및 시장에 대한 다양하고 방대한 정보를 수집하여 데이터베이스 마케팅을 할 수 있다. 고객과의 효율적인 커뮤니케이션을 위해서는 다양한 기술과 도구를 적절히 활용하는 것이 중요하다(무료전자메일, 채팅방, 검색엔진 등).

# 제4장 해외마케팅 실행 준비

## 01 무역업 자격 구비

기업이 무역업무를 수행하기 위해서는 먼저 법적인 자격을 갖출 필요가 있다. 우리나라는 대외신용과 수출입질서 확립을 위한 무역관리 차원에서 수출입행위 주체인 무역업자를 효율적으로 관리·운영하기 위하여 일정요건을 갖춘 자로 하여금 무역업을 영위할 수 있도록 무역업 신고제를 운영해 왔다. 이에 따라 무역업 희망자는 대외무역법에 의한 무역업 신고를 필하도록 되어 있었다. 무역업 신고권한은 대외무역법상 산업통상자원부장관에게 있지만 한국무역협회장에 위임하여 운영되어 왔다.

그러나 1999년말 무역업 신고제도가 폐지되고 2000년 1월 1일부터는 사업자 등록증만 있으면 누구나 무역업 창업이 가능하도록 제도가 변경되었다. 따라서 산업통상자원부 장관은 대외무역법 시행령 제21조 및 제22조의 규정에 의한 전산관리체계의 개발·운영을 위하여 무역거래자별 무역업 고유번호를 부여할 수 있다. 대외무역법 제2조 제1호의 규정에 의한 무역을 업으로 하고자 하는 자는 무역업 고유번호를 한국무역협회장에게 신청해야 하며, 한국무역협회장은 접수 즉시 신청자에게 무역업 고유번호증을 발급해야 한다. 무역업을 영위하기 위해서는 대외무역관리규정 제24조 규정에 따라 별지 제1호 서식에 의한 무역업 고유번호 신청서와 구비서류를 첨부하여 한국무역협회 회장에게 신청할 수 있다.

한편, 무역업체들은 무역업 고유번호를 부여받음으로써 자사의 각 분야별 수출입실적(연도별, 월별, 품목별, 국가별)을 공식적으로 집계하여 수출입계획 수립과 계획대비 부문별 목표달성 분석을 통해 자사 발전의 기초자료로 활용함은 물론 무역금융 한도 책정, 관세환급, 무역의 날 포상 신청 등 각종 자료로 활용할 수 있다.

무역업 고유번호를 신청하기 위해서는 한국무역협회 웹사이트(www.kita.net)에 접속한 후 「무역정보-무역실무매뉴얼-무역업 창업」 메뉴를 클릭하여 필요한 정보를 입수한 후 「무역서식」 메뉴에서 무역업 고유번호 신청양식을 다운로드 받아 기재한 후 사업자등록증 사본 1부(원본대조필 낙인)와 함께 한국무역협회 본부 또는 국내지부에 이메일 또는 팩스로 송부하면 된다.

## 02 해외마케팅 실행 인프라 구축

### 1) 홈페이지 제작 및 검색엔진 등록

수출기업의 인터넷 홈페이지는 수출계약 체결에 앞서 바이어에게 회사와 제품을 알릴 수 있기 때문에 경쟁력 우위 확보를 위한 중요한 수단이 되고 있다. 해외마케팅을 성공적으로 수행하기 위해서는 제품 자체의 가격 및 품질 경쟁력을 확보하는 것이 필수적이지만 디자인, 콘텐츠 등 웹사이트 경쟁력도 중요한 요소가 되고 있다.

인터넷상에서 바이어의 구매 결정은 수출기업 웹사이트의 업데이트된 정보의 영향을 받게 된다. 따라서 지나치게 오래된 자료, 불충분한 내용, 링크되지 않은 자료 등이 포함된 웹사이트는 바이어의 관심을 끌지 못한다.

기업은 홈페이지를 활용하여 저렴한 비용으로 회사 및 제품의 해외홍보, 바이어 발굴 등 수출마케팅을 직접 수행할 수 있다. 또한, 기업은 웹사이트를 통해 고객과의 쌍방향 의사소통이 가능하므로 보다 실질적인 고객서비스를 제공할 수 있다. 그리고 동영상, 음성, 그래픽 정보 등 다양한 멀티미디어 정보와 텍스트 자료로 구성된 웹사이트는 24시간동안 사이버 공간에서 회사의 역할을 수행하게 된다.

한편, 대다수 중소기업은 많은 비용을 들여 전문 제작업체를 통해 홈페이지를 제작하고도 해외바이어가 많이 찾아오는 무역거래알선 사이트에 링크시키지 않아서 무용지물이 되는 경우가 있다. 따라서 수출기업이 홈페이지 제작과 관련하여 유의해야 할 사항은 가급적 해외 거래알선 네트워크와 링크가 잘 되어 있는 ㈜EC21과 같은 거래알선 포탈사이트에 연계시키는 것이 무엇보다 중요하다.

또한, 홈페이지를 제작한 후에는 구글, 네이버 등 해외 유명 검색엔진에 기업의 홈페이지를 등록하고 상위 페이지에 노출될 수 있도록 하여 바이어의 홈페이지 방문을 유도해야 한다.

홈페이지가 구글 등 검색엔진에서 잘 검색되기 위해서는 글로벌 표준에 맞게 스마트 홈페이지의 형태로 제작되어야 한다. 그렇지 않을 경우에는 외국에서 자사의 홈페이지가 로딩 되지 않거나 깨져 보일 수 있으므로 유의해야 한다. 그리고 모바일 및 SNS 환경에서 마케팅을 효과적으로 전개하기 위해서는 모바일 홈페이지를 같이 제작할 필요가 있다.

**▎수출용 홈페이지 제작 지원사업**

기업이 자체적으로 홈페이지를 제작할 경우에는 비용이 많이 발생할 수 있으므로 가급적 국내 무역지원기관의 홈페이지 제작 지원 사업을 활용하는 것이 바람직하다.

**▎중소기업진흥공단 외국어 홈페이지 제작 지원사업**

중소기업진흥공단은 중소기업의 온라인 수출지원사업의 일환으로 외국어 홈페이지(영어, 중국어, 일본어 중 택일)를 저가로 제작 지원하고 있다. 이 서비스를 이용하기 위해서는 사이트(www.gobizkorea.or.kr)에 접속하여 정보를 확인한 후 신청하면 된다.

**▎한국무역협회 Minisite 제작 지원사업**

한국무역협회는 글로벌 마켓 플레이스인 tradeKorea.com을 통해 전세계 바이어를 대상으로 우리나라 기업 및 상품 홍보를 지원하고 있으며, 이를 위해 미니홈페이지를 제작하여 구글, 네이버, 야후 등 국내외 검색엔진을 통해 글로벌 마케팅을 도와주고 있다. 이 서비스를 이용하기 위해서는 tradeKorea.com에 접속한 후 온라인으로 신청 가능(연중 상시 접수)하다.

**소상공인시장진흥공단 홈페이지 제작 지원사업**

소상공인진흥공단(www.semas.or.kr)도 소상공인 발전을 위한 특화사업의 일환으로 전국 32개 센터를 중심으로 제조업을 영위하는 상시근로자 10인 이내의 소상인을 대상으로 홈페이지 지원 사업을 수행하고 있다.

**e-무역상사 홈페이지 제작 지원사업**

e-무역상사(전자무역 전문업체)의 하나인 이씨플라자(주)(www.ecplaza.co.kr)도 수출기업 지원을 위해 홈페이지 제작 서비스를 제공하고 있다.

### 2) 이메일 확보

인터넷을 통해 거래 상담을 진행하기 위해서는 우선 전자메일 주소를 확보해야 한다. 인터넷 서비스업체에 가입하거나 무료로 제공되는 이메일 서비스를 이용할 수 있다. 무료 이메일 계정을 사용하게 되면 거래 상대방으로부터 의심을 살 수 있다는 점을 간과해서는 안 된다. 예를 들어 나이지리아 무역사기단의 경우 핫메일닷컴(hotmail.com)과 같은 무료 이메일 계정을 활용하여 전세계 기업을 대상으로 무역사기를 벌이고 있어 문제가 되고 있다. 따라서 국제적인 공신력을 갖춘 한국무역협회나 KOTRA 등 무역지원기관이 운영하는 웹 호스팅을 통해 제공되는 이메일 주소를 사용하게 되면 상대방으로부터 신뢰를 확보할 수 있다.

### 3) 웹 호스팅(web hosting)

웹 호스팅 서비스는 인터넷을 이용한 비즈니스를 위해 자사의 홈페이지를 만들었으나 웹서버(Web Server)를 구축하는데 어려움이 많은 개인(SOHO) 또는 기업에 제공되는 것을 말한다. 실제로 웹서버를 구축하기 위해서는 서버구입, 전용선 및 전문인력 확보 등 많은 노력과 비용이 필요하다.

따라서 웹 호스팅 서비스를 활용하게 되면 서버구입, 전용선 확보 등 초기 투자비용을 크게 절감할 수 있으며, 효과적인 도메인 네임(domain name)의 확보가 가능하다. 도메인 네임은 인터넷 주소를 의미하며, 가상공간의 주소와 같은 역할을 한다. 따라서 무역마케팅을 위해서는 현재의 회사 이름 못지않게 인터넷 도메인 네임의 확보가 매우 중요하다.

### 4) 웹 프로모션(web promotion)

자사의 웹사이트를 구축하는 것보다 더 중요한 문제는 인터넷을 이용하여 마케팅을 전개하는 것이다. 자사가 취급하는 제품을 수출하기 위해서는 먼저 자사의 웹사이트를 통하여 제품과 회사를 전 세계에 알리는 작업이 필요한데, 이것이 바로 웹 프로모션이다. 홍보 방법에 따라 방문객의 수가 달라지며 많은 방문객이 있어야 그 중에서 자사의 고객을 발굴해 낼 수 있을 것이다. 웹 프로모션은 검색엔진 등록, 거래알선, 무역관련 사이트에 등록하는 등의 소극적인 방법에서부터 관련 뉴스그룹에 게재, 메일링 리스트의 활용, 제품별 해외 무역업체에 대한 전자메일 발송, 해외 전시회에서의 사이트 홍보, 해외 매체 홍보 등에 이르기까지 다양하다.

### 5) 해외마케팅 자료 제작

첫째, 자사와 제품을 소개하는 회사 및 제품 설명서를 준비해야 한다. 제품설명서는 가급적 수출목표시장에서 주로 사용되는 언어로 제작하고 문장이 매끄럽게 표현되도록 하고 오타가 없도록 유의해야 한다.

둘째, 온-오프라인 카탈로그를 제작해야 한다. 오프라인 카탈로그를 제작할 경우에는 위에서 설명한 것처럼 수출 목표시장에 적합한 언어로 제작하는 것이 필수적이며 문법적 오류나 오타가 없도록 제작하는 것이 중요하다. 그러므로 카탈로그를 최종 인쇄하기에 앞서 외국인 전문가로부터 반드시 교정을 받을 필요가 있다. 카탈로그 제작비용을 절감하기 위하여 2가지 언어로 제작하는 경우가 있는데, 영어와 해당국 현지어(중국어, 일본어, 스페인어, 독일어 등)로 제작하는 것이 바람직하다. 비즈니스에 인터넷이 적극 사용되고 있지만 기업의 입장에서는 후발개도국이나 후진국 등 인터넷 환경이 상대적으로 열악한 국가에서 개최되는 전시회나 무역상담회, 시장개척단 등에 참가할 경우에는 여전히 오프라인 카탈로그가 마케팅 자료로서 더 유용하다. 그 이유는 USB나 CD로 제작된 전자카탈로그를 배포해도 인터넷 환경이 좋지 않아 홍보효과가 떨어지기 때문이다. 이와 함께 전자카탈로그(e-Catalog)나 UCC, YouTube 등 SNS 마케팅을 수행하기 위한 해외마케팅 인프라를 갖추는 것도 중요하다.

셋째, 합리적인 가격표(price list)를 준비해야 한다. 취급제품의 상품성과 기술성이 아무리 우수하다 하더라도 시장성 즉 합리적인 가격이 책정되지 못한다면 수출시장 개척에 큰 걸림돌로 작용할 수 있다. 기업은 인터넷상에서 바이어로부터 인콰이어리를 받았을 때 가장 먼저 가격표 제공을 요구받게 된다. 해외전시회에 참가할 때에도 다양한 형태의 가격표를 준비해서 가는 것이 좋다. 수출가격은 국제상업회의소(ICC)가 제정한 “Incoterms 2020”을 토대로 결정되는데, 여기에는 11개 가격조건이 제시되어 있으며 일반적으로 중소기업의 대부분은 FOB 가격조건을 선호한다. 기업은 5~20% 범위에서 1차, 2차, 3차 FOB 가격표를 다양하게 준비해서 바이어와의 가격협상에 탄력적으로 대처할 필요가 있다.

# 03 수출목표국가의 규격인증 취득

## 1) 해외규격인증 취득의 중요성

기업은 제품을 수출할 때 상대국에서 요구하는 여러 가지 인증을 획득해야 해외규격인증은 비관세무역장벽으로 활용되는 경우가 많아 글로벌 시장 진출기업에게 필수사항으로 작용하고 있다. 이는 아무리 가격 및 품질 경쟁력이 있어도 특정 국가에 진입할 때 해당국가에서 요구하는 해외규격인증을 취득하지 못하면 수출이 불가능하기 때문이다. 예를 들어 유럽시장(EU)에 공산품을 수출하기 위해서는 반드시 CE마크가 필요하며, 특히 친환경제품의 경우에는 환경마크(Eco-Label)를 취득해야 유럽시장에 진입할 수 있다. 중국시장에 공산품을 수출하기 위해서는 반드시 중국강제인증(CCC)마크를 취득해야 한다. 만일 필수적으로 요구하는 규격인증마크를 부착하지 않은 제품이 유럽시장에서 유통되다가 적발될 경우 과징금이 부과되고 수출이 원천적으로 불가능해질 수 있기 때문에 유의해야 한다. 제품 분야별로도 국가마다 요구하는 인증이 다르다. 미국시장에 진출할 경우에는 전기전자제품은 UL과 FCC를, 식품은 FDA와 HACCP을, 의료제품은 FDA를, 그리고 에너지제품은 Energy Star(미국)와 같은 인증을 부착해야 한다. 이처럼 해외규격인증은 특정 수출 목표시장에 진출할 때 비자(Visa)와 같은 역할을 한다. 해외규격인증 취득을 위해서는 많은 비용이 소요되고 중소기업의 입장에서는 절차가 복잡하고 시간이 많이 소요되므로 수출의 걸림돌로 작용할 가능성이 있다. 따라서 중소벤처기업부 등 정부부처와 지자체, 한국무역협회, KOTRA 등 무역지원기관은 중소기업의 해외규격인증 취득비용을 지원하거나 다양한 국가의 해외규격인증 정보를 수집하여 제공하고 있다.

**해외인증 획득을 위한 8가지 팁**

1. 제품생산 전 해외인증 획득 필요 여부를 파악하고 필요시 사전 인증 획득
2. 해외규격인증은 주력 상품부터 하나씩 획득 필요
3. 정부 및 유관기관의 해외규격인증 상담 및 교육에 적극 참여
4. 복수 시험기관의 수수료 견적서 비교를 통한 비용절감
5. 해외규격인증 획득 관련 생산팀 · 기술(개발)팀 · 해외영업팀의 협업
6. 정부 · 지자체 · 수출유관기관의 해외인증 획득 지원사업 적극 활용(평가기준 및 신청일자를 사전 확인)
7. 간단한 해외규격인증은 직접 획득하여 비용절감
8. 선진국(북미 · 유럽) 해외규격인증을 신흥시장 개척의 홍보수단으로 활용

## 2) 주요 해외규격인증 현황

### 중동 할랄(Halal)인증

이슬람 율법인 샤리아(Sharia)는 무슬림 개개인의 종교적 생활뿐만 아니라 일반적 생활, 결혼, 가족관계, 경제, 형벌 등에까지 광범위하게 적용되는 규범이며, 할랄(halal)은 샤리아에서 "허용된 것"이라는 뜻으로 이슬람의 규율에 따라 지켜야 하는 것을 의미한다. 할랄은 식품, 화장품, 의약품, 관광, 유통, 금융, 서비스 등으로 광범위하게 적용되며 그 범위가 점차 확대되고 있다. 이에 비해 하람(haram)은 이슬람법에 의해 도축되지 않은 동물, 돼지고기의 부산물, 알코올 등을 의미한다.

한편, 할랄 소비자는 2030년에 전세계 인구의 약 26%를 차지할 것으로 전망되며, 할랄 시장의 성장세는 지속될 전망이다. 우리나라의 할랄 제품 수출은 최근 5년간 호조세를 보이고 있으나 주요 할랄시장 전체 수출액의 5.7%에 불과해 할랄시장에 대한 우리기업의 인식이 아직은 부족한 실정이다.

할랄 인증은 공식적인 절차를 통해 제품이 할랄 임을 인정받고 할랄 마크를 부착할 수 있도록 하는 증명일 뿐 수출의 성공과 직결되지는 않는다. 할랄 인증을 취득하면 할랄 마크를 제품에 부착할 수 있으며, '할랄제품'으로 홍보가 가능하고 유통마트의 '할랄 코너'에도 진열이 가능하게 된다. 할랄 인증의 필수여부는 진출 국가별로 상이하지만 점차 의무화되는 추세이다. 할랄 인증을 발급하는 정부기관, 종교단체, 민간기관 등은 전 세계적으로 200~300개에 달한다. 기관에 따라 소요되는 비용과 인증서의 유효기간이 다르며, 동일한 제품이라도 각 인증기관에서 심사하는 절차와 내용도 다르다. 일례로 말레이시아 JAKIM 할랄 인증은 무슬림 근로자 고용 및 별도 기도실 설치를 의무화하고 있다.

자국 산업 보호, 소비자 먹거리에 대한 보호와 할랄 인증 산업 활성화 등을 위해 인도네시아, 말레이시아 등 주요 할랄 국가들은 할랄 인증에 대한 의무를 강화하는 추세이다. 말레이시아를 시작으로 UAE, 인도네시아 등 주요 무슬림 국가들은 할랄 인증을 법제화하고 민간인증에서 정부인증으로 전환하는 추세이다. 인도네시아의 경우 2019년부터 대부분 수입제품에 대해 할랄 인증 부착을 의무화할 예정이다. 무슬림 소비자들은 할랄 인증이 있는 제품을 선호하지만 각 지역별로 인증마크를 중시하는 정도는 다르다. 동남아에는 돼지고기를 주식으로 삼는 중국 화교가 많아 무슬림 소비자들은 '하람'식품과 확실히 구분되는 할랄 인증 마크가 부착된 제품만을 찾는다. 인도네시아에서는 한국의 할랄 인증을 거부하고 MUI 인증을 요구한 사례가 있다. 반면, 태국은 자국 할랄 식품 인증마크가 필수사항이 아니어서 수입식품에 대해서도 인증마크 종류에 대한 선호도 차이가 크지 않다.

### 중국강제인증 CCC

중국의 강제인증(China Compulsory Certificate : CCC)은 중국 내에서 생산 및 유통되는 제품과 중국으로 수입되는 제품 및 부품에 대해 강제인증에 해당되는 품목은 반드시 중국 국가표준에 준하여 안전 및 품질인증을 받도록 하는 제도를 말한다. 이는 CCC마크를 받아야 중국 내에서 판매가 가능하다는 것을 의미한다. CCC를 취득하기 위해서는 중국인증기관에 신청서, 기술문서와 시험 샘플을 제출해야 한다. 중국 내 시험기관에서 안전 및 품질검사를 실시하여 이 과정을 통과하면 공장을 방문하여 평가 후 적절하다고 인정될 경우 CCC인증서가 발급된다. 대상품목은 전선, 케이블, 생활용 전기제품, 정보통신 단말기 설비, 음향기기, 자동차 및 안전부품, 의료기기, 소비기기 등으로 광범위하다.

### 유럽연합 안전규격 CE마크

유럽연합(EU) 28개국 시장에서 적용되는 CE마크는 유럽공동체(European Community : EC)의 불어표기인 'Communaut Europeen'의 머리글자를 딴 것으로 유럽시장 내 자유로운 상품의 이동과 소비자 안정을 보장하는 기본 증명서로서 수출제품의 유럽 진출을 위한 비자(Visa) 역할을 한다. CE마크는 소비자 건강, 안전, 위생보호 차원에서 위험성이 있는 품목에 적용되고 있다. 완구류, 건설자재, 단순압력용기, 통신단말기, 위성 수신 장비, 기계류, 이식용 의료장비, 가스기기, TV, 라디오, 개인용 컴퓨터, 전화기 등 많은 공산품이 적용대상이다. CE마크를 부착하지 않을 경우에는 역내 제품판매가 금지되거나 회원국 정부로부터 처벌을 받을 수 있어 역외국 기업에게는 새로운 무역장벽으로 인식되고 있다.

### 미국 안전규격 UL마크

전기기기, 기계류, 건축자재 등 1,400여 개 대상 품목에 대하여 안전검사를 요구하는 비강제인증제도이다. 미국의 개별 주법에는 의무화하고 있기 때문에 강제성을 갖고 있다.

**주요 해외 규격인증제도**

| 인증 | 지역 | 주요내용 |
|---|---|---|
| UL | 미국 | • 소비용품의 안전성 확보를 목적으로 강제화<br>• 미국 플로리다주 등 일부 주에서는 UL인증 없이는 판매 불가 |
| CE | EU | • 인체안전, 건강, 환경 관련 제품의 경우 인증이 없으면 판매금지 |
| VDE | 독일 | • 인증을 명시적으로 요구하지는 않지만 사고 발생 시 처벌(사실상 강제적 인증제도) |
| CCIB | 중국 | • 가전제품, 공산품, 의료기구 등이 주요대상<br>• 안전, 위생, 품질 등의 확보 목적 |
| GOST | 러시아 | • 1993년부터 수입품에 대해 무공해, 인체무해증명서 제출 의무화 |
| Eco-label | EU | • 환경친화제품에 부여 |

## 3) 해외규격인증 취득 지원사업

### (1) 정부 및 지자체의 해외규격인증 취득 지원사업 활용

중소벤처기업부는 수출여건을 갖추고도 해외정보 및 전문인력 부족으로 수출대상국에서 요구하는 해외규격인증을 획득하지 못한 중소기업을 대상으로 해외규격인증 획득 소요비용의 일부(50~70%)를 지원하고 있다. 지원예산 규모는 매년 달라지며 2017년의 경우 세부 지원내용은 다음과 같다.

- 지원항목 : 해외규격인증 획득에 직접적으로 소요되는 시험·인증비, 공장심사비, 컨설팅비용 등의 50~70% 지원
- 지원분야 : 각 분야별 해외규격인증 획득비용을 정부출연금 한도기준 및 매출규모구분에 따라 50~70% 지원
  - 일반규격인증 지원 : 국가별 해외규격인증 지원대상 제품인증분야로 인증 1건당 최대 3,000만 원까지 지원
  - 고부가가치인증 지원 : 의료기기, 기능성화장품, 방폭, 군사장비, 건자재, 고압 케이블, 에너지 분야 등 고부가가치 창출이 가능한 제품으로 시험·인증·공장심사비 등의 소요비용(컨설팅비용 제외)이 3천만 원 이상 소요되는 인증으로, 인증 1건당 최대 5천만 원 한도까지 지원

또한, 중소벤처기업부 산하 '중소기업수출지원센터(해외규격인증정보센터)'는 수출대상국가의 제품규격 및 인증정보를 수집하여 무료로 제공하고 있다. 이는 기업의 대외 경쟁력을 향상시키고 해외인증 취득에 필요한 최신 정보를 제공하기 위한 것이며, 세부 지원내용은 다음과 같다.

- 규격검색 DB를 구축하여 기업이 해외인증 취득에 필요한 제품규격, 최신 인증정보 및 인증안내 서비스 제공
- 전 세계 주요규격의 초록 및 규격내용 검색
- 해외인증기관 인증취득절차 안내
- 인증관련 교육, 세미나개최 및 기술자료 제공, 인증 표준 모델의 개발 및 보급
- 해외 인증 관련 최신정보 제공
- 종합인증정보시스템을 구축하여 해외규격초록 및 인증관련 최신정보 온라인 제공

### (2) 무역지원기관의 해외규격인증 정보제공 서비스 활용

한국무역협회, KOTRA 등 무역지원기관들도 각각의 포탈사이트를 통해 각국별 해외규

격인증정보를 수집·제공하고 있으며, 취득비용 할인지원사업도 수행하고 있다.

[http://www.kita.net]

### (3) 한국농수산식품유통공사의 해외인증 지원사업 활용

농수산식품 수출기업은 한국농수산식품유통공사(www.at.or.kr)가 국내 농수산식품분야 기업의 수출 촉진을 위해 실시하고 있는 "해외인증 지원사업"을 적극 활용할 필요가 있다. 한국농수산식품유통공사는 해외인증 취득 및 연장에 소요되는 비용의 70%(2017년의 경우에 해당되며 매년 지원율이 달라짐)를 무상으로 지원하고 있다.

## 04 수출제품의 특징 및 수출규제사항 파악

제조업체나 무역업체는 제품을 수출할 때 어느 지역이 가장 유망한 시장인가를 알아내기 위해 고심하게 된다. 그러나 수출유망지역 조사보다 더 중요한 것은 자사가 취급하고 있는 수출제품에 대해 명확하게 이해하는 것이다. 만일 취급제품에 관한 지식이 부족하다면 시장이 아무리 유망하더라도 마케팅에서 실패할 확률이 높아지게 된다.

취급하고자 하는 아이템이 수출제품으로서의 시장 적합성과 시장 확보 가능성 등 상품 고유의 특성과 현실적인 거래 가능성을 갖추고 있는가를 자세하게 파악해야 한다. 이를 위해서는 수출제품의 정확한 명칭, 관세율 및 관심국가의 수출입규제 여부 등을 구체적으로 조사할 필요가 있다.

### 1) 수출제품의 특징 파악

먼저 자사가 취급하고 있는 수출제품 자체의 특징을 파악하는 것이 무엇보다 중요하다. 수출제품의 특성을 파악한 후에는 경쟁업체와의 수출제품 특성 비교표를 작성하여 해외전시회나 내방 바이어와의 거래협상 시 활용해야 한다. 이는 대부분 바이어의 경우 해당 수출제품이 경쟁사 제품에 비해 무엇이 다르며 어떤 특징과 장점이 있는지에 대해 관심이 많기 때문이다. 따라서 기업은 수출제품에 대해 다음 사항을 파악할 필요가 있다.

- 경쟁제품과의 장단점(독창성, 차별성, 스펙 등)
- 수출목표시장 고객이 원하는 제품특성과 기능을 갖고 있는지 여부
- 수출제품에 대한 현지정부의 규격인증 필요 여부
- 제품의 디자인 및 색상에 대한 현지 소비자들의 선호도를 고려했는지 여부
- 쿼터, A/S 대상 제품인지 여부
- 수출목표국가의 기준에 부합하는 포장재료 등 사용 여부(포장재 리사이클링제도 등 현지국 환경관련 규정 파악)

### 2) 수출제품의 관세율 파악

수출제품에 대한 관세율을 파악하기 위해서는 국제품목분류번호(Harmonized Commodity Description and Coding System : Harmonized System, HS Code)를 이해해야 한다. HS Code는 전세계에서 거래되는 각종 물품을 숫자 코드로 분류하여 상품분류체계를 통일화한 것으로 '세번' 또는 '품목번호'로 표현된다. 1988년 1월 1일부터 도입된 우리나라의 HS 품목분류방식인 HSK(Harmonized System of Korea)는 국제적으로 공통인 6단위에다 국내의 제반 사정을 고려한 자체분류 4단위를 합해 10단위(일본은 9단위, 중국은 10단위, 미국·EU·인도·베트남은 8단위 분류체계 운영)로 운영되고 있다.

HS코드는 관세, 무역통계, 운송, 보험 등 다양한 목적으로 사용되어 무역거래를 원활하게 한다. HS코드에 따라 관세율, 수출물품의 간이정액 환급세액, FTA활용에 있어서 양허유형 및 양허세율, 전략물자 및 수출규제 해당 여부 등이 달라지기 때문에 품목분류가 잘못된다면 업무상 중대한 오류를 야기할 수 있으므로 주의해야 한다.

특히, 제품 내용이 복잡하거나 신제품의 경우에는 HS코드를 파악하기 어려우므로 관세청 또는 일선세관 등을 통해 정확한 품목 코드를 파악하는 것이 중요하다. 정확한 HS코드를 알아야만 바이어와의 수출가격 협상에 효과적으로 대처할 수 있으며, 관세부과 오류에 따른 금전적 피해를 예방할 수 있다.

일부 기업은 처음부터 잘못 분류된 HS번호를 관행적으로 사용하고 있어서 바이어에게 부정확한 관세율 정보를 제공해서 거래를 성사시키지 못하는 경우도 있으므로 유의해야 한다. HS번호는 관세청 관세고객관리센터와의 상담이나 관세청 홈페이지를 통해 파악할 수 있으며, 신제품이나 품목분류가 애매한 경우에는 관세청의 "품목분류 사전심사제도"를 활용하여 관세청 관세평가분류원장에게 공문으로 품목분류를 요청해야 한다. 이 경우 업무처리 기간은 30일 이내이며 수수료는 품목당 3만 원(물품분석이 필요한 경우)이고 인터넷이나 서면(인편, 우편)으로 신청 가능하다. 그리고 관세청 홈페이지의 세계HS정보시스템을 통해 외국의 관세율 정보도 확인할 수 있다.

**▎관세청 웹사이트 활용**

관세청 사이트(www.customs.go.kr)에서 관심품목의 검색어(영문)를 입력하여 HS번호와 정확한 상품명을 무료로 확인할 수 있다. HS번호(10단위), 상품명, 상표명 등이 영문으로 제공된다. 이 서비스를 이용하기 위해서는 관세법령정보포털홈페이지(http://unipass.customs. go.kr)에 접속하여 세계 HS → 관세율표 → 검색창에 '품목명'을 입력하면 된다.

**▎한국무역협회(KITA) 활용**

KITA(www.kita.net) 초기화면의 「품목별 수출입요령」을 클릭하고 다음 화면에서 해당 상품명의 키워드를 한글로 입력하면 HS번호가 검색된다.

이 사이트를 통해서는 해당 상품의 HS코드와 함께 수출입 요령에 대한 상세한 정보가 제공된다. 또한, 한국무역협회는 무역상담실에 전문 상담자를 배치하여 HS코드에 관한 상담 서비스를 제공하고 있다.

**▎한국무역통계진흥원 활용**

한국무역통계진흥원은 관세청 산하 "무역통계 작성 및 교부업무 대행기관"으로서 기업에 대한 무역통계 보급 및 이용 활성화를 위해 다양한 정보서비스를 제공하고 있는 무역통계 전문기관이다. 이 기관은 수출입통계, 테마통계(중소기업 맞춤형 통계, 전자상거래 통계 등), 시장분석통계(수출유망국가, 단가정보 등) 등 기업의 전략수립에 실질적인 도움을 줄 수 있는 유용한 통계정보를 제공하고 있으며, 아울러 기업의 니즈를 충족시키기 위한 "주문형 통계신청 제도"도 운영하고 있다.

**HS코드 분류실수로 인한 피해**

자동차 부품업체인 우리나라의 A사는 내수시장이 부진하자 수출에 착수한 지 6개월 만에 유럽의 유력 바이어와 수만불 상당의 첫 수출계약을 체결하게 되었다. 선적서류의 HS코드에는 당연히 자동차 부품 분류로 명시되어 수입상에게 송부했다. 그러나 바이어는 수출상의 HS코드 오류 적용으로 항상 사용하던 HS코드를 기준으로 한 관세율보다 10%의 관세를 추가로 지불했다면서 손해배상을 제기해 왔다.

이 사례는 세계시장을 상대로 바이어 정보, 해외시장에 대한 수입관세율 및 수입규제 여부 등을 조사하는 것보다 수출상품에 대한 보다 정확한 지식이 매우 중요하다는 것을 시사해 준다.

### 3) 수출입규제 여부 파악

수출제품에 대한 품목분류번호(HS코드)를 확인하게 되면 해당품목의 관세율 정보를 알 수 있게 되어 해당품목에 대한 수출입제한 여부 파악이 가능하게 된다. 우리나라는 2000년 1월 이후 무역업이 자유화되어 품목에 대한 수출제한을 두고 있지 않지만 국민건강 보호, 사회질서 유지, 문화재 보호, 국제교역질서 유지 등을 위해 일부 품목에 대해 수출을 제한하고 있으므로 기업은 자사 취급제품이 혹시라도 수출입 규제에 해당되는지 여부를 확인해야 한다. 우선 자사의 취급제품이 우리나라의 대외무역법에 저촉되는지 여부를 확인해야 한다. 대외무역법은 무역질서 확립을 위해 '수출입공고제도'를 시행하고 있는데, 이를 통해 수출제한품목 또는 수출금지품목을 규정하고 있다. 따라서 수출기업은 이 제도에 의해 자사 제품이 수출가능 품목인지 여부를 확인해야 한다. 만일 수출제한 품목에 해당될 경우에는 관련 단체나 기관을 통해 수출추천, 인증, 허가 등의 요건을 충족해야 한다. 전략물자 수출통제제도에 해당되는 제품은 산업통상자원부 산하 '전략물자관리원'을 통해 해당품목이 전략물자에 해당되는지 여부를 먼저 확인한 후에 수출을 추진해야 한다. 이를 위해서는 공문으로 전략물자관리원에 공식적으로 질의할 수 있다. 이외에도 세관장 확인물품 또는 남북교역 대상 물품인지 여부 등도 파악할 필요가 있다. 이에 관한 세부정보는 한국무역협회의 홈페이지(무역실무-품목별 수출입요령)를 통해 확인할 수 있다. 그리고 국가안보, 국민위생, 사회질서, 문화재 보호와 관련되는 제품의 경우에는 '통합공고제도'를 통해 58개 국내 관련법규에서 정하는 내용을 충족해야만 수출이 가능하도록 하고 있다.

다음으로는 국내가 아니라 수출목표국가의 수입규제 사항이 있는지 여부를 파악해야 한다. 따라서 수출목표국가의 수입규제 여부, 상관습, 거래관행, 무역정책 동향 등을 종합적으로 파악하는 것이 매우 중요하다. 이에 관한 정보 수집을 위해서는 인터넷을 통해 제공되는 국별(country profile) 자료를 활용하면 된다. 예를 들어 KOTRA 사이트(www.kotra.or.kr)의 초기화면에서 「해외시장뉴스-국가정보」를 클릭한 후 중국을 선택하고 해당 제목을 클릭하면 중국의 수입규제 정보가 제공된다.

취급품목에 대한 수출제한 여부를 파악하기 위해서는 먼저 우리나라의 3대 무역법규(대외무역법, 관세법, 외국환거래법)의 특징을 잘 이해해야 한다.

첫째, 대외무역법(수출입총괄)은 무역관리를 위한 기본법(1986년 12월 제정)으로서 물품의 수출입을 총괄적으로 관리하는 무역법규를 말한다. 대외무역법에서는 무역관리제도 외에도 외화획득용 원료수입제도와 같은 무역진흥제도, 그리고 산업피해구제제도와 수출입 질서유지를 위한 제반사항을 규정하고 있다.

둘째, 관세법(물품의 이동)은 수출입물품의 통관절차와 수입물품에 대한 과세절차를 규정하고 있다. 관세법에 의한 통관절차 및 과세절차는 세관에서 처리한다. 따라서 관세법은 물품의 이동을 직접적이며 실질적으로 관리하는 통관법적인 성격과 관세 부과 및 징수를 총괄하는 조세법적인 성격, 그리고 벌칙과 조사 및 처분에 관한 규정을 두고 있는 형사법적인 성격도 갖고 있다.

셋째, 외국환거래법(수출입대금결제)은 결제방법을 관리하기 위한 법규로서 주로 국민인 거주자와 외국인인 비거주자 간에 외국환을 영수하거나 지급하는 방법을 규정하고 있다.

### 취급품목에 대한 수출입규제 여부 확인 요령

첫째, 취급물품과 관련하여 대외무역법에서 수출을 규제하고 있는 사항은 있는지 여부를 파악해야 한다. 대외무역법은 수출입공고와 전략물자 수출입에 관한 사항을 규정하고 있다. 대외무역법상 수출입공고에서 수출입이 제한되는 품목인지 여부를 확인해야 한다. 수출입공고는 대외무역법에 의거하여 물품 등의 수출입제한, 수출금지, 승인, 신고 등에 관한 사항을 규정하고 있다. 우리나라는 수출입공고와 관련하여 'Negative List제도'를 채택하고 있으며, 산업통상자원부는 수출금지품목, 수출제한품목, 수입제한품목 등으로 구분하여 그 대상품목을 매년 관보에 발표하고 있다. 기업은 자사제품이 수출입공고상의 리스트에 없으면 자유롭게 수출입이 가능하며, 수출입에 제한사항이 있을 경우에는 관련기관의 승인이나 추천을 받아야만 수출입이 가능하다.

둘째, 취급품목이 대외무역법상의 '전략물자 수출입고시'에 해당되는지 여부를 확인해야 한다. 전략물자 수출입고시는 대외무역법에 의거하여 전략물자의 수출입통제에 관한 사항을 정함으로써 국제평화 및 안전유지와 국가안보에 기여함을 목적으로 하고 있다. 9.11테러 이후 전략물자에 대한 국제통제가 강화되고 있어 전략물자 해당 여부를 확인한 후 여기에 해당되면 전략물자 수출허가를 취득해야 한다. 만일 기업이 전략물자 수출허가 없이 전략물자를 수출할 경우에는 우리나라 대외무역법(제53조~59조)에 의거하여 징역(7년 이하) 또는 벌금형(물품거래가격의 5배 이내)과 함께 3년 이내의 무역제한 처분을 부과 받을 수 있다. 이외에도 해당 기업의 대미 수출입이 25년간 금지되고 수출금액의 5배 혹은 미화 100만 달러 중 큰 금액의 벌금을 부과 받는다. 기업은 자사제품이 전략물자에 해당되는지 여부를 확인하기 위해서는 산업통상자원부 산하 '전략물자관리원(www.yestrade.

go.kr)'의 전략물자 사전판정제도를 활용하면 된다. 전략물자 판정방법으로는 자가 판정과 사전 판정으로 구분된다. 전자는 전략물자관리원 사이트에서 제공하는 HS Code & 키워드 검색 및 질문 응답에 따라 기업이 수출대상 품목의 전략물자 해당 여부를 스스로 판정하는 방법이며 판정결과를 즉시 출력할 수 있으나 결과에 대한 책임은 기업에게 있다. 이에 비해 사전 판정은 기업 자체적으로 판정이 곤란하거나 공인된 판정결과가 필요한 경우 전략물자관리원에 판정을 의뢰하는 것으로 신청일로부터 15일 이내에 판정결과가 나오며 이 판정의 유효기간은 2년이다.

셋째, 취급제품과 관련하여 우리나라의 개별법규에서 수출입을 제한하는 사항이 없는지를 확인해야 한다. 산업통상자원부는 국가안보, 국민위생, 사회질서, 문화재보호 등을 위해 58개 개별법규에서 규정하고 있는 수출입에 관련된 규정만을 모아 고시하고 있는데 이를 '통합공고'라고 한다. 통합공고는 여러 국내법에 산재되어 있는 수출입의 요건 및 절차에 관한 사항을 무역업자가 쉽게 파악할 수 있도록 하나의 공고로 합친 것을 말한다.

수출입공고상의 리스트에 자사제품이 없다면 해당품목을 자유롭게 수출 또는 수입할 수 있다는 것을 의미한다. 하지만 혹시 해당품목에 대해 전략물자 수출입고시나 개별법에 의한 통합공고 상에 제한사항이 있다면 그러한 사항을 충족해야만 수출입이 자유롭게 된다. 결론적으로 자사제품이 자유롭게 수출입 되기 위해서는 수출입공고, 전략물자 관련고시, 통합공고 상에 아무런 제한이나 규제사항이 없어야 한다.

아울러 원산지 관련 규정과 세관장확인 대상품목에 해당되는 경우에도 이를 충족해야 하므로 사전에 체크할 필요가 있다. 수출입 제한여부에 관한 자세한 사항은 한국무역협회 홈페이지(www.kita.net)의 '품목별 수출입요령'을 통해 확인할 수 있다.

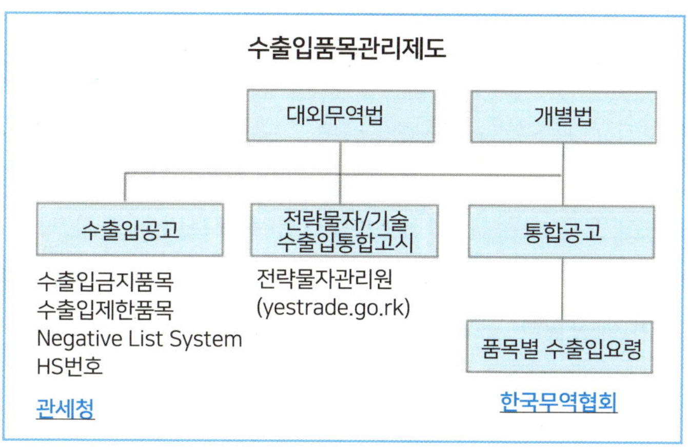

### 4) 수출목표국가의 관세율 및 통관정보 파악

**▎수출입상품 관세율 조회**

한국무역협회의 KITA(www.kita.net) 초기화면에서 「품목별 수출입요령」을 클릭한 후 다음화면에서 희망품목의 키워드를 한글로 검색하면 해당 품목의 HS번호가 열거된다. 이 중에서 해당 품목에 클릭하면 국내 수입관세율에 관한 정보가 제공된다.

한편, 관세청(www.customs.go.kr)은 「해외통관정보센터」 메뉴를 통해 주요국의 통관정보, 관세동향, 외국의 관세청 인터넷 홈페이지 현황, APEC회원국 관세 정보(Tariff Database) 등의 서비스를 제공하고 있다. APEC(Asia Pacific Economic Cooperation)의 Tariff Database는 우리나라를 포함한 21개 회원국의 관세율을 DB화한 것으로서 간단한 이용자 등록절차를 마치면 관세율을 무료로 조회할 수 있다.

**▎주요국 관세청 인터넷 홈페이지**

우리나라 관세청은 세계관세기구(WCO)가 취합하여 구축한 외국 관세청 인터넷 홈페이지와 연계하여 국내 무역업체가 현지의 수출통관에 관한 궁금한 사항이나 기타 세관통관 자료와 정보를 손쉽게 찾아볼 수 있다.

**▎미무역위원회 통계자료 이용**

미무역위원회(USITC, www.usitc.gov)는 웹사이트를 통해 자국의 수출입 통계와 관세율 정보를 제공하고 있다. 이 사이트는 대미 수출관련 정보를 입수하는데 많은 도움을 주고 있다.

외국기업의 덤핑과 정부보조금을 받은 품목의 수입으로 인한 국내기업의 산업피해 여부를 판정하는 미무역위원회는 그 동안 미국 정부기관을 대상으로 제공해오던 품목별 미국 무역통계를 통해 그 결과를 일반에 공개하고 있다.

이 사이트는 수입통계의 경우 미국 상무부 산하 통계국이 매월 집계 발표하는 수입통계에 비해 국별, 지역별, HS, SIC, SITC 코드별로 다양한 정보를 제공할 수 있는 장점이 있다. 또한, 미국 관세법에 따라 관세특혜가 주어지는 국별, 지역별 통계를 별도의 독립된 그룹으로 검색함으로써 주요 경쟁국의 대미 수출통계를 보다 체계적으로 분석할 수 있다.

관세율도 APEC회원국의 수입관세율 검색사이트에서 제공되는 미국의 수입관세율보다 훨씬 자세한 정보가 제공된다. 그러나 접속 속도가 느리다는 것이 커다란 단점이다. 방대한 양의 통계와 자료를 인터넷에서 제공하기 때문에 웹 DB검색에 많은 시간이 소요된다.

# 05 수출가격의 이해

취급 수출제품의 상품성과 기술성이 아무리 우수하다 하더라도 시장성 즉 합리적인 가격이 책정되지 못하면 수출시장 개척에 큰 걸림돌이 될 수 있다. 합리적인 수출가격을 산정하기 위해서는 목표시장 규모, 현지 구매력 수준, 경쟁사대비 제품 차별성, 목표시장 특성, 제품수명주기 등을 감안하여야 한다.

하지만 현실적으로 중소기업이 이러한 합리적인 기준에 의거하여 수출가격을 산정한다는 것은 어렵다. 따라서 대부분 중소기업은 해외전시회에 참가하여 경쟁기업의 수출가격을 조사하여 그 가격을 기준으로 수출가격을 책정하고 있다. 일부 중소기업은 국내시장 판매가격을 달러화로 환산해서 그 가격을 바이어에게 알려주는 경우가 있는데, 수출가격의 구성요소를 제대로 이해하지 못하면 수출과정에서 발생하는 제반 경비를 자사가 부담하는 결과를 초래하기 때문에 수출채산성이 악화될 가능성이 있으므로 유의해야 한다.

일반적으로 인터넷 거래알선사이트에 거래제의(business proposal) 오퍼를 게재(posting)하게 되면 바이어로부터 인콰이어리를 받게 된다. 이 때 해외바이어의 주된 요구사항의 하나는 가격리스트(price list)를 보내 달라는 것이다. 따라서 기업은 취급품목에 대한 정확한 가격을 사전에 파악해야 바이어의 요구에 신속하게 대처할 수 있으며, 거래성사 가능성을 높일 수 있다. 해외전시회에 참가하는 경우에도 수출가격정책이 제대로 수립되어 있지 못하다면 상담을 효과적으로 진행할 수 없기 때문에 수출가격에 대한 철저한 이해가 요구된다.

한편, 국제상업회의소(ICC)는 "인코텀즈(Incoterms) 2020"을 통해 국가 간 무역이 이루어지는 거래에 적용되는 FOB 등 11개의 가격조건을 제시하고 있다. 무역 당사자들은 무역계약을 체결할 때 협상을 통해 이들 가격조건 중 하나를 선택하는데, 우리나라 중소기업의 대부분은 FOB거래조건을 선호하고 있다.

FOB가격은 쉽게 말해 수출상이 컨테이너 선박에 수출상품을 선적할 때까지 들어가는 모든 비용과 위험을 부담하는 것을 말한다. 그러나 개도국 바이어들은 FOB 가격조건 보다는 수출기업이 자국까지 물품을 운송해 주는 CIF나 C&F 등의 가격조건을 선호하기 때문에 평소 이러한 가격조건에 대해서도 가격표를 준비할 필요가 있다. 특히, 운임(Freight)의 경우 운송수단의 종류와 운송회사별로 천차만별이므로 여러 가지 원가를 파악해 놓아야 수출거래 상담에 탄력적으로 대처할 수 있게 된다.

### 수출원가 산정기준

바이어에게 오퍼하기 위해 수출원가를 산정할 경우에는 제조원가 외에 마케팅비용, 바이어와의 과거 실적, 오더 수량, 수입국 시장상황, 대금결제방식, 바이어 재정상태 등 여러 가지 상황을 고려하여 산정해야 한다. 물품매도확약서(Offer Sheet)를 작성할 때에는 산정된 원가보다 조금 높게 기재하는 것이 유리하다. 다만, 기준 가격을 설정하고 그 이하로는 거래를 하지 않는다거나 거래선을 확보하기 위하여 원가 이하로도 계약을 할 수 있다든가 하는 가격정책을 사전에 정해 놓고 바이어와 협상해야 한다.

### 수출원가의 구성

수출원가는 물품의 생산 및 제조원가에 수출자의 이익을 더하고 수출지에서 수입지로의 이동과파악해 놓아야 수출거래 상담에 탄력적으로 대처할 수 있게 된다. 수출과정에서 발생하는 제반 요소비용 즉, 수출부대비용 등으로 구성된다. 여기서 요소비용은 크게 운송비, 보험료 등 물류비용과 각종 허가나 승인을 받고 수출통관절차를 거치는 과정에서 발생하는 행정비용, 그리고 은행수수료 등 금융기관에서 발생하는 비용과 중개수수료 등 기타 비용을 포함하는 원가항목 등으로 구분된다.

• 물품대금(제조원가)

여기에는 원자재 비용, 단위당 생산비용(인건비, 관리비, 임대료, 각종 세금)과 제조자와 수출자의 이익금, 선적전 수출물품 검사비용, 수출포장비 등이 포함된다. 그리고 수입자나 수입국 정부의 필요에 따라 SGS와 같은 전문검사기관에 검사를 의뢰할 경우 선적전 검사비용은 수입자가 부담해야 하나 통상적으로 수출자가 부담하고 있다. 이는 무역거래 시 EXW(Ex Works) 가격에 해당한다.

• 수출자 마진

우리나라 평균이 5~7% 수준이며, 중개수수료, 대리점수수료 등 마케팅채널에 지급되는 대가(커미션)는 수출이익률을 고려하여 결정한다.

• 운송비용

운송비용은 해상운임과 내육운송료가 가장 큰 부분을 차지하며 CFS(CY) Charge, 하역제비용, 보관료 부두사용료, 체선료 등이 있다. 운송비용의 부담여부는 거래당사자 간 무역계약 체결 시 선택한 정형거래조건(Trade Terms)에 따라 결정된다. 즉, FOB 조건인 경우 해상운임은 물론 수출상품이 본선에 적재된 이후에 발생하는 모든 비용을 수입자가 부담한다. 그러나 CIF 조건인 경우에는 수출자가 해상운임은 물론 수입국 항구에 도착할 때까지 발생하는 모든 비용을 부담한다.

• 보험료

보험료도 수출 시 원가변동의 주요 요인으로 작용하는데, 해상보험료는 운반비용과 마찬가지로 무역계약 체결 시 채택한 정형거래조건에 따라 그 부담자가 결정된다. FOB 조건에서는 수입자가 보험료를 부담하고, CIF 조건에서는 수출자가 부담한다.

• 은행수수료

우편료, Cable Charge, Local L/C 개설수수료, 환가료 등이 포함된다.

• 행정비용

여기에는 수출추천비용, 수출통관비용(관세사 수수료), 제증명료(원산지증명서 등), 서류인지대 등이 있다.

기업의 수출담당자가 수출입절차 전반에 대한 이해와 사소한 조건변경에 따른 원가변동을 제대로 이해하고 있지 못하면 큰 손해를 볼 수 있으므로 유의해야 한다. 따라서 수출담당자는 당해 물품의 제조공정은 물론 수출원가의 구성요소를 제대로 파악하고 있어야 한다. 또한, 수출가격 산정에는 많은 변수가 작용하므로 보다 정확한 가격산정을 위해서는 인터넷 웹사이트를 통해서는 한계가 있으며, 복합 물류회사(3자 물류업체)를 적극 활용할 필요가 있다.

**Ⅰ Incoterms 2020에 의거한 수출단가 구성 Ⅰ**

| EXW | FOB | CFR | CIF | DDP |
|---|---|---|---|---|
| 원가 | 원가 | 원가 | 원가 | 원가 |
| x | 내륙운송료 | 내륙운송료 | 내륙운송료 | 내륙운송료 |
| x | 선적비 | 해상운임 | 해상운임 | 해상운임 |
| x | x | x | 해상보험료 | 해상보험료 |
| x | x | x | x | 수입통관수수료 |
| x | x | x | x | 관세 |
| 수출자 마진 | 수출자 마진 | 수출자 마진 | 수출자 마진 | 수출자 마진 |

## 06 해외마케팅 지원 기관 및 제도 이해

각국은 자국기업의 해외시장개척 활동을 지원하기 위해 경쟁적으로 무역진흥기관을 설치·운영하고 있으며, 이들 기관은 무역과 관련한 다양한 지원 서비스를 제공하고 있다.

이들 기관은 수출기업의 해외시장정보 수집, 전시회 참가, 바이어 알선 등을 지원하고 무역업체 디렉토리 관리 등 여러 가지 특화 서비스를 제공하고 있기 때문에 잘 활용할 경우 수출시장 개척에 큰 도움이 될 것이다. 기업의 수출담당자가 수출시장 개척에 따른 비용과 시간을 절약하기 위해서는 수출지원기관의 특성과 지원제도 내용 및 정보수집방법 등을 이해하는 것이 무엇보다 중요하다. 이를 위해서는 아래에서 설명하는 수출지원기관의 특성과 지원내용을 자세히 이해할 필요가 있다.

### 1) 한국무역협회(www.kita.net)

한국무역협회(Korea International Trade Association : KITA)는 1946년 7월 31일 우리

나라의 무역증진을 통한 경제발전을 도모하기 위해 무역인이 주축이 되어 설립한 사단법인이다. 한국무역협회는 현재 웹사이트 등을 통해 다양한 무역정보와 거래알선 서비스를 제공하고 있다.

특히, 무역협회가 운영하는 KITA포털사이트는 무역업 창업을 고려하고 있거나 실제로 무역업에 종사하고 있는 업체에게 매우 유용하다. 이를 통해 무역실무와 관련한 제반 정보를 입수할 수 있고 웹 호스팅, 홈페이지 제작 등과 같은 인터넷 서비스도 제공되기 때문이다. 그리고 한국무역협회는 국내 중소기업의 수출상품을 인터넷을 통해 해외에 홍보하고 바이어 발굴을 효과적으로 지원하기 위해 무역 온라인쇼핑몰(www.tradekorea.com)을 운영하고 있다.

### 주요 지원사항

- 해외바이어 알선 서비스
  - 거래알선 지원 : Kita.net을 통해 거래알선 정보제공
  - 인콰이어리 및 거래알선 정보제공(세계유명 거래알선 네트워크 연결, 인터넷을 이용한 거래알선, 거래알선실 운영)
- 해외홍보 및 활동지원
  - 수출상품 소개 인터넷 쇼핑몰(www.tradekorea.com) 운영
- 중소기업 카탈로그 제작지원 : 제작경비 일부 지원
- 해외시장 개척활동 전개
- 해외시장개척단 파견, 해외전문전시회 참가, 해외시장개척기금 융자 지원, 해외마케팅 에이전트 알선
- 무역정보 제공
- 정보자료실 운영 : 국내외 무역업체 명단, 주요국 관세율표 등 정보제공
- 무역업무 애로타개 지원
- 조사자료 제공 : 수출입동향 분석 및 전망 등
- 민간통상협력 활동 전개
- 무역전문인력 양성 및 국제무역사 시험 실시
- 무역아카데미를 통한 무역전문가 양성(www.tradecampus.com)

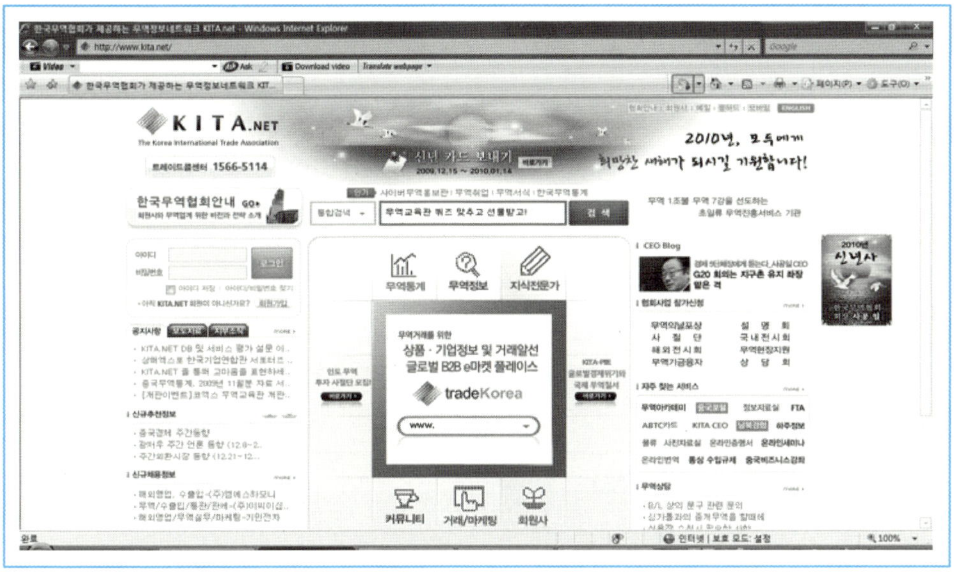


[http://www.kita.net]

## 2) KOTRA(www.kotra.or.kr)

KOTRA는 우리나라의 무역진흥을 도모하고 해외시장개척을 지원하기 위해 1962년에 설립된 정부투자기관으로 2017년 현재 128개 해외무역관을 운영하고 있다. KOTRA는 중소기업의 해외시장개척을 지원하기 위해 해외시장 정보수집, 해외전시사업, 해외홍보사업, 투자진흥사업 등 다양한 무역진흥 사업을 추진하고 있다. 특히, 코트라는 해외네트워크가 없는 중소기업을 위해 '지사화사업'을 시행하고 있는데, 이는 코트라 해외무역관이 기업의 해외지사 역할을 대행하는 서비스로서 시장조사, 바이어 및 에이전트 등 해외거래선 발굴, 수출계약 체결 등 수출활동을 유료로 지원하는 사업이다. 그리고 KOTRA는 자체 홈페이지(www.buykorea.org)를 통해 수출 인콰이어리 발송, 수출상품 등록, 바잉오퍼 검색, 수출대금결제, 수출상품 발송, 온라인 화상상담 등 거래알선을 지원하고 있다.

**주요 지원사항**

- 수출구매상담회 개최 : 해외바이어를 유치하여 국내에서 수출입 상담 전개
- 해외시장개척단 파견, 해외전시회 및 박람회 참가
- 국내전시회 개최
- 투자유치사업
- 거래알선지원 네트워크 운영
- 해외시장조사 및 신용조사 사업
- 해외지사화사업

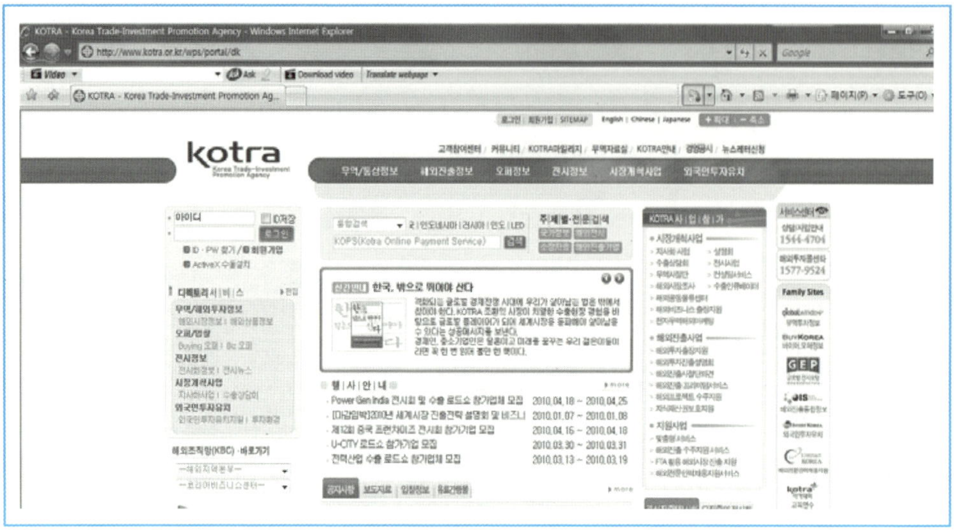


[http://www.kotra.or.kr]

### 3) 중소기업진흥공단(www.sbc.or.kr)

중소기업을 체계적으로 지원하기 위해 설립된 정부투자기관이다. 주요 사업으로는 협동화, 자동화, 정보화, 지도연수, 입지지원, 농공단지 입주기업 지원, 정보제공, 국제협력 지원, 창업지원, 인력지원 등이 있다.

특히, 중진공은 중소기업의 수출지원을 위해 시중은행의 무역금융 이용이 어려운 중소기업에 필요한 수출자금을 저리로 융자해 주고 있다. 2017년의 경우 수출계약액의 90% 이내에서 중소기업에 대해 수출금융을 융자하고 있다. 그리고 중진공은 고비즈코리아(www.gobizkorea.com)를 통해 국내 중소기업의 온라인 구매오퍼 사후관리, 수출상품 홍보 온라인 등록, 구글 등 해외 검색엔진 노출, 외국어 홈페이지 제작 등의 수출 지원사업을 시행하고 있다.

**❙ 주요 지원사항**

- 수출 유망 중소기업 발굴 선정
  - 수출잠재력이 있고 수입대체 가능성이 높은 유망 중소기업 발굴 및 육성
- 수출컨설팅 지원사업
- 수출자문단 운영 : 무역 및 금융관련 고급 유휴인력의 수출현장지원제도
- 해외판로 개척 지원 : 수출 인큐베이터 설치 및 운영
- 수출유망 중소기업제품 해외홍보사업 : 인터넷 중소기업무역관 운영
- 수출 및 산업협력촉진단 파견

[http://www.sbc.or.kr]

### 4) 한국수출입은행(www.koreaexim.go.kr)

한국수출입은행은 해외 투자 및 자원개발에 필요한 금융을 공여하여 국민경제의 건전한 발전과 대외경제 협력을 촉진하기 위해 1976년 특별법에 의해 설립된 공적인 수출신용기관이다. 이 은행은 우리나라 기업의 대외거래 지원을 위한 각종 금융을 제공하고 세계 각국의 투자환경 정보와 법률서비스를 제공하는 한편, 대외경제협력기금 및 남북협력기금을 정부로부터 위탁받아 운영하고 있다. 특히, 기업은 이 기관을 통해 해외투자와 관련된 유용한 다양한 정보를 입수할 수 있다.

또한, 외국과의 수출계약서, 합작투자계약서, 대리점 계약서 등 국제계약서를 체결하기에 앞서 법률적인 내용을 사전 검토하는 서비스를 무료 제공하고 있다. 이 서비스를 이용하게 되면 국제계약을 둘러싸고 발생하는 클레임을 사전에 효과적으로 방지할 수 있다.

한국수출입은행은 수출초보 중소기업 육성 프로그램의 일환으로 지원 신청 직전년도 연간 직수출규모 100만 달러 이하인 중소기업을 대상으로 대출금리 최대 0.5% 우대 및 외국환 수수료 우대 제도를 실시하고 있다.

**주요 지원사항**

- 수출지원금융 지원 : 수출자금대출, 기술제공자금 대출, 외국정부 및 외국인에 대한 직접대출, 전대자금대출
- 해외투자지원금융 : 해외투자자금 대출, 주요 자원개발자금 대출

- 수입지원금융 : 수입자금 대출, 특별수입금융
- 보증, 할인 및 국내외 금융기관 간 협조지원
- 국별 정보 제공 및 국제계약 상담
- 해외투자지원센터 운영

### 5) 한국무역보험공사(www.ksure.or.kr)

한국무역보험공사는 우리나라의 수출증진을 위해 기업이 수출이행 후 또는 금융기관이 수출금융을 제공한 후 수입자로부터 수출대금을 회수하지 못하여 발생하는 손실을 보험 또는 보증으로 지원하는 수출신용기관이다. 무역보험공사는 정부재정으로 운영되는 무자본 특수법인으로서 정부의 수출보험, 보증 및 해외투자보험 사업을 전담하고 있으며, 주무부처는 산업통상자원부이다. 수출기업의 입장에서는 이 기관을 활용하여 바이어 신용조사를 할 수 있으며 수출대금의 미회수 위험을 커버할 수 있다.

특히, 한국무역보험공사는 성장단계별 맞춤형 기업지원을 위해 "글로벌 성장사다리 프로그램"을 도입하여 수출실적 100만 달러 이하 기업을 대상으로 수출신용보증 및 무역보험한도, 보증비율 등 우대, 보증보험료 할인, 해외 수입업자 신용조사 연간 30건 무료제공 등 다양한 수출지원 사업을 전개하고 있다.

**| 주요 지원사항**

- 중장기 해외대출에 따른 신용 및 비상위험 담보
- 단기수출거래의 신용 및 비상위험 담보
- 해외건설수주 지원
- 수출신용정보센터 운영(수입자 및 수입국에 대한 신용정보 제공)

### 6) 대한상공회의소(www.korcham.net)

대한상공회의소는 특별법인 상공회의소법에 의해 설립된 민간경제단체로서 지역상공업의 개선 및 발전과 지역사회 개발을 위해 지역 내 상공인들이 자율적으로 설립하였다. 전 세계 150개국에 설립되어 있는 상공회의소와 긴밀한 협조체제를 갖추고 있는 대한상공회의소는 홈페이지를 통해 세계 무역지원기관 리스트, 원산지규정 등 무역서류 발급서비스 등 무역과 관련한 유용한 정보를 제공하고 있다.

### 7) 대한상사중재원(KCAB/www.kcab.or.kr)

국내외 상거래에서 발생되는 분쟁의 사전예방과 신속한 해결 및 건전한 상거래질서를 확립하여 무역인의 편익을 보호 내지 증진하기 위해 1970년 민법 제32조에 의거하여 설립된 비영리법인이다.

무역거래 시 발생하는 클레임을 당사자 간 직접 교섭으로 해결할 수 없을 경우 제3자에 의해 중재가 이루어지는데, 이 사이트를 통해 많은 도움을 받을 수 있다.

이 기관은 중재, 알선, 선적 전 검사 분쟁 조정 등을 통해 외국 업체와의 분쟁을 사전 예방하는 동시에 분쟁이 발생할 경우 저렴한 비용으로 신속한 해결을 지원하고 있다.

또한, 대한상사중재원은 수출계약서, 국제투자계약서 등의 서류 작성을 지원하기 위한 무료 법률서비스도 제공하고 있다.

### 8) 한국종합전시장(COEX/www.coex.co.kr)

COEX(Convention & Exhibition Center)는 전문전시회 개최를 통한 국내 무역업체들의 해외마케팅을 지원하고자 1988년 한국무역협회가 설립한 전시전문업체이다. 주요 지원사항은 전문전시장 운영 및 전시회 개최, 해외전시회 참관 및 참가단 파견, 해외전시회 정보제공 등이다.

### 9) 한국무역정보통신(KTNET/www.ktnet.co.kr)

KTNET는 우리나라의 무역자동화(EDI : Electronic Data Interchange)를 촉진하고 전자상거래 활성화를 위해 1991년 한국무역협회의 자회사로 설립 되었다. 수출기업이 관세청에 수출신고를 하기 위해서는 KTNET의 웹EDI시스템인 무역자동화시스템을 활용해야 하며 이 경우 수수료가 부과된다. 이 기관은 수출입과 관련된 모든 무역서류절차를 자동화하여 종이서류 없이 컴퓨터를 통해 처리하는 무역자동화 서비스를 제공하고 있으며, 수출입통관 정보서비스로 함께 제공하고 있다.

### 10) 관세청(www.customs.go.kr)

관세청은 우리나라 관세 및 통관행정을 총괄하는 정부부처로서 수출기업을 지원하기 위해 무역통계, 인터넷 통관서비스(수출신고 등), 국내외 관세율정보, HS코드 정보 등 다양한 정보를 제공하고 있다. 특히, 수출기업이 취급상품의 품목분류를 확인하기 위해서는 관세청 포털사이트를 적극 활용할 필요가 있다.

### 11) 전문무역상사(e-무역상사)

EC21, EC Plaza, (주)e-Trader 등 'e-무역상사'는 국내 중소기업의 해외시장 개척 지원사업을 수행하고 있다. 대외무역법에 근거하여 설립된 이들 e-무역상사는 전자무역 전문업체로서 국내 중소기업의 온/오프라인 해외마케팅을 지원하고 있다. 특히, 이들 기업은 수출경험이 적은 내수기업 또는 수출초보기업의 수출시장개척을 지원하거나 대행해 주고 있다. 예를 들어 한국무역협회(KITA)로부터 2000년에 분사한 (주)EC21은 국내 중소기업의 바이어 발굴과 수출상품 해외홍보 등 해외마케팅을 지원하기 위해 거래알선사이트(www.ec21.com)를 운영하고 있다. 이 사이트는 알리바바(www.alibaba.com)에 이어 세계 제2위의 B2B 무역거래알선사이트로 자리매김하고 있다.

### 12) 통합무역정보 포털(www.tradenavi.or.kr)

이 포털사이트는 산업통상자원부와 한국무역협회가 공동으로 국내 45개 기관의 해외시장뉴스, 해외시장보고서, 수출지원사업, 해외기업정보, 해외마케팅 등 무역관련 정보를 통합적으로 제공하여 국내 중소기업의 정보수집에 따른 시간과 비용을 절감해주고 수출시장개척을 효과적으로 지원하기 위해 운영되고 있다. 따라서 기업은 이 사이트를 통해 각 기관들이 시행하는 수출지원제도와 지원 사업에 관한 정보를 원스톱으로 입수하는 것이 가능하게 되었다.

[http://www.tradenavi.or.kr]

### 13) 수출바우처(Export Voucher) 사업

각 정부부처 수출지원사업간 칸막이를 제거하고 중소 및 중견기업이 자사의 수출역량에 맞는 수출지원사업을 자유롭게 선택할 수 있는 '바우처(voucher)'사업이 새롭게 도입되었다. 과거에는 기업이 지원 사업을 개별적으로 신청하였으나 수출 바우처 사업에서는 기업이 자유롭게 지원사업과 수행기관을 신청할 수 있게 되었다. 다시 말해, 기업에 바우처를 부여하고, 바우처를 받은 기업은 다양한 수출활동 메뉴판에서 필요한 서비스와 원하는 서비스(수행)기관을 직접 선택해서 수출 마케팅을 진행하는 방식으로 지원되는 신개념 수출 지원 사업 플랫폼이라 할 수 있다.

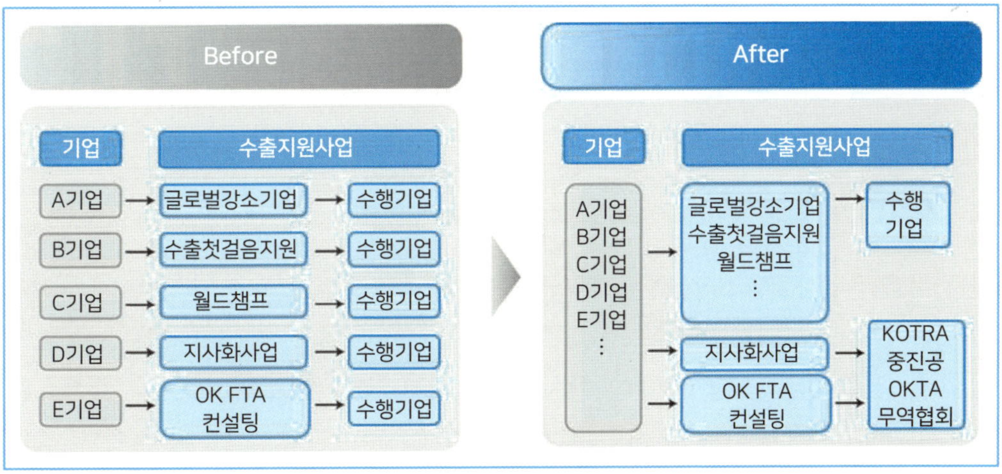


수출바우처 사업의 세부 해외마케팅 지원 내용은 아래와 같다. KOTRA가 운영하는 수출바우처 사업 사이트(www.exportvoucher.com)를 클릭하면 사업별 지원대상, 지원한도, 국고보조율 등을 확인할 수 있다. 참가기업은 사업을 지원할 때 우선순위를 정해서 신청하면 된다. 선정기업은 기업분담금을 입금하게 되면 바우처를 제공받게 되고 바우처를 사용하여 수행기관과의 수출마케팅 사업을 진행하면 된다. 추후 사업이 완료되면 운영기관이 수행기관을 대상으로 사업비용을 정산하면 된다.

- 전시회/행사/해외영업지원
- 조사/일반 컨설팅
- 법무·세무·회계 컨설팅
- 특허/지재권/시험
- 해외규격인증
- 홍보/광고
- 브랜드개발/관리
- 디자인 개발
- 홍보동영상
- 서류대행/현지등록/환보험
- 역량강화 교육
- 통번역

### 14) 기타

지방자치단체들은 해외전시회 참가, 통번역, 해외시장조사, 해외시장개척단 파견, 해외규격인증 획득, 해외지사화 사업 등 지역 중소기업의 수출시장개척을 위해 다양한 형태의 해외마케팅 지원 사업을 전개하고 있다. 이들의 수출지원사업은 주로 산하기관인 지역별 테크노파크나 경제통상진흥원 등을 통해 이루어지고 있어 수출기업은 이들 기관의 홈페이지를 수시로 확인하여 관련 정보를 수집할 필요가 있다.

# 제3부 해외마케팅 실행

# 제5장 수출아이템 발굴

## 01 우리나라 수출상품의 경쟁력 현황 이해

수출상품을 발굴하기 위해서는 먼저 우리나라 수출상품이 해외시장에서 차지하고 있는 경쟁력의 현주소를 정확하게 이해할 필요가 있다.

### 1) 국가 브랜드

국가 이미지는 기업의 국제경쟁력에 중요한 영향을 미친다. 경제가 점차 글로벌화 되고 세계경제가 무한경쟁으로 나아가면서 국가 이미지는 수출상품의 광고 효과에 중요한 영향을 미친다. 그리고 국가 이미지는 소비자의 구매를 촉진시키는 "보이지 않는 손(invisible hands)"으로 인식되고 있다. 국가 이미지가 상승하면 기업 이미지가 높아지므로 기업 입장에서는 마케팅 비용을 크게 절감할 수 있게 된다. 국가 이미지는 비용절감 효과 외에도 수출시장의 확대, 수출단가의 상승 등을 통해 더 많은 무역이익을 가져다준다. 국가 이미지에 영향을 주는 요소로는 정치, 법률, 규제, 문화, 환경 등 매우 다양하며, 이러한 요소들은 서로 연관되어 포괄적으로 국가 이미지를 형성하게 된다.

외국 소비자들은 구매 결정을 할 때 제조업체 보다는 먼저 우리나라의 국가 브랜드로 상품을 평가하는 경향이 있다. 일반적으로 해외시장에서 스위스, 독일, 미국, 일본, 영국, 프랑스 등은 "프리미엄 브랜드(premium brand)"로, 한국, 중국, 대만, 이태리 등은 "디스카운트 브랜드(discount brand)"로 인식되고 있다. 휴대폰, 가전제품 등 일부 프리미엄 브랜드 상품을 제외하면 세계적인 한류 열풍에도 불구하고 우리나라의 대부분 상품은 아직도 "코리아 디스카운트(korea discount)"의 이미지를 크게 벗어나지 못하고 있다. 이는 우리나라 제품 또는 서비스가 외국에서 판매될 때 '대한민국'이라는 국가 이미지로 인해 수출상품의 본래 가격보다 10~20% 저렴하게 판매된다는 것을 의미한다. 스위스 국제경영연구원(IMD)에 의하면, 2017년의 경우 우리나라의 국가 이미지는 29위를 차지한데 반해 경쟁국인 중국은 9위, 대만은 22위로 각각 나타났다.

❙ 주요국의 국가 이미지 현황 ❙

| 미국 | 영국 | 프랑스 | 일본 | 중국 | 한국 |
|---|---|---|---|---|---|
| 자유여신상<br>성조기<br>백악관<br>링컨<br>헐리우드<br>NASA<br>그랜드캐년 | 런던브리지<br>웨스트민스터<br>대영박물관<br>엘리자베스왕<br>버킹검궁<br>셰익스피어<br>영국경찰 | 에펠탑<br>센느강<br>루브르박물관<br>개선문<br>나폴레옹<br>샹제리제<br>베르샤이유 | 벚꽃<br>후지산<br>스시<br>기모노<br>가부끼<br>다도(茶道)<br>나비부인 | 만리장성<br>모택동<br>쿵푸<br>중국요리<br>한자<br>팬더<br>경극 | (긍정적)<br>서울올림픽<br>경제발전<br>태권도<br>(부정적)<br>한국전쟁<br>과격시위<br>고아해외입양 |

## 2) 해외시장 환경 변화와 브랜드 경쟁력

해외시장에서는 제품 간 기능 평준화와 소득수준 향상으로 인해 경쟁력의 원천이 가격경쟁에서 비가격경쟁으로 전환되고 있다. 이는 공장에서 제조되는 것은 제품이지만 소비자가 구매하는 것은 브랜드이기 때문이다. 동질의 제품이라도 브랜드에 따라 가격이 상이하므로 TV의 경우 브랜드별 가격차이가 10~20%에 이르고 있다.

또한, 세계시장 단일화와 전자상거래 확산으로 인해 기업 간 브랜드 경쟁이 치열하게 전개되고 있다. 예를 들어 스포츠 시장의 경우 나이키, 아디다스, 리복 등 글로벌 빅3 브랜드가 세계 스포츠 시장의 60% 이상을 차지하고 있다. 이처럼 브랜드 가치는 기업경쟁력의 핵심 수단으로 부상하고 있다. 코카콜라, MS, IBM 등의 브랜드 가치는 500억 불 이상에 이르고 있으며, 삼성전자는 83억 불 수준으로 코카콜라의 1/8에 해당하는 기업 가치를 갖고 있다.

한편, 우리나라 수출상품은 기술 및 품질 수준에 비해 비교적 낮은 브랜드 가치를 보이고 있다. 수출의 70% 이상이 주문자상표부착방식(OEM)으로 이뤄지고 있다는 점이 이를 말해준다. 삼성, 현대, LG 등 일부 대기업만이 세계적으로 자체 브랜드 이미지를 확보하고 있다.

**| 우리나라 브랜드 경쟁력 실태 |**

| 구분 | 전체 | 대기업 | 중소기업 |
|---|---|---|---|
| 주문자상표 의존 | 71% | 39% | 74% |
| 고유브랜드 수출 | 29% | 61% | 26% |

### 3) 우리나라 수출상품의 국제경쟁력 현주소

KOTRA가 2016년 7월에 외국 바이어를 대상으로 조사한 바에 의하면, 해외시장에서 한국 상품의 최대 경쟁국 상품은 중국으로 나타났으며, 그 다음은 일본(2위), 미국(3위), 독일(4위), 대만(5위) 등이 5대 경쟁국으로 조사되었다.

**| 한국 상품의 주요 경쟁국 |**

| 경쟁순위 | 1위 | 2위 | 3위 | 4위 | 5위 |
|---|---|---|---|---|---|
| 경쟁국가 | 중국 | 일본 | 미국 | 독일 | 대만 |
| 바이어 수 | 592 | 430 | 289 | 198 | 189 |
| 바이어 비중 | 62.8 | 45.6 | 30.7 | 21.0 | 20.1 |

* 기타 국가 비중(%): 이탈리아(9.4), 태국(8.7), 인도(7.0), 프랑스(5.1), 말레이시아(3.7)
* 바이어는 한국상품과 비교하는 주요 경쟁국 3개 응답(복수 응답), 응답자 942명 기준
자료 : 외국바이어가 본 한국 상품의 경쟁력 현주소, KOTRA, 2016.7.

해외시장에서 중국이 우리나라의 최대 경쟁국으로 부상했으며, 그 다음으로 일본, 미국, 독일, 대만 순으로 나타났다. 이태리, 태국, 인도 등도 한국의 경쟁국가 반열에 진입하고 있다. 한국 상품은 경쟁국에 비해 디자인과 가격대비 품질 면에서 경쟁력이 높은 것으로 나타났으며, 이에 관한 세부내용은 아래의 도표에 열거되어 있다.

**| 한국 상품의 분야별 경쟁력 현황 |**

| 속성 | 경쟁력 高 ——————————————→ 경쟁력 低 | | | | |
|---|---|---|---|---|---|
| 디자인 | 한국 | 일본 | 이탈리아 | 독일 | 프랑스 |
| 기능 | 독일 | 일본 | 한국 | 이탈리아 | 프랑스 |
| 가격대비 품질 | 중국 | 한국 | 대만 | 이탈리아 | 인도 |
| 가격 | 중국 | 인도 | 태국 | 대만 | 한국 |
| 브랜드 인지도 | 독일 | 일본 | 미국 | 이탈리아 | 프랑스 |

자료 : 외국바이어가 본 한국 상품의 경쟁력 현주소, KOTRA, 2016.7.

지역별로는 대부분의 해외시장에서 중국이 한국의 최대 경쟁국으로 나타났다. 특히, 북미와 일본에서 중국 상품과의 경쟁이 치열하며, 중국에서는 일본이 한국의 최대 경쟁자로 나타났는데, 일본은 북미, 일본, 동남아, 중동 지역에서도 한국의 제2위 경쟁국으로 분석되었다. 이외에도 동남아 지역에서는 태국, 유럽에서는 이탈리아, 중동에서는 인도, 그리고 북미에서는 멕시코가 한국의 5대 경쟁국에 포함되었다.

**▎바이어 소재지역(시장)별 한국의 주요 경쟁국▎**

| 주요 시장 / 경쟁 순위 | 중국 | 북미 | 유럽 | 동남아대양주 | 일본 | 중동 |
|---|---|---|---|---|---|---|
| 1 | 일본(81.5%) | 중국(88.2%) | 중국(66.7%) | 중국(74.1%) | 중국(80.0%) | 중국(61.0%) |
| 2 | 미국(36.6%) | 일본(41.2%) | 독일(37.6%) | 일본(43.5%) | 일본(42.2%) | 일본(27.1%) |
| 3 | 중국(29.1%) | 미국(35.3%) | 일본(33.3%) | 미국(28.6%) | 대만(40.0%) | 인도(27.1%) |
| 4 | 대만(23.8%) | 대만(23.5%) | 미국(22.0%) | 태국(26.5%) | 미국(24.4%) | 독일(25.4%) |
| 5 | 독일(19.8%) | 멕시코(14.7%) | 이탈리아(21.3%) | 대만(21.1%) | 태국(13.3%) | 미국(23.7%) |

자료 : 외국바이어가 본 한국 상품의 경쟁력 현주소, KOTRA, 2016.7.

### ▎우리나라 수출상품의 경쟁요소별 경쟁력 현황

한국 상품은 디자인은 우수하지만 브랜드 인지도가 경쟁국에 비해 다소 취약한 것으로 나타났다. KOTRA의 조사(2016년 7월)에 의하면, 한국 상품의 디자인은 일본, 이탈리아, 중국, 미국, 대만 등보다 높게 평가되었으며, 한국 상품의 가격대비 품질 경쟁력은 중국에 이어 두 번째로 높게 나타났다. 한국 제품의 기능 경쟁력은 독일 제품에 비해 다소 낮지만 일본 제품과 유사한 수준을 유지하였다. 이에 비해 한국 제품의 브랜드 인지도는 6위로 조사되어 주요 경쟁요소 중 가장 취약한 것으로 조사되어 브랜드 인지도 제고가 시급하다. 독일과 일본은 기능 및 내구성 등 품질 경쟁력과 브랜드 인지도에서 높은 평가를 받고 있으며, 중국은 가격 경쟁력이 월등하게 우수한 것으로 나타났다. 기능, 내구성, 브랜드 인지도 측면에서 독일이 1위, 일본이 2위를 각각 차지하였으며, 중국은 가격 대비 품질에서 경쟁력이 가장 높은 것으로 분석되었다.

수출시장별 현황을 살펴보면, 중국에서는 디자인 경쟁력을 강점으로 생활소비재, 섬유패션 분야 바이어들이 한국 상품의 디자인을 높게 평가했는데, 한류가 바이어의 호감도에 영향을 미친 것으로 분석되었다. 제품 기능 측면에서는 독일과 일본 상품 대비 기능 경쟁력 제고가 필요한 실정이다.

**| 경쟁요소별 주요국 상품 경쟁력 순위 |**

| 경쟁요소 / 경쟁력 순위 | 디자인 | 기능 | 내구성 | 가격 | 가격대비 품질 | 브랜드 인지도 |
|---|---|---|---|---|---|---|
| 1위 | 한국(1.84) | 독일(1.54) | 독일(1.59) | 중국(1.42) | 중국(2.02) | 독일(1.62) |
| 2위 | 일본(1.85) | 일본(1.91) | 일본(1.78) | 인도(1.93) | 한국(2.12) | 일본(1.83) |
| 3위 | 이탈리아(1.95) | 한국(1.94) | 프랑스(2.00) | 태국(1.99) | 대만(2.28) | 미국(1.88) |
| 4위 | 프랑스(2.18) | 이탈리아(2.13) | 한국(2.06) | 대만(2.28) | 이탈리아(2.29) | 이탈리아(1.88) |
| 5위 | 독일(2.21) | 프랑스(2.20) | 미국(2.09) | 한국(2.29) | 인도(2.29) | 프랑스(2.04) |

* 응답자 수가 10명 이상인 국가만 순위에 포함, 괄호 안은 바이어가 평가한 순위의 평균값, 응답자 942명 기준
자료 : 외국바이어가 본 한국 상품의 경쟁력 현주소, KOTRA, 2016.7.

**| 세계시장에서 주요 경쟁국과의 경쟁현황**

| 구분 | 한국 | 중국 | 대만 | 일본 |
|---|---|---|---|---|
| 해외마케팅 | ☆☆ | ☆☆ | ☆☆☆☆☆ | ☆☆☆☆☆ |
| 국가브랜드 | ☆☆☆ | ☆ | ☆☆☆☆ | ☆☆☆☆☆ |
| 기술 | ☆☆☆☆ | ☆☆ | ☆☆☆ | ☆☆☆☆☆ |
| 품질 | ☆☆☆☆ | ☆☆ | ☆☆☆ | ☆☆☆☆☆ |
| 가격 | ☆☆☆ | ☆☆☆☆☆ | ☆☆☆☆ | ☆☆ |
| 수출마인드 | ☆☆☆ | ☆☆☆☆☆ | ☆☆☆☆☆ | ☆☆☆☆ |
| 최고점수 | 없음 | 가격, 수출마인드 | 수출마인드, 해외마케팅 | 브랜드, 기술, 품질 |

북미시장에서는 디자인 및 기능 경쟁력을 바탕으로 브랜드 인지도 제고가 필요한 것으로 나타났다. 북미지역 바이어들은 한국 상품의 기능과 디자인을 높게 평가하였는데, 이는 지속된 불경기로 인한 실용적 구매성향 증가에 기인한 것으로 분석된다. 생활소비재 바이어는 디자인과 기능, 기계장비 및 전기전자 바이어는 기능을 높게 평가하였다. 자동차를 제외한 대부분 산업의 바이어가 한국 상품의 브랜드 인지도가 미흡하다고 응답하여 브랜드 인지도 제고 방안 마련이 필요하다.

유럽시장에서는 기계 자동차 분야의 디자인 경쟁력과 농수산식품, 섬유 패션 분야 가격대비 품질 경쟁력 향상이 필요한 것으로 나타났다. 전반적으로 가격대비 품질 경쟁력을 인정받고 있으나, 농수산식품과 섬유패션 분야의 만족도는 다소 낮은 것으로 평가되었다. 가격대비 품질 순위는 한국, 중국, 대만, 유럽, 인도 순으로 나타났다. 한편, 디자인은 독일, 일본, 미국 대비 경쟁력이 낮은 것으로 나타났으며, 기계 장비, 자동차 부문의 디자인 경쟁력 제고가 절실히 요구되고 있다.

동남아시장에서는 중국, 동남아 상품 대비 품질경쟁력 확보가 필요한 실정이다. 동남아 지역 바이어들은 유럽과 한국 상품의 디자인과 기능을 선호하는 것으로 나타났다. 특히, 농수산식품, 전기 전자, 건설, 인프라, 플랜트 바이어 등은 가격 민감도가 높아 한국 상품의 가격대비 품질 제고가 필요하다. 동남아 지역에서는 중국, 싱가포르, 태국 상품보다 가격대비 품질 경쟁력 확보가 필요한 상황이다.

중동지역에서는 건설, 인프라 플랜트, 의료바이오, 자동차 등의 품목에서 한국 상품의 가격 경쟁력 제고가 필요하다. 한국 상품의 가격 경쟁력은 미국 상품에 비해서도 낮게 평가되었는데, 특히 건설 인프라 플랜트, 의료바이오, 자동차 분야에서 가격 만족도가 낮은 것으로 나타나 가격경쟁력 제고 방안 마련이 필요하다.

### 주요 산업별 경쟁력 현황

전기 전자는 기능과 디자인, 생활소비재와 의료바이오는 가격대비 품질에서 높게 평가되고 있다. 전기전자의 경우 한국 상품의 기능 및 디자인 경쟁력은 1위. 브랜드 인지도는 일본 독일 등 선진국 보다 낮게 평가되었다. 생활소비재의 경우 가격대비 품질은 최상위로 평가되었으며, 기능 디자인도 높게 평가되었다. 기계 장비는 선진국(독일, 일본) 상품군과 신흥국(중국, 인도) 상품군과의 경쟁에서 중간 가격과 중간 품질로 평가되었다. 브랜드 인지도는 독일, 일본, 미국, 대만보다 낮게 나타났다. 농수산식품의 경우 한국 상품의 디자인을 긍정적으로 평가하였으며. 가격대비 품질은 중국과 대만보다 낮게 평가되었다. 의료바이오의 경우 한국 의료바이오 상품은 일본 미국 상품보다 품질은 낮지만, 가격대비 품질 경쟁력을 보유한 것으로 평가되었다.

### 우리나라의 수출시장 세계 1위 품목 현황

한국무역협회(국제무역연구원)의 조사(2019년 9월)에 의하면, 중국은 2016년 잠시 주춤한 뒤 2017년 세계 수출시장 1위 품목수가 전년 대비 48개 증가한 1,720개를 기록하며 1위 자리를 공고히 하였다. 중국의 뒤를 이어 독일과 미국이 선두권을 이루고 있는 것으로 나타났다. 우리나라의 세계 수출시장 점유율 1위 품목수는 77개로 세계 12위를 차지하였다. 우리나라 1위 품목의 대부분은 중국, 미국, 일본, 독일 등 주요 수출국과 경합 관계에 있는 것으로 나타났다. 주요 수출시장인 미국과 일본, 독일에서 우리나라의 1위 품목수는 각각 9개, 10개, 2개가 증가하였으나, 중국시장에서는 4개 감소한 366개를 기록하였다 품목별로 살펴보면 우리나라의 경우 주요 수출시장에서 대체로 화학·철강·섬유제품에 1위 품목이 집중되어 있는 것으로 나타났다.

### 우리나라 수출상품의 경쟁력 변화 전망

외국 바이어들은 5년 후 한국 상품은 모든 경쟁요소가 긍정적으로 개선될 것으로 기대하고 있는데, 특히 디자인, 가격대비 품질 면에서 경쟁국보다 우위를 점하며, 브랜드 인지도 순위도 대폭 개선될 것으로 전망하고 있다.

한편, 주요국의 상품 경쟁력 변화를 전망해 보면, 중국, 인도 등 신흥국 상품의 품질 향상이 전망되고 있다. 중국의 가격 순위 평균은 하락하고, 기능, 디자인, 편의성, 내구성, 친환경성 순위 평균은 높아질 것으로 기대된다. 인도는 내구성, 편의성, 친환경성, 가격대비 품질 등의 순위가 올라갈 것으로 예상된다. 독일 상품은 내구성, 기능, 친환경성, 브랜드 인지도 면에서 최상위를 유지할 전망이다. 반면, 일본은 내구성, 편의성, 기능, 브랜드 인지도 순위가 낮아질 것으로 예상된다.

### 우리나라 수출상품의 경쟁력 제고 해결과제

우리나라의 최대 수출경쟁국은 중국으로 대부분 지역에서 중국이 최대 경쟁국으로 조사되었으며, 특히 북미, 일본 등 선진국 시장에서 중국 상품과의 경쟁이 치열하였으며, 지역 산업별로 이탈리아, 태국, 인도 등 새로운 경쟁국이 등장하고 있다. 우리나라 상품은 우수한 디자인 경쟁력을 보유하고 있는 반면, 브랜드 인지도가 약점으로 드러났다. 주요 경쟁국과 비교해 한국 상품의 '디자인' 경쟁력은 1위, '가격대비 품질' 경쟁력은 2위로 나타났다. 브랜드 인지도는 대부분 지역 산업에서 주요 경쟁국(독일, 일본, 미국 등)보다 낮게 나타나 경쟁력 제고 방안이 필요한 상황이다.

수출시장별로 강점을 활용한 마케팅 전략과 경쟁력 제고 방안을 모색할 필요가 있다. 중국은 디자인 경쟁력을 강점으로 기능 경쟁력을 강화하고 있다. 생활소비재, 섬유 패션 분야 바이어가 한국 상품의 디자인을 높게 평가하였는데, 이는 한류가 바이어의 호감도에 영향을 미친 것으로 분석된다. 기능 측면에서는 독일과 일본 상품 대비 기능 경쟁력을 제고할 필요가 있다.

북미 지역 바이어들은 한국 상품의 기능과 디자인을 높게 평가한 것으로 나타났다. 생활소비재 바이어는 디자인과 기능, 기계 장비, 전기 전자 바이어는 기능을 높게 평가하였으며, 자동차를 제외한 대부분 산업의 바이어가 한국 상품의 브랜드 인지도가 미흡하다고 인식하고 있어 브랜드 인지도 제고 방안을 마련할 필요가 있다.

유럽지역에서는 기계, 자동차 분야는 디자인 경쟁력을, 농수산식품 및 섬유패션 분야는 가격대비 품질 경쟁력을 향상할 필요가 있다. 유럽시장에서 한국 상품은 전반적으로 가격대비 품질 경쟁력을 인정받고 있으나, 농수산식품과 섬유 패션 분야의 만족도는 다소 낮은 것으로 평가된다. 디자인은 독일, 일본, 미국 등과 비교하여 경쟁력이 낮다는 평가이며, 기계 장비와 자동차 부문의 디자인 경쟁력을 제고할 필요가 있다.

동남아에서는 중국과 동남아 상품과 비교하여 가격대비 품질 경쟁력을 확보해야 한다.

동남아 지역 바이어들은 유럽과 한국 상품의 디자인과 기능을 선호하고 있으며, 농수산식품, 전기 전자, 건설 인프라 플랜트 바이어들은 가격 민감도가 높아 한국 상품의 가격대비 품질 수준을 제고할 필요가 있다. 동남아 지역에서 중국, 싱가포르, 태국 등의 상품보다 가격대비 품질 경쟁력을 확보할 필요가 있다.

중동시장에서는 건설 인프라 플랜트, 의료바이오, 자동차 등의 품목에서 한국 상품의 가격 경쟁력을 제고할 필요가 있는데, 한국 상품의 가격 경쟁력은 미국 상품에 비해서도 낮게 평가되며, 특히, 건설 인프라 플랜트, 의료바이오, 자동차 분야에서 가격 만족도가 낮은 것으로 나타나 가격 경쟁력 제고 방안을 마련할 필요가 있다.

산업별로는 전기 전자는 브랜드 인지도를, 기계 장비는 품질 경쟁력을 개선할 필요가 있다. 주력 수출품인 전기 전자 분야는 품질을 높게 평가받는 반면, 브랜드 인지도 제고가 필요하며, 기계 장비 분야는 선진국과 비교해 기능 부문의 경쟁력 제고가 필요하다.

## 02 유망 수출아이템 선정기준

### 1) 개 요

최근 인터넷을 활용하여 무역업을 하는 사람들이 많아지고 있다. 이러한 경우 처음부터 중견기업 이상의 기업이 취급하는 제품을 수출아이템으로 선정하기 보다는 품질 경쟁력은 있지만 해외시장개척 능력이 부족한 영세한 제조업체나 무역에 대한 노하우가 없는 업체가 취급하는 아이템을 선택하는 것이 유리하다. 특히, 최근에는 국내시장에만 집중해 왔던 내수기업들이 수출시장개척에 눈을 돌리면서 해외거래선 확보를 위해 노력하고 있다는 점을 적극 활용하는 것도 바람직하다. 그리고 처음부터 너무 일반적이거나 시장성이 큰 아이템을 선택하기 보다는 다소 시장성이 떨어지더라도 특색이 있는 아이템이나 아이디어 제품을 포함한 신상품에 관심을 갖는 것이 유리하다.

수출아이템을 선정하기 위해서는 주변에 알고 있는 제조업체 중에서 수출잠재력을 갖춘 아이템을 취급하고 있는지를 먼저 알아보고 관련 업종별 단체 또는 조합을 통해 제조업체 리스트를 확보해서 접촉해 보거나 신문·잡지에 실린 기사나 광고내용 중에서 수출할 만한 아이템을 찾아보는 것 등의 다양한 방법이 있을 수 있다.

수출아이템을 선정할 때 기본적으로 고려해야 할 사항은 "내 마음에 드는 품목이 아니라 바이어가 구매하기를 원하는 품목"을 선정해야 한다는 점이다. 따라서 "Better Quality(좋은 품질), Cheaper Price(저렴한 가격), Differentiation(차별성)" 등 BCD원칙을 적용하여 수출상품을 선정할 필요가 있다.

한편, 유망 수출상품을 발굴하는 방법으로는 여러 가지가 있지만, 주로 아래의 사항을 적극 고려할 필요가 있다.

첫째, 국내외 수출입 통계자료를 분석하여 우리나라의 수출상품 중 수출액과 수출증가율이 지속적으로 상승 추세를 보이는 제품을 선택한다. 이들 제품은 주로 가격과 품질 면에서 비교우위가 있거나 국제경쟁력을 갖추고 있기 때문이다. 그러나 현재 시점에서 수출액이 높더라도 수출증가율이 지속적으로 하락하는 경우에는 해당 아이템을 선정하지 않는 것이 좋다. 왜냐하면 그 아이템은 이미 해당 수출시장에서 경쟁력을 상실하고 있거나 시장이 포화상태로 진입하고 있기 때문이다.

둘째, 기업의 능력과 제품 조달 가능성을 고려하여 수출아이템을 선정해야 한다. 제품 경쟁력을 가진 중소기업 중에서 해외마케팅 능력이 부족한 기업을 접촉하여 이 회사의 전담 수출창구 역할을 하는 네트워크를 구축할 필요가 있다. 이 경우 해당 제조업체는 능력 있는 수출창구 확보를 통해 해외시장을 개척할 수 있으므로 상생(win-win)의 협력관계를 가질 수 있다.

셋째, 무역업을 하고자 하는 자신이 제품 및 시장지식을 갖고 있거나, 관련 정보나 지식을 비교적 용이하게 습득할 수 있는 제품을 수출아이템으로 선정할 필요가 있다.

넷째, 국내시장에서 판매실적이 좋은 제품은 해외시장에서도 통할 가능성이 높으므로 이들 품목을 선정하는 것도 바람직하다. 이를 위해서는 국내 온라인 쇼핑몰이나 홈쇼핑에서 잘 팔리는 제품에 관심을 가질 필요가 있다.

다섯째, 상업성을 가진 품목이어야 한다. 처음부터 가격이 너무 비싸거나 제품 사이즈가 큰 품목은 가급적 피하는 것이 좋다. 플랜트 수출의 경우 거래가 성사되면 좋겠지만 거래에 시간과 비용이 많이 소요되므로 효과 면에서 그다지 바람직하지 않다.

여섯째, 필수품을 취급하는 것이 유리하다. 필수품은 경기변동에 영향을 크게 받지 않지만 기호품은 경기에 매우 민감해서 불경기에는 어려움을 겪게 되기 때문이다.

일곱째, 장래가 유망한 품목이어야 한다. 노동집약적인 제품은 이미 중국 등 동남아국가에 경쟁력을 상실해 가고 있으므로 이들 제품을 수출아이템으로 선정하는 것은 바람직하지 않다. 이것 보다는 미래지향적인 상품으로 예를 들면 유전공학분야의 약품이나 재료, 기술집약적인 정밀기계 등 고부가가치 제품, 아이디어로 개발한 서비스산업용품, 레저산업용품, 오락용품, 오수 및 폐기물 처리 관련 환경제품 등에 관심을 가질 필요가 있다.

마지막으로 법으로 금지되어 있거나 제한되어 있는 품목은 가급적 피해야 한다.

## 2) 수출아이템의 기본특성 및 선정기준

수출을 희망하는 기업은 자사의 제품이 기본적으로 'BCD'의 특성을 갖고 있어야 한다. B는 'Better Quality'로 우수한 품질을 갖고 있어야 하며, C는 'Cheaper Price'로 저렴한 가격수준을 유지해야 하고, 그리고 D는 'Differentiation'로 경쟁사에 비해 차별성을 갖고 있어야 한다는 것을 의미한다. 특히, 수출 초보기업이 해외시장 개척에 성공하기 위해서는 우선적으로 품질과 가격 경쟁력을 보유하고 있어야 한다. 국내에서 팔리지 않는 제품이 해외시장에서 잘 팔리기를 기대하는 것은 무리다. 특히, 최근에는 중국을 비롯한 동남아 기업의 제조기술도 급격하게 향상돼서 이들 기업과 품질과 가격경쟁을 벌이기가 더욱 어려워지고 있는 것이 현실이다.

**유망한 수출아이템은?**

- 수출증가율이 높은 품목
- 제품조달 가능성이 높은 품목
- 시장 및 제품기술 지식이 풍부한 품목
- 국내시장 성공 품목
- 가격이 적절한 품목
- 아이디어 제품(독창성, 차별성)
- 국제적인 품질 및 규격인증마크 획득 제품
- 해당 국가의 규정성 수입가능품목
- 틈새시장 진출이 가능한 제품

수출아이템을 선정할 때에는 다음과 같은 8가지 기준을 고려해야 한다.

첫째, 제품의 상품성(Quality)으로 제품의 품질이 완벽한 상태인지와 수입국에서 요구하는 정도의 제품 현지화가 되어 있는지 여부를 확인해야 한다.

둘째, 제품의 기술성(Technology)이다. 경쟁제품과 비교하여 기술적 우위에 있는지 여부를 확인한다.

셋째, 제품의 시장성(Price)이다. 수출가격 경쟁력을 갖고 있는지 여부를 확인한다. 제품의 상품성과 기술성이 아무리 우수하다 해도 시장성이 약하면 해외시장에서 판매 가능성이 떨어진다.

넷째, 제품의 디자인(Design)이 최신 트렌드를 반영하고 있는지 여부를 확인한다.

다섯째, 제품의 색상(Color)으로 해당 제품의 색상이 혹시 목표시장에서 선호 또는 기피되고 있는 색상인지 여부를 확인한다. 특히, 중국 사람들은 색상에 매우 민감한 편이므로 현지 소비자들이 선호하는 색상을 제품 디자인이나 포장에 적극 반영해야 한다.

여섯째, 제품의 포장(Packing)이다. 동일한 제품이라도 포장에 따라 매출에 큰 영향을 미친다는 점을 간과해서는 안 된다.

일곱째, 제품의 브랜드 파워(Brand Power)가 있어야 한다. 인터넷의 발달로 국가별 브랜드 파워를 확인하는 것이 비교적 용이한 편이다.

마지막으로 제품의 인증 및 규격이다. 품목별, 국가별로 인증 및 규격이 상이하므로 수입국에서 해당제품의 인증조건을 확인하여 사전에 이를 충족시키기 위한 노력이 필요하다. 인도네시아, 말레이시아 등 무슬림시장에서는 할랄 인증을 취득해야 수출이 가능하다.

**❙ 수출아이템 선정기준 Check Sheet ❙**

| 구 분 | 아주 좋음 | 좋음 | 보통 | 나쁨 | 아주 나쁨 | 비고 |
|---|---|---|---|---|---|---|
| 상품성 | | | | | | |
| 기술성 | | | | | | |
| 시장성 | | | | | | |
| 디자인 | | | | | | |
| 색 상 | | | | | | |
| 포 장 | | | | | | |
| 브랜드파워 | | | | | | |
| 인증규격 | | | | | | |

한편, 수출아이템과 국제무역 간의 관계를 예를 들어 설명하면 다음과 같다. 인터넷을 활용하여 국제무역에 성공하기 위해서는 웹 비즈니스에 적합한 품목을 선정하는 것이 유리하다. 품목 선정이 잘못되면 어렵게 바이어를 발굴한다 해도 거래가 성사될 가능성이 적기 때문이다. 바이어와의 거래는 결국 가격과 품질로 결정된다는 점에 유의해야 한다. 따라서 적절한 수출아이템을 선정하기 위해서는 제품 아이디어, 가격, 품질, 환경 친화성 등을 골고루 고려해야 한다.

특히, 인터넷에서는 제품의 크기가 소형이거나 특별히 육안으로 식별되지 않더라도 품질이나 내용을 쉽게 알 수 있는 제품이 유리하다. 또한, 공급선이 많은 품목, 아이디어 상품, 사양이 다양한 품목, 소액상품, 품질이 표준화된 품목 등이 일반적으로 적합하다. 웹에서 실제로 비교적 잘 팔리는 품목은 휴대폰, 액세서리, 소프트웨어, 여행용품, 음악 및 영화, 의류, 서적류 및 CD, 전자제품, 자동차, 꽃, 음료수, 화장품, 식품 및 기호제품, 문구 및 선물용품, 완구, 목욕 및 주방용품, 모뎀·컴퓨터·자동차용품 등 일반 생활용품이 주류를 이룬다. 그러나 정밀기계 등 기술적으로 복잡한 제품은 웹에서 기술적인 세부내용을 파악하는데 한계가 있어 인터넷을 통해 수출계약을 체결하기 어렵다. 이들 품목의 경우에는 거래 초기단계에서 상호 간 거래의사를 타진할 때 e-mail을 통해 커뮤니케이션을 하거나 홈페이지를 통한 정보교환의 목적으로 인터넷이 사용될 수 있으나 구체적인 거래상담과 무역계약 체결은 대면에 의한 방식이 바람직하다.

### 인터넷에서 거래가 적합한 제품 유형

한국무역협회의 조사에 따르면, 인터넷으로 수출이 유망한 제품은 신발, 피혁제품, 운동용구 등 생활용품과 전기·전자, 섬유·의류, 자동차 부품 등으로 나타났다. 우선 인터넷에서 거래가 적합한 제품(digitalized goods) 유형을 살펴보면 다음과 같다.

- 육안으로 실물확인이 필요 없는 제품 : 기능이 이미 알려져 있고 오프라인 구매 시 싸게 살 수 있는 제품 등이 거래에 적합하다.
- 신상품 및 발명특허품 : 평범한 제품은 바이어의 구매를 자극하기 어렵지만 신상품과 특허상품은 새로운 영업기회를 제공하기 때문에 바이어의 관심을 불러일으킬 가능성이 높다.
- 전기전자, 정보통신 및 무형 무체물 : 소프트웨어, 애니메이션(캐릭터, SF 영화), 각종 콘텐츠, 컴퓨터, 가전제품 등이 적합하다.

인터넷에서 거래가 부적합한 제품(non-digitalized goods) 유형은 아래와 같다.

- 익명성 극복이 어려운 제품
- 브랜드파워가 요구되는 제품 : 자동차, 여성의류, 액세서리, 화장품, 아동용품 등은 인터넷상에서 거래가 부적합하다.
- 품질보증이 필수적인 제품 : 기계류, 플랜트 등 하자보증과 유지보수 서비스를 제공해야 하는 제품은 부적합하다.
- 현지 대리인(local agent)이 필요한 제품 : 비밀거래가 관행인 무기, 방산 물자, 국제입찰 품목 등 시장투명성이 없어 로비가 필요한 제품은 부적합하다.
- 클레임 빈발 품목 : 농수축산물, 재고상품, 중고제품 등은 부적합하다.
- 국제시세에 연동되는 원자재 : 철강재, 비철금속, 광물 펄프제지, 석유화학, 합성수지 원면, 원유, 원당, 원목 등은 부적합하다.

한편, 수출아이템을 선정하기 위한 체크 포인트로는 먼저 수출을 희망하는 국가에 해당 품목을 판매할 수 있는 시장이 존재하는지(시장 상황), 경쟁력은 있는지, 그리고 수익성은 있는지 등의 여부를 판단해야 한다. 시장상황과 관련해서는 해당 상품 및 유사상품이 거래되고 있는지, 거래되고 있지 않다면 그 이유는 무엇인지(신제품 존재 여부, 현지 소비자 기호, 구매력, 법규, 거래환경 등)를 판단해야 한다. 그 시장을 우리 회사가 공략할 수 있는지 여부를 판단하기 위해서는 경쟁력을 분석해야 한다. 해당 상품이나 유사상품이 그 시장에서 이미 거래되고 있다면 어떤 제품이 시장을 장악하고 있는지를 우선 파악해야 한다. 그리고 우리 회사 제품은 기존 제품에 비해 어떤 경쟁력을 갖고 있는지도 동시에 분석해야 한다. 품질(기능, 소재, 디자인, 포장 등), 가격 및 공급처(경쟁제품의 가격은 얼마인가, 우리는 어디에서 얼마에 조달할 수 있는가, 거래비용은 얼마이며 견적 가능한 FOB가격은 얼마인가 등), 그리고 납기 및 A/S를 자세히 분석해야 한다.

### 3) 취급 아이템의 특성 이해

자사의 수출아이템의 특성을 파악한 후 경쟁업체와의 '제품특성 비교표'를 작성하여 해외전시회에 참가하거나 바이어가 자사를 방문할 때 수출상담 자료로 활용할 필요가 있다. 유럽지역 바이어들은 경쟁사와 비교한 제품특성 비교표 제시를 선호하기 때문에 이들 지역의 바이어와 상담할 때에는 반드시 경쟁사와의 제품비교표를 준비하는 것이 바람직하다.

- 경쟁제품과의 장단점 파악(독창성, 차별성, 스펙 등)
- 수출목표시장 고객이 원사는 제품특성과 기능을 갖고 있는지 여부
- 수출제품에 대한 현지정부의 규격인증 필요 여부
- 제품의 디자인/색상에 대한 현지 소비자들의 선호도 여부
- 쿼터, A/S 대상 제품인지 여부
- 수출목표국가의 기준에 부합하는 포장재료 등 사용 여부(포장재 리사이클링제도 등 현지국가의 환경관련 규정 파악)

## 03 유망 수출아이템 발굴기법

유망 수출아이템을 발굴하는 방법으로는 수출입 통계를 활용하거나 무역지원기관의 지역별 수출추천 유망상품 정보 활용, 무역거래알선사이트의 구매오퍼 검색, 그리고 검색엔진 활용 등 다양하다.

### 1) 무역거래알선 사이트의 신상품 및 유망상품 정보 활용

기업이 자체적으로 제품을 제조하여 수출하는 경우에는 수출아이템 선정에 별다른 문제가 없겠지만, 무역업이나 유통업을 전문으로 하는 기업일 경우에는 해외시장에서 통할 수 있는 수출아이템을 선정하는 것이 매우 중요하다. 유망한 수출아이템 선정을 위해서는 무역거래알선 사이트에 게재되는 「신상품(New Products) 코너」를 활용하여 아이디어 상품이나 우수 품질의 아이템 정보를 입수할 수 있다. 한국무역협회의 Tradekorea(www.

tradekorea.com), KOTRA의 Buykorea(www.buykorea. org), EC21(www.ec21.net) 등의 초기화면 「Featured Products」 메뉴를 활용하면 유망한 수출아이템 정보를 입수할 수 있다.

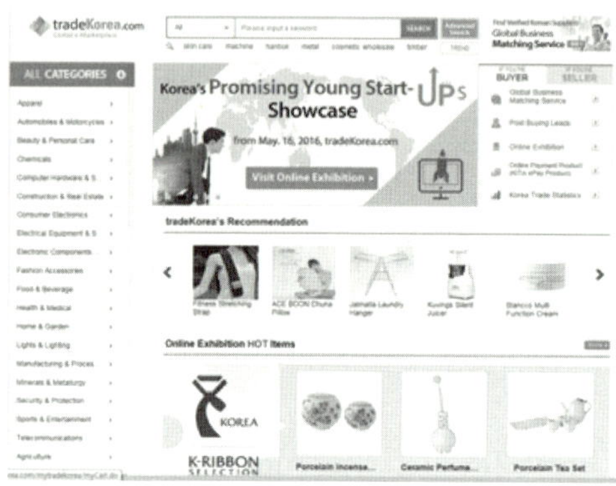


[www.tradekorea.com]

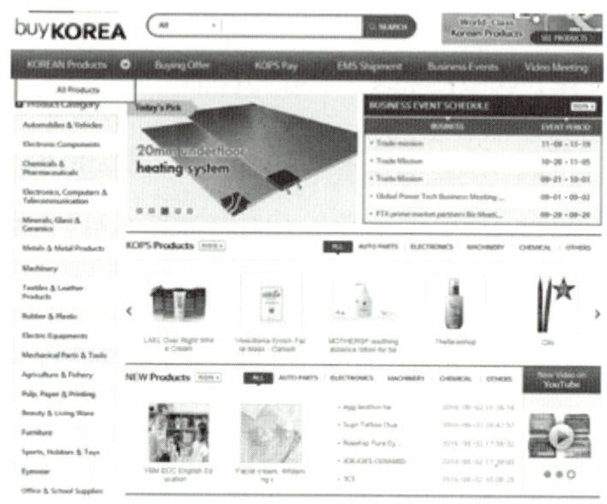


[www.buykorea.org]

그리고 이씨플라자(www.ecplaza.co.kr)의 「수출유망상품」 메뉴, 중소기업진흥공단의 인터넷중소기업관(www.gobizkorea.or.kr), KOTRA 해외무역관 홈페이지, 알리바바(www.alibaba.com), 글로벌소시즈(www.globalsources.com) 등 세계 유명 거래알선사이트를 활용하여 유망상품을 발굴할 수도 있다. 특히, 중국의 글로벌소시즈사는 "세계 최

**▎KOTRA 베트남 호치민무역관 홈페이지에 소개된 유망상품 정보 사례 ▎**

대의 전자카탈로그"라는 평가를 받고 있어서 수출기업의 입장에서는 연구개발 대상인 아이템 정보를 수집하거나 현재 취급하고 있는 제품의 디자인, 기능, 포장 등을 개선할 필요가 있을 때 벤치마킹을 위한 아이디어를 수집하는데 매우 유용하다.

## 2) 무역통계 활용

### (1) KOTRA의 국제무역통계(Trade Map) 활용

KOTRA가 WTO산하기관인 국제무역센터(International Trade Center : ITC)에서 제공하는 국제무역통계 서비스를 활용하여 수출아이템을 발굴할 수도 있다. ITC는 세계 최대의 무역 DB로서 TradeMap(www.trademap.org)을 통해 전세계 220여 개국의 제품별 수출입 규모, 통관 가격, 주요 수입업체 리스트 등을 제공하고 있으며, 우리나라 상품의 시장성 평가와 수출목표시장 종합 분석, 경쟁국의 경쟁력 현황 분석을 위해 활용하면 유용하다.

해외시장 개척을 추진하는 수출초보기업이나 신제품 개발 및 업종 전환을 계획하고 있는 중소기업은 전세계 시장규모와 해당상품의 소비시장 거래 증가 추이 등을 자세히 분석하여 수출아이템 선정 시 ITC 무역통계정보를 적극 활용할 필요가 있다.

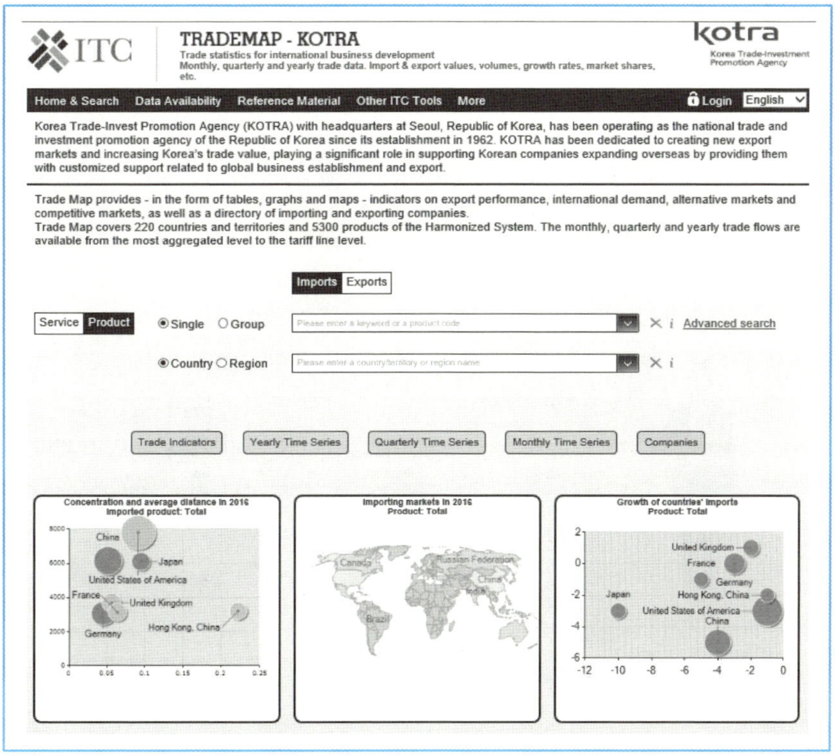


[http://www.trademap.org]

### (2) 한국무역협회

한국무역협회(KITA : www.kita.net)가 제공하는 무역통계자료를 적극 활용할 필요가 있다. 한국무역협회의 무역통계 자료를 검색하여 최근의 수출 증가율과 수출 실적이 지속적으로 증가하고 있는 아이템과 수출 국가를 선정한 후 이에 대한 상세한 조사를 수행한다.

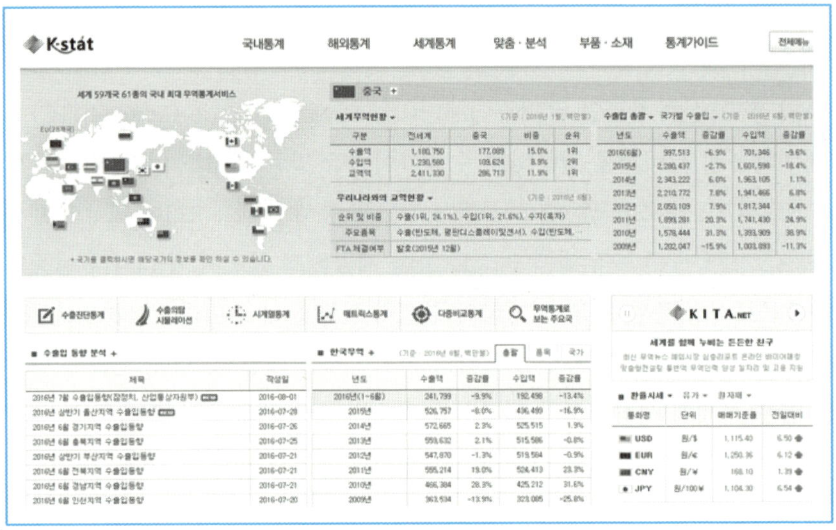


[http://www.kita.net]

### (3) 관세청

관세청(www.customs.go.kr) 사이트를 통해서는 우리나라의 연도별, 월별, 품목별, 국가별, 지역별, 경제권역별 등 다양한 수출입통계 정보를 무료로 입수할 수 있다.

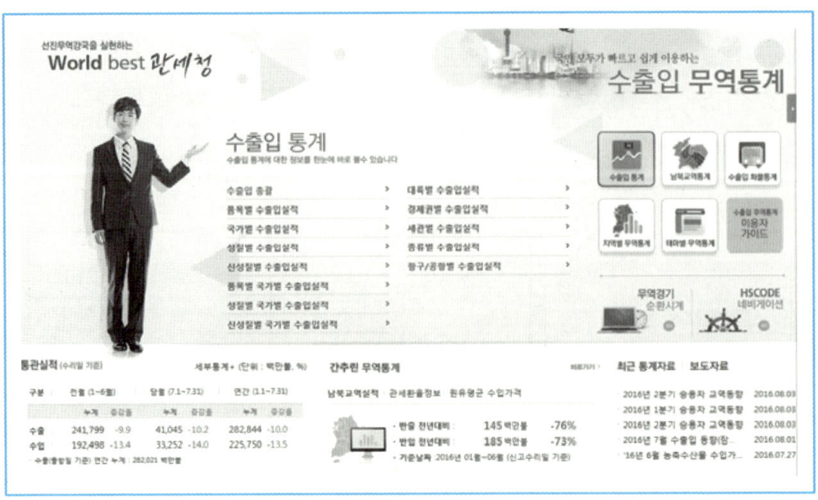


[http://www.customs.go.kr]

### (4) 미국 통계청 DB

미국 통계청(www.census.gov/foreign-trade/www)은 DB를 통해 수출입 통계정보를 제공하고 있다. 이 사이트의 초기화면 왼쪽에서 「Statistics」 메뉴를 통해 국가별·품목별(country & products) 통계정보를 입수할 수 있다.

### (5) 미국 상무성 수출입통계 DB

미국 상무성(US Department of Commerce)은 수출입통계 DB(www.ita.doc.gov/td/ocg/index.htm)를 운영하고 있다. 초기화면에서 「Trade Statistics」를 선택한 후 원하는 정보를 검색하면 된다. 특히, 이 사이트는 해외시장조사에 필요한 다양한 기초 정보를 제공한다는 점에서 매우 유용하다. 이에 관한 세부정보를 활용하기 위해서는 초기화면에서 「Market Research」를 클릭하면 된다.

## 2) 한국무역협회 포털사이트 무역정보 활용

한국무역협회 홈페이지(www.kita.net) 초기화면의 「무역정보」 메뉴에서 '해외시장동향', '해외시장보고서', '열린 시장 뜨는 품목'을 통해 해외시장에서 인기가 있는 상품이나 관련시장에 대한 세부정보를 입수할 수 있다.

**❙ KITA.net을 통한 유망 수출상품 정보수집 예 ❙**

### 3) KOTRA 포털사이트의 수출유망품목 정보 활용

KOTRA는 「국가정보(county profile)」를 통해 세계 각국의 「수출유망품목」 리스트를 제공하고 있다. 이 정보를 입수하기 위해서는 KOTRA 사이트 (www.kotra.or.kr)의 초기 화면에서 「해외시장뉴스-국가정보」를 클릭한 후 해당 제목을 선택하면 된다.

이외에도 코트라 해외무역관이 운영하는 포털사이트(초기화면에서 해외시장뉴스 메뉴 선택)에서 현지시장에 관한 실시간 뉴스 등을 참고하면 해당 시장에서 인기가 높은 아이템정보를 수집할 수 있다.

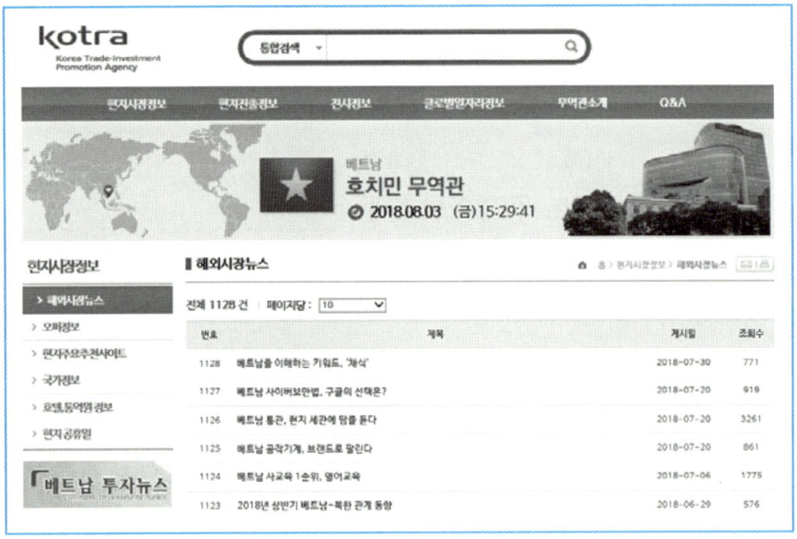


### 4) 국내외 전문전시회 참관

국내외에서 개최되는 전문전시회에 참가하여 관련업종의 기술, 제품기능, 디자인, 포장 트렌드 등을 파악하여 수출제품 개발전략에 반영할 필요가 있다. 대만의 중소기업들은 수출아이템을 개발할 때 미리 관련 제품분야의 해외 유명 전문전시회를 참관하여 시장조사를 철저히 하고 벤치마킹할 아이디어를 수집하여 제품개발과 제품변경 등에 반영하여 큰 성과를 거두고 있는 점을 벤치마킹할 필요가 있다.

# 제6장

# 수출 목표시장 선정

## 01 기업의 수출잠재력 평가

### 1) 개요

수출 목표시장을 선정하기에 앞서 먼저 자사 제품이 해외시장에서 경쟁력을 가질 수 있는 지 여부를 평가해야 한다. 기업의 제품이나 서비스의 수출잠재력을 평가하는 방법에는 여러 가지가 있지만 가장 일반적인 방법은 해당 제품이나 서비스가 국내시장에서 성공적으로 판매되고 있는지 여부를 검토하는 것이다. 그 이유는 기업이 국내시장에서 성공하고 있다면 해외시장에서도 성공할 가능성이 높기 때문이다. 기업의 수출잠재력을 평가하는 또 다른 방법으로는 자사 제품이 경쟁사에 비해 독창적이고 차별적인 특징이 있는지 여부를 평가하는 것이다. 외국기업이 수출 목표시장에서 자사 제품을 모방하기가 어렵다면 성공 가능성이 높아진다고 할 수 있다. 제품이 독창성을 갖고 있다면 그만큼 경쟁이 줄어들고 수요 창출이 가능하게 된다.

국내시장에서 자사 제품의 판매가 감소 추세에 있고 보다 기술적으로 향상된 다른 제품으로 인해 시장점유율이 축소되고 있더라도 여전히 규모가 큰 수출시장이 존재한다면 수출잠재력은 있다고 평가할 수 있다. 왜냐하면, 제품수명주기이론에 의하면 한 국가에서 성숙기를 지나 쇠퇴기에 접어든 제품의 경우에도 경제발전 수준이 낮은 또 다른 국가에서는 도입기에 해당되어 수요가 크게 늘어날 수도 있기 때문이다.

### 2) 기업의 수출준비성 분석

기업의 수출준비성은 경영전략 차원에서 수출비중을 어느 정도로 평가하고 있느냐를 보면 알 수 있다.

- 기업은 수출을 통해 무엇을 얻고자 하는가?
- 수출이 기업의 다른 경영목표와 일관성을 유지하고 있는가?
- 기업의 경영자원, 종업원, 생산설비 등 수출에 필요한 자원의 투입이 가능한가?
- 수출을 통한 기대수익이 소요비용에 비해 크고 기업의 자원이 수출이행에 유용하게 사용될 수 있는가?

**수출여부 결정 시 고려사항**

- 경영목표
  - 기업의 수출시장 개척 목적은 무엇인가? 이러한 목적은 판매확대 또는 안정적인 고객확보 차원인가, 아니면 기업 경영자가 해외출장의 구실로 삼는 것인가 하는 점이다.
  - 최고 경영진은 수출시장 개척에 관심과 노력을 기울이고 있는가? 수출을 단지 국내시장 부진을 만회하기 위한 하나의 수단으로 생각하고 있는가? 그렇다면 국내 매출이 증가하면 수출을 중단할 가능성이 있는지도 판단해야 한다.
  - 수출에 대한 경영진의 기대는 무엇인가? 경영진은 수출을 통해 어느 정도의 투자 수익률을 기대하는가?
- 수출경험
  - 과거 어떤 국가와 무역 거래한 경험이 있는가, 그리고 어느 국가로부터 인콰이어리를 받은 경험이 있는가?
  - 자사의 생산품목 중 수출에 가장 적합한 제품은 무엇인가?
  - 자사제품을 구매하는 국내고객은 국내시장 판매 또는 수출 중 어떤 목적을 갖고 있는가? 수출 목적으로 자사제품을 구매한다면 어느 국가로 수출할 계획을 갖고 있는가?
  - 제품의 판매동향은 어떤지, 그리고 인콰이어리는 증가 또는 감소하고 있는가?
  - 주요 국내외 경쟁업체는 어디인가?
  - 과거 수출을 시도한 경험이 있다면 어떤 교훈을 받았는가?
- 경영구조 및 인적자원
  - 기업은 수출 이행에 필요한 인적 및 물적 자원, 그리고 해외 판매경험을 갖고 있는가?

- 수출업무를 효과적으로 이행하기 위해서는 어떤 형태의 조직구조가 필요한가? 수출부서는 운영되고 있는가?
- 수출계획이 수립된 이후 그 실행주체는 누구인가?

• 생산능력
- 현재의 설비는 어떻게 운영되고 있는가?
- 수출주문 이행이 국내 판매에 영향을 미칠 것인가?
- 수출을 위한 추가 생산비용은 어느 정도인가?
- 최소 수출주문수량은 어느 정도인가?
- 수출을 위해 제품을 특별하게 디자인하거나 포장해야 하는가?

• 재무능력
- 수출생산 및 마케팅 이행에 어느 정도의 자본이 필요한가?
- 수출부서 운영비용은 어느 정도로 소요될 것인가?
- 수출을 위한 준비 비용은 어느 정도인가?

### 3) 해외마케팅계획 및 글로벌 비즈니스역량 평가

기업이 해외시장에 제품을 수출하기로 결정한 이후에는 해외마케팅 계획을 수립해야 한다. 해외마케팅 계획을 수립할 때 가장 중요한 사항은 기업의 목표, 능력 및 제약조건 등 중요한 경영 여건에 관한 합의를 도출해 내는 것이다. 해외마케팅 계획에 포함되는 모든 내용에 대해 수출에 관여하는 모든 구성원의 합의가 이루어져야 한다.

해외마케팅 계획의 수립 목적은 주어진 시설, 제약조건 및 경영목표를 종합적으로 검토하고 이러한 결과를 반영하는 수출이행 계획서를 작성하기 위한 것이다. 이행계획서에는 수출목표와 수출이행을 위한 세부 일정이 포함되어야 한다. 그리고 성공의 정도를 측정하고 종업원의 동기 유발을 위한 구체적인 방법도 포함될 필요가 있다.

해외마케팅 계획을 수립하기 위해서는 최소한 아래 사항에 대한 구체적인 검토가 있어야 한다.

• 어떤 제품을 수출할 것인가? (특정 제품을 수출에 투입하기가 부적절하다면 해외시장의 수요에 맞게 제품을 수정할 필요가 있는가?)
• 어느 국가를 수출 목표시장으로 할 것인가?
• 수출 목표시장에서 고객의 기본적인 특징은 무엇인가, 그리고 고객을 확보하기 위해 어떤 마케팅과 유통채널을 갖추어야 하는가?
• 수출 목표시장에 경쟁기업이 존재하는가, 그리고 문화적 차이 및 수입통제 등 잠재적

인 위협요인이 있는가, 이러한 위협을 제거하기 위해서는 어떤 전략이 필요한가?

- 제품의 수출가격은 어떻게 결정되어야 하는가?
- 어떤 구체적인 수출이행 단계가 필요하며 단계별 이행 시기는 언제인가?
- 수출계획의 각 단계를 이행하기 위한 시간 일정은 있는가?
- 수출이행을 위해서는 어떠한 인적 및 기업자원이 투입되어야 하는가?
- 수출의 각 단계별 이행을 위한 시간과 비용은 어떠한가?
- 수출의 성공 여부를 어떻게 평가할 것이며, 당초 수출계획을 수정하기 위한 방법은 무엇인가?

일반적으로 초기에는 해외시장 정보가 충분하지 않기 때문에 해외마케팅 계획서가 단순한 형태를 보이지만 점차 정보가 축적될수록 해외마케팅 계획은 보다 구체적으로 바뀔 수 있다. 기업은 새로운 정보가 입수되고 경험이 축적되면 이것을 해외마케팅 계획서에 반영하는 것을 주저해서는 안 된다.

하지만, 수출초보기업이나 중소기업의 입장에서 자사의 수출잠재력을 스스로 평가한다는 것은 현실적으로 어렵다. 이에 따라 KOTRA는 이들 기업의 수출잠재력 즉, 글로벌 비즈니스 수행 역량을 평가해 주기 위한 "글로벌 역량진단"사업을 실시하고 있다. 자사의 수출잠재력을 파악하고 싶은 기업은 KOTRA의 글로벌 역량진단사업을 활용하면 유용하다.

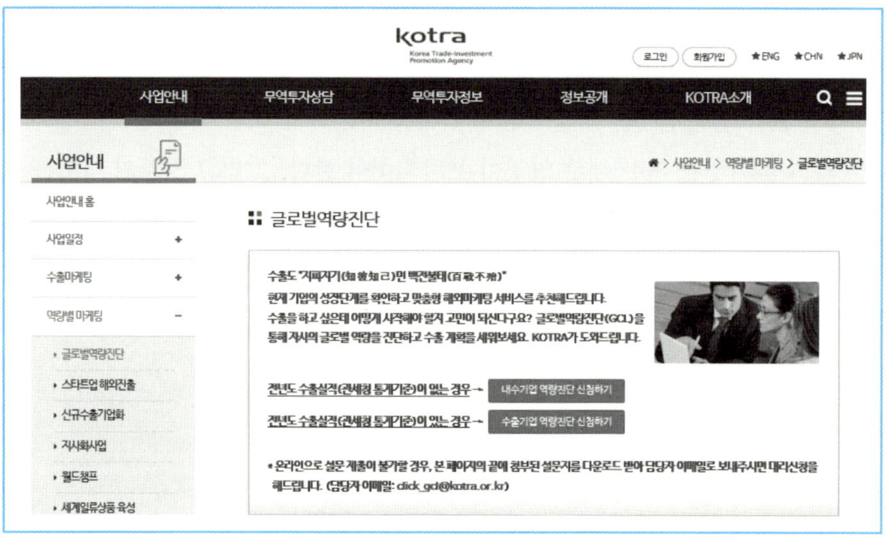


[http://www.kotra.or.kr]

**❙ KOTRA의 글로벌 역량 평가기준 ❙**

**1) 내수기업**

| 대분류 | 4가지 영역 | 문항수 | 문항의미 설명 |
|---|---|---|---|
| 기본역량 | 수출의지 및 전략 | 8 | 수출을 위한 의지, 현재 노력수준, 전략수집 여부 |
| 자원역량 | 기초자원 | 7 | 제품, 기술, 자금 경쟁력 수준 판단 |
| | 수출인프라 | 7 | 수출전문인력, 해외인증, 홈페이지 구축 등 파악 |
| 본원적역량 | 마케팅·네트워크 | 8 | 수출진행시 즉시 활용가능한 해외마케팅 역량수준 |

**2) 수출기업**

| 대분류 | 8가지 영역 | 문항수 | 문항의미 설명 |
|---|---|---|---|
| 준비영역 | 중장기전략, 비전, 마인드 | 3 | 글로벌 전략의 중요성 인식과 체계성, 집약도 |
| | 전문인력 및 자금 | 6 | 해외마케팅 관련 인력, 자금 보유정도와 역량수준 |
| | 수출 인프라 | 4 | 수출준비를 위한 유·무형의 자원 활용현황 |
| 활동영역 | 글로벌고객과의 의사소통 | 3 | 글로벌 시장동향, 고객 불만사항 처리, 상호신뢰수준 |
| | 글로벌판촉 및 마케팅 | 4 | IT활용 글로벌 마케팅 경쟁력 수준 및 내부이해도 |
| 심화영역 | 글로벌 네트워크 | 3 | 글로벌 협력기업, 거래처, 에이전트 등 보유수준 |
| | 글로벌 시장전략 | 4 | 제품, 브랜드 등 글로벌 시장에서의 경쟁력 보유 정도 |
| | 글로벌 제품 | 3 | 제품의 품질, 가격, 디자인 경쟁력 및 A/S역량 |
| 수출액 | 연간수출액 | | |

## 02 수출 목표시장의 잠재력 평가

### 1) 목적

수출 목표시장 선정을 위한 최우선적인 과제는 제품 판매가 가능한 매력적인 수출시장을 발굴하여 각각에 대한 시장잠재력을 평가하는 것이다. 이는 해외마케팅에서 가장 중요한 사항임에도 불구하고 이에 대한 체계적인 시스템은 정립되어 있지 않다. 즉, 어떤 시장의 잠재력 평가에 적용한 방식이 다른 시장을 평가할 때에는 아무런 의미가 없기 때문이다.

일반적으로 대부분 기업은 해외시장 기회를 체계적으로 분석하지 못하고 있다. 해외시장 기회 분석의 중요성은 기업이 수출에 어느 정도의 비중을 두느냐에 달려 있다. 예컨대, 기업이 수출을 중시하지 않는다면 해외시장 기회 분석의 필요성은 그다지 크지 않다. 그러나 수출을 중시하는 기업은 해외시장 경험이 풍부한 국제마케팅 전문가를 적극 활용해서라도 해외시장 조사를 실시해야 한다. 그러나 대부분 기업은 해외시장 조사의 복잡성을 단순한 문제로 인식하고 있으며, 공식적인 해외시장조사 시스템과 조사 결과의 책임소재와 관련한 분명한 기준을 설정하지 못하고 있다.

### 2) 방법

기업이 해외시장 조사를 실시할 때에는 우선 다음 사항을 점검해야 한다.

- 해외시장조사 과제가 포함된 자체 해외마케팅 프로그램은 있는가?
- 회사 경영진은 해외시장조사를 지속적인 활동으로 간주하고 있는가?
- 해외시장 성과를 모니터링, 평가 및 수정하는 절차를 갖추고 있는가?
- 해외시장 변화를 시기적절하게 예측할 수 있는 수단은 갖고 있는가?

해외시장조사는 해외마케팅 계획 전반에 걸쳐 이루어져야 하며, 경영진이 수출 활동을 모니터링, 평가 및 수정하는데 필요한 정보가 적절하게 제공되어야 한다. 현실적으로 1차 자료에 의한 시장조사에는 비용이 많이 들기 때문에 대부분의 기업은 2차 자료에 의존하는 경향이 있다. 다음은 기업이 2차 자료를 입수하는데 도움을 줄 것이다.

- 해외시장에 영향을 미치는 세계적인 사건(events)을 계속적으로 파악하고 발표되는 특정 비즈니스 프로젝트에 대해 지속적인 관심을 가져라.
- 무역통계를 분석하라. 일반적으로 무역통계는 국가 및 제품의 형태별로 제공된다. 또한, 제품의 시장잠재력을 파악하는데 인구규모, 1인당 국민소득, 산업별 생산수준 등 일반 경제통계도 매우 중요한 지표가 된다.
- 전문가 자문도 필요하다. 이를 위해서는 한국무역협회, KOTRA 등의 무역유관기관을 적극 활용하는 것이 바람직하다.
- 세미나, 워크숍, 해외전시회 등에 참가하라.
- 국제무역 및 마케팅 컨설턴트를 고용하라.
- 유사제품을 취급하는 성공한 수출업체와 상담하라.
- 무역 및 산업단체 직원과 접촉하라.

## 3) 수출 목표시장 잠재력 평가 단계

### (1) 잠재 목표시장 선정

기업의 여력에 따라 해외 진출시장의 범위가 결정되어야 하지만 일반적으로 중소기업에게는 자사의 마케팅 역량을 감안하여 주력으로 판단되는 몇 개의 시장으로 한정하는 것이 효과적이다. 수출 목표국가를 선정하기 위해서는 첫째, 우선 각국의 제품별, 국가별 지표 및 수출통계를 감안하여 최근 2~3년 간 가장 빠르게 성장한 시장 중에서 자사 제품에 가장 적합한 시장을 선정해야 한다. 수출통계 정보는 자사 제품이 선호되는 국가에 대한 힌트를 제공해 준다.

둘째, 후보군에 속한 해외시장을 다시 3~4개 범위로 좁히고 체크리스트를 작성하여 아래의 사항을 점검한다. 이들 시장의 과거 3~5년간 시장추이를 분석하면 해당 시장이 지난 수년간 지속적으로 성장해 왔는지를 파악할 수 있다. 경기 침체기에도 수입이 증가했는지, 그리고 경기 회복기에 수입이 증가하였는지 여부를 파악할 수 있다.

셋째, 현재는 작지만 향후 시장잠재력이 풍부한 고성장 가능성이 있는 시장을 파악한다. 이들 시장은 일단 개방만 되면 기존 시장에 비해 경쟁업체가 적다는 장점이 있다.

- 유사한 제품들은 어디로 수출되는가?
- 과거 수년 간 자사 제품과 유사한 제품이 판매되고 가장 크고 빠르게 성장하는 시장은 어디인가?
- 자사 제품과 유사한 제품을 어느 나라에서 가장 많이 판매(수입)하는가?
- 자사 제품은 어느 시장에서 가장 경쟁력을 갖는가?
- 자사 제품을 판매하기 쉬운 시장은 어디인가
- 전문가들은 자사 제품에 어느 시장이 가장 유망하다고 추천하는가?

### (2) 수출 목표시장 평가

수출 목표시장 평가는 진입하고자 하는 시장을 둘러싼 환경을 우선 고려하며, 일반적으로 인구 통계학적 환경, 정치 환경, 경제 환경, 사회문화적 환경 등을 분석하게 된다. 이것의 주요 목적은 타겟 시장별로 자사의 마케팅 환경에 영향을 줄 수 있는 외부 요인들을 분석하여 시장 환경과 자사의 실정 간 상관관계를 파악하는 것이다. 목표시장 평가 시 고려해야 할 점검 요소는 아래와 같다.

- 시장잠재성과 니즈 : 시장 전반의 흐름을 파악하여 시장동향과 소비자들의 니즈에 영향을 줄 수 있는 요인들을 분석한다.

- 국가 위험도 및 규제 환경 : 수출 목표시장 진출에 영향을 미칠 수 있는 법적 규제 요인과 정치적 환경을 검토한다.
- 경제 환경 : 해외시장의 경제적 환경을 파악하는 것은 매우 중요하다. 경제 여건에 따라 제품에 대한 소비자 선호도가 다를 것이며, 동일한 제품이라 하더라도 국민소득, GNP증가율, 가처분소득, 부의 분배율에 따라 구매력 있는 계층이 다르게 나타난다.
- 사회문화적 환경 : 사회문화적 환경은 목표시장을 찾아내는 중요한 요인으로 작용할 수 있다.
- 기술 환경 : 급변하는 기술의 변화는 새로운 위험 요인과 함께 새로운 기회를 동반하므로 기술 환경의 변화를 지속적으로 모니터링 하여야 한다.

**수출 목표시장 평가를 위한 주요 체크 리스트**

- 자사의 제품과 수요에 영향을 미칠 수 있는 관련 제품의 시장동향을 분석하라. 이를 위해서는 제품의 수입액과 목표시장 내 총 소비규모를 산정해야 한다.
- 목표시장 내 국내기업과 외국기업 현황을 파악하여 목표시장의 경쟁력 실태를 확인해야 한다.
- 각 시장별로 최종 소비자, 유통채널, 문화적 차이, 비즈니스 관행 등과 같은 제품의 사용과 마케팅에 영향을 미치는 요인을 분석하라.
- 목표시장별로 관련 제품의 수입을 제한하는 외국기업에 대한 무역장벽을 파악하라.
- 제품수출을 촉진시키는 국내 또는 수입국 정부의 인센티브를 파악하라.

기업이 상기 사항을 분석한 후에는 자사의 마케팅 자원을 어느 시장에 효과적으로 투입할 수 있을 것인지를 알 수 있다. 일반적으로 수출을 개시하는 기업일 경우 10개의 상이한 시장보다는 특정 시장에 대해 자원과 노력을 집중하는 것이 바람직하다. 이는 기업이 1~2개 시장에 수출하게 되면 국내 판매에 커다란 영향을 미치지 않고서도 마케팅 자원을 투입할 수 있기 때문이다.

기업이 목표로 하고 있는 세계시장은 너무 광범위하므로 모든 시장을 조사하는 것은 현실적으로 불가능하다. 따라서 해외시장 조사를 위한 기업의 자금과 시간은 체계적인 절차에 따라 효율적으로 집행될 필요가 있다. 기업은 이러한 절차를 통해 세계의 여러 시장 중에서 자사에 가장 적합한 시장을 선택하여 진출할 수 있다. 그러나 대부분 기업은 해외시장 기회 분석을 위한 체계적인 시스템이 없이 주먹구구식으로 해외시장조사를 하는 경우가 일반적이다.

### (3) 환경 분석

수출 목표시장에서 "경쟁자는 누구인가?", "경쟁자들의 시장 내 위치는 어떠한가?", 그리고 "목표시장의 니즈와 시장에 진입한 주요 경쟁자들의 역량은 어떠한가?" 등을 파악해야 한다. 이외에도 목표시장 분석을 위해 체크해야 할 사항은 아래와 같다.

- 수요 계층은 누구인가?
- 소비환경(제품 구매는 언제, 어디서, 얼마나 자주 구입 하는가 등)은?
- 소비자는 제품을 직접 구매하는가? 또는 구매의사결정권자가 따로 있는가? 있다면 그들은 누구인가?
- 그들을 만나려면 어느 시간대, 어느 매체가 적합한가?

## 03 수출 목표국가의 시장정보 수집 경로

기업은 여러 경로를 통해 다양한 해외시장조사 자료를 입수할 수 있다. 주요 정보원으로는 정부 해당부처, 정부 유관기관, 국제기구, 서비스기관(은행, 무역상, 무역단체, 세계무역센터, 민간 조사기관) 등이 있다. 참고로 미국 상무성은 지원 프로그램을 통해 자국 기업이 상이한 단계의 국제화를 추진하는 과정에서 필요로 하는 다양한 정보를 제공하고 있다. 미상무성은 자국 기업에게 비즈니스 컨설팅, 신제품 정보, 에이전트 및 유통업체 정보, 카탈로그 전시, 무역사절단 파견 등 다양한 지원서비스를 제공하고 있다.

### 1) 정보과잉의 문제점

일반적으로 해외시장 및 마케팅에 관한 정보는 부족한 실정이다. 그러나 중간관리자는 제공되는 정보가 너무 많아 직접적인 관계가 있는 유용하고 시기적절하며 일관성이 있는 정보입수에 어려움을 겪는 경우도 발생한다. 기업의 무역마케팅 담당자는 자료제공 소스를 발굴하기 위해 항상 노력해야 하며, 통계수치 해석에 있어서 신중을 기해야 한다. 특히, 미국 상무성과 같이 정부가 제공하는 자료라 하더라도 이를 완전히 신뢰해서는 안 되며 일련의 여과과정을 거쳐야 한다.

대다수 경영자는 현장감 있는 정보 수집을 위해 외국의 고객 또는 유통 업체와 만난다. 물론 해외여행 경비가 많이 들겠지만 해외여행은 실질적인 정보를 수집할 수 있는 유용한 통로가 된다.

## 2) 수출 목표시장의 기회 파악을 위한 Off-Line 방식

### (1) 유통업체 활용

규모가 크던 작든, 경험이 많든 적든지 간에 목표시장의 잠재력을 파악하는 가장 좋은 방법은 자사와 관계가 있는 외국의 유통업체와 에이전트를 활용하는 것이다. 이들은 현지에 거주하고 있기 때문에 고객 니즈를 보다 잘 알고 있으며, 정부기관과의 접촉을 통해 유용하고 시기적절한 시장정보를 입수할 수 있다. 결과적으로 수출 경험이 많은 대다수 기업은 시장기회 분석 기능을 유통업체 등에 위임하는 경향이 있다.

### (2) 해외광고

대부분 기업은 무역전문지, 무역 디렉토리 또는 기타 간행물에 자사 제품을 광고하여 고객으로부터 주문을 받고 있다. 일부 기업은 시장잠재력을 파악하기 위해 직접 제품 홍보메일을 보내기도 한다. 일반적으로 영어로 된 무역전문지는 해외 구독자가 많기 때문에 유력 바이어를 확보하는데 매우 유용하다.

### (3) 무역박람회 참가

기업은 해외 무역전시회 및 박람회에 참가하여 해외시장 기회를 보다 실질적으로 파악할 수 있다. 기업은 세계 각지로부터 많은 바이어가 참가하는 무역전시회 및 박람회를 수출목표시장 기회 파악에 유용한 정보를 입수할 수 있는 창구로 인식하고 있다. 미국의 경우 상무성은 자본력이 취약한 중소기업의 전시회 및 박람회 참가를 적극 지원하고 있다.

## 3) 경쟁전망 및 진입장벽

기업은 목표시장에서 경쟁이 어떻게 전개될 것인지를 합리적으로 예측할 수 있어야 한다. 이것은 새로운 경쟁자가 목표시장에 진입하게 되면 현재 누리고 있는 경쟁력이 상실될 가능성이 항상 존재하기 때문이다. 일단 어느 한 기업이 목표시장에서 좋은 경영성과를 실현하게 되면 이 시장을 기웃거리는 또 다른 업체가 파이를 나눠먹기 위해 시장진입을 고려하게 된다. 어떤 기업이 새로운 경쟁업체로 부상할 것인가, 그리고 다른 경쟁업체가 나타나기 전에 현재의 경쟁력을 언제까지 유지할 수 있을 것인가에 관심을 가져야 한다.

이를 예측하는데 있어 가장 중요한 사항은 진입장벽의 존재 여부를 평가하는 것이다. 이러한 진입장벽은 새로운 경쟁기업이 목표시장에 진입하는데 장애물로 작용하기 때문이다. 주요한 진입장벽은 다음과 같다.

- 특허 : 신제품의 보호를 가능하게 한다.
- 높은 진입비용 : 소기업의 목표시장 진입을 어렵게 하는 요인으로 작용한다.
- 실질적인 경영기법 : 경쟁적인 제조 및 엔지니어링 기법을 소유하려면 상당한 시간을 필요로 한다.

**| 경쟁전망 및 진입장벽 분석표 |**

| 진입장벽 형태 | 효율성 요인 정도 | | | | 효율 지속성 |
|---|---|---|---|---|---|
| | 높음 | 중간 | 낮음 | 없음 | |
| 특허권 | | | | | |
| 높은 진입비용 | | | | | |
| 실제적인 경영기법 필요성 | | | | | |
| 엔지니어링, 제조상 문제점 | | | | | |
| 공급업체/유통업체 부족 | | | | | |
| 제한적인 라이센싱 및 규정 | | | | | |
| 시장침투 | | | | | |
| 상표권 | | | | | |
| 기타 | | | | | |
| □ 예상되는 경쟁업체는?<br>□ 시장확대 노력을 기울이고 있는 현재의 경쟁업체는?<br>□ 해당 사업에서 철수할 것으로 예상되는 경쟁업체는? | | | | | |

## 04 수출 목표국가의 산업동향 분석

기업이 생산하는 제품은 2개 이상의 산업에 걸치는 경우가 있다. 예를 들어 신규 자동차 및 중고자동차에 사용되는 전자제품을 생산할 때 이 제품은 전자, 신차, 자동차 애프터마켓 산업의 일부분이 된다. 취급제품의 해당 산업이 2개 이상에 걸칠 경우에는 각각의 적용 산업에 대해 세부적으로 분석한 후 사업상 중요도(비중)를 파악해야 한다.

### 1) 수출제품 관련 산업의 규모 및 성장률

해당 산업의 GDP대비 성장률을 파악하게 되면 관련 산업의 성장 정도를 알 수 있다. 예를 들어 해당 산업의 연간 성장률이 2%이고 GDP가 5%라면 해당 산업은 쇠퇴기에 접어들고 있으며, 따라서 시장기회가 많지 않다는 것을 의미한다. 그러나 만일 성장률이 15%이고 GDP가 5%라면 성장 잠재력이 큰 산업이라고 할 수 있다.

해당 산업 전체에 관한 정보를 입수하기는 어렵지만 기존의 일부 대기업의 재무제표 등 영업성과를 분석하면 대략적인 산업규모와 성장률을 추정할 수 있다.

## 2) 산업민감도(industry maturity)

산업은 정체되어 있지 않고 시간의 흐름에 따라 크게 변화할 수 있다. 일반적으로 제품수명주기는 이러한 상황을 잘 설명해 준다. 산업은 상이한 성숙 단계에서 독특한 특징을 보인다.

### (1) 경제상황 변화에 대한 민감도

일부 산업은 국내외 경제상황 변화에 매우 민감한 경우가 있으므로 해당 산업이 경제상황 변화에 대해 어떠한 반응을 보이는지를 이해하는 것은 중요하다. 건설, 대형 소비제품(자동차, 가구) 및 관광산업 등은 호경기 중에 번창하는데 비해 할인점, 중고자동차 딜러 등의 산업은 불경기 중에 비교적 호황을 누리는 경향이 있다.

**❙ 산업성숙도(Industry Maturity) 분석표 ❙**

| 특징 | 발전단계 | | | |
|---|---|---|---|---|
| | 신규산업 | 성장산업 | 안정산업 | 사양산업 |
| 성장율 | 매우 높음 | 매우 높음 | 정체 | 최소 또는 위축 |
| 경쟁력 | 증가 | 변동적 | 강화 | 감소 |
| 시장리더/표준 | 없음 | 형성과정 | 고정 | 위축 |
| 마케팅 목표 | 이미지/신뢰 구축 | 경쟁기업과 차별화 | 산업 내 리더 | 생존 |
| 시장점유율전략 | 발판마련 | 시장점유율 구축 | 시장점유율 유지 | 경쟁기업 공략 |
| 취급제품범위 | 제한적 | 확대 | 다양 | 축소 |
| 고객충성도 | 없음 | 구축과정 | 강함 | 약화 |

### (2) 수출제품의 민감성(seasonality)

어떤 산업은 계절적인 영향을 많이 받아 특정 기간 중 매출이 크게 늘어나는 경향이 있다. 예를 들어 완구업체는 크리스마스 기간에 호황을 누린다. 소비제품은 크리스마스 시즌의 영향을 많이 받아 총 매출의 1/3 또는 절반 이상이 이 기간에 실현되기도 한다. 미국에서는 크리스마스뿐만 아니라 할로인도 두 번째로 큰 휴가기간이다.

결혼관련 산업은 봄에, 그리고 관광산업은 여름에 각각 호황을 누리며 건설업은 겨울에 불황을 맞이하게 된다. 기업의 현금 흐름과 같은 재무상황을 분석해 보면 계절이 기업에 미치는 영향을 구체적으로 분석할 수 있다.

### (3) 기술변화(technological change)

기술은 제조 및 판매방법, 정보 및 커뮤니케이션 관리방법, 그리고 비용절감 방법 등에 영향을 미친다. 인터넷은 전통산업의 비용절감에 커다란 영향을 주고 있다. 수년 이후에 전개될 기술발전 상황을 예측하기는 어렵겠지만 지난 수년간의 기술발전 추세를 살펴보는 것도 매우 의미 있는 일이다. 만일 해당 산업의 기술이 급변하고 있다면 이에 대한 대처방안을 마련하여 기술개발에 중점을 두어야 할 것이다.

### (4) 정부 규제 및 인가(regulation & certification)

대부분 산업은 정부의 각종 조치에 직·간접적인 영향을 받는다. 그러나 때로는 정부의 규제가 새로운 비즈니스 기회를 제공해 주기도 한다. 예를 들어 정부의 공해규제가 강화되면 폐기물 처리 및 에너지 보존 등과 같은 새로운 산업을 출현시킨다.

### (5) 공급 및 유통채널(supply and distribution channels)

해당 산업 내 공급 및 유통망은 기업의 사업 성공에 결정적인 영향을 미친다. 공급업체와 유통업체가 많이 존재하는 산업에서는 사업 비용이 낮고 시장진입이 비교적 용이하다. 기업은 극히 제한된 공급 및 유통망이 있는 산업으로 진출할 때는 특히 주의를 기울여야 한다. 예를 들어 잡지 산업에 신규로 진출할 경우 신문용지, 프린터 기계 등을 조달하는 것은 별다른 문제가 되지 않겠지만 유통망을 구축하기는 쉽지 않을 것이다. 즉, 일부 기업이 해당 지역 내 잡지 가판대를 통제하고 있다면 많은 판매비용이 발생하게 될 것이다.

## 05 수출 목표시장 분석

### 1) 개요

해외 비즈니스 성공의 열쇠는 고객을 이해하는 것에서부터 출발한다. 자사의 고객이 누구인지도 모른다면 그들의 욕구를 충족시켜 주는데 한계가 있을 수 있다. 사업의 성공은 고객 니즈와 욕구의 충족 여부에 달려 있기 때문에 반드시 고객이 누구며, 그들이 무엇을 원하는지, 그리고 어떻게 행동하는지 등에 대해 알아야 한다.

시장분석과 마케팅 계획은 다르다. 기업은 해외시장 분석을 통해 고객을 파악하고 이해할 수 있다. 그리고 기업은 마케팅 계획을 통해 고객에게 접근하는 방법을 알 수 있다. 만일 기업이 제품 또는 서비스를 최종 사용자가 아니라 소매점, 유통업체 또는 제조업체 등에 판매한다면 최종 소비자와 실질적인 고객인 중간상 등 2개 시장의 특징을 파악해야 한다. 이들 2개의 시장은 상이한 상관습과 관심 사항이 다를 수 있으며, 자사의 판매에 영향을 미칠 수 있으므로 각각에 대해 알아야 한다. 예를 들어 어떤 기업이 자체 개발한 소프트웨어를 컴퓨터 제조업체에 판매한다고 가정할 때 컴퓨터 제조업체의 최대 관심사항은 비용(cost)이고, 최종 고객의 관심은 사용상의 편리성(ease of use)이다.

## 2) 목표시장의 정의

목표시장의 타겟을 "자사의 제품이나 서비스를 잠재적으로 사용하는 모든 사람과 기업"으로 너무 광범위하게 정의한다면 편리한 점은 있겠으나 사업결정에 중요한 정보를 제공해 주지는 못한다. 예컨대, 가구시장의 타겟을 "집안에서 사는 모든 사람"으로 정의한다면 마케팅 계획에 아무런 도움이 되지 못할 것이다.

따라서 기업은 자사가 진입하고자 하는 특정한 시장분야(market segment)를 파악할 필요가 있다. 이러한 세부 시장분야는 특징적이고 의미 있는 내용을 포함하며 기업이 개척하고자 하는 목표시장의 특징을 보여준다. 그러므로 목표시장의 정의는 다음 사항을 충족시켜야 한다.

- 정의 가능성(definable) : 잠재 고객이 공통적으로 갖고 있는 특징이 존재해야 한다.
- 의미 내포성(meaningful) : 상기의 특징은 구매결정과 직접적인 관련이 있어야 한다.
- 규모 존재성(sizable) : 자사의 사업에 기여할 수 있을 만큼 충분한 수익성을 내포하고 있어야 한다.
- 접근 가능성(reachable) : 잠재 고객에서 효과적으로 접근할 수 있는 가능성이 존재해야 한다.

일단 목표시장이 정의된 후에는 시장의 크기와 시장동향을 분석하고 경쟁업체가 있는지, 그리고 전략적인 기회가 존재하는지 여부 등을 평가해야 한다.

### (1) 인구통계적 요소(demographic description)

인구통계적 정보는 마케팅 계획을 수립할 때 매우 유용하다. 목표시장의 인구통계 정보는 고객의 관심, 니즈, 능력, 제품 및 서비스 등에 대한 구매능력과 관계가 있다. 주요 요소로는 나이(age range), 소득(income range), 성별, 직업, 결혼여부, 가족규모, 교육수준, 주택소유 여부 등이다.

### (2) 지리적 요소(geographic description)

목표시장의 지리적 요소를 정확하게 파악하게 되면 제품 또는 서비스의 판매지역 결정에 많은 도움을 준다. 이를 위해 기업은 사업 소재지의 기후, 인구밀도, 도시 또는 농촌지역 여부, 고객의 접근 가능성 등에 관한 세부 정보를 파악해야 한다. 최근 인터넷을 통한 비즈니스 증가로 인해 시장의 지리적인 중요성이 줄어들고 있지만 여기에도 한계는 있다. 즉, 국가마다 인터넷 환경과 제품수요와 언어 등이 다르기 때문이다.

### (3) 라이프 및 비즈니스 스타일

고객들은 자신들의 시간을 어떻게 보내는가, 그들의 삶 또는 비즈니스에서 당면한 문제는 무엇인가, 그들은 누구와 관계를 유지하고 있는가, 그리고 그들은 공동체 및 종업원들과 어떤 관계를 유지하고 있는가 등에 대해 기업의 관심이 필요하다. 고객과의 경험은 그들의 관심사항을 파악하는데 많은 도움을 준다. 예를 들어 어느 기업의 주요 시장이 법률회사라고 한다면 고객과의 접촉 및 관계유지를 위해 자연스럽게 변호사 협회에 가입하게 된다.

약간의 조사를 통해서도 목표시장의 라이프 스타일과 비즈니스 스타일의 또 다른 측면을 이해할 수 있다. 다음 사항은 고객의 스타일을 파악하는데 도움을 줄 것이다.

- 고객이 어떤 다른 제품 또는 서비스를 구매하는가?
- 고객은 쇼핑하러 올 때 어떤 종류의 자동차를 타고 오는가?
- 그들은 어떤 종류의 옷을 입고 있는가?
- 어떤 종류의 사람 또는 기업이 그들의 제품 또는 서비스를 원하고 있는가?
- 그들은 영화관에 가는가, 아니면 TV 또는 비디오를 시청하는가?
- 그들은 집에서 오락을 즐기는가? 그렇다면 누구를 위해 하는가?

### (4) 구매패턴

- 첫 번째 구매 사유
- 구매 횟수
- 구매시기의 간격
- 제품/서비스 구매 금액
- 제품의 지속적인 사용 동기
- 구매결정에 소요된 기간

- 고객이 어디에서 그 제품 또는 서비스에 대해 알게 되었는지 여부
- 고객이 제품 또는 서비스를 구매한 장소
- 고객이 제품을 사용하는 장소
- 고객이 제품을 사용하는 방법
- 대금지불방법
- 고객의 특별한 니즈 등

#### (5) 고객의 구매민감도(buying sensitivity description)

고객의 구매결정에 기여하는 가장 중요한 요소는 무엇인지 파악해야 한다. 물론 대부분 고객은 가장 저렴한 가격으로 최고의 품질, 최상의 서비스 및 최고의 편리성을 가진 제품 또는 서비스를 선호할 것이다. 그러나 현실적으로 고객들은 이 중에서 선택(trade-off)해야 한다. 따라서 이들 중에서 고객이 포기하지 않으려고 하는 사항은 무엇이며, 어떤 측면에서 고객이 가장 민감한 반응을 보이는지 여부를 파악해야 할 것이다.

### 3) 시장규모 및 동향

일단 목표시장의 특징이 파악되면 시장규모를 분석하고 향후 시장규모와 고객의 행동에 영향을 미칠 수 있는 시장동향을 평가해야 한다.

- 현재의 목표시장이 자사에게 적합한 규모인가?
- 목표시장의 성장률은 어떠한가?
- 목표시장에는 어떤 변화가 일어나고 있는가?
- 목표시장 내 제품 또는 서비스의 판매에 영향을 미칠 수 있는 변화는 무엇인가?
- 고객은 제품 또는 서비스의 사용을 어떻게 변화시키고 있는가?
- 제품 또는 서비스에 영향을 미치는 사회적 가치와 관심의 변화는 어떤 것인가?

#### (1) 시장규모

목표시장은 최소한 기업의 해외사업을 지속해 나갈 정도의 규모는 갖추어야 한다. 그러나 시장이 지나치게 크거나 또는 너무 작아서 기업의 능력을 제한해서는 안 된다. 시장이 너무 작으면 고객이 충분하지 않으므로 처음부터 많은 어려움을 겪게 될 것이다. 물론 여기에도 예외는 있다. 틈새시장(niche market)은 일반적으로 작고 특정한 니즈를 가진 제한된 고객으로 구성되어 있으나 기업이 이러한 특정한 고객 니즈를 충족시켜 줄 능력을 갖고 있다면 시장규모에 관계없이 기업의 경영활동에 크게 기여할 것이다. 시장규모가 큰

경우에는 경영기반이 확고한 강력한 경쟁업체들이 많이 있으며, 따라서 고객확보를 위한 제품의 광고 선전 등에 많은 비용이 소요된다. 시장규모를 평가할 때에는 인구통계와 지리적 정보가 필요하다. 기존의 해외시장조사 결과를 통해서도 관련 정보를 입수할 수 있다.

#### (2) 시장동향

현재의 시장규모를 측정하는 것 못지않게 중요한 사항은 향후 수년 내 시장에 영향을 미칠 수 있는 시장동향을 분석하는 일이다. 이러한 사항을 정확하게 파악해야 기업이 소비자 행위 등 시장변화에 탄력성 있게 대처할 수 있는 능력이 생기고 전략적인 기회를 보다 잘 포착할 수 있다.

### 4) 수출 목표시장 선정 시 고려사항

현재 우리나라의 수출시장은 미국, 일본, EU 등 선진국 시장을 비롯하여 아시아, 중남미, 아프리카, 동유럽 등 세계 각국으로 확대되고 있다. 그러나 일반적으로 수출기업은 까다로운 품질조건, 빈약한 수출기대이익, 시장개척에 장시간 소요 등의 이유로 선진국 시장 진출에 소극적인 성향을 보이고 있다. 그러나 신기술과 신제품이라면 선진국 시장에서 한판 승부를 걸어보는 것도 바람직할 수도 있다. 그 이유는 선진국 시장은 구매력과 지속적인 수요가 커서 대량 오더를 수주할 가능성이 있기 때문이다. 이에 반해 중국과 같이 산업재산권에 대한 보호 장치가 미흡한 후진국 시장은 진입이 용이하더라도 수출계약 이후에 불법 복제, 상표 도용 등으로 시장질서가 교란되어 아예 판매기회를 상실하는 피해를 당할 수도 있다.

선진국 시장의 고품질 장벽을 극복하기는 힘들겠지만 그렇다고 후진국 시장을 차선책으로 생각해서는 안 된다. 오히려 후진국 시장이 선진국에 비해 노력과 시간이 많이 소요되고 여러 가지 비즈니스 리스크가 존재한다는 점을 간과해서는 안 된다. 후진국 시장은 통신사정이 열악하여 거래 추진에 어려움이 많은 경우도 있다. 후진국 바이어와는 이메일, 팩스, 전화 등 통신수단이 열악하기 때문에 현지에 출장을 가거나 바이어를 국내로 초청하지 않으면 일의 진척이 어렵게 되어 오히려 시간이 더 걸리고 비용이 많이 소요될 수도 있다. 그리고 후진국에서는 국제규범을 무시하는 사례가 많다. 문서상 계약 합의에 이르렀음에도 불구하고 결정적인 순간에 계약을 번복하는 등 국제무역규칙과 협정을 무시하는 경우가 빈번하게 발생한다. 그리고 후진국 바이어들은 외상조건의 대금결제를 선호하는 경향이 있다. 후진국은 달러 부족으로 수출대금 결제조건으로 신용장보다는 D/A, D/P 등 외상거래를 요구하는 경우가 일반적이다.

### 후진국 시장의 특징과 공략방법

후진국 시장은 다음과 같은 위협적인 요소가 있으므로 진출 시 유의해야 한다.

- 외환사정이 열악하며 개설은행의 신용도가 낮기 때문에 외상거래를 요구한다.
- 통신시설이 열악하여 커뮤니케이션이 용이하지 않다.
- 계약이 체결되어도 오더가 취소되는 경우가 많다. 따라서 신용장이 내도하기 전에는 오더 발주를 하지 않는 것이 바람직하다.
- 계약체결에 앞서 충분한 신용조사를 거친 후 거래에 임하는 것이 좋다.
- 협소한 시장에도 불구하고 대량오더를 내세워 접근하는 경우가 많으므로 무역사기에 유의해야 한다.
- 초청장을 요구하는 경우가 많은데, 이는 불법취업을 위해 입국하는 의도가 있으므로 주의해야 한다.

후진국 시장은 기본적으로 "고위험(high risk), 고수익(high return)"의 특징을 갖고 있으므로 아래의 사항을 염두에 두고 접근해야 한다.

- 후진국 시장은 신용도가 미흡하므로 신용장거래 시 확인신용장(confirmed L/C)을 요구해야 한다.
- 대량 오더에 현혹되어서는 안 된다.
- 신용조회는 필수적이며, 항상 마켓 클레임에 대비해야 한다.
- 시장상황 변화가 심하므로 소액 단위로 여러 차례에 걸쳐 거래를 진행하는 것이 안전하다. 따라서 시장상황을 수시로 점검해야 한다.
- 거래실적이 있는 고정 바이어의 경우에도 100% 신뢰해서는 안 된다.
- 신용장에 복잡한 조항이 있으면 삭제를 요구하여 조건변경 후 거래를 개시하는 것이 바람직하다.
- 신용장 서류는 완벽하게 작성하여 바이어에게 서류상 하자라는 빌미를 제공해서는 안 된다.
- 가능한 한 수출보험에 가입하는 것이 유리하다.

# 제 7 장 해외시장조사

## 01 해외시장조사의 개념 및 중요성

기업이 해외시장에 성공적으로 제품을 수출하기 위해서는 먼저 목표시장을 체계적으로 이해하는 것이 무엇보다 중요하다. 해외시장조사는 수출 목표시장의 비즈니스 기회와 진출상의 제약요건 등을 파악하고 유망 바이어와 고객을 발굴하는데 도움을 준다. 기업이 해외시장 진출에 실패하는 이유는 목표시장의 비즈니스 환경을 정확하게 이해하지 못하기 때문이다. "지피지기(知彼知己)면 백전불퇴(百戰不殆)"라는 말이 있듯이 외국과의 무역거래 과정에서 비용과 위험을 최소화하기 위해서는 체계적인 해외시장조사가 필요하다. 해외시장조사는 수출 목표시장에서 자사 제품의 판매 가능성 여부를 파악하는 것을 말한다. 기업은 해외시장조사를 통해 시장동향 및 전망, 시장여건 및 관행, 경쟁제품 등에 대한 다양한 정보를 입수할 수 있다.

한편, 해외시장조사는 해외시장의 환경과 동향을 조사하고 고객의 니즈가 무엇인지를 파악하여 수출을 성공으로 이끌기 위한 목적을 갖고 있다. 즉, 해외시장에서 특정 수출상품의 판매 또는 현지의 구매가능성(selling or buying feasibility)을 조사하는 것이다. 따라서 해외시장조사는 수출기업의 입장에서 해외시장을 개척하고 확대하기 위해 우선적으로 실행해야 하는 사항이다. 기업은 해외시장조사를 통하여 어느 지역의 시장에서 어떤 거래선을 대상으로 어느 시기에 합리적인 가격으로 유통비용을 최소화하여 많은 수량을 판매할 수 있는가를 과학적으로 조사·연구·분석하게 된다. 그러나 해외시장조사에는 지리적인 격리성, 상관습 및 언어 등의 차이로 인해 많은 어려움이 따른다.

해외시장조사는 기업의 마케팅 활동과 관련한 의사결정에 많은 영향을 미친다. 철저한 시장조사를 토대로 한 의사결정은 기업의 마케팅 실패위험을 크게 감소시킬 수 있으며, 보다 합리적으로 신뢰할 수 있는 바이어를 발굴하는데 기여할 수 있다.

해외시장조사의 궁극적인 목표는 수출 희망 국가를 선정하는 것이며, 그로 인한 성과는 다음과 같다.

- 수출시장에서의 상품수요 파악(현재와 미래의 수요 상황, 제품수요량과 규격 등)
- 수출상품에 대한 경쟁상태 파악(자사제품의 경쟁력 파악, 목표시장선정 중요 요소)
- 수출시장의 위험요소 파악(국내시장과 상이한 정치, 경제, 법률, 사회적 환경)
- 수출시장의 유통구조 파악
- 수출시장 내 바이어 파악
- 목표시장의 수출입제도 파악 등

해외시장조사는 주로 아래의 질문사항에 대한 해답을 찾는 것이 무엇보다 중요하다.

- 목표시장에서 어떤 제품이 잘 팔리고 있으며, 그 이유는 무엇인가?
- 잘 팔리는 제품의 생산업체는 어떤 마케팅 및 홍보 활동을 하고 있는가?
- 우리 제품의 수요처는 누구이며, 어디에서 제품 정보는 얻는가?

**| 해외시장조사 시 주요 확인사항 |**

| 구분 | 확인사항 |
|---|---|
| 수출입상품 조사 | • 최종 사용자의 효용충족 가능성 여부<br>• 시장대상 및 판매가능성<br>• 원가계산 및 이익<br>• 적정이윤 발생 시기<br>• 특수부품의 사용여부<br>• 특허문제<br>• 유사제품의 유무, 유사제품이 있을 경우 가격 및 품질비교<br>• 제품수명주기 |
| 대외조사 | • 목표시장에서 당해 상품의 현재 및 미래 수급능력<br>• 해당상품 수요의 계절성 여부<br>• 타 국가 또는 동일국가에의 수급정보 : 수입 및 국산비율<br>• 지금까지의 공급국 및 공급상사<br>• 당해 상품의 유통과정<br>• 수요 상품의 품종, 품질 및 규격<br>• 국산품의 가격 및 수입가격<br>• 당해 국가에서의 수출입제한 내용 등 구비요건<br>• 당해 국가의 정치, 경제적 상황<br>• After Service, 광고 등 |
| 대내조사 | • 국내시장에서의 수급상황<br>• 타 지역과의 수출입량 및 가격<br>• 수출입공고 등에 의한 수출제한 내용의 유무 |

- 우리 제품을 홍보할 만한 광고매체로는 무엇이 있는가?
- 우리 제품의 수요처는 구매 시 무엇을 가장 중요하게 고려하는가?
- 우리 제품에 대한 현지 반응은 어떠한가?
- 시장 및 경쟁사 동향을 어떠하며 해당 산업 내 어떤 이슈가 있는가?

## 02 해외시장조사의 목적 및 필요성

### 1) 해외시장조사의 목적

기업은 다른 국가의 지리, 문화, 경제적 상황에 대해 구체적으로 알지 못하기 때문에 특정 시장에서 제품을 판매하는데 어려움을 겪게 된다. 따라서 수출 목표시장 진출에 앞서 수출 가능성 등을 면밀하고 체계적으로 파악할 필요가 있다. 해외시장을 조사할 경우에는 아래 사항에 대해 구체적으로 검토해야 한다.

- 어느 국가의 시장이 가장 전망이 좋은가?
- 자사 제품은 특정 해외시장에서 수익을 실현하면서 판매될 수 있을 것인가?
- 해외시장은 자사 제품의 변경을 요구하고 있는가?
- 제품 판매를 위해서는 어떠한 유통채널을 채택해야 하는가?
- 시장수요는 제품가격에 어느 정도로 민감한가?
- 해외시장에서 기업의 영업활동 성과를 평가할 수 있는 기준은 무엇인가?

수출에 성공하기 위해서는 신뢰할 수 있는 바이어를 발굴하는 것이 매우 중요하다. 바이어를 발굴하기 위해서는 가장 기초적인 사항에서부터 구체적인 시장 상황에 이르기까지 아주 상세한 시장조사가 선행되어야 한다. 해외시장조사의 목적은 신시장 개척, 기존시장의 유지 및 확대, 상실된 구시장의 회복 등 3가지로 요약된다. 신시장을 개척하기 위해서는 수출 가능성이 있는 여러 시장을 상호 비교·검토하여 가장 유리한 시장을 선택해야 하므로 일반적인 예비조사가 필요하다. 예비조사는 다수의 수출시장 후보지 중에서 개별적인 조사를 하고 수출 적격지를 결정하는 것을 말한다. 그리고 기존시장의 유지·확대를 위한 시장조사는 개괄적인 조사보다는 정밀한 시장조사가 계속적이고 반복적으로 이루어져야 하며, 상실된 구시장을 회복하기 위해서는 시장상실의 원인과 경쟁상품과의 비교·분석에 중점을 두어야 할 것이다.

### 2) 해외시장조사의 필요성

해외시장조사는 수출 목표시장에 진출할 때 발생하는 비용과 위험을 최소화하고 이윤을 극대화하기 위한 방법을 모색하기 위해 반드시 필요한 절차다.

- 새로운 시장 발굴 및 확보 가능 : 글로벌 시장에 국내 판매 제품의 해외시장 판매
- 적절한 시장진입 방법 및 대응 방안 결정 가능 : 해당시장에 대한 진출 및 대응 방안 마련은 물론 수출, 직접투자, 합작 투자 등의 시장진출방식 결정용이
- 특정제품의 수출입 가능성 제시 : 경쟁력 있는 제품의 판매 및 구매 가능성 모색
- 마케팅전략 수립 가능 : 소비자 특성에 부합하는 맞춤형 마케팅전략 수립
- 시장환경의 변화 학습 : 세계 및 지역시장 변화를 이해하고 대응전략 수립 가능

## 03 해외시장조사의 주요 내용

### 1) 개요

수출 목표시장에 대한 조사는 마케팅 활동의 기초가 된다. 목표시장 조사는 우선적으로 목표시장의 거시적인 일반환경(정치, 경제, 사회, 문화, 기후, 언어 등)을 파악한 후 소비자, 제품, 유통구조 등 미시적인 시장환경을 보다 구체적으로 분석하고 마지막으로 믿을 만한 거래선을 발굴하는 단계를 거치게 된다.

먼저 해외시장조사에서는 다음과 같은 상대국의 정치, 경제, 사회, 문화 등 일반적인 환경을 분석해야 한다.

첫째, 상대방 국가의 정치적 리스크는 무역업자에게 대금회수 불능의 위험을 초래할 수 있으므로 아무리 구매력이 높은 시장이라 하더라도 정치적 위험이 발생할 가능성이 있으면 조심스럽게 접근해야 한다.

둘째, 수출상품에 대한 품종, 품질, 디자인, 상표, 포장, 가격 등 수입시장 내 동종 생산품, 경쟁상품, 대체상품 등과 비교하여 자사 상품의 장단점 등을 예측 또는 검토하여 목표시장에서의 경쟁력 정도를 분석해야 한다.

셋째, 수출상품이 현지에서 유통되는 과정과 유통채널에 대한 사항 등을 조사하여 유통과정이 복잡한 경우에는 상품 포장을 견고히 해야 한다.

### 2) 거시적 시장조사 내용

해외시장에서 가죽 의류제품을 판매하고자 한다면 목표시장은 열대지방이 아닌 계절적으로 어느 정도 추위를 느낄 수 있는 지역을 선정해야 할 것이다. 인구가 적다고 해서 수요가 많지 않을 것으로 속단해서는 안 된다. 이는 지리적 여건으로 인해 제3국에 대한 재수출도 가능할 수 있기 때문이다. 이처럼 지리적으로 어떤 국가를 목표시장으로 할 것인가를 고려하여 당해 시장의 일반 환경에 대하여 다음과 같은 사항을 조사해야 한다.

첫째, 정치(politics)에 관한 사항으로 정치체제와 정치적 안정도는 어떠하며 정치적인 리스크(political risk)는 없는지 전반적인 비즈니스 환경을 파악해야 한다.

둘째, 경제(economy)에 관한 사항으로 전반적인 경제사정, 경제적 안정도, 경제성장률, 국민소득, 주요 자원, 노동 및 고용사정, 물가, 임금, 조세체계, 국제수지, 금융기관 등 일반 경제현황과 산업구조는 어떠한지를 분석하여 현지 소비자들의 구매력을 파악해야 한다.

셋째, 사회일반(society general)에 관한 사항으로 인구, 인구증가율, 면적, 기후, 인종, 종교, 문화, 통신, 교통, 언어, 교육수준, 법률제도 등은 어떠한지 여부를 분석하여 현지 소비자들의 특성을 파악한다.

넷째, 무역(international trade)에 관한 사항으로 목표시장의 대외무역구조, 특히 품목별·지역별 수출입규모, 수출입규제제도, 수입관리제도(품목관리, 수입통관제도 및 관세율), 관세제도, 물류, 통화제도, 외환관리제도, 대금결제조건, 환율, 특허, 항만사정, 운송수단, 상관습 등은 어떠한지 여부를 분석하여 현지시장의 특성을 파악한다.

### 3) 미시적 시장조사 내용

기업이 해외시장에 진출하거나 또는 해외로부터 제품을 수입하기 위해서는 시장동향 조사, 바이어 조사, 공급업체 조사 등이 요구되며, 이러한 조사를 통하여 특정 상품에 대하여 판매 또는 구매가능성을 파악할 수 있다.

#### (1) 시장수요(demand trends)

수출목표시장에 자사 제품에 대한 수입수요가 존재하는지 여부와 시장규모 등 시장잠재력을 파악한다. 즉, 취급상품의 수급현황(자체생산량, 수입량 및 수요), 시장성장률 예측, 시장발전단계, 소비수요의 증감 요인, 소비수요 결정 요인(가격, 디자인, 품질, 브랜드, 계절 등), 소비자기호 추세 등을 파악한다.

### (2) 소비자 조사(customer)

소비자 조사는 당해 상품을 직접적으로 수입할 수 있는 바이어와 최종 수요자(end-user) 모두를 포함하는 개념이다. 소비자 조사는 고객층에 대한 사항으로 소비자 또는 사용자의 지역적 분포, 소득분포, 계급별 분포, 구매능력 등과 소비자 기호(taste) 및 이미지(image) 등이 어떠한지를 파악해야 한다.

- 대상국의 인구, 소비자 기호 및 생활수준
- 소비자의 연령별, 지역별, 소득별 분포
- 소비자의 구매 동기, 구매 장소, 구매 방법, 구매 시기, 구매량
- 상품에 대한 만족도, 구매자의 향후 구매계획
- 소비자 기호(taste) 및 이미지 : 소비자 취향 및 품질, 상표, 메이커 등에 대한 이미지

### (3) 경쟁자 조사(competitor)

경쟁자 조사는 경쟁상대국, 경쟁업체, 경쟁제품 등에 대해 자사제품의 특장점 등을 종합적으로 파악하는 것이다.

- 주요 브랜드 현황 : 주요 경쟁자 조사, 시장의 경쟁 구조 조사
- 주요 브랜드 현황 : 주요 브랜드(상위 5대 등), 소비자 선호가 강한 브랜드 파악, 시장점유율 현황 조사
- 경쟁업체의 장단점과 한국제품의 위치 : 원산지, 소비자 가격, 시장점유율, 소비자 평판 등의 비교, 한국제품의 경쟁적 위치 파악(고급품, 중저가품, 저가품 등 품질대비 가격경쟁력, 판매망)
- 경쟁사의 마케팅전략(경쟁자의 Target Group, 경쟁사의 장단점)
- 경쟁사의 수출가격, 수출량 및 경쟁우위(가격, 품질, 디자인, 기능, 납기, 포장, A/S), 경쟁사의 고객 접촉 방법
- 조사방법 : 전시회 참관, 소매점 조사, 홈피, Annual Report, 광고전략 등

### (4) 제품 조사(products)

제품 조사는 자사제품과 관련된 동향에 관한 사항으로 수요 제품의 생산량, 판매량 및 수출입량의 비율, 현지 생산품과 수입상품과의 품질 비교, 현지 주요 수입상품의 색상, 디자인, 규격, 스타일, 성능, 포장 등 제품의 수급 및 가격에 대한 전반적인 조사를 말하며, 다음과 같은 사항을 파악한다.

- 수요에 관한 사항으로 수요품목, 품질, 규격, 현재 수요량, 미래 수요량, 계절적인 특

별수요, 현지에서의 국산품의 수요량은 어떠한가?
- 공급에 관한 사항으로 주요 공급선, 공급선의 상호, 계절적인 특별공급 가능성, 현지에서의 국산품 공급량은 어떠한가?
- 경쟁상품, 대체상품 및 유사품의 현황은 어떠한가?
- 가격에 관한 사항으로 수입품과 현지국 상품과의 가격은 어떠한가?
- 할당품목(quota item)에 해당되지는 않는가?
- 특허, 상표, 공업소유권에 저촉될 수 있는 품목은 아닌가?
- 제품수명주기는 어떠한가?

### (5) 가격조사(price)

가격조사는 수출목표시장에서의 전반적인 가격 현황과 경쟁제품과의 가격 비교에 관한 내용을 파악하는 것이다.

- 가격구조(공장도 가격, 도소매가격, 수출가격, 브랜드/디자인/모델/크기별 가격 비교)
- 해당지역의 수출입 가격조사
- 현지 생산품과 수입품과의 가격비교
- 계절 등에 따른 가격변동 추세(성수기와 비수기의 가격차이)

### (6) 유통구조 조사(distribution channel)

유통경로 조사는 고객이 수입한 상품은 어떠한 경로를 통하여 판매되고 소비자 또는 사용자에게 전달되는가를 조사하는 것이다. 유통구조는 어떻게 형성되어 있는가를 점검하고 주요 수입상 리스트를 체크해야 한다. 그리고 중개상을 통해 시장을 개척할 것인지, 전문 수입상을 통하여 개척하는 것이 바람직한지 아니면 도매상과 직접 거래관계를 맺을 것인지에 대한 구체적인 시장접근 방식을 파악해야 한다. 시장기구 및 유통과정에 관한 사항으로 수입상, 판매점, 특약점, 백화점, 체인스토아, 도매상, 소매상 등의 유통경로는 어떠한지와 서비스에 관한 사항으로서 판매 전에 행해지는 사전서비스와 판매 후에 행하는 사후서비스(A/S)는 어떤 방법으로 행해지고 있는지 여부 등을 파악한다.

- 해당상품의 유통구조(유통형태, Market Leader)
- 수입업자/에이전트 → 도/소매업자 → 소비자
- 백화점/도소매업자 → 소비자 등
- 유통단계별 마진율
- 유통단계별 거래관행 : 대금지급방법 및 대금 회수기간 등

- 상품별 전담판매조직 체계 : 조합, 단체 등
- 해당제품의 거래관습
- 해당상품의 성수기와 비수기

### (7) 판매촉진 조사(promotion)

판매촉진 조사는 현지 광고 유형, 판매촉진 방법, 적절한 홍보방법(온라인 또는 오프라인), 대리점 활용 및 현지법인 설립 효과 등을 파악하는 것을 말한다.

### (8) 수출입동향 조사export & import trends)

연도별 수출입실적(최소 최근 3년간, 수량/금액기준), 국별/지역별 수출입실적, 수출입 증감 요인 등을 조사한다.

### (9) 수출입관리제도 조사(trade regulation system)

수출입정책(수출입 자유화, 수출입 사전허가제, 수출입금지/제한조치, 수입품 검사제도 등 기타 수출입규제)과 관세제도 및 관세율(기본관세율, 특혜관세율, 수입관련세제) 등을 조사하여 해당 시장에 진입하는데 걸림돌은 없는지 여부를 파악한다. 이와 함께 바이어의 수입능력을 검증하기 위해 해외로부터 수입경력(최소 3년)과 국내 판매경력(최소 3년)을 조사할 필요가 있다.

### (10) 시장진출상의 문제점 조사(market restrictions)

수출 목표시장에 진출하는데 잠재적인 걸림돌이 될 수 있는 사항을 조사해야 한다. 세부내용으로는 치열한 가격경쟁, 품질상의 열위, 소량주문 수주, 안전관리규정에 의한 테스트 합격 여부, 납기(Delivery), 홍보활동 및 인지도 제고 필요 여부, 대금결제조건, After-Service, 수입규제, 포장 및 Labelling, 전기 Voltage 등이 있다.

### (11) 기술표준 및 규격 조사

해당국 시장에 진출할 때 현지 정부가 요구하는 규격인증이 없는 지를 확인해야 한다.

- ISO, CE 등(인증획득절차, 소요기간 및 비용, 자체 획득과 바이어/에이전트 위임 시 효과 비교)

## 4) 해외시장조사 방법

### (1) 직접조사

직접조사는 수출기업이나 제조 기업이 자사의 직원이나 해외지점 요원을 해외시장에 파견하여 정보를 직접 수집하는 것으로 다음과 같은 방법이 있다.

첫째, 해외지점, 출장소, 사무소 등을 통한 시장조사로써 현지국의 신문, 잡지 등에서 정보를 입수하거나 거래상대방과의 접촉으로 신속한 정보를 얻을 수 있다.

둘째, 거래상대국의 시장에서 직접 출장 조사하는 방법으로 조사비용이 많이 드는 단점이 있지만 시장정보를 얻기 위한 가장 효과적인 방법이다. 현지를 방문하면 일단 우리나라 대사관이나 영사관 또는 KOTRA 현지무역관을 방문하여 일반적인 시장현황을 청취하는 것이 바람직하고 해당 지역의 상공회의소 등을 방문하여 자료를 입수할 수도 있다.

셋째, 해당시장의 수입업자 또는 도매상 등 현지 거래처를 방문하여 해당품목의 시황, 유통구조, 소비자 패턴, 가격 등을 문의한다. 이 방법은 때로는 좋은 정보 제공자가 될 수 있지만 시장정보 내지 소비자에 대한 명확한 정보를 기대할 수 없는 단점이 있다.

### (2) 간접조사

간접조사는 정부기관, 무역지원기관, 연구소 등이 발행하는 각종 조사 자료를 이용하는 것을 말한다.

첫째, 한국에 주재하고 있는 대사관, 공사관, 영사관 또는 외국에 주재하는 한국의 공관을 통하여 목표시장정보를 입수하는 조사 방법이 있다. 국내에 주재하고 있는 외국공관의 상무관실과 자료실에 비치된 각종 자료를 이용하거나 또는 상무관과의 상담을 통해 시장조사를 할 수 있다.

둘째, 외국의 상업회의소, 대한상공회의소, 한국무역협회 등 국내외 경제단체 및 유관기관을 이용하여 해외시장정보를 입수할 수도 있다. 특히, 시장조사에 필요한 기초자료는 한국무역협회, KOTRA 정보자료실에 비치된 각종 무역통계, 지역별 시장동향자료, 국가별 수출입업자 총람 등을 활용할 수 있다.

셋째, 해외의 광고대리점을 통하는 방법과 UN 무역통계월보, IMF 발간연보 등 국가별 통계자료를 이용하는 방법도 있다.

### (3) 위탁조사

이외에도 국내외 시장조사 전문기관에 의뢰하여 특정 시장이나 상품에 대하여 위탁 조사하는 방법이 있다. KOTRA는 수출초보기업의 시장개척을 지원하기 위해 전세계 86개국에 128개 해외무역관을 통해 고객이 요청한 수입상 정보를 수집 및 가공하여 유료로 정보서비스를 제공하고 있다. 이 서비스는 특정 시장에 대한 구체적인 마케팅 정보를 입수하는데 매우 유용하다. 이 서비스를 통해 제공되는 해외시장정보는 수요동향, 수입동향/수입관세율, 경쟁동향, 수출동향, 소매가격 동향/유통구조, 품질인증제도, 생산동향 등으로 다양하다.

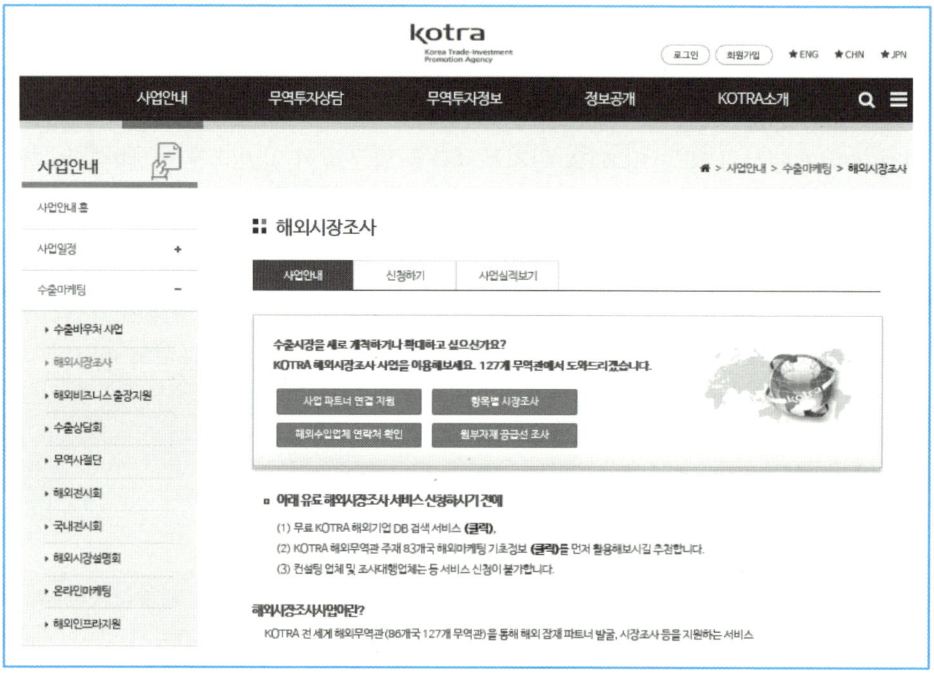

[http://www.kotra.or.kr]

### (4) 기타 해외시장조사 방법

이외에도 해외시장조사 방법으로는 오프라인 방식과 온라인 방식으로 구분할 수 있다. 오프라인 방식으로는 해당 국가 직접 방문, 해외 에이전트나 지인 활용, 해외전시회나 박람회 참가 혹은 참관, 국내외 수출유관기관 및 상무관 활용 등이 있다. 온라인 방식으로는 정책연구소 사이트(대외경제정책연구원, 삼성경제연구소, 산업연구원 등), 정보포탈 사이트(구글, 야후 등), 무역유관기관 사이트(무역협회, 코트라), 시행조사대행 사이트(EC21, KOMPASS) 등이 있다.

## 5) 해외시장조사 자료 유형

기업은 1차 자료(primary data) 또는 2차 자료(secondary data)를 이용하여 시장조사를 할 수도 있다. 1차 자료에 의한 시장조사(primary market research)를 할 때에는 외국의 판매회사 및 잠재 바이어와의 인터뷰와 설문조사 등 여러 가지 직접적인 접촉을 통해 해외시장에서 직접 자료를 수집하게 된다. 이러한 시장조사는 기업의 요구에 맞는 정보를 제공해 주고 특정 문제에 대한 해답을 제공해 준다는 점에서 매우 유용하지만 많은 시간과 비용이 소요된다는 단점이 있다.

이에 비해 2차 자료에 의한 시장조사(secondary market research)의 경우 기업은 특정 국가 및 제품에 관한 무역통계와 같이 여러 가지 정보소스를 통해 자료를 수집하게 된다. 이 조사에는 비용이 적게 드는 장점은 있으나 실질적인 시장정보 입수에 한계가 있다. 예를 들어 어느 국가에 대한 최근 통계라 하더라도 대부분은 2년전 통계라는 점에 유의해야 한다. 통계의 시의성에 문제가 없더라도 일반적으로 통계는 너무 포괄적이어서 기업이 시장상황을 구체적으로 분석하는 데에는 한계가 있다. 통계는 불완전한 자료수집 기법으로 왜곡될 수 있다는 점도 간과해서는 안 된다. 이러한 한계에도 불구하고 2차 자료에 의한 시장조사는 초기단계에서 적은 비용과 노력으로 기업에 유용한 정보를 제공해 준다.

## 04 분야별 해외시장정보 수집방법

해외시장조사를 할 때 인터넷을 활용하면 유용한 정보를 수집할 수 있다. 수출 희망지역과 관련된 정보, 수출입 통계, 무역거래관습 등을 각국의 정부기관 웹사이트나 기업의 웹사이트를 이용하여 쉽게 조사할 수 있다. 인터넷을 활용하여 목표시장 및 바이어 선정에 필요한 해외시장 정보를 수집하는 방법은 다음과 같다.

### 1) 무역통계정보 수집

수출시장을 발굴하기 위해서는 수출 목표국가에 대한 다양한 수출입 통계정보를 수집하는 것이 필요하다. 국내에서는 주로 한국무역협회을 비롯한 무역지원기관을 중심으로 국내 수출기업에게 다양한 무역통계정보가 제공되고 있다. 기업은 무역통계분석을 통해 어느 시장에 수입수요가 증가하고 있는지와 국가별 수입시장 추이 등을 통하여 유망시장과 쇠퇴기 시장이 어디인지에 대한 실질적인 시장정보를 입수할 수 있다. 이처럼 무역통계정보의 유용성은 수출시장 규모와 목표 또는 잠재시장 파악, 동종 상품의 경쟁기업과 제조업체 순위 파악, 수출입상품 시장의 흐름 파악, 수입상품의 국내 수요자 파악, 유망상품 발굴 등으로 요약할 수 있다.

### (1) 한국무역협회 무역통계 활용

한국무역협회는 산업통상자원부로부터 위임을 받아 수출입통계를 가공하여 국내기업의 수출시장 개척을 지원하기 위하여 포털사이트(www.kita.net)를 통해 다양한 수출입 통계 정보를 제공하고 있다. 이를 통해 기업은 국가별, 품목별, 경제권역별, 국내 지자체별 수출입 통계정보를 입수할 수 있다.

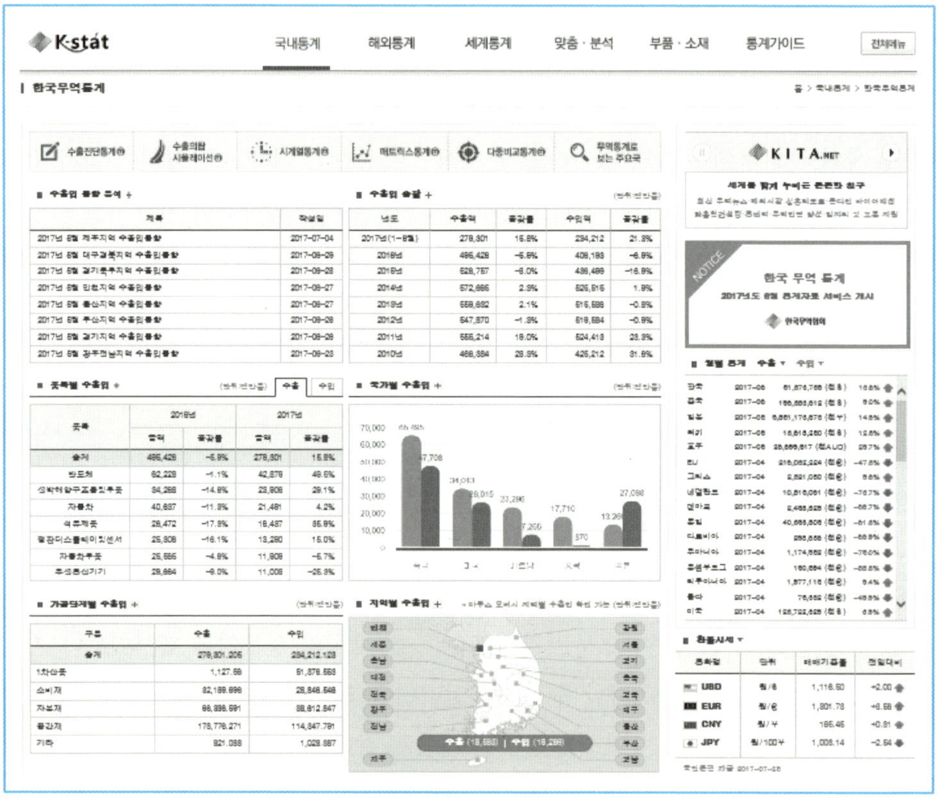


[http://www.kita.net]

### (2) 관세청 수출입통계 활용

관세청도 국내기업의 수출시장 개척을 지원하기 위해 품목별, 국가별, 대륙별, 경제권역별, 세관별 수출입 무역통계를 무료로 제공하고 있다.

### (3) KOTRA의 국제무역통계(Trade Map) 활용

KOTRA(www.kotra.or.kr)는 WTO 산하기관인 국제무역센터(International Trade Center:ITC)가 생산한 국제무역통계정보를 포털사이트를 통해 제공하고 있다. ITC는 세계 최대의 무역 DB로서 TradeMap(www.trademap.org)을 통해 전세계 220여개국의 제품별 수출입 규모, 통관 가격, 주요 수입기업, 관세율 등 국내기업 제품의 시장성 평가와 종합적인 수출시장 및 경쟁국 분석 등에 대한 유용한 정보를 제공하고 있다. 수출시장 개척을 추진하는 수출초보기업이나 신제품 개발 및 업종 전환을 계획하는 중소기업은 전세계 시장규모와 소비시장에서 해당상품의 거래 증가 추이 등을 자세히 분석하여 수출 목표 국가를 선정할 때 ITC 무역통계정보를 활용하면 매우 유용하다.

또한, 이 사이트를 통해 제품별로 구매력이 있는 실질적인 바이어 명단을 입수할 수도 있어 수출기업 입장에서 더욱 활용 가치가 크다고 할 수 있다. 여기에서 제공되는 바이어 명단은 실제로 해당 품목과 관련하여 수입실적이 있는 실질적인 거래처라는 특성이 있기 때문에 적극 활용할 필요가 있다.

[http://www.trademap.org]

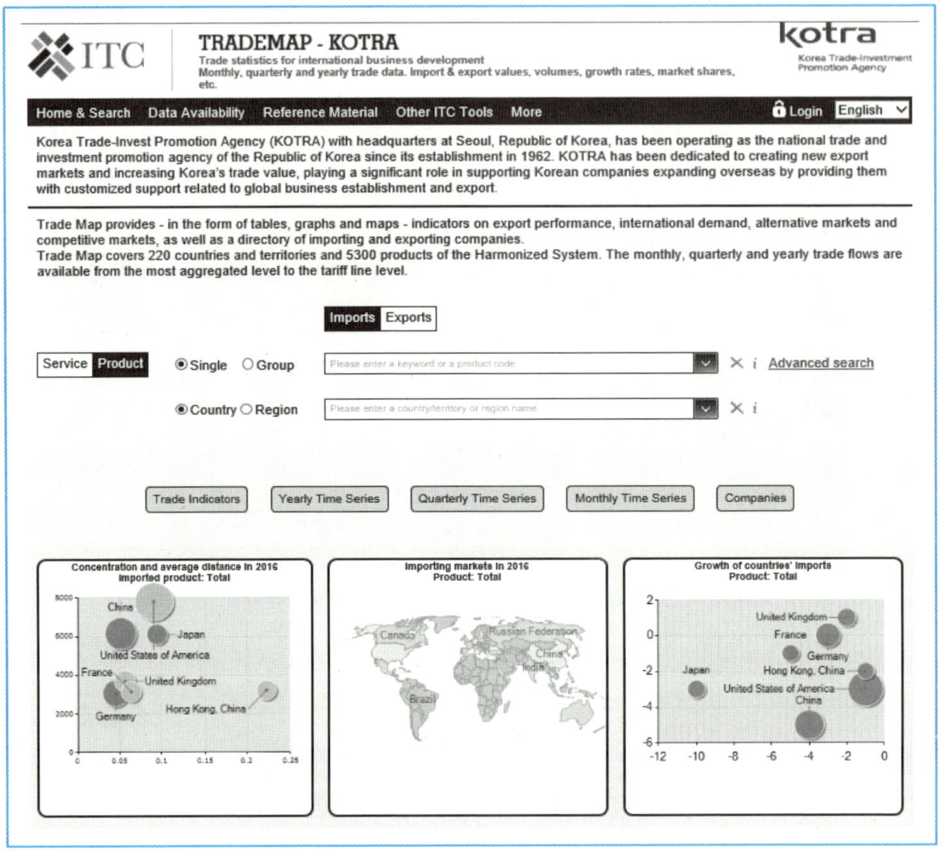
ITC
TRADEMAP - KOTRA
Trade statistics for international business development
Monthly, quarterly and yearly trade data. Import & export values, volumes, growth rates, market shares, etc.
kotra
Korea Trade-Investment Promotion Agency
Home & Search
Data Availability
Reference Material
Other ITC Tools
More
Login
English
Korea Trade-Invest Promotion Agency (KOTRA) with headquarters at Seoul, Republic of Korea, has been operating as the national trade and investment promotion agency of the Republic of Korea since its establishment in 1962. KOTRA has been dedicated to creating new export markets and increasing Korea's trade value, playing a significant role in supporting Korean companies expanding overseas by providing them with customized support related to global business establishment and export.
Trade Map provides - in the form of tables, graphs and maps - indicators on export performance, international demand, alternative markets and competitive markets, as well as a directory of importing and exporting companies.
Trade Map covers 220 countries and territories and 5300 products of the Harmonized System. The monthly, quarterly and yearly trade flows are available from the most aggregated level to the tariff line level.
Imports
Exports
Service
Product
Single
Group
Please enter a keyword or a product code
Advanced search
Country
Region
Please enter a country/territory or region name
Trade Indicators
Yearly Time Series
Quarterly Time Series
Monthly Time Series
Companies
Concentration and average distance in 2016
Imported product: Total
China
Japan
United States of America
France
United Kingdom
Germany
Hong Kong, China
Importing markets in 2016
Product: Total
Canada
Russian Federation
China
India
Brazil
Growth of countries' imports
Product: Total
United Kingdom
France
Germany
Japan
Hong Kong, China
United States of America
China

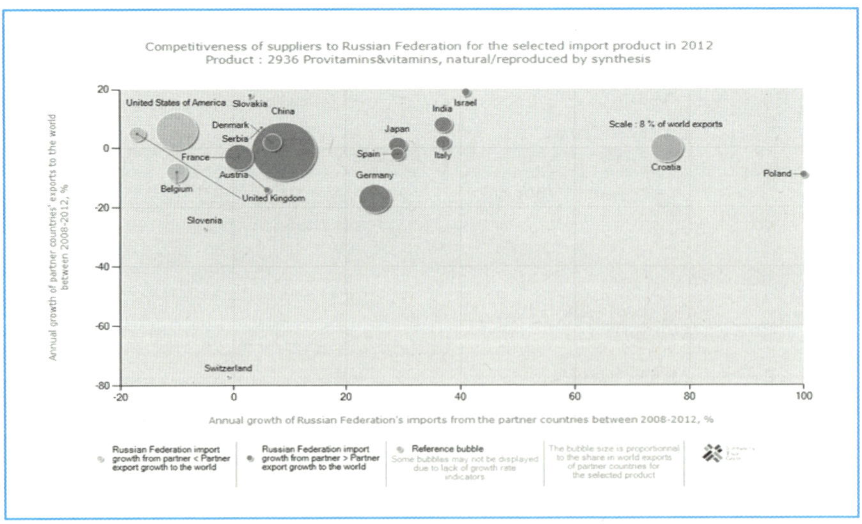
Competitiveness of suppliers to Russian Federation for the selected import product in 2012
Product : 2936 Provitamins&vitamins, natural/reproduced by synthesis
United States of America
Slovakia
China
Denmark
Serbia
France
Austria
Belgium
United Kingdom
Slovenia
Switzerland
Japan
Spain
Germany
India
Israel
Italy
Scale : 8 % of world exports
Croatia
Poland
Annual growth of partner countries' exports to the world between 2008-2012, %
Annual growth of Russian Federation's imports from the partner countries between 2008-2012, %
Russian Federation import growth from partner < Partner export growth to the world
Russian Federation import growth from partner > Partner export growth to the world
Reference bubble

#### (4) 한국농수산식품유통공사의 농수산물 무역통계 활용

한국농수산식품유통공사(www.at.or.kr)는 국내 농수산식품 기업의 해외시장 개척 지원을 위해 농수산식품분야의 다양한 수출입통계를 제공하고 있다. 이 서비스를 활용하기 위해서는 농수산식품유통공사가 운영하는 포털사이트(www.kati.net)를 통해 필요한 정보를 검색할 수 있다.

#### (5) 중국 무역통계정보

중국 상무부(www.mofcom.gov.cn) 사이트에서는 대륙별 수출입통계, 지역별 수출입통계 등이 제공되며 영문으로도 검색이 가능하다. 한국무역협회(www.kita.net)는 중국 해관총서(한국의 관세청에 해당)가 제공하는 특정 품목의 연도별, 성별 수출입통계 등 중국의 다양한 무역통계정보를 유료로 제공하고 있다.

#### (6) 일본 무역통계정보

우리나라의 코트라와 유사한 일본무역진흥회(JETRO : www.jetro.go.jp)의 사이트를 통해 일본의 각종 무역통계를 영문으로 검색할 수 있다.

#### (7) 미국 무역통계정보

미국 무역대표부(www.export.gov)는 미국 기업의 수출지원을 위해 업종별, 국가별 무역통계를 제공하고 있다. 미국통계청(www.census.gov/foreign-trade), 미상무성(www.ita.doc.gov), UN(www.comtrade.un.org) 등을 통해서도 유용한 무역통계정보를 입수할 수 있다.

### 2) 국가정보 수집

수출 목표국가의 정치적 환경, 경제적 환경, 사회문화적 환경, 무역 환경 등에 관한 정보를 수집하기 위해서는 KOTRA 등 국내 무역지원기관의 포털사이트나 미국 CIA, 유로페이지, FITA 등 외국의 웹사이트를 활용하면 된다. 이외에도 Google, Yahoo 등의 검색엔진을 통해서도 수출 목표국가에 관한 세부 정보를 파악할 수 있다.

#### (1) 국내 웹사이트 활용

① 한국무역협회(KITA : www.kita.net)

KITA는 국가별 세부정보(country profile)를 제공하고 있다. 이 사이트는 국가 일반개황, 정치 및 외교현황, 경제·무역현황, 무역관련제도, 마케팅 정보, 외국인투자제도 및 절차, 투자환경, 출장 및 여행정보, 우리나라와의 교역관계, 수출유망품목, 수입유망품목 현황 등 비즈니스와 밀접한 관련이 있는 실질적인 정보를 제공하고 있다. 하지만 해외시장에 대한 실시간 정보는 파악하기 어려운 단점이 있으며, 주로 거시적인 비즈니스 환경에 대한 정보가 다수를 차지하고 있다. 이 서비스는 사이트(www.kita.net)에 접속하여 초기화면의 「무역정보-국가정보」 메뉴에서 이용하면 된다.

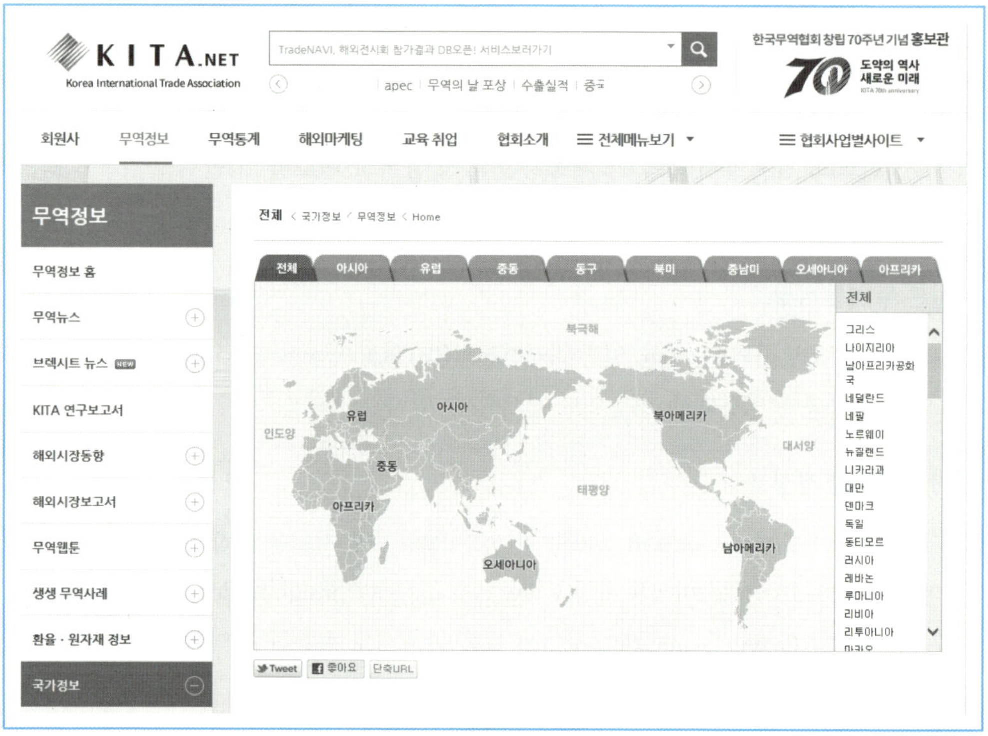


[http://www.kita.net]

② KOTRA(www.kotra.or.kr)

KOTRA는 우리나라의 주요 교역국가에 관한 국가정보(country profile) 서비스를 제공하고 있다. 이 사이트를 통해서는 무역(우리나라와의 교역 동향 및 특징, 수입규제제도, 관세제도, 주요인증제도, 통관절차 및 운송, 수출유망품목, 시장특성, 바이어 발굴, 상관습 및 거래 시 유의사항, 주요 전시회 개최일정, 수출 성공실패사례, 수출 시 애로사항 등)과 투자(투자환경, 투자 인센티브제도, 외국인 투자동향, 투자진출 성공실패사례, 진출형태별 절차, 투자입지여건, 투자진출 시 애로사항, 조세제도, 외환관리 및 자금조달 등)에 관한 세부정보를 입수할 수 있다.

이 서비스를 이용하기 위해서는 포털사이트 초기화면의 「무역투자정보-해외시장뉴스-

국가정보」를 선택한 후 해당 국가를 클릭하면 된다. 이 사이트의 장점은 해외마케팅에 실질적인 도움이 되는 상거래 체크포인트, 현지 히트상품 현황, 진출성패사례, 수입규제사례 등의 유용한 정보가 제공된다는 점이다.

[http://www.kotra.or.kr]

### (2) 외국 웹사이트 활용

① FITA(www.fita.org)

국제무역협회연맹(FITA: The Federation of International Trade Associations)은 포털사이트(www.fita.org)를 통해 세계 여러 국가의 국가정보를 실시간으로 제공하고 있다. 이 사이트는 실시간 업데이트된 다양한 국가의 비즈니스, 경제 및 무역정보를 제공한다는 점에서 다른 사이트와 차별성이 있다.

② 미국 컨트리와치사

컨트리와치닷컴사가 운영하는 웹사이트(www.countrywatch.com)는 전 세계 191개국의 정치, 경제, 기업 및 비즈니스, 환경 등 세부정보를 제공하고 있다. 이 사이트는 매우 구체적이고 실시간으로 업데이트된 국가정보를 제공하고 있기 때문에 특정 국가에 대한 실질적인 시장조사에 매우 유용하다.

③ 유럽국가 정보

유로페이지(www.europages.com)는 주요 유럽국가 등 150여 개국의 국가정보(옐로우페이지)를 제공하고 있다. 이 사이트에는 각 국의 일반개황, 경제 및 비즈니스 현황, 여행 등 다양한 정보가 수록되어 있어 유럽기업과의 비즈니스에 매우 유용하다.

**국가정보제공 무료 사이트**

- Arabnet (아시아) : www.arab.net
- ChinaVista (아시아) : www.chinavista.com
- Country Profiles (전 세계) : http://abcnews.go.com/reference/countries/
- Global Statistics (전 세계) : www.xist.org
- World Factbook (전 세계) : www.cia.gov/
- One and only Morocco (아프리카) : www.maghreb.net/resources/index.html
- India World (아시아) : www.indiaworld.co.in/

## 3) 산업 및 시장정보 수집

### (1) 한국무역협회(KITA : www.kita.net)

한국무역협회는 해외시장 동향 정보를 수집하여 무역업체에 실시간으로 무료 제공하고 있다. 이 서비스를 활용하기 위해서는 사이트 초기화면 상단의 "무역정보(해외시장동향, 해외생생리포트, 맞춤 해외시장정보 등)"를 클릭한 후 키워드 검색하면 된다. 해외시장보고서도 다운로드 받을 수 있어 비즈니스에 유용하다.

### (2) KOTRA(www.kotra.or.kr)

KOTRA는 해외무역관으로부터 입수되는 다양한 제품 및 산업에 관한 시장동향 정보를 실시간으로 제공하고 있으며, 특히 제품 및 기술관련 최근 트렌드 동향에 관한 정보가 매우 유용하다. 이와 함께 코트라는 아래와 같이 다양한 형태의 상품 및 비즈니스 정보를 제공하고 있으며, 권역별 시장진출전략 보고서 등도 제공하고 있다. 이 서비스를 활용하기 위해서는 코트라 포털사이트 초기화면의 "무역투자정보(해외시장뉴스)"를 클릭한 후 최신의 해외시장뉴스, 해외시장분석보고서, 비즈니스정보 메뉴를 검색하면 된다.

[http://www.kotra.or.kr]

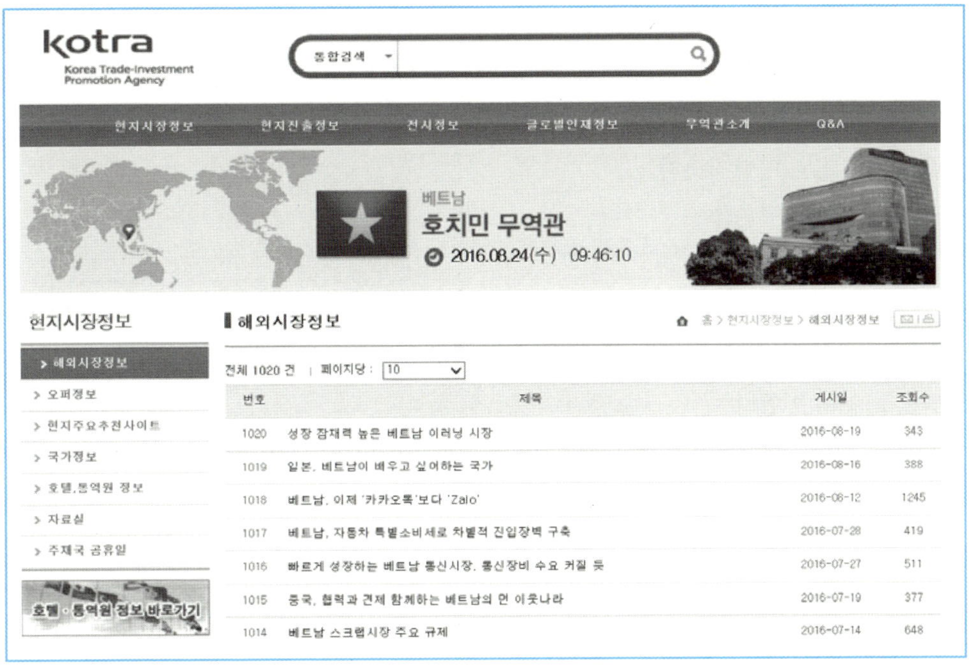


[http://www.kotra.or.kr]

또한, KOTRA 해외무역관은 자체 홈페이지를 통해 현지국의 시장 및 산업동향 정보를 실시간으로 제공하고 있다. 이러한 정보를 통해 현지국 소비자 니즈와 수출유망품목에 관한 아이디어를 수집할 수 있다. 이들 해외무역관 사이트는 해외시장 정보와 함께 현지국 주요 전시회 동향, 현지국 진출정보 등 다양하고 유용한 비즈니스 정보를 제공하고 있다.

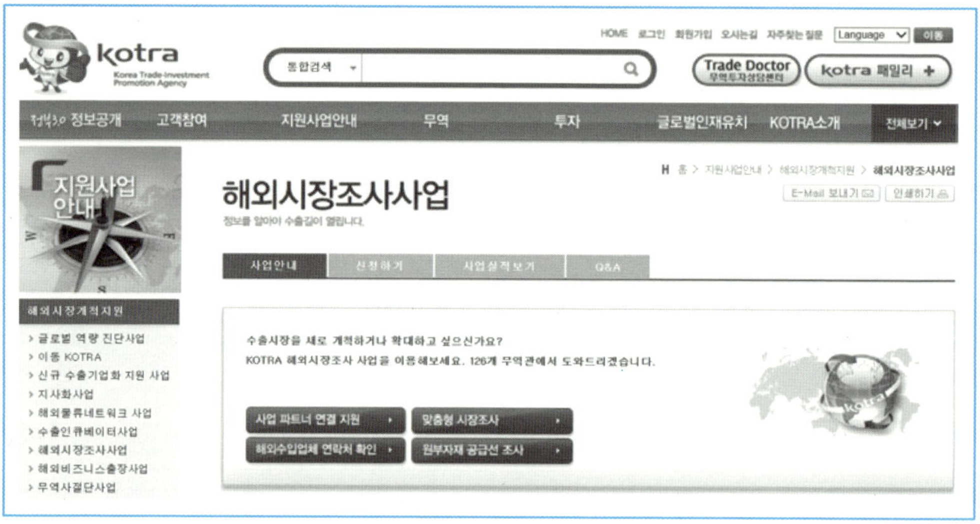


다음으로 KOTRA는 해외무역관을 통해 국내 기업이 진출하고자 하는 수출 목표시장에 대한 세부 시장조사 서비스를 유로로 제공하고 있다. 조사기간이 비교적 짧고 비용부담이 크지 않아 인터넷을 통해 원하는 시장정보를 입수하기 어려운 경우에 이러한 유료서비스를 활용하는 것도 바람직하다.

### (3) 중소기업진흥공단(www.sbc.or.kr)

중소기업진흥공단은 중소·벤처기업의 글로벌화 및 해외진출 촉진을 위해 해외바이어 등에 관한 다양한 해외시장정보를 포털사이트(www.gobizkorea.com)를 통해 실시간으로 무료 제공하고 있다.

### (4) 한국농수산식품유통공사 (www.at.or.kr)

한국농수산식품유통공사는 우리나라 농축산식품 가공업체의 해외시장 진출을 지원하기 위해 무역정보 포털사이트(www.kati.net)를 통해 다양한 해외시장정보를 제공하고 있다. 특히, 품목별, 국가별 시장정보가 매우 유용하다.

### (5) EC21 (www.ec21.co.kr)

전문 전자무역업체(e-무역상사)인 ㈜EC21은 국내 중소기업의 해외시장 진출을 지원하기 위해 자사의 글로벌 네트워크를 통해 입수된 해외시장정보를 분석하여 무료로 제공하고 있다. 이 사이트에서는 식품, 미용 및 의료, IT 및 전기전자, 건설토목 및 플랜트, 기타(생활용품, 운송, 화학) 등의 세부 시장분석 보고서가 제공되고 있다. 수출기업은 EC21을 통해 유료로 특정 시장에 대해 구체적인 시장조사를 실시할 수도 있다.

### (6) 이씨플라자(www.ecplaza.co.kr)

이씨플라자(주)는 글로벌 네트워크가 없어 시장정보 수집에 애로를 겪고 있는 국내 중소기업을 지원하기 위해 해외시장 동향에 관한 세부정보를 수집하여 제공하고 있다. 이 회사는 특히 수출대상 지역의 시장상황(제품수요, 수출입동향, 유통구조, 타겟 전시회 선정 등), 바이어, 거래처 신용정보, 경쟁업체(해외 경쟁업체 및 제품에 대한 최신정보), 판매가격 및 거래조건 등 의사결정에 필요한 정보를 제공하여 체계적인 해외마케팅 전략 수립이 가능하도록 유료로 지원하고 있다.

### (7) 글로벌 인포메이션사(www.giikorea.co.kr)

다국적 해외시장조사 전문업체인 글로벌 인포메이션사는 포털사이트를 통해 IT, NT, BT분야의 실시간 시장분석 보고서를 유료로 제공하고 있다. 보고서 구입비용이 다소 비싼 것이 단점이지만 해당 품목 또는 산업분야에 대한 세밀하고 실시간 시장조사가 가능하다는 점에서 유용한 정보수집 소스로 평가받고 있다. 이 회사는 시장조사보고서 외에도 맞춤형 시장조사 서비스를 유로로 제공하고 있다.

### (8) 인도시장조사 전문업체 : ㈜비티엔

최근 인도시장에 대한 우리나라 기업의 진출이 늘어나면서 인도시장조사의 필요성이 높아지고 있다. 인도시장에 대한 심층 조사를 위해서는 1991년에 설립된 ㈜비티엔(www.gate4india.cm)을 통하는 것이 바람직하다. 이 회사는 인도의 델리와 뭄바이에 현지법인을 운영하고 있는 인도 비즈니스 전문 컨설팅업체로서 다양한 인도 네트워크를 통해 심층적인 해외시장조사를 유료로 대행하고 있다.

### (9) KOMPASS(www.kompass.co.kr)

콤파스 코리아는 국내 중소기업의 해외시장 진출을 위해 해외시장조사를 유료로 대행하고 있다. 이 회사는 특히 유력한 바이어 명단을 제공하고 있어 해외시장 개척을 추진하는 기업에게 매우 중요한 정보소스로 인식되고 있다.

### (10) 한국엘로우페이지

한국엘로우페이지(www.yellowpage-kor.com)는 진출을 희망하는 국가시장에 대한 수출마케팅 전문 수행기관의 역할을 하고 있다.

### (11) 러시아 시장조사 전문업체 : ㈜유라스텍

유라스텍(www.eurastech.com)은 최근 글로벌 시장에서 주목받고 있는 인구 1억5천명, 국토면적 한반도의 77배를 차지하는 광활한 시장인 러시아를 비롯한 CIS(구소련독립국가 15개국) 시장 진출을 위한 시장조사 서비스를 유료로 제공하는 시장조사 전문업체이다.

### (12) 통합무역정보서비스 포털사이트(www.tradenavi.or.kr)

국내 45개 무역관련 지원기관이 제공하는 각종 해외마케팅 지원서비스와 시장정보를 통합적으로 제공하는 트레이드내비는 여러 무역지원기관이 생산한 해외시장 조사보고서를 모아서 원스톱으로 제공하고 있어 해외시장정보 수집에 따른 시간과 비용을 절감해 주고 있다.

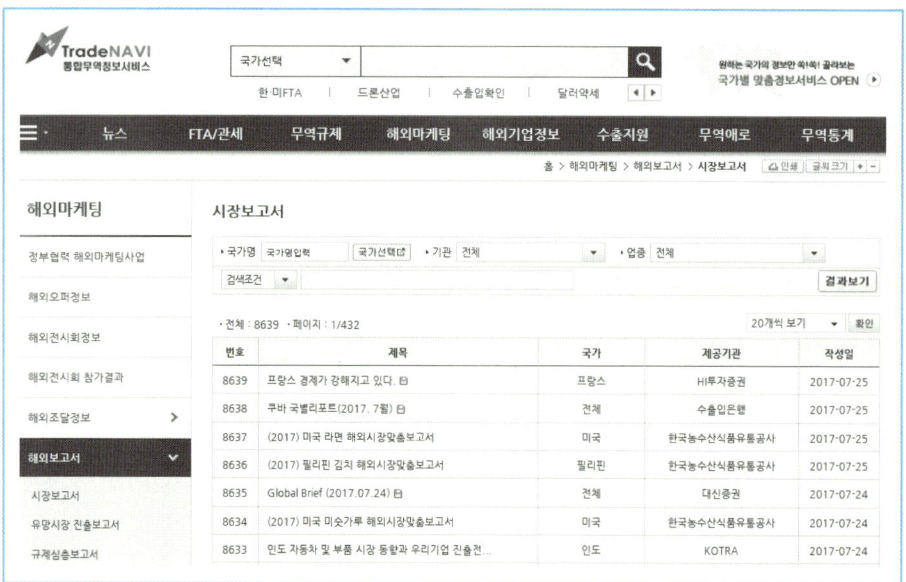


[http://www.tradenavi.or.kr]

### 4) 해외기업정보 수집

#### (1) 개요

과거 우리나라 기업은 한국무역협회, KOTRA 등 무역지원기관의 자료실에 비치된 디렉토리나 CD-ROM 등을 통해 해외기업정보를 수집해야 하는 번거로움이 있었으나, 최근에는 인터넷 웹사이트 증가로 인해 보다 용이하게 해외기업정보를 수집할 수 있어 비용과 시간을 절약할 수 있게 되었다.

대부분 웹 이용자들은 풍부하고 정확한 무료 자료를 원하지만 현실적으로 이들 정보는 질적인 면에서 많이 부족하다는 한계가 있다. 즉, 대부분 웹사이트들은 회사개요, 전화번호, 팩스번호, 연간매출액, 종업원수 등 기본적인 정보만 제공하고 있으며, 구체적이고 믿을 만한 정보는 유료로 제공하고 있어 중소기업의 입장에서 이러한 정보를 자주 활용하기에는 상당한 부담이 따른다. 이러한 부담을 덜어주기 위해 이하에서는 유명 DB를 운영하거나 신용조사 수행기관에 의해 제공되는 비교적 정확한 기업정보 제공 사이트를 소개하였다.

**❙ 해외기업정보 검색유형 ❙**

| 구분 | 내용 |
|---|---|
| 무역정보 DB사이트 활용 | • KOMPASS<br>• Thomasnet<br>• PIERS<br>• KOTRA/KITA 등 |
| 기업정보 DB사이트 활용 | • 연락점이용(Yellow Pages)<br>• 기업현황정보<br>• 재무, 증권정보<br>• CD-Rom, 디렉토리 |
| 검색엔진·무역거래알선사이트 검색 | |

#### (2) 국내 웹사이트 활용

① 한국무역협회(www.kita.net)

한국무역협회에서 운영하는 웹사이트를 통해 전국의 무역업체 정보를 손쉽게 검색할 수 있다. 각 기업체의 간단한 프로필과 수출입 품목을 일목요연하게 검색할 수 있는 장점이 있다. 기업체명이나 품목명에 대한 간단한 주제어로 검색할 수 있으며, 유료 회원만 사용이 가능하다. 무역업체 정보검색을 위해서는 KITA 초기화면에서 「무역업체정보」를 클릭한 후 원하는 메뉴를 검색하면 된다. 해외지사 및 신규 무역업체에 대한 정보도 제공된다.

② KOTRA

KOTRA는 해외무역관을 통해 입수된 해외기업 명단을 포털사이트(www.kotra.or.kr)를 통해 국내기업에게 무료로 제공하고 있다. 이 서비스를 활용하기 위해서는 포털 사이트 초기하면의 무역투자정보에 들어가 [해외시장뉴스-비즈니스정보-해외기업검색사이트]에서 원하는 국가의 기업을 검색하면 된다.

③ Tradenavi

트레이드내비는 무역협회, KOTRA, 무역보험공사, 중소기업진흥공단 등이 보유한 해외기업정보를 통합하여 원스톱으로 국내기업에게 무료로 제공하고 있다. 특히, 이 사이트를 통해 프레미엄 기업정보를 수집할 수 있는 장점이 있다.

## (3) 외국 웹사이트 활용

① Thomas Net(www.thomasnet.com)

미국과 캐나다의 15만 개 기업(비상장기업 포함)의 일반현황과 주요 생산품을 검색할 수 있다. 회원에 가입하면 무료검색이 가능하다. 검색방법은 3가지가 있는데, Product Service에서는 상품과 서비스 분류명을 이용하여 검색할 수 있으며, Company Name에서는 기업명으로, Brand Name에서는 특정 상품의 브랜드를 입력하여 기업정보를 검색할 수 있다.

② EURO PAGES(www.europages.com)

이 사이트는 유럽 30여 개국 3백만 개의 기업정보를 수록한 비즈니스 디렉토리 서비스로서 상품 및 서비스명 또는 회사명 검색과 23개 카테고리 분류에 의한 정보검색이 가능하다. 제공되는 내용은 회사명, 주소, 전화, 팩스번호, 이메일 번호, 취급품목 및 해당업체 약도 등으로 다양하다.

③ Yellow Pages(전화번호부)

글로벌 옐로우페이지(www.globalyp.com/world.htm)를 통해 전 세계 옐로우 페이지를 모두 검색할 수 있다. 전화번호부는 일반 웹사이트에서 제공되지 않는 기업정보를 입수하는 매우 유용한 수단이다.

**❙ 주요 해외기업정보 제공 사이트 현황 ❙**

| 구분 | 웹 사이트명 | 수록 내용 |
|---|---|---|
| Comfind | www.comfind.com | 세계최대규모의 사이트로서 26만 개 기업정보가 품목, 서비스, 회사명 등으로 검색 가능 |
| Company Link | www.companylink.com | 약 10만 개 기업정보가 제공되며, 회사명검색이 가능하며 회사 개황과 재무정보 등 상세정보 |
| Insiderinfo | www.insiderinfo.com | 신용조사로 유명한 Dun&Bradstreet사가 운영하며 10만개 이상의 미국기업정보가 제공 |
| World Business Direc. | www.world.wtca.org | 세계무역센터협회(WTCA)가 운영하며 180개국 14만 개 기업정보가 수록됨. 유료로 제공되지만 무역협회 회원은 무료 이용 가능 |
| Hoover's Online | www.hoovers.com | 포춘지가 평가하는 최고 수준의 사이트로 13,500개 기업의 간단한 개황 및 재무정보 무료검색 가능 |
| EU집행위원회 | www.eu-gateway.eu | One Stop Internet Shop for Business로 지칭되며, EU의 정부조달정보, 전시회 및 박람회정보, 비즈니스 디렉토리, EU 정책 및 법규 등 |
| Corp Tech | www.corptech.com | 하이테크산업관련 5만개 미국기업정보가 제공되며 3천개 하이테크제품 카달로그 검색 |
| Strategies Canada Company Direc. | www.strategis.ic.gc.ca | 캐나다정부가 운영하며 35,000개 기업 및 20만 개 상품정보 수록 |
| Access Asia | www.accessasia.com/asia/mainmenu.html | 홍콩, 필리핀, 싱가폴, 대만, 말련, 한국, 태국 등 8개국 기업정보 제공 |
| Asia Business | asiabiz.com | 아시아의 제조업체, 수출입업체 명단 검색 |
| US SIC | www.acbr.com/sic/htm | 미국상품의 분류번호(SIC) 검색 가능 |

**❙ 옐로우페이지 관련 사이트**

- 미국 : www.bigbook.com / ww.ypo.com / www.yellownet.com/lookupusa. com / www.infospace.com /www.switchboard.com
- 유럽 : www.europages.com

- 아시아 : www.asiabiz.com
- 중남미 : www.amarillas.com/
- 전세계 : www.yellowbook.com

### 5) 해외규격인증 정보 수집

내수기업이 수출을 추진할 때 바이어로부터 인콰이어리를 받게 되면 “현재 중국, 대만, 홍콩업체와 거래 중인데 귀사도 QS-9000(자동차부품 품질인증), CE(유럽인증), UL(미국 안전검사기구 인증) 등의 국제표준규격과 인증을 받았는가?”라는 질문을 받을 때가 많다. 이 경우 가격경쟁력만 강조하거나 국내 실적이 많기 때문에 아무런 품질 문제가 없다고 주장한다면 더 이상 추가 회신을 기대하기 어려울 것이다. 해외인증은 글로벌 시장에 진출하는 기업이 갖추어야 할 필수적인 사항이다.

따라서 해외시장에 효과적으로 진출하기 위해서는 해당 국가 또는 국제기구가 요구하는 ISO와 같은 기술표준을 충족해야 한다. 규격인증은 24개국에 54종이 있다. 미국 보험회사들이 설립한 비영리 안전검사기구(UL)가 부여하는 UL마크, 유럽연합 내 공동표준규격인 CE, 독일 안전규격인 VDE, 일본 공업표준 JIS, 중국 CCC 등이 대표적이다. 최근에는 식품위생 분야의 HACCP, 환경인증마크인 Eco-label 등이 요구되고 있다. EU의 경우 기계류, 전기, 전자부품, 압력용기 등 안전 관련 품목이 CE마크를 받지 못하면 역내 유통을 허용하지 않고 있다.

[http://www.exportcenter.go.kr]

한국무역협회는 포털사이트(www.kita.net)를 통해 ISO, CEN, CEN ELEC 등 국제표준화기관 정보와 ISO, CE, QS-9000, UL, FDA 등 해외규격 및 인증에 관한 세부정보를 제공하고 있다. KOTRA도 포털사이트를 통해 국가별 규격인증정보를 국내기업에게 무료로 제공하고 있다. 산업통상자원부 기술표준원(www.ats.go.kr)은 세계 각국에서 요구되는 인증절차와 인증기준에 관한 정보를 제공하고 있다. 중소벤처기업부 소속 중소기업 수출지원센터(www.exportcenter.go.kr)는 해외규격인증 정보를 제공하고 있으며, 해외규격인증 획득 지원 사업을 시행하고 있다.

### 6) 국제특허정보 수집

국제무역에서 특허정보 조사는 필수적이다. 국제문제로 비화되기도 하는 특허분쟁 예방을 위해서는 우선 수출국에서의 등록현황 조사가 선행되어야 한다. 그 후에는 해당국가에 특허를 출원하여 수출국에서 독점적인 위치를 확보하는 것이 중요하다. 수입품의 경우도 마찬가지인데 수입품이 국내 법적 권리를 확보하기 위해서는 기술특허 조사가 필수적이다.

인터넷에는 선진국을 중심으로 특허를 무료 검색할 수 있는 사이트가 있다. 미국에서는 널리 알려진 IBM 특허사이트(www.patents.ibm.com) 또는 미국 특허청(www.uspto.gov)에서 특허와 상표권을 검색할 수 있다. IBM 사이트에서는 1971년 이후 미국에 출원된 모든 특허의 초록정보가 제공된다.

유럽의 특허검색은 '유럽특허정보사이트(http://ep.espacenet.com)'에서 가능하며, 우리나라에서는 「www.kipris.or.kr」 또는 「www.wips.co.kr」을 통해 유료 검색해야 한다. 국내에는 도원컨설팅의 특허전문 서비스인 특허옐로우페이지(www.patyellow.co.kr)에서 특허관련 각종 정보를 제공한다.

특히, 자사의 기술이나 고유의 무형자산의 가치를 보호하기 위한 산업재산권의 무기화와 분쟁은 더욱 치열하다. 이럴 경우 인터넷 특허정보를 활용한다면 국제무역에서 선두자리를 점할 수 있다. 중국에 대한 상표등록과 특허 출원은 전문컨설팅 업체를 이용하는 것이 바람직하다. 중국 북경시 상표특허사무소 한국지사(전화 : 02-557-0788, e-mail : spacestar@netsgo.com)는 중국정부와 관계를 갖고 우리나라 기업의 중국에 대한 상표등록 및 특허출원 업무를 저렴한 비용으로 지원하고 있다.

### 7) 해외입찰정보 수집

인터넷산업정보은행(www.cobank.net)은 2000년 6월부터 세계 각국 정부가 발주하는 해외입찰 정보를 실시간으로 TIC(Target Information Collector) 시스템을 통해 제공하고 있다. 이 회사는 해외입찰정보를 원하는 기업들에게 이 검색엔진을 이용하여 입찰정보를 전자메일로 송부하고 있다.

TIC 검색대상 주요 사이트는 미국 연방정부 및 51개 주정부, 캐나다 연방정부 및 주정부, 유럽연합 회원국을 포함한 전 유럽국가, 일본, 싱가포르, 홍콩, 호주, 뉴질랜드 등 APEC 가입국, 중동국가, 국제기구 등이다.

입수한 입찰에 참여하기 위해서는 입찰서류를 먼저 입수해야 한다. 이것은 KOTRA 해외무역관을 통해 입수할 수 있다. 시나이마트는 입찰제안서 작성 업무도 대행해 주고 있다. 우리나라의 UN조달시장 납품실적은 1,900만 달러로 전체의 0.52%로서 일본에 크게 못 미치며 아프리카의 가나와 같은 수준이다.

한국무역협회(www.kita.net)는 각국의 입찰정보, 정부조달시장정보, 국제기구 조달정책, 관련 법령 및 용어 등에 관한 정보를 유료로 제공하고 있다.

해외조달시장 동향, 국제입찰공고 등 국제입찰에 관한 세부정보는 중소벤처기업부의 "중소기업수출지원센터 홈페이지(www.exportcenter.go.kr)"를 통해 입수할 수 있다. 특히 국제기구가 발주하는 입찰에 관심이 있는 중소기업은 UN의 온라인벤더등록시스템(www.ungm.org)에 회사와 수출제품 정보를 게시해 놓으면 나중에 관련분야의 입찰이 개시될 경우 초청장을 받을 수 있다.

# 제 8 장

# 해외 바이어 발굴

## 01 개 요

해외시장조사를 통하여 수출 목표시장이 선정되면 수출 목표국가의 유망 거래선을 발굴하는 작업을 진행해야 한다. 그동안 해외바이어를 발굴하는 방법으로는 상공인명부와 국내외 발간 해외홍보매체 활용, 시장개척단 및 해외전시회 참가, 자체 홍보물 발간, 국내

**| 해외 바이어 발굴 절차 |**

| | | |
|---|---|---|
| 해외시장조사<br>(overseas market research) | - | 판매지역 및 바이어 명단 입수를 위한 기초 조사 활동 |
| ⇓ | | |
| 바이어명단 입수 | - | 인터넷 거래알선사이트 등을 통한 거래 가능성이 높은 바이어 명단 입수 |
| ⇓ | | |
| 거래제의 서한 발송<br>(circular letter) | - | 이메일 발송을 통해 거래 가능성 타진 |
| ⇓ | | |
| 조회(inquiry)와 답신(reply) | - | 거래내용 관련 세부정보 전달 |
| ⇓ | | |
| 신용조사(credit inquiry) | - | 성사가능성 있는 거래선의 신용상태 조사 |
| ⇓ | | |
| 거래제의 오퍼(offer) | - | 거래가능업체에 세부사항 제시 |
| ⇓ | | |
| 거래협상·수출계약 합의 | - | 거래조건에 대한 최종합의 및 계약체계 단계 |

외 무역지원기관 활용, 해외출장 조사 등 전통적인 기법이 주류를 이루어왔다. 그러나 이제는 인터넷이 비즈니스에 폭넓게 활용되면서 인터넷 쇼핑몰, 무역거래알선사이트, 검색엔진, 소셜미디어(SNS) 등 다양한 인터넷 수단을 활용하여 전세계를 대상으로 글로벌 해외마케팅을 수행할 수 있기 때문에 용이하게 해외바이어를 발굴할 수 있게 되었다.

해외바이어를 발굴하는 방법에는 정답이 없으므로 다양한 온-오프라인 방식을 동시 다발적으로 활용할 필요가 있다. 실제로 전혀 기대하지 않았던 경로를 통해 바이어가 발굴되는 경우도 많이 있기 때문이다.

## 02 해외 바이어의 개념 이해

해외바이어 명단을 폭넓게 확보하기 위해서는 바이어의 개념 및 범위를 정확하게 이해할 필요가 있다. 일반적으로 인터넷에서 바이어를 검색할 때 키워드를 '바이어(buyer)'또는 '수입상(importer)'으로 한정해서 검색하면 원하는 바이어 명단을 폭넓게 확보할 수 없다.

바이어의 범위는 수출제품이 완제품 또는 중간재인지 여부와 같은 제품특성과 수출시장의 지역적 특성에 따라 달라진다. 자사의 제품이 중간제품(중간재)인 경우에는 그 제품을 활용하여 완제품을 생산하는 제조업체도 중요한 잠재 바이어가 될 수 있다. 그리고 유럽이나 미주지역에서는 시장특성상 현지 유통업체들이 전시회를 통해 수입물품을 조달하기 때문에 해당 제품의 '유통업체(distributor)'가 중요한 잠재 바이어가 될 수 있다. 따라서 보다 다양한 바이어 명단을 확보하기 위해서는 해당 제품의 특성과 바이어의 개념 및 범위에 대한 폭넓은 이해가 필요하다.

**바이어의 범위**

수출기업의 입장에서 바이어(buyer)는 중간상으로서 일반적으로 수입상을 의미하지만, 엄밀한 의미에서 바이어의 범주에는 오퍼상에서부터 현지의 도매유통업자, 소매상, 그리고 최종 소비자까지 포함된다.

- 전문 수입상(importer)
- 현지 에이전트(local agent)
- 딜러(dealer)
- 도매상(wholesaler)·소매상(retailer)
- 대형유통업체(distributor) : 디스카운트 스토어(discount store), 아웃렛(outlet), 양판점, 백화점,

대형체인슈퍼, 홈쇼핑업체, 통신판매업체, 온라인쇼핑몰 등
- 제조업체(manufacturer)
- 정부(government, 정부조달물품)
- 최종 고객(end-user)

## 03 오프라인 바이어 발굴 기법

해외바이어를 발굴하는 방법은 전통적인(off-line) 기법과 온라인(on-line) 기법으로 구분된다. 전자는 여러 가지 오프라인 마케팅 수단을 활용하여 바이어를 발굴하는 것이며, 후자는 주로 인터넷을 활용하여 바이어를 확보하는 것을 말한다. 하지만 인터넷이 비즈니스 수단으로 폭넓게 사용되면서 바이어 발굴 기법도 전통적인 방식에서 온라인 방식으로 점차적으로 바뀌고 있어 양자를 구분하는 것 자체가 큰 의미가 없다.

전통적인 바이어 발굴 방법으로는 현지방문조사, 해외광고(해외상품홍보지, 카탈로그, 현지방송광고, 전문잡지 등), 해외전시회·무역상담회 및 사절단 참가, 현지지사 활용, 무역지원기관 활용, 국내 동종/유사제품 업체로부터의 정보수집, KOTRA 해외무역관을 통한 수탁조사, 마케팅 에이전트, 바이어의 동업자, 외국 유통업체, 국제입찰 참여, 외국공관·기업·단체(상공회의소 등), 무역통계 사이트, 바이어 디렉토리 활용 등 다양하다.

### 1) 국내외 무역지원기관 활용

#### (1) 한국무역협회 거래알선 지원사업

① 바이어DB 타겟 마케팅

한국무역협회는 자체 보유한 바이어 DB를 활용하여 국내 중소기업을 대신하여 거래제의 서한(C/L)을 대신 발송해주고 답장(reply)이 오면 해당업체와 연결하여 수출거래 성사를 지원하고 있다.

② 빅바이어 거래알선

한국무역협회는 글로벌 빅바이어를 온라인상으로 초청하여 국내업체와 상시적으로 거래알선을 지원하고 있다.

③ 해외비즈니스 매칭서비스

한국무역협회 해외지부를 통해 미국, 중국, 유럽, 베트남, 인도, 일본, 인도네시아 지역의 타겟 바이어를 발굴하여 국내기업과 연결하고 있다.

④ 해외바이어 구매오퍼

한국무역협회는 무역거래알선 포털사이트(www.tradekorea.com)를 통해 입수된 바이어 인콰이어리 정보를 국내기업에게 제공하여 거래 성사를 지원하고 있다.

⑤ 수출거래대금 해외신용카드 결제서비스(KITA e-Pay)

한국무역협회는 tradeKorea를 통해 국내기업의 편리한 수출대금 결제지원을 위한 해외신용카드 결제서비스(KITA e-Pay)를 제공하고 있다. 수출기업이 tradeKorea를 통해 수출대금을 신용카드로 결제받기 위해서는 사전에 결제대행사인 엑심베이(EXIMBAY) 서비스에 가맹점 가입계약을 체결해야 한다. 이 서비스는 수출기업의 입장에서 바이어가 샘플을 요청할 때 일일이 은행을 통하지 않고 바이어로 하여금 tradeKorea.com을 통해 샘플을 구입하도록 유도하고 KITA e-Pay를 통해 샘플대금을 지급하도록 하면 수출대금 회수기간과 비용을 줄일 수 있다.

⑥ 한국무역협회 정보자료실

한국무역협회는 정보자료실을 통해 내방 고객에게 보유하고 있는 바이어 명단을 제공하고 있다.

### (2) KOTRA 지사화 사업

코트라의 지사화 유료 사업은 KOTRA 해외무역관이 해외시장 정보 수집 및 마케팅 능력이 부족한 국내 중소기업을 본사로 간주하고 해외지사로서 해외판로 개척 활동을 일대일로 밀착 지원하는 것이다. 이를 통해 KOTRA는 해외 판로 개척에 필요한 제반 활동을 거래성사 단계에서부터 종합적으로 지원하고 있다.

- 신규 바이어 발굴 및 해외시장정보 제공
- 바이어 반응 조사 등 수출상담 Follow-up
- 지사화 업체의 현지 세일즈 출장 시 제반 활동 지원
- 기존 거래선 관리, 업무연락 등 활동 지원

### (3) 중소기업진흥공단 인터넷 중소기업관

중소기업진흥공단은 국내 중소기업의 수출제품을 해외 바이어에게 홍보하거나 인터넷 중소기업관(www.gobizkorea.com)을 통해 들어온 바이어 명단을 검색하여 수출시장개척을 지원하고 있다.

### (4) 국내 주재 외국공관 및 무역지원단체 활용

우리나라에 주재하고 있는 외국대사관의 상무관실이나 자료실을 통해 해당국가의 바

이어 명단 입수가 가능하다. 세부 정보는 외교부 사이트(www.mofat.go.kr)를 통해 확인이 가능하다.

### (5) 국내 주재 외국의 무역지원단체 활용

- JETRO 서울센터(www.jetro.go.jp/korea)
- 주한미국상공회의소(www.amchamkorea.org)
- 주한유럽상공회의소(www.eucck.org) 등

### (6) 외국상공회의소 등 외국 무역지원기관 활용

각국의 상공회의소나 세계무역센터(WTCA)를 통해 해당 업종의 바이어 리스트를 확보할 수 있다. 대한상공회의소(www.korcham.net) 사이트를 통해 원하는 국가의 외국 상공회의소에 들어가 담당자 이메일 등 연락처를 확보한 후 담당직원에게 바이어 명단을 보내줄 것을 요청하면 된다.

## 2) 해외홍보 및 광고매체 활용

① 수출제품 해외홍보지 활용

해외홍보용 수출제품 카탈로그를 제작하여 잠재 바이어에게 배포하거나 국내외 광고매체 게재를 통해서도 바이어를 발굴할 수 있다. 광고매체를 선정할 때에는 광고매체의 성격, 배포 부수, 배포 지역, 독자층 등을 분석하여 적절한 매체를 이용하는 것이 바람직하다.

㈜매경바이어스가이드사(www.buyersguide.co.kr)는 1973년 이래 국내 유일의 오프라인 수출제품 해외홍보지인 "Buyers Guide지"를 분기별로 발간하여 세계 180여개 국가 50여만 해외 잠재 유력 바이어에게 우편으로 배포하여 우리나라 중소기업의 해외바이어 발굴을 지원하고 있다. 또한, 이 회사는 오프라인 홍보지에 게재된 수출제품 정보를 검색엔진 연계, e-Book 탑재, 품목별 상품 DB 구축, 바이어 상품 검색, SNS 연계 등 부가서비스를 제공하여 다양한 방법으로 바이어 발굴을 지원하고 있다. KOTRA와 한국무역협회도 과거에는 오프라인으로 수출제품 해외홍보지를 발간했으나 지금은 온라인 포털사이트를 통해서만 국내 중소기업의 수출제품 해외홍보를 지원하고 있다.

② 자체 홍보물 제작 및 배포

수출용 카탈로그를 제작할 때에는 자사의 주요 목표시장이 어디인지(타겟 시장이 중국이면 중국어 카탈로그가 유용하고, 중남미지역이라면 스페인어 카탈로그가 유용함)를 반드시 고려할 필요가 있다. 한국디자인진흥원은 중소기업의 수출지원을 위해 해외홍보용

카탈로그를 제작할 때 일정 한도 내에서 제작비를 지원하고 있는데, 이에 관한 세부정보는 「www.designdb.com」을 통해 입수할 수 있다.

**수출제품 홍보용 카탈로그 제작 시 유의사항**

- 표기언어를 다양화해라 : 틈새시장을 공략하거나 새로운 시장을 개척할 경우에는 다양한 언어표현이 필수적이다.
- 강하게 어필할 수 있는 모토를 만들어라 : '최대' 와 '최초'라는 말은 가급적 삼가고 전문성과 성능을 강조할 문구를 찾아내고 한번 만들면 되도록 바꾸지 않도록 한다.
- 디자인은 정기적으로 변경되어야 한다 : 제품이 변하지 않더라도 카탈로그는 정기적으로 옷을 갈아입혀야 한다.
- 되도록 하나의 카탈로그에 많은 제품을 담아서는 안 된다 : 같은 의자라도 기능과 특징이 다르면 바이어도 달라진다. 용도에 차이가 있고 바이어가 다르다면 비슷한 제품이라도 다양한 카탈로그를 제작하는 문제를 검토해야 한다.
- 차세대 카탈로그도 고려해야 한다 : 동영상을 담은 UCC, YouTube 또는 USB를 제작해야 한다. 특히, 기계류를 소개하는 카탈로그는 그림과 글로만 꾸며지기 때문에 반쪽자리에 불과하므로 동영상 카탈로그가 필요하다.
- 전자카탈로그를 제작해야 한다 : 전자상거래 시대가 열리면서 종이에 의존하던 시대는 점점 사라지고 있다. 제품 기능을 쉽게 어필할 수 있는 전자카탈로그를 제작할 필요가 있다.

한편, 수출용 홍보물을 제작할 경우에는 가급적 상품설명에 치중하고 발송비 절감을 위해 적정한 규모로 제작하는 것이 바람직하다. 유사 동종업자 간 종합홍보물을 제작하는 것도 경비절감과 홍보효과 제고에 도움을 줄 수 있다. 제작된 홍보물을 해외에 배포하기 위해서는 국내외 무역유관기관을 통해 바이어 리스트를 입수하여 잠재 바이어들에게 발송할 수 있다. 카탈로그 등 홍보물 제작경비를 절감하기 위해서는 지자체, 지방 무역지원기관(경제통상진흥원, 테크노파크 등), 한국무역협회, 중진공 등에서 실시하고 있는 중소기업 수출지원을 위한 카탈로그 무료 제작지원 사업을 활용할 수 있다.

③ 해외 전문잡지 광고

산업별 또는 품목별 전문잡지의 주요 구독층은 현지 제조업체나 유통업체인 경우가 대부분이므로 전문잡지 광고는 매우 유용한 홍보수단이라 할 수 있다. 전문잡지 광고비용은 국가별로 상이하지만 월 200달러에서 2만 달러까지 다양하다. KOTRA 본사 또는 해외 무역관을 통해 해당국가 전문분야의 광고매체 디렉토리를 구입할 수 있다. 그러나 주의할 점은 적어도 최소 3회에서 6회 이상 광고를 해야 효과가 있으며, 매체 선정 시에는 매체의 독자층 등 매체의 성격을 신중하게 파악하여 결정해야 한다.

### 3) 우리나라의 해외공관 활용

우리나라 외교부 해외공관은 국내 중소기업의 수출 목표국가 시장진출을 지원하기 위해 바이어 명단, 해외시장조사 등 "사이버기업지원서비스"를 제공하고 있다.

[http://www.mofat.go.kr]

### 4) KOTRA 해외무역관의 수탁조사 서비스 활용

KOTRA 해외무역관은 우리나라 중소기업의 해외시장 개척 지원을 위해 바이어 정보를 유료로 조사 대행하고 있다. 이 서비스를 활용하기 위해서는 KOTRA 본사 또는 해당 무역관 등에 직접 신청하면 된다. 조사비용이 비싼 편이 아니며 실질적인 현장조사가 가능하므로 이 서비스를 적극 활용할 필요가 있다.

[http://www.kotra.or.kr]

## 5) 해외 교포상공인 및 관련 단체 활용

간장, 고추장, 공예품, 건강식품 등 우리나라 전통제품 생산 기업이 해외바이어를 찾기 위해서는 외국에 있는 교포상공인이나 교포 상공인단체를 적극 활용할 필요가 있다. 한상네트워크(www.hansang.net)의 사이버전시관에 회사의 제품정보를 등록하거나 “1:1 비즈니스 매칭서비스”를 활용하면 되고, 세계해외한인무역협회(www.okta.net) 홈페이지에도 “회사 및 상품소개”란에 회사정보를 게시하거나 “비즈니스 오퍼”서비스를 활용하여 교포 바이어를 물색할 수 있다. 하지만, 해외 교포상공인과 수출계약을 체결하기 위해서는 현지 KOTRA 무역관이나 한국 대사관, 한국 교포 상공단체를 통해 해당 수입상의 신용상태를 반드시 점검할 필요가 있다.

## 6) 해외전시회 및 박람회 참가

중소기업의 입장에서 해외바이어를 가장 빠른 시간에 확보할 수 있는 확실한 방법은 취급 제품 관련 해외 전문전시회나 박람회를 참가하는 것이다. 유럽, 미국 등 선진국 바이어들은 주로 자국에서 열리는 전시회를 통해 수입상품을 조달하기 때문에 전시회를 적극 활용할 필요가 있다. 그러나 자사제품과 부합하는 전시회에 참가하는 것이 매우 중요하며 참가비용 절감을 위해서는 지자체, 무역지원기관 등의 전시회 지원 사업을 적극 활용해야 한다. 해외전시회에 참가하여 성과를 거두기 위해서는 사전에 체계적인 준비와 사전마케팅이 필수적이다. 국내외 전시회에 관한 세부정보는 한국전시산업진흥회와 KOTRA가 공동으로 운영하는 글로벌 전시포털사이트(www.gep.or.kr)를 활용하는 것이 바람직하다.

### 7) 해외시장개척단 및 무역상담회 참가

한국무역협회, KOTRA 등 무역지원기관과 중앙정부 및 지방자치단체가 주관하는 해외시장개척단과 무역상담회에 적극 참가하여 수출목표 시장의 바이어 발굴이 가능하다. 관련 정보는 통합무역정보서비스인 트레이드내비(www.tradenavi.net)를 통해 확인할 수 있다.

[http://www.tradenavi.net]

### 8) 전자무역 전문업체의 통합 해외마케팅서비스 활용

EC21, EC Plaza, (주)e-Trader 등 'e-무역상사'는 국내 중소기업의 해외시장개척 지원사업을 수행하고 있다. 대외무역법에 근거하여 설립된 이들 e-무역상사는 전자무역 전문업체로서 국내 중소기업의 온-오프라인 해외마케팅을 지원하고 있다. e-무역상사 제도는 과거 종합무역상사를 통해 중소기업 제품의 해외수출을 간접 지원하던 방식을 승계하여 정부가 일부 전자무역 전문업체를 지정하여 중소기업의 온-오프라인 수출마케팅을 지원하는 것을 말한다.

**㈜EC21사의 온-오프라인 마케팅 지원사업**

- 바이어 타겟 마케팅 : 우수한 바이어 DB를 활용한 타겟마케팅을 실시하여 고정 거래선 확보 및 수출 지원
- 온라인 해외마케팅 : On·Off-line 시장조사(시장규모, 가격·비가격 경쟁력 등), 관심 바이어 List 작성, 해외전시회 대행 참여
- Buyer 협상 지원 : 상품가격·수량·포장·선적조건(시기) 협상, 수출조건(FOB, CIF 등) 및 대금결제방식(L/C, D/A, T/T 등) 협상
- 수출계약 체결 지원 : 수출계약서 작성·확인, 수입자 신용조사
- 통관 및 선적 화물운송업자(Forwarder) 알선, 수출보험·관세납부 및 환급 지원
- 대금수취 및 Claim처리 지원 : 불량 수출채권 처리, 수출대금 사전 회수(은행 Nego), 클레임처리 노하우 전수 등

[http://www.ec21.co.kr]

### 9) 국제입찰 참가

국제기구, 외국정부기관 등이 발주하는 국제입찰은 과거에는 대기업들이 해외시장 개척 수단으로 주로 활용해 왔지만, WTO와 FTA의 확산으로 정부조달시장 개방이 본격화

[http://www.kotra.or.kr]

되면서 국내 중소기업들도 시장개척의 일환으로 활발하게 활용하고 있다. KOTRA는 정부조달 선도기업 육성사업을 추진하고 있으며, 국내 중소기업의 미국, EU 등 선진국 조달시장 진출을 지원하기 위해 '해외공공조달지원센터'를 워싱턴, 뉴욕, 런던 등지에서 운영하고 있다. 중소기업의 입장에서는 국제입찰에 성공할 경우 대금결제조건이 안전하고 장기적 거래가 보장되며 해외거래선 발굴 등 마케팅 비용이 크게 절감되는 효과가 있어 국제입찰 참가를 적극 추진할 필요가 있다.

해외조달시장 동향, 국제입찰공고 등 국제입찰에 관한 세부정보는 중소기업수출지원센터의 홈페이지(www.exportcenter.go.kr)를 통해 입수할 수 있다. 특히, 국제기구가 발주하는 입찰에 관심이 있는 중소기업은 UN의 온라인벤더등록시스템(www.ungm.org)에 회사와 수출상품 정보를 게시해 놓으면 추후 관련분야 입찰이 개시될 경우 초청장을 받을 수 있다.

### 10) 중진공 해외유통망 진출 지원사업 활용

중소기업진흥공단은 국내 중소기업의 미국, 중국, 동남아 등 B2C(소비재) 위주의 해외유통망 진출을 지원하기 위해 "해외유통망 지원사업"을 실시하고 있다. 중소기업이 독자적으로 외국의 대형 유통망에 접근하기는 거의 불가능하므로 해외유통망을 통해 수출시장 개척을 희망하는 기업들은 이 제도를 활용할 가치가 있다. 이 사업에 선정되면 정부에서 기업당 5천만원 이상의 예산지원이 가능하며, 세부정보는 중소기업수출지원센터(www.exportcenter.go.kr)를 통해 입수 가능하다.

이외에도 중소기업진흥공단(http://kr.gobizkorea.com)은 국내 중소·중견기업의 글로벌 오픈마켓(아마존, 큐텐 등) 입점 지원을 통해 전자상거래 시장에서 국내기업의 경쟁력 강화를 위해 "해외온라인쇼핑몰(B2C) 판매대행 사업"을 추진하고 있다. 지원내용은 글로벌 오픈마켓(아마존, 큐텐 등)의 상품페이지 제작, 홍보, CS, 배송 등 입점부터 판매까지 일괄지원(사업비의 90% 지원)하는 것이며, 지원규모는 기업 당 최대 5개 제품이며, 쇼핑몰 사업 신청 시 참여기업은 라자다, 라쿠텐, 아마존, 위챗, 이베이, 타오바오, 큐텐 등 7개 쇼핑몰 중 1개를 선택 가능하다.

| 판매몰 | 내용 | 로고 |
|---|---|---|
| 라쿠텐 | › 일본 최대 전자상거래 업체가 운영하는 온라인 쇼핑몰<br>› 회원수 1억 명, 일본 1위 전자상거래 기업<br>› (홈페이지) https://www.rakuten.co.jp<br>› (우수품목) 음식료품, 음반, 태권도용품, 김, 자동차용품 | 楽天 |
| 아마존 | › 세계 최초·최대의 인터넷 쇼핑몰<br>› 선입고 방식의 FBA 프로그램 시스템 활용<br>› (홈페이지) https://www.amazon.com<br>› (우수품목) 화장품, 음주측정기, 미용도구 등 | amazon |
| 이베이 | › 온라인 경매 및 인터넷 쇼핑몰 회사<br>› 거래되는 물품이 다양하고 경매방식과 고정가방식 병행<br>› (홈페이지) https://www.ebay.com<br>› (우수품목) 아기용품, 블루투스용품, 들기름, 컴퓨터주 변용품, 스포츠용품 | ebay |
| 큐텐 | › 온라인 경매 및 인터넷 쇼핑몰 회사<br>› 거래되는 물품이 다양하고 경매방식과 고정가방식 병행<br>› (홈페이지) https://www.qoo10.com<br>› (우수품목) 화장품, 곰팡이젤, 휴대폰케이스, 주방세제 | Qoo10 |
| 타오바오 | › 온라인 경매 및 인터넷 쇼핑몰 회사<br>› 거래되는 물품이 다양하고 경매방식과 고정가방식 병행<br>› (홈페이지) https://www.taobao.com<br>› (우수품목) 헤어용품, 스킨 케어 화장품, 아동의류, 생활/자동차 용품, 마스크팩 등 | 淘宝网 Taobao.com |
| 라자다(신규) | › 성장 가능성이 높은 동남아 최대 온라인 쇼핑몰<br>› 입점을 위한 가입비 마케팅비가 없음<br>› (홈페이지) https://www.lazada.com.ph | LAZADA |
| 위챗(신규) | › 중국 최대 모바일 메신저인 위챗 내 모바일 쇼핑몰<br>› 메신저를 통한 상품홍보 판매 C/S A/S 통합 운영가능<br>› 편리한 결재체계(위챗지갑), 다수 이용자 등이 강점<br>› (홈페이지) https://www.wechat.com/ | WeChat |

## 11) 국내외 온/오프라인 유통업체 활용

우리나라의 백화점, TV홈쇼핑, 인터넷쇼핑몰 운영업체들은 해외시장에 적극 진출하고 있는 이들과 업무제휴관계를 구축하는 것이 바람직하다. KOTRA는 국내 중소기업의 베트남 등 동남아시장 진출을 강화하기 위해 "동남아의 아마존"으로 지칭되는 베트남 1위 인터넷 쇼핑몰인 LAZADA(www.lazada.vn)에 한국상품 소개 코너(온라인 한국수출상품관: K-Shop)를 구축·운영하고 있다. 이 사이트를 활용할 경우 한국산 제품의 신뢰도를 높이고 소비자 접근성을 크게 개선할 수 있다. 라자다는 베트남 전자상거래시장의 36%를 차지하며, 베트남, 인도네시아, 말레이시아, 태국, 필리핀 등 동남아국가에서 막강한 영향력을 미치고 있다.

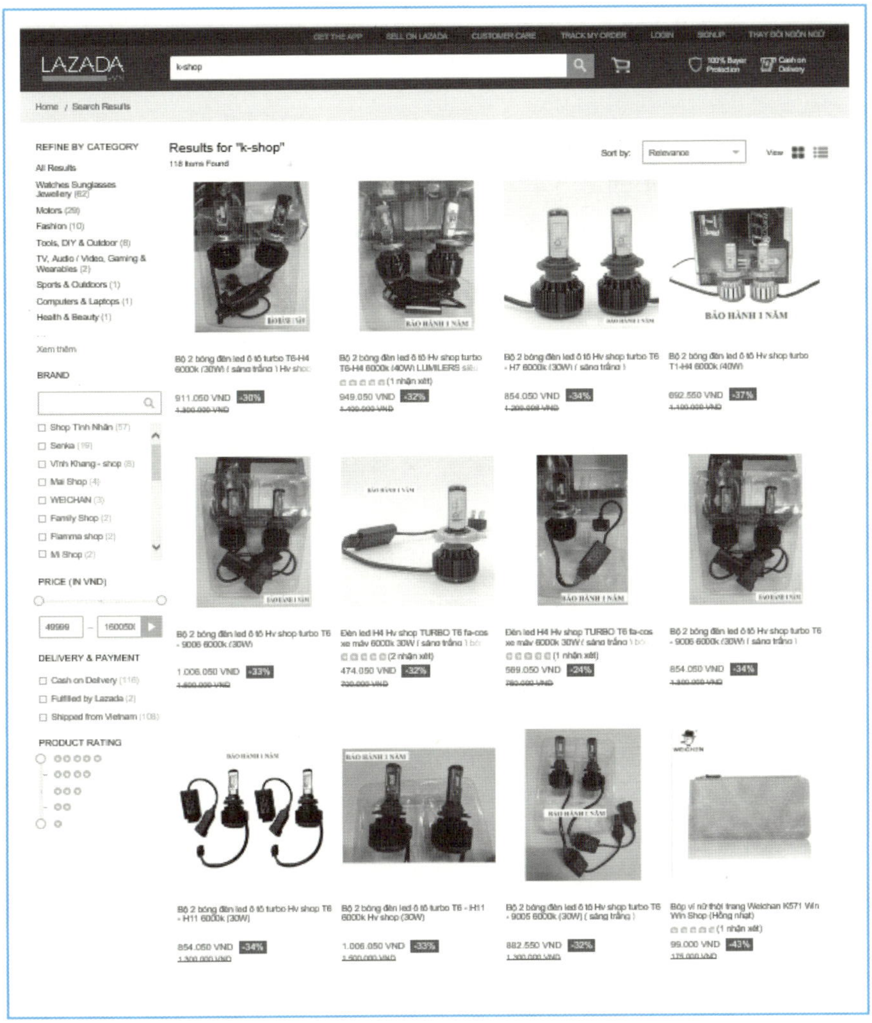


[http://www.lazada.vn]

## 12) 해외마케팅 에이전트 활용

산업설비나 기계 등 산업재를 수출하는 기업은 마케팅 에이전트(marketing agent)를 주요 유망시장별로 지정해서 해외바이어를 발굴할 수 있다. 특히, 이 방법은 중소기업이 미국시장을 진출할 때 유용하지만 수수료가 다소 비싸다는 단점이 있다. 미국은 3만여 마케팅 에이전트가 활동하고 있으며, 에이전트 세부정보는 KOTRA가 발간한 마케팅에이전트 디렉토리를 통해 입수할 수 있다.

## 13) 국내 주재 다국적기업 활용

우리나라에 주재하고 있는 다국적기업을 활용하는 방법도 있다. 국내에 주재하고 있는 다국적기업들은 물류비용을 절감하고 우수한 원료 및 부품을 조달하기 위해 소재국의 공급업체로부터 납품받는 경우가 있다.

### 14) 바이어 명단 유료 구매

해외거래선 명단 확보가 어려울 경우 바이어 명단을 전문적으로 구축하여 유료 제공하고 있는 트레이드 컴파스 서비스(www.tradekompass.com)를 활용하는 것도 바람직하다. 다소 비용이 소요되지만 여기에서 제공되는 바이어 명단의 품질이 우수하여 유망 거래선 발굴에 매우 유용하다.

### 15) 전문 무역상사 활용

지역 및 제품분야별로 지정된 전문 무역상사는 수출경험이 적은 내수기업이나 수출초보기업 제품의 수출을 대행해 주고 있다. 기업은 전문무역상사 홈페이지(http://stc.kita.net)에서 거래를 희망하는 전문 무역상사를 검색할 수 있다.

### 16) KOTRA의 ITC국제무역통계(Trade Map) 활용

KOTRA(www.kotra.or.kr)는 WTO산하기관인 International Trade Center(ITC)가 생산한 국제 무역통계 정보를 포털사이트를 통해 제공하고 있다. ITC는 세계 최대의 무역DB로서 TradeMap(www.trademap.org)을 통해 전 세계 220여 개국의 제품별 수출입 규모, 통관 가격, 주요 수입기업 등 국내기업 제품의 시장성 평가와 수출시장 종합분석, 경쟁국의 경쟁력 분석에 관한 유용한 정보를 제공하고 있다. 이 사이트를 통해 제품별 주요 바이어 명단을 입수할 수 있어 수출기업의 입장에서 더욱 활용 가치가 크다고 할 수 있다. 여기에서 제공되는 바이어 명단은 실제로 해당 품목과 관련하여 수입 실적이 있는 실질적인 거래처라는 특성이 있기 때문에 적극 활용할 가치가 있다.

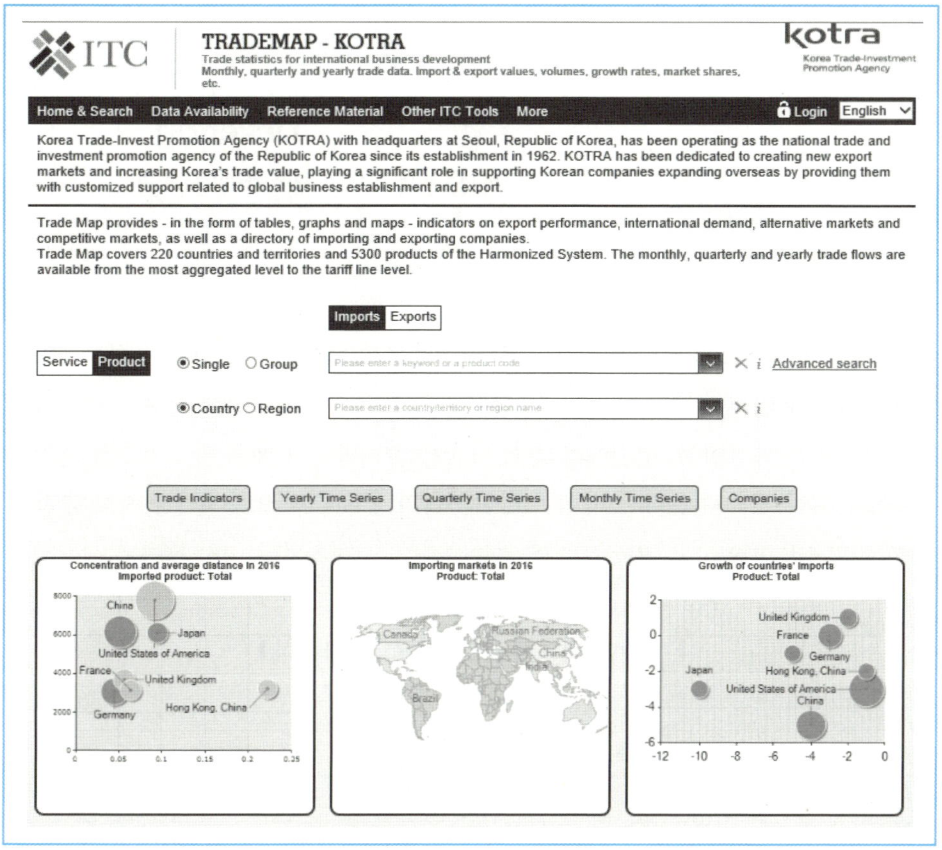


## 04 온라인 해외바이어 발굴기법

### 1) 개요

인터넷이 해외 비즈니스의 중요한 수단으로 활용되면서 기업은 회사와 제품정보를 전 세계 바이어에게 인터넷을 통해 홍보하거나 웹사이트에 등록된 바이어 오퍼정보를 검색하여 보다 쉽게 해외바이어를 발굴할 수 있게 되었다. 기업이 인터넷을 통해 해외바이어를 발굴하기 위해서는 무역거래알선사이트(Trade e-Marketplace), 검색엔진 또는 SNS 등 다양한 방법을 활용할 수 있다.

특히, 해외 바이어들은 인터넷을 제품 소싱 수단으로 활용하면서 기존의 전통적인 소싱 경로는 중요도가 현저히 줄어들고 있다. 이러한 트렌드는 전자상거래 시장이 더욱 정교해지고 구조화되는 과정에서 기인하고 있다. 다음은 알리바바가 해외 바이어들의 소싱 채널 중요도를 분석한 것으로 온라인 바이어 발굴기법의 중요도가 오프라인 전시회 참가에 비해 앞서고 있음을 보여주고 있다.

**❙ 해외바이어 소싱 채널별 중요도 랭킹 분석 ❙**

| 순위 | 해외 바이어의 제품 소싱 채널 | 중요도 |
|---|---|---|
| 1 | 온라인 B2B e-Marketplace(알리바바닷컴) | 1.51 |
| 2 | 기존 공급선 | 1.75 |
| 3 | 인터넷 검색 | 2.19 |
| 4 | 동료 자문 | 2.38 |
| 5 | 무역정보 사이트 | 2.53 |
| 6 | 전시회 | 2.62 |
| 7 | 무역 오퍼상 | 2.78 |
| 8 | 산업 잡지 | 3.03 |
| 9 | 산업관련 협회 | 3.16 |
| 10 | 무역 디렉토리 | 3.3 |

자료 : 시노베이트 리서치 (1=가장 높은 중요도, 4=가장 낮은 중요도)

한편, 한국무역협회, KOTRA, 중소기업진흥공단, 중소벤처기업부(중소기업수출지원센터) 등 주요 무역지원기관과 정부기관들은 무역거래알선사이트(trade e-marketplace)를 구축하여 국내 중소기업의 수출상품 해외홍보와 바이어 발굴을 지원하고 있다.

**❙ 온라인 마케팅 활용을 위한 필수 준비사항**

- 고품질의 제품 사진을 기본으로 고품질의 영문 e-Catalog 제작
- 무역실무, 대금결제, 인코텀즈, 국제운송 등 실무지식 보유

- 오더 진행시 해외송금 및 입금을 위한 외화계좌 마련
- 샘플 오더 진행시 해외송금 및 입금을 위한 Paypal 등 모바일 결제시스템 구축
- 국제운송을 위한 포워더 및 Courier 회사들과의 파트너십 구축 등

**온라인 바이어 발굴 프로세스**

- 홈페이지 및 전자카탈로그 구축 : 바이어 내방 통로 마련
- 사이트 홍보(검색엔진, 거래알선사이트에 링크)
- 무역전문 거래알선사이트에 수출상품 및 수출거래 오퍼 등록(posting)
- 바이어 정보검색(잠재 바이어, 오퍼정보)
- 인콰이어리 접수 및 수출거래협상(이메일)
- 수출계약 체결

**| 인터넷을 통한 해외바이어 발굴 전략 |**

| | |
|---|---|
| Pull 전략 | • 해외유명 검색엔진 등록 → 바이어 검색<br>• 수출유관기관 전문거래알선 정보 → 해당 사이트 검색<br>• 무역통계 활용(관세청, KITA 등) → 해당 사이트 열람<br>• 디렉토리와 CD롬 → 전문 DB, 바이어 DB 사이트<br>• 인터넷 수출전문사이트 → 오퍼/잠재바이어 검색<br>• 인터넷전시회 사이트 → 바이어정보 획득(유료) |
| Push 전략 | • 해외광고 → 인터넷 상품전시장에 입점(유/무료)<br>• 인터넷 수출 전문사이트 → 전자카탈로그 제작, 오퍼등록<br>• 해외전시회, 상담회 및 사절단 → 인터넷 전시회 |
| Push&Pull /<br>Pull&Push 전략 | • 외국 공관/기업/단체(상공회의소) → E-mail<br>• 수탁조사 의뢰, 정보요청(KOTRA 등) → E-mail<br>• 상품 카탈로그, Circular Letter 발송 → E-mail |

## 2) 무역 거래알선사이트(Trade e-Marketplace) 활용

무역 e-Marketplace는 기업이 바이어를 검색하거나 자사제품을 홍보하고 제품 카탈로그를 등록할 수 있도록 하여 해외바이어를 발굴할 수 있는 인터넷상의 거래통로라 할 수 있다. 이전에는 한국무역협회, KOTRA 등 국내 무역지원기관의 거래알선실 또는 외국대사관의 상무관실 등을 찾아가서 바이어 정보를 직접 입수하거나 이들 기관이 발행하는 무역정보지를 통해 바이어 명단을 확보하고 개별 바이어와의 거래상담은 주로 국제팩스나 전화 또는 국제우편을 통해 이루어져 왔다.

그러나 이제는 인터넷 상에서 전세계 기업정보 뿐만 아니라 재무정보, 산업동향 정보, 특허정보, 전시회 정보 등을 유료 또는 무료로 제공하는 전문 웹사이트가 생겨났다. 최근에는 무역정보의 검색과 거래알선까지 지원하는 전문 무역거래알선 사이트들이 등장하고

있어 이를 잘 활용한다면 해외바이어를 쉽게 발굴할 수도 있다. 인터넷을 통한 무역마케팅은 마케팅 비용절감과 거래기회의 확대 효과를 가져다주는 장점이 있다.

한편, 무역 e-Marketplace의 특징은 수출상과 수입상 간 쌍방향성을 들 수 있으며, 오퍼의 게재 및 삭제가 자율적으로 이루어진다는 측면에서 정보의 즉시성과 자율성이 있다. 기업은 무역 e-Marketplace를 통해 저렴하고 효율적인 방법으로 거래처를 발굴할 수 있으며, 무역마케팅을 적극적으로 수행할 수 있다. 이외에도 인터넷을 통한 거래알선은 기존방식에 비해 시간절감, 기업 이미지 구축, 중소기업의 국제화 수단으로의 활용 등 여러 가지 장점이 있다.

인터넷 상에 존재하는 수많은 사이트 중에서 어떤 사이트를 활용할 것인가를 안다는 것은 결코 쉬운 일이 아니다. 대다수 바이어가 방문하는 무역 e-Marketplace를 효과적으로 선별할 수 있는 능력은 노하우와 경험을 통해서만 가능하다. 자사가 원하는 수출시장에서 효과적인 마케팅을 전개하기 위해서는 먼저 지역별, 국가별, 서비스 종류별로 웹사이트의 특성을 파악하는 것이 중요하다.

국내 B2B e-Marketplace는 한국무역협회의 Tradekorea.com, KOTRA의 Buykorea.com, 중진공의 Gobizkorea.com, 농수산식품유통공사의 Agrotrade.com, EC21.com, ECplaza.com 등이 대표적이다. 제품분야별로는 가공식품·주류(21food.com, 원단·직물·의류·액세서리(globaltextiles.com), 자동차부품·액세서리(allworldautomovie.com), 계측기공구·산업용기계·장비(directindustry.com), 전자부품·통신장비·보안용품(acesupplies.com), 엔지니어링(globalspec.com) 등이 주로 활용된다.

### 3) 국내 무역거래알선 웹사이트

① 무역지원기관 운영 웹사이트

**❙ 한국무역협회 트레이드코리아(www.tradekorea.com)**

한국무역협회는 무역 e-Marketplace(www.tradekorea.com)를 구축하여 여러 경로를 통해 실시간으로 입수된 해외바이어 명단을 DB로 구축하여 국가별, 업종별로 제공하는 동시에 국내 중소기업의 수출제품 전자카탈로그를 통해 해외바이어가 온라인을 통해 찾아오도록 통로를 마련하고 있다. 방문자의 90% 이상이 해외에서 접속되고 있으며, 해외 가입 및 이용 상위 국가는 미국, 중국, 인도, 영국 등이며, 최근에는 신흥시장 이용자가 증가(아세안 30%, 러시아/아프리카 14%)하는 추세에 있다.

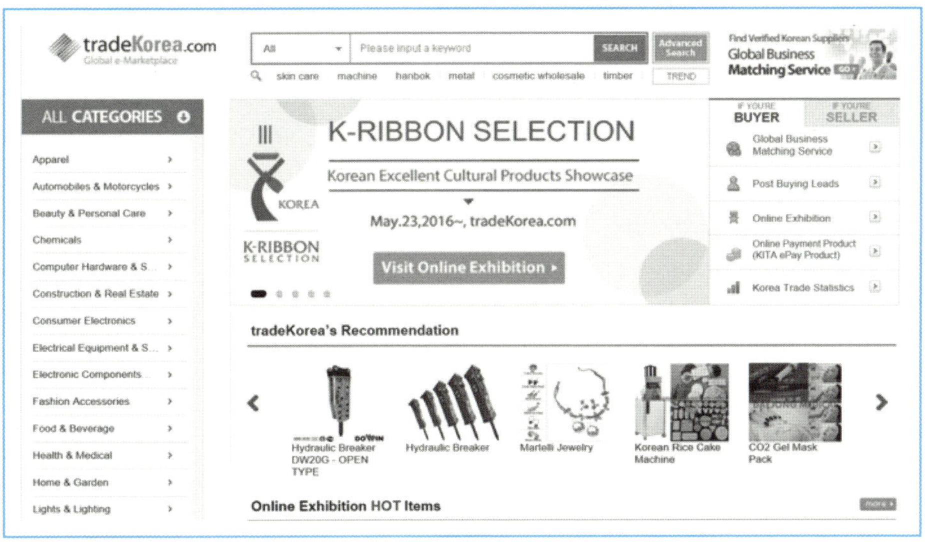


**❙ KOTRA 바이코리아(www.buykorea.org)**

KOTRA(www.kotra.or.kr)는 국내 중소기업의 수출제품 해외홍보와 바이어 검색을 지원하기 위해 무역 e-Marketplace(www.buykorea.org)를 운영하고 있다.

- 제공 서비스 내용
  - 128개 해외무역관이 바이어 및 구매오퍼에 대한 사전검증, 사후관리 시스템을 운영하여 온라인 무역사기 방지 최소화
  - 수출제품 등록 시 구글 검색엔진에 노출되어 해외바이어에게 효과적으로 홍보 가능
  - 코트라 해외무역관에서 발굴한 해외바이어 구매정보를 통해 수출거래 기회 확보
  - 거래대금을 쉽게 받을 수 있는 온라인 신용카드 결제 솔루션 제공

- 우체국 국제특송(EMS) 서비스를 최대 15% 할인된 가격으로 이용 가능
- 바이어와 국내업체간 온라인 미팅 진행 가능

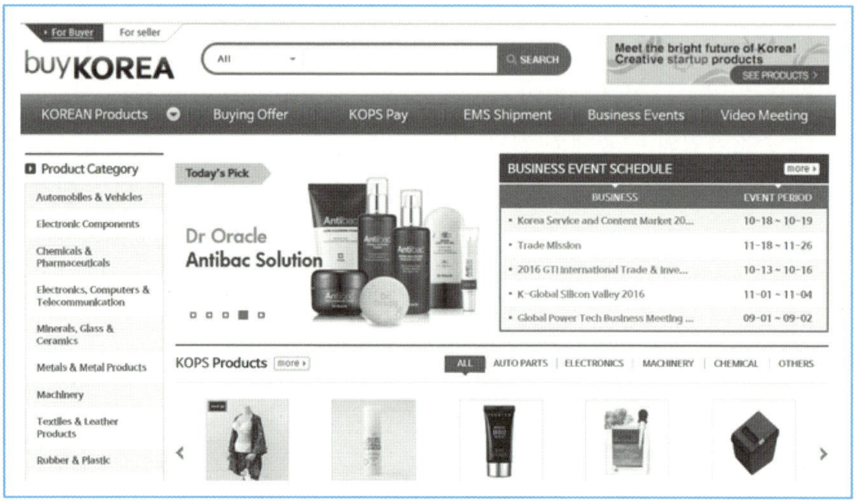


## ❙ 중진공의 인터넷 중소기업관

중소기업진흥공단은 1995년부터 인터넷 중소기업관(www.gobizkorea.com)을 통해 국내 중소기업의 수출상품 해외홍보 창구 역할을 수행하고 있으며, 바이어 명단을 무료로 검색할 수 있도록 지원하고 있다.

**▍한국농수산식품유통공사(www.agrotrade.net)**

한국농수산식품유통공사(www.at.or.kr)는 인터넷무역관(www.agrotrade.net)을 구축하여 농수산물과 관련한 각종 무역정보와 바이어 및 셀러 정보를 제공하고 있다. 이 사이트에서는 국내 농수산식품의 중동시장 진출 강화를 위해 할랄 인증마크를 취득한 제품만으로 구성된 국내 중소기업 수출상품 홍보창구를 운영하고 있다.

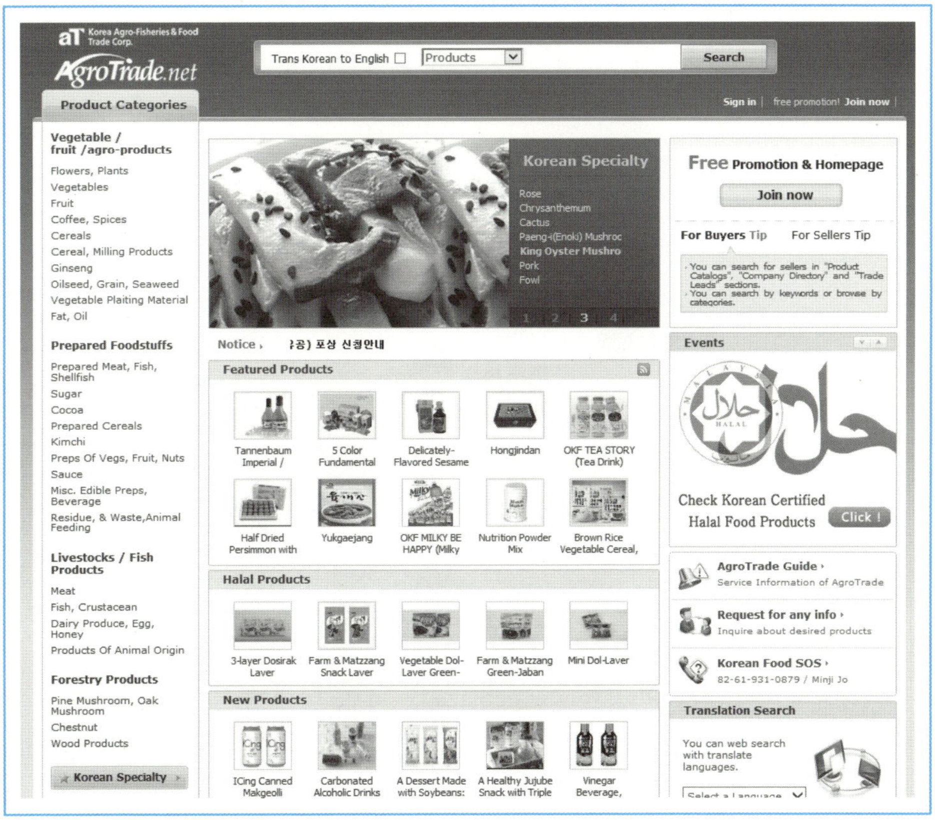


② 전자무역 전문업체 사이트 활용

**▍EC21(www.ec21.com)**

2000년 한국무역협회(KITA)에서 분사한 (주)EC21은 국내 중소기업의 바이어 발굴과 수출상품 해외홍보 등 해외마케팅 지원을 위해 거래알선사이트(www.ec21.com)를 운영하고 있다. 이 회사는 알리바바(www.alibaba.com)에 이어 세계 제2위의 B2B 무역거래 알선사이트로 자리매김하고 있다. EC21의 무역거래알선(Trade Leads)은 무역업체가 거래상품의 오퍼를 거래알선 게시판에 직접 게재할 수 있다. 게시된 자료는 150여 개의 해외거래알선기관에 배포되어 해외바이어에 의해 키워드 검색된다.

특히, 이 사이트는 UNTPDC 산하 150개 무역지원기관이 운영하는 사이트와 잘 연계되어 있어 바이어 발굴에 유용하며, 홈페이지와 상품카탈로그의 자체 제작이 가능하고 주문형 오퍼전송(Offers on Demand)과 오퍼관리기능(Offer Manager) 등 다양한 서비스를 제공하고 있다. 230여 개 국가 100만 이상의 글로벌 무역인들이 회원으로 활동하고 있으며, 700여만 개의 상품, 판매 및 구매오퍼가 등록되어 있고 이용자 상위 국가는 미국, 중국, 인도, 영국, 캐나다, 호주 순이다.

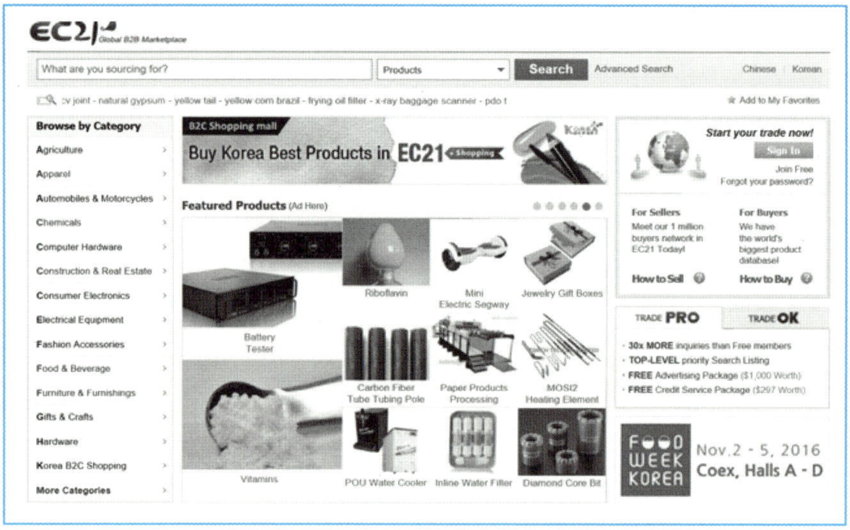


▎EC Plaza(www.ecplaza.com)

e-무역상사의 하나인 EC Plaza(www.ecplaza.co.kr)도 국내 중소기업의 해외바이어 발굴 및 수출상품 해외홍보 등 해외마케팅 지원을 위해 거래알선사이트(www.ecplaza.com)를 운영하고 있다.

## 4) 해외 거래알선 웹사이트

① Alibaba

중국 알리바바(www.alibaba.com)는 세계 제1위의 B2B e-Marketplace로서 일본 소프트뱅크의 자본출자로 운영되며, 화교권에서 가장 광범위하게 사용되는 대규모 DB라는 장점을 갖고 있다. 유저의 53%가 중국인으로 알리바바닷컴은 국내기업과 화교권 기업 간 수출입을 지원해주는 가교 역할을 수행하고 있어 화교권 바이어 발굴에 매우 유용하다.

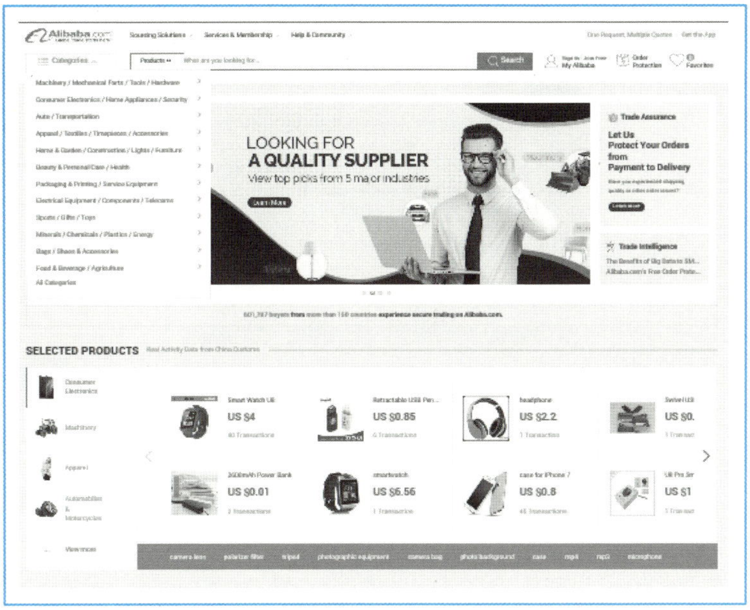


현재 알리바바는 중국 전체 전자상거래시장(B2B, B2C, C2C 포함)의 80% 이상을 차지하고 있으며, 중국 전자상거래웹사이트 1위, 전 세계 전자상거래 1위(거래량 기준)를 점하고 있다. 알리바바그룹의 타오바오(www.taobao.com)는 중국 C2C 전자상거래 시장의 90%를 점하고 있다. 또한, 알리바바는 공동구매사이트로 주화산(Juhuasuan)을, 물류기업으로 알리익스프레스를 함께 운영하고 있다.

② 유로페이지(www.europages.com)

유로페이지(The European Business Directory : www.europages.com)는 유럽시장에 관한 전반적인 비즈니스 정보를 입수하고 유럽 내 온라인 교두보를 확보하는데 매우 유용한 사이트이다.

이 사이트는 유럽 35개국의 300여만 개 기업정보를 무료로 제공하고 있다. 특히, 이 사이트를 통해서는 일정 규모 이상의 종업원과 연간 매출액을 가진 품목별, 국별 제조업체, 딜러, 유통업체, 소매상, 독점유통업체 등에 관한 리스트를 입수할 수 있다는 것이 장점이다.

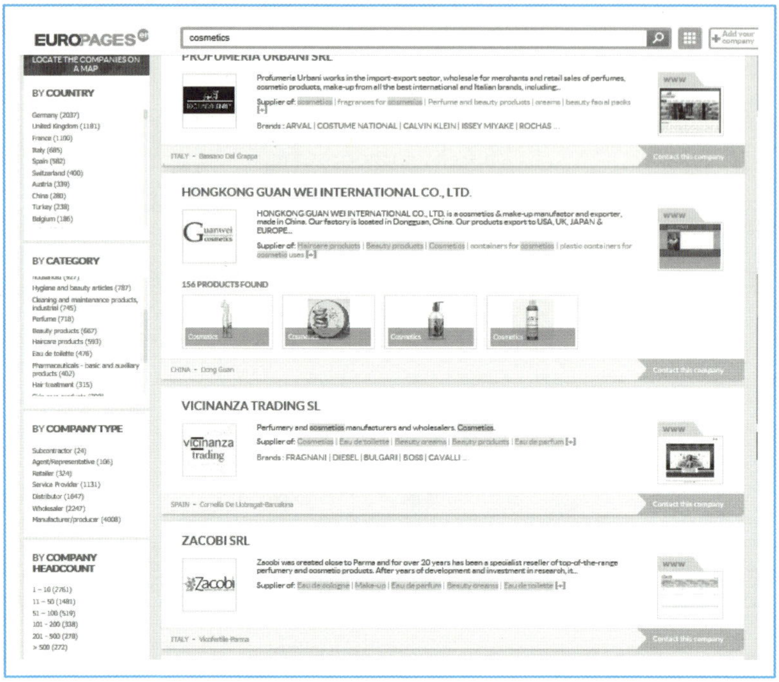


③ 글로벌소시즈(www.globalsources.com)

글로벌소시즈는 중국 소재 글로벌 B2B e-Marketplace로서 세계에서 가장 많은 전자카탈로그를 보유하고 있으므로 경쟁업체와의 제품을 비교하거나 특정 아이템과 관련한 아이디어를 수집할 때 활용할 수 있는 매우 유용한 사이트이다. 이 사이트는 상품 및 바이어 정보 외에도 해외전시회정보 및 국가정보를 제공하고 있으며, 중국, 미국, 인도 등의 유저가 전체의 60%를 차지하고 있다.

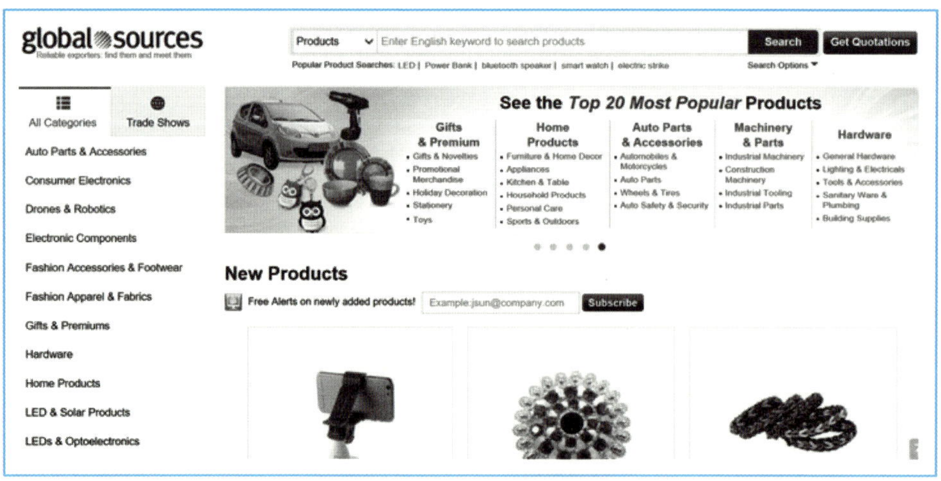

④ 국제무역협회연맹(FITA : www.fita.org)

국제무역협회연맹도 정제된 바이어 정보와 실시간 국가정보를 제공하고 있어 적극 활용하는 것이 바람직하다.

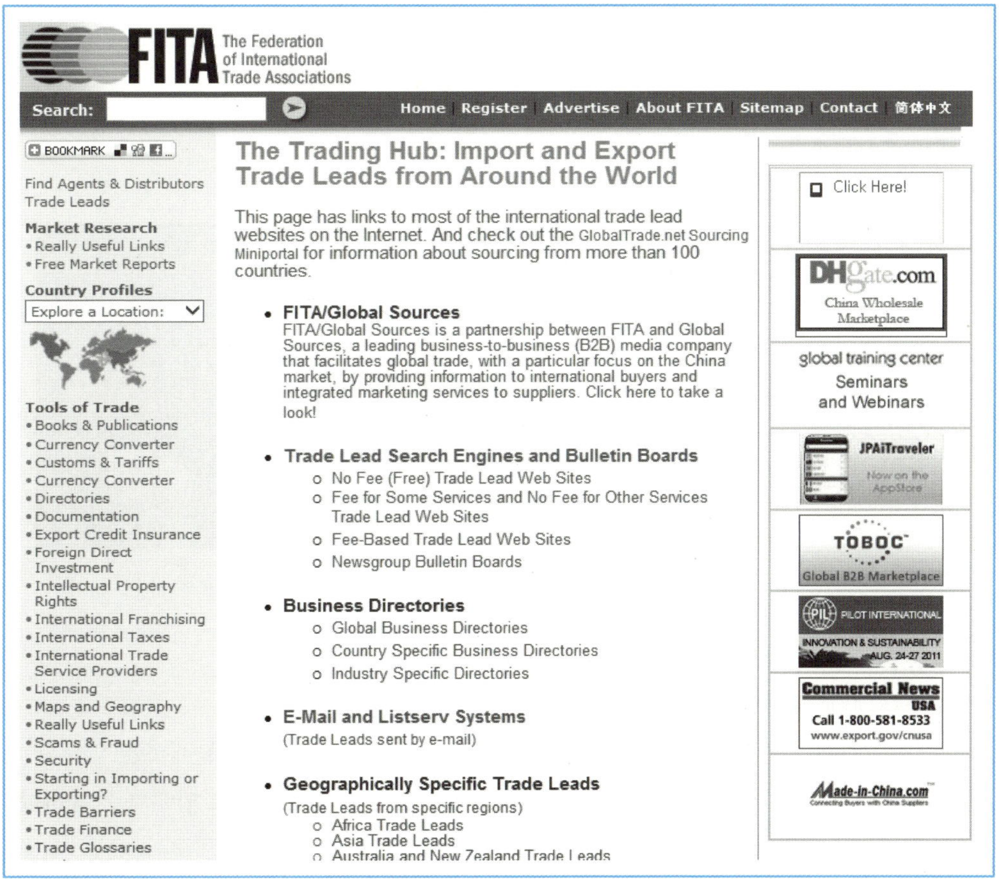

⑤ Indiamart.com

최근 국내 수출기업의 인도시장 진출이 증가하고 있는데, 인도 바이어를 확보하기 위해서는 InterMESH Systems사의 웹사이트(www.indiamart.com)를 활용하면 된다. 이 사이트에는 6만 개 이상의 인도의 기업 및 바이어 정보가 수록되어 있다.

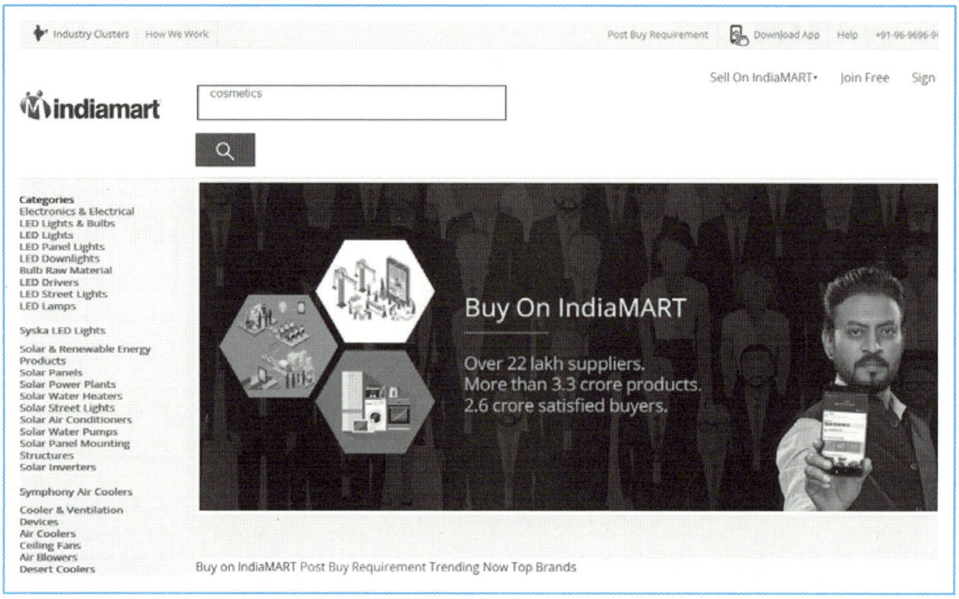


⑥ Trade India(www.tradeindia.com)

트레이드인디아는 인도 최대의 이마켓 플레이스로서 이 사이트를 통해서는 인도와 인근 국가의 바이어 검색은 물론 업데이트된 해외시장정보를 실시간으로 입수가 가능하다.

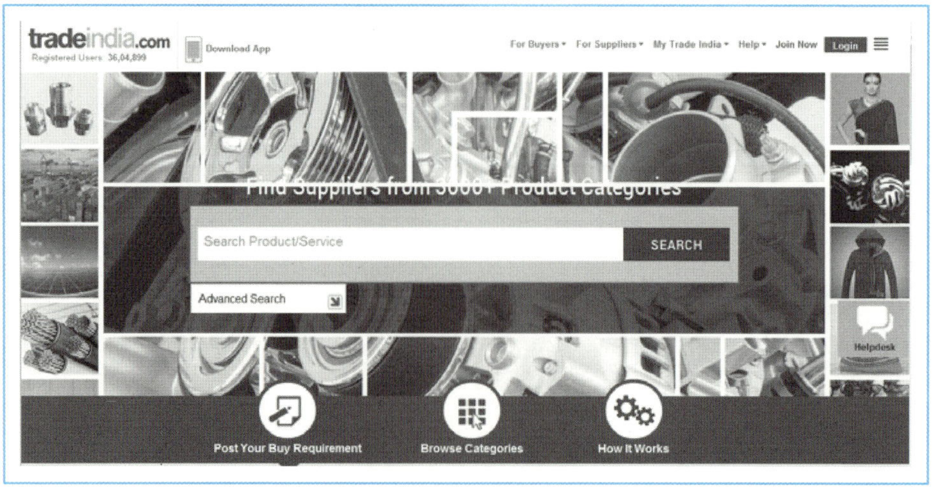


[http://www.tradeindia.com]

⑦ 홍콩무역발전국(www.hkenterprise.com)

홍콩의 대표적인 무역지원기관인 홍콩발전국은 사이트를 통해 10만여 개의 검증된 양질의 홍콩제조업체 및 바이어 명단을 무료로 제공하고 있다.

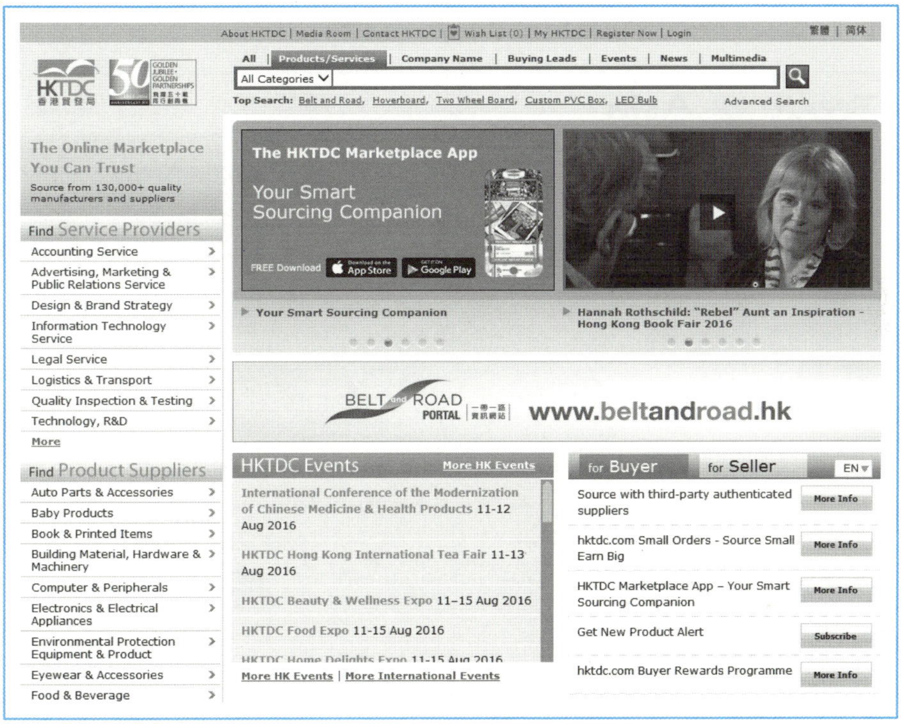


⑧ Thomas Register Online

토마스레지스터 온라인(www.thomasnet.com)은 17만 개 이상의 미국과 캐나다 기업(비상장기업 포함)의 일반 현황과 주요 생산품목을 검색할 수 있는 데이터베이스이다. 이 사이트를 통해서는 6만 4천여 개의 카테고리에 해당하는 세부 기업정보가 제공된다는 점이 가장 큰 장점이다.

⑨ Etradeasia.com

아시안넷(주)이 운영하는 이 사이트(www.etradeasia.com)는 아시아 국가와 관련한 다양한 거래정보를 제공하고 있다. 이 사이트를 통해서는 아시아 지역의 수출입 오퍼를 검색할 수 있으며, 자사의 거래제의 오퍼를 게재 가능하다.

[http://www.etradeasia.com]

⑩ Kompass(www.kompass.com)

컴파스는 전세계 75개국 180만개의 국가별 세부적인 기업 및 상품정보를 제공하고 있다. 프랑스 파리에 본사를 두고 있으며, 한국지사(www.kompass.co.kr)는 국내 수출기업의 회사 및 제품정보를 Kompass에 홍보하도록 지원하고 있다.

⑪ 트레이드키닷컴(www.tradekey.com)

트레이드키닷컴은 파키스탄 소재 글로벌 B2B e-Marketplace로서 유료로 운영되며 중동지역 유저가 많아 중동시장을 개척할 때 매우 유용한 사이트다.

[www.tradekey.com]

⑫ Accessasia.com

액세스아시아 사이트는 아시아지역 9개국(중국, 홍콩, 인도, 말레이시아, 필리핀, 싱가포르, 대만, 태국, 한국)의 100만 개 바이어 정보를 제공하고 있다.

⑬ 기타

- 방글라데시(www.bizinfo-bangladesh.com)
- 인도네시아(www.nafed.go.id) : 인도네시아 정부 운영(바이어 리스트 제공)
- 일본 Biz Finder(www.ebiz.co.jp/e) : 일본 내외의 수출입업체 검색 가능
- 인도(www.eindiabusiness.com) : 인도 수출입업체 리스트 제공(무료)
- EC Trade(www.ectrade.com)

## 4) 해외 온라인 B2C 유통 플랫폼 등록

① eBay

먼저 해외 바이어들이 주로 사용하는 문구로 수출기업의 상품 키워드를 도출하고 모바일에 최적화된 상품페이지를 제작해야 한다. 빠른 로딩 속도를 제공하는 모바일 구매에 최적화되는 상품페이지를 제작하기 위해서는 간결한 Text 중심의 상품설명과 Main Gallery에 고품질 이미지를 최대로 업로드하고 이미지 파일명도 상품과 연관성이 있는 것으로 작성하여 외부 마켓에 노출될 수 있게 한다.

상품페이지 제작이 완료되면 이베이에서 가장 큰 시장인 미국(eBay.com), 영국(eBay.uk), 호주(eBay.au)에 상품 등록을 하여 판매를 진행한다. 이베이 검색엔진인 카시니(Cassini)와 구글 등에 상품 노출을 최대화하기 위해 UPC 또는 EAN(European Article Number)이 필요하며 UPC 또는 EAN을 기재하면 이베이에서 '상품리뷰'를 제공하고 바이어가 구매를 결정하는데 참고자료가 되므로 매출 증가에 긍정적인 영향을 미치게 된다. 수출기업이 UPC 또는 EAN이 없는 경우에는 대한상공회의소 KoeEANet을 통해 해당 상품의 EAN을 생성할 수 있다.

상품을 등록한 후 스토어의 "디스카운트 프로모션"을 설정하여 일정 금액 이상 구매한 바이어에게 할인해 주거나 일정기간 동안 5~10% 이상을 할인해 주는 프로모션을 진행하여 바이어의 구매를 유도할 수 있다.

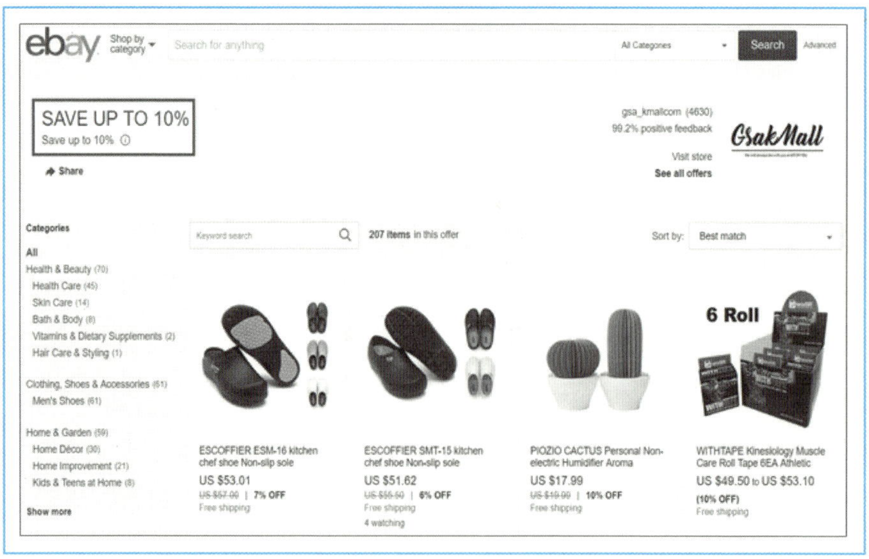

다음으로는 경매마케팅 서비스를 활용할 수도 있다. 수출기업의 상품을 '고정가(Buy It Now)'로 등록하고 동시에 상품을 경매(Auction)로 등록하여 경매상품 판매와 고정가 상품 또는 스토어의 유입경로로 활용하면 바람직하다. 경매상품은 마감 직전에 상위에 노출되어 바이어의 유입이 많은 편이다.

"Best Offer"기능도 유용하다. 고정가(Buy It Now)로 등록된 상품에 설정하는 옵션으로 바이어가 원하는 가격을 제시(Make Offer)하면 셀러는 수락, 거절, 역제안하는 방식으로 바이어와의 커뮤니케이션을 통해 노출되는 기본 판매가격을 변경할 필요 없이 할인을 해 줄 수 있어 판매증대를 기할 수 있다.

한편, 이베이에서는 "다이렉트 마케팅(Direct Marketing)"을 전개할 수 있다. 상품을 구매했던 바이어에게 정기적으로 이메일을 보내서 신상품, 세일 상품에 대한 홍보를 통해 판매를 확대하는 것이다. 이베이에 등록된 상품을 PDF 형태의 전자카탈로그로 만들어 이메일로 바이어에게 발송하고 바이어가 이 전자카탈로그의 상품을 클릭하면 이베이의 해당 상품페이지로 이동하여 바이어의 구매를 촉진시킬 수 있다.

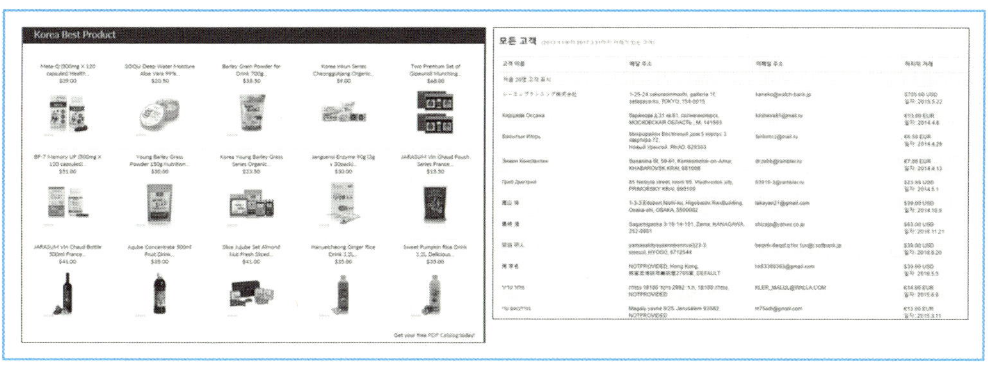


② 아마존(Amazon)

먼저 상품페이지를 제작하고 등록해야 한다. 이를 위해서는 수출기업의 상품을 체계적으로 분석하여 상품 키워드를 찾아내고 해외 바이어가 많이 사용하는 문구로 번역하여 최적화된 타이틀을 설정한다(예 : "Brand + Model Number + Size, + Style + Product Type + Colar"). 이 작업이 완료되면 Text 위주의 상세한 상품명세(Description) 내용을 2000자 이내로 등록해야 한다.

일정 상품을 구매할 경우 무료배송을 지원하는 Free Shipping 광고, 일정 상품을 일정 금액 구매 시 할인해 주는 Percentage Off 광고, 1개 사면 1개 무료로 주는 Buy One Get One 광고, 경품행사로 상품을 지원하는 Giveways 광고 등을 활용한 다양한 프로모션을 진행하는 것이 바람직하다.

다음으로 아마존의 "FBA(Fulfillment by Amazon) 서비스"를 활용하는 것도 유용하다. 이는 포장 및 배송을 아마존이 직접 진행하는 서비스로 연회비를 지불하는 아마존 프라임 고객에게 가격할인, 1~2일 이내 배송 서비스 등을 제공하기 때문에 한국에서 소비자에게 직접 배송하는 상품에 비하여 노출도가 높아 판매가 용이하다.

③ 큐텐(Qoo10)

먼저 상품페이지를 제작하고 상품을 등록하는 일을 수행해야 한다. 한국상품이라는 것을 부각시키기 위해 상품페이지를 영문으로만 작성할 것이 아니라 한글이 일부 기재되도록 상품페이지를 제작하는 것이 바람직하다. 동남아 소비자들이 좋아하는 화려한 이미지 위주로 상품페이지를 제작하는 것이 좋다. 큐텐이 가장 활발하게 사용되고 있는 싱가포르(qoo10.sg) 사이트에 등록하면 큐텐 글로벌사이트(qoo10.com)에 연동되어 싱가포르 이외의 전세계 소비자를 대상으로 판매를 진행할 수 있다. 상품 타이틀은 큐텐의 키워드플러스로 검색하고 해당 상품과 가장 연관 있는 상위 키워드를 검토하여 상품 타이틀을 작성해야 한다. 목록 사진을 국내 오픈 마켓 스타일처럼 상품 이미지 이외에 문구를 추가하여 바이어의 눈에 들어오게 제작하는 것이 바람직하다.

큐텐의 경매마케팅 메뉴를 사용하는 것도 유용하다. 처음 등록한 상품은 페이지 뷰와 판매 이력이 없어 상품 노출이 어렵기 때문에 경매마케팅을 진행하여 시장에서 요구하는 판매가격을 파악하는 경로로 활용하며, 3~10일 사이의 경매를 진행한다. 경매가격을 고정가 대비 70%로 책정하여 소비자의 구매율을 높은 후 동일한 상품에 대해 소비자가 고정가로 등록한 상품을 재구매할 수 있도록 유도한다.

다음으로 큐텐의 "타임세일 및 데일리 딜"서비스를 활용하는 것도 유용하다. 이 서비스를 활용하게 되면 큐텐 메인페이지에 직접적으로 노출이 된다. 소비자들이 가장 선호하는 마케팅방식으로 1일(24시간) 동안 진행하는 "데일리 딜"과 3가지 시간대(00:00~10:00, 10:00~17:00, 17:00~24:00)로 진행하는 "타임세일"을 실시하여 판매를 확대하고 페이지

뷰 횟수를 늘리는 것도 바람직하다.

그리고 큐텐의 "키워드 플러스(CPC)"는 단기간에 상위 노출이 진행되는 효과를 볼 수 있는 광고 플랫폼으로 상품매력 지수가 높은 상품은 많은 페이지 뷰 수와 판매까지 가능하게 된다. 이는 바이어가 키워드를 입력하여 검색할 때 다른 상품들보다 상위 노출이 되기 때문이다.

큐텐의 "쿠폰 메일 프로모션" 서비스도 유용한데, 이는 바이어가 주문할 때 사용하는 할인 쿠폰을 셀러샵에 등록하고, 쿠폰 카탈로그를 HTML로 제작하여 팔로우 즉, 즐겨찾기 한 바이어에게 쿠폰메일을 발송하는 판매 촉진 기법이다. 카탈로그 중단과 하단의 상품이미지를 클릭할 때 해당 상품페이지로 이동하여 구매할 수 있도록 제작해야 한다.

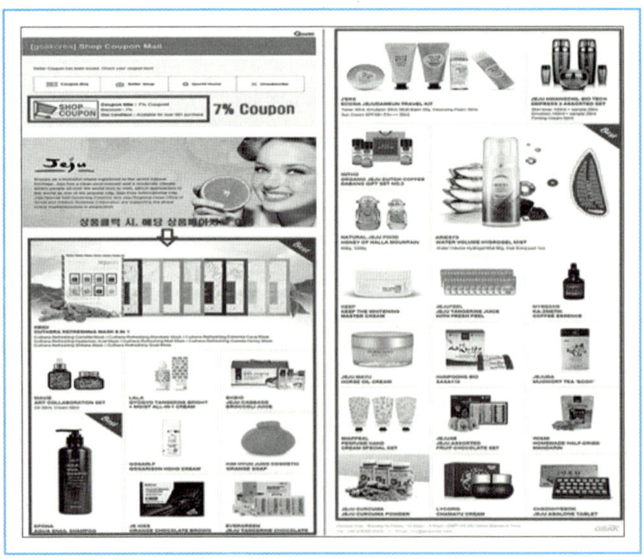


큐텐의 피드백 프로모션을 활용하는 것도 바람직하다. 이는 상품 판매 이력 및 리뷰가

없는 상품은 원활할 판매진행이 되기 어렵기 때문에 판매촉진을 위해 필요하다. 피드백 혜택 프로모션을 통해 구매자들이 상품을 구매 후 리뷰(Review)를 작성하게 되면 큐텐에서 사용할 수 있는 포인트를 증정하는 것이다.

④ 라쿠텐(Rakuten)

상품페이지 제작 및 상품 등록과 관련해서는 일본인이 많이 검색하는 상품 타이틀과 키워드를 적용하고 검색엔진 최적화 작업을 진행해야 한다. 법률상의 표기준수 사항을 최종 확인하여 과대광고, 소비자오인 등의 문제를 사전에 방지하기 위한 노력을 기울여야 한다.

CPC광고는 키워드 혹은 관련 상품 검색 시 최상단에 노출되는 유로 서비스로서 클릭당 50엔의 비용으로 단기간 최상의 효과가 있으며 저가보다는 고가 상품, 그리고 인지도가 다소 낮은 상품을 대상으로 진행하면 바람직하다.

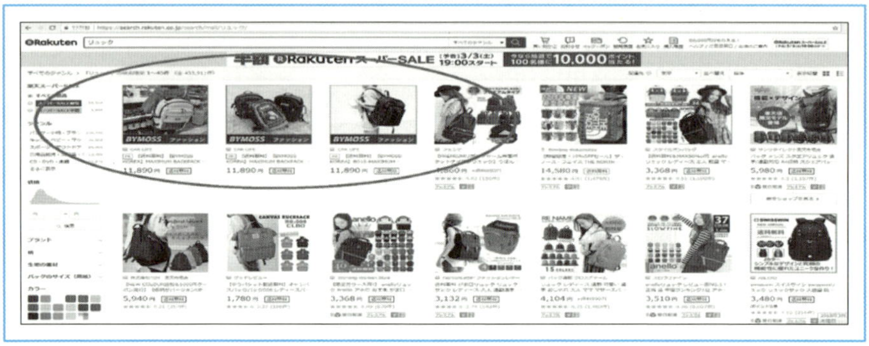

다음으로 다양한 홍보마케팅을 진행하는 것도 유용하다. 먼저 포인트 마케팅은 라쿠텐의 슈퍼 포인트 카드의 포인트를 활용하여 기본 1%를 적립하는 포인트를 평균 3% 이상으로 상향 조정하여 구매를 향상하고 단골고객을 확보하는 것이다. 라쿠텐에서 운영하는 포인트 이벤트 행사 시 참가하고 행사에 적합한 상품을 선정하여 고객만족도를 높일 수 있다. 카탈로그 마케팅은 도쿄 한인타운 내에 위치한 파트너사인 그랜드마트 매장에 참여기업 상품이 인쇄된  카탈로그를 배치하여 신규 고객을 확보하고 홍보하는 것이다. 단골고객 마케팅의 경우 라쿠텐은 회원 등급제로 운영되며 등급유지 및 상향을 위한 구매활동이 이루어지기 때문에 다이아몬드, 플래티넘 회원을 겨냥한 전용 메일링 발송, 쿠폰 발생, 상품 테스트 기회 등을 부여하여 단골고객으로 확보하는 것이다.

⑤ 타오바오(Taobao)

먼저 현지화된 중국어 상세페이지 제작, 사용자 후기, 목록사진 최적화, 상품 정보 등 타오바오에 적합한 상품페이지를 제작하는 것이 무엇보다 중요하다. 다음으로 상품 주기를 7일 주기, 오전 오후 시간대별로 세분화하여 타오바오 검색엔진에 최대한 상위에 노출되도록 최적화를 진행해야 한다. 상품의 종류, 가격대, 무료 배송, 경쟁 셀러의 최근 판매기록 조사 등 소비자가 검색하는 조건과 일치되도록 최적화하고 최근 타오바오 규칙 강화로 인한 금지어, 과대광고 등을 최대한 유사 키워드로 수정하여 상품 타이틀을 설정하는 것이 바람직하다.

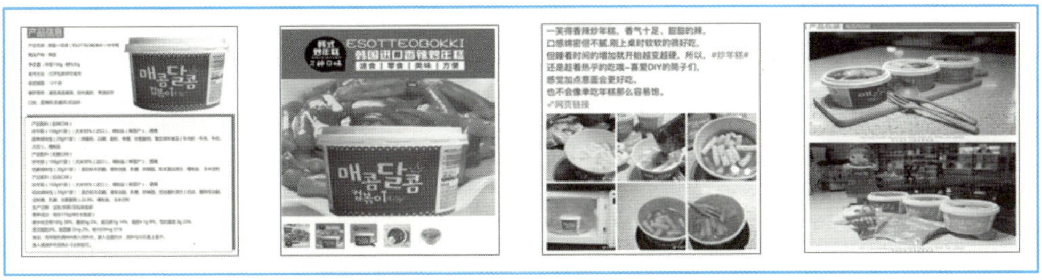


그리고 타오바오커(리셀러 프로그램)는 블로그, SNS에 상품을 홍보한 후 다른 블로거나 SNS 사용자가 자신의 계정에 해당 기업의 상품을 등록하여 판매하게 하는 마케팅 서비스를 말한다. SEO최적화는 중국 검색엔진(타오바오)에서 검색할 때 상위에 노출될 수 있도록 해당 상품이나 상호 및 회사명을 대표할 수 있는 핵심적인 키워드를 2~3개 선택하여 이를 검색엔진에서 검색할 때 최우선적으로 노출될 수 있도록 하는 것이다.

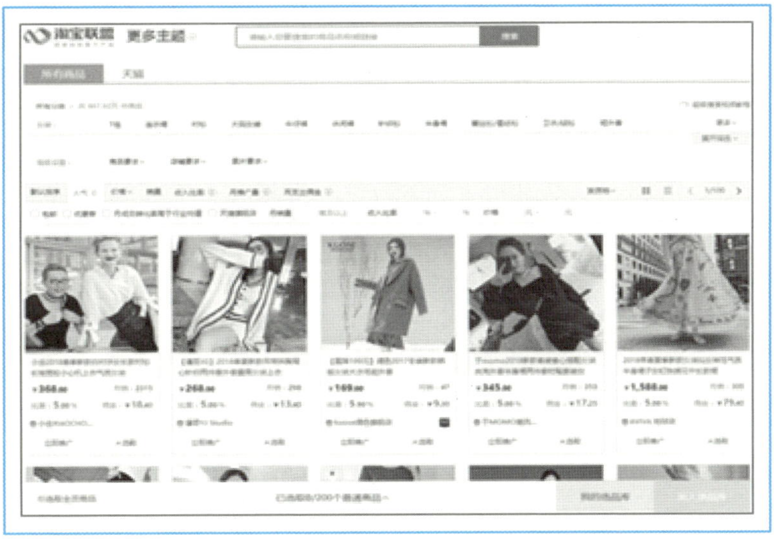


다음으로 타오바오 실시간 방송마켓에서 인플루언서들이 해당 상품을 소개하고 판매를 진행하는 왕홍마케팅을 활용하는 것도 유용하다. 실시간으로 소비자들에게 상품 정보를 전달하고 홍보하기 때문에 소비자들은 방송을 보면서 구매할 수 있으므로 판매 초기에는 상품홍보 위주로 컨셉을 정하여 진행하는 것이 바람직하다. 마케팅 초기에는 상품 소개 위주로 판매가격, 연령, 기호도 등 타겟을 설정한 후 중장기적으로 실제 판매 왕홍을 투입하여 상품을 홍보하면서 판매를 진행하는 것이 유용하다.

⑥ 알리바바(Alibaba)

먼저 상품을 등록할 경우에는 상품명에서 모델 넘버나 회사명을 기입하기 보다는 스펙, 인증서, 상품 시리즈, 브랜드, 상품의 전체 이름 등이 포함된 정확하고 연관성 높은 키워드를 사용하면 그렇지 않은 경우에 비해 클릭률이 15% 정도 높아진다. 상품 키워드는 바이어가 상품이나 회사 또는 거래제안서 등을 검토할 때 이용하는 단어나 문구로써 알리바바 회원의 80% 이상이 검색엔진을 사용하고 있으며, 상품과 연관성이 높은 키워드를 선택하게 되면 바이어 검색 결과 상위 페이지에 보여 지며 해당 기업의 상품을 찾는 바이어에게 노출될 확률이 높아지게 된다.

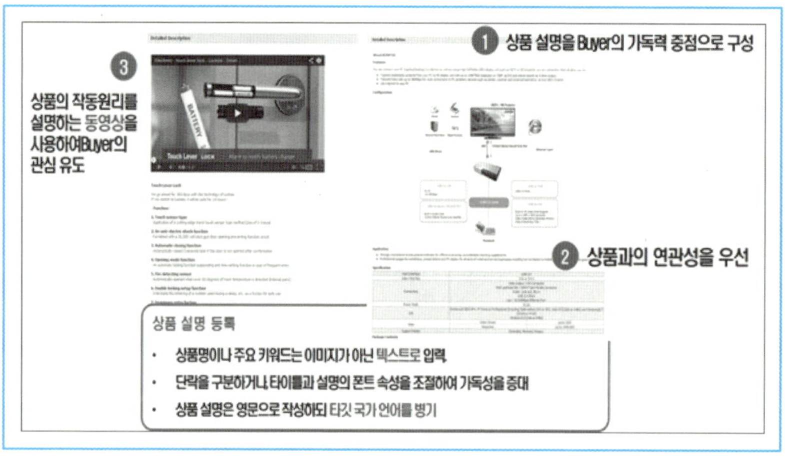


상품에 대한 호감을 가질 수 있도록 세련된 상품 이미지를 삽입하여 시각적인 흥미를 높이고 회사소개 및 상품 설명을 간단명료한 문장을 사용하여 가독성을 높인 온라인 거래제의서를 제작하여 바이어에게 배포하여 적극적으로 상품을 홍보할 필요가 있다. 이와 함께 "Request for Quotation" 기능을 활용하여 기업의 상품과 부합되는 오퍼정보를 매일 오전에 확인하고 해당 바이어에게 견적서 제출 및 샘플판매를 유도하여 적극적으로 바이

어 발굴 노력을 기울이는 것이 중요하다.

다음으로 홍보마케팅 기법으로 Showcase 노출이 필요하다. 이는 Gold Supplier에게만 이용이 가능한 서비스로서 알리바바 내 해당 기업의 미니 사이트에 있는 Showcase를 활용하여 해당 기업의 상품군들을 노출시키는 것이다.

**| 온라인 플랫폼별 홍보마케팅 기법 |**

| 플랫폼 | 플랫폼 별 홍보 마케팅 |
|---|---|
| 이베이 | Promotions, Promoted listings, 경매, E-mail marketing,<br>ebay daily-Deal |
| 아마존 | CPC검색광고 마케팅, Early Review Program, Coupon,<br>Social Media Promo Code, Giveaway |
| 큐텐 | 딜플러스, 공동구매, 타임세일 |
| 라쿠텐 | RPP광고, 쿠폰 어드밴스, 메일메가 |
| 타오바오 | - 왕홍 생방송 마케팅 (타오바오 플랫폼 연동)<br>- 연관검색어 마케팅 (키워드 광고)<br>- 웨이보 SNS 마케팅 (제품 URL 연동) |
| 알리바바 | - 연관검색어 마케팅 (키워드 광고)<br>- Showcace를 통한 홍보 마케팅<br>- 바이어에게 제품 인콰리어리 전달 및 수출상담 지원 |

# 제9장

# 수출상품 해외홍보

## 01 개요

지금까지 기업은 주로 지방자치단체가 발간하는 “수출상품 디렉토리”나 한국무역협회, KOTRA, (주)매경 등이 발간하는 오프라인 “수출상품 해외홍보 전문지”에 수출상품을 해외 바이어에게 홍보하여 왔다. 그리고 대부분 수출기업은 해외전시회 또는 해외시장개척단 참가를 회사와 제품홍보를 위한 채널로 적극 활용해 왔다. 하지만 이러한 방법은 시간과 비용이 많이 들고 적절한 바이어를 접촉하기가 쉽지 않다는 단점이 있다.

그러나 기업은 인터넷을 비즈니스에 적극 활용하면서 인터넷을 수출상품 해외홍보를 위한 중요한 마케팅 수단으로 활용하여 시간과 비용을 절감하고 있다. 인터넷은 글로벌 시장을 무대로 동시다발적으로 외국의 잠재 바이어에게 접근할 수 있어 수출시장을 다변화할 수 있는 중요한 기회를 제공하고 있다. 저비용 고효율 홍보수단으로 인식되고 있는 웹프로모션(web promotion)은 인터넷으로 바이어를 유인하여 수출거래를 성사시키는 것을 말한다. 웹프로모션은 검색엔진 또는 외국의 e마켓플레이스에 등록하는 소극적인 방법에서부터 YouTube, Facebook 등 SNS, 메일링 리스트 등록, 해외바이어에 대한 전자메일 발송, 해외 온라인 광고매체 이용, 온라인 쇼핑몰 입점 등의 적극적인 방법에 이르기까지 다양하다.

## 02 오프라인 수출상품 해외홍보기법

### 1) 국내외 수출상품 홍보 전문지 활용

이 방법은 국내 무역지원기관 또는 해외마케팅 전문업체가 발간하는 수출상품 해외홍보지에 게재하여 해외 잠재 바이어들에게 자사와 자사 제품을 알리는 것을 말한다. 이 방법은 다소 비용이 소요되지만 해당 제품에 관심이 있는 유망 잠재 바이어를 직접 접촉할 수 있다는 장점이 있다. 과거 한국무역협회와 KOTRA 등 무역지원기관들은 수출상품 해외홍보지를 발간하여 오프라인 잠재 바이어들에게 배포해 왔으나 비용과 인력이 많이 소요되고 효율성이 다소 떨어진다는 이유에서 이제는 온라인상에서 무역 e-Marketplace라는 포털사이트를 구축하여 국내 중소기업의 수출상품을 해외에 홍보하도록 지원하고 있다. 중소기업진흥공단과 한국농수산식품유통공사도 "인터넷 중소기업 수출상품 홍보관"을 구축하여 해외 바이어들이 우리나라 중소기업 수출상품을 쉽게 접촉할 수 있도록 온라인 창구를 마련하고 있다.

한편, 우리나라의 해외 전문홍보업체인 (주)매경바이어스가이드는 1973년부터 분기별, 산업별로 국내 중소기업 수출상품 해외전문홍보지인 "Korea Buyers Guide"지를 제작하여 해당 산업분야의 해외 잠재 바이어들에게 오프라인으로 발송하는 동시에 온라인 수출상품 홍보관 및 검색엔진과도 연계 홍보하여 국내 중소기업 제품이 해외바이어에게 많이 노출되도록 지원하고 있다. 이 회사는 전세계 21개국에 소재한 글로벌 협력네트워크를 구축하고 있으며 지금까지 50만 개 이상의 바이어 DB를 지속적으로 관리하고 있어 유효 타겟 바이어에 대한 마케팅이 가능하다는 장점을 갖고 있다.

이외에도 해당 산업 또는 특정 제품분야의 해외 유력 전문잡지에 홍보하는 방법도 있다. 이 방법은 홍보효과가 크지만 비교적 비용이 많이 든다는 단점이 있다. 홍보대상 전문잡지를 선정할 경우에는 수출상품과 해당 매체와의 관련성, 독자층 등 매체의 성격을 사전에 면밀하게 파악할 필요가 있다. 국가별 전문잡지에 관한 세부정보는 KOTRA의 고객지원팀을 통해 입수할 수 있다.

### 2) 해외전시회 및 해외시장개척단 활용

최근 수출상품 해외홍보는 무역 e-Marketplace, 검색엔진, SNS 등 인터넷 마케팅 수단을 주로 사용하여 시간과 비용을 절감하고 해외 바이어에 대한 접근성을 강화하는 방식으로 이루어지고 있다. 하지만 인터넷 환경이 국가마다 상이하므로 오프라인과 온라인 방식을 병행하여 수출상품 홍보를 다양화하는 것이 바람직하다. 예를 들어 최근 유망 수출시장으로 부상하고 있는 인도네시아, 미얀마, 캄보디아 등 동남아국가의 인터넷 환경은 비교적 열악한 편이므로 오프라인 홍보방식이 오히려 효과적일 수도 있다. 이들 국가에서 개최되는 전시회 또는 시장개척단에 참가할 경우에는 오프라인 카탈로그나 리플렛을 제작하여 현장에서 배포하는 편이 보다 효율적일 수 있다. 개도국에서 개최되는 전시회에 참가해서 현장에서 내방객들에게 수출상품 홍보 내용의 USB를 배포하더라도 인터넷 환경이 좋지 않아 홍보의 효과가 크지 않을 수 있다.

### 3) 무역지원기관의 해외 네트워크 활용

수출상품 카탈로그를 제작해서 해외에 소재한 우리나라 무역지원기관의 정보자료실에 비치하여 현지에서 내방하는 바이어에게 수출상품을 노출시킬 수 있다. 즉, 한국무역협회의 해외지부나 KOTRA 해외무역관의 협조를 얻어 현지 사무소 자료실에 회사의 수출상품 홍보카탈로그나 샘플을 비치할 수 있다. 또한, 국내 한국무역협회 및 KOTRA 본사의 거래알선실이나 정보자료실에도 카탈로그를 비치하여 내방 해외바이어에게 자사 제품을 홍보할 수 있는 채널로 활용할 수 있다.

그리고 해외한인무역협회(OKTA) 또는 한상네트워크의 글로벌 네트워크에도 온라인/오프라인 홍보채널을 구축하여 해외 교포상공인이나 현지 바이어와의 다양한 비즈니스 연결고리를 만들 필요가 있다. 예를 들어 한상네트워크(www.hansang.net) 사이버전시관에  수출상품을 온라인 전시하여 교포 바이어들이 상시적으로 찾아올 수 있는 통로를 만들어 놓아야 한다.

## 03 온라인 수출상품 해외홍보기법

취급제품이 아무리 품질이나 가격조건이 좋더라도 기업이 해외마케팅을 적절하게 수행하지 못한다면 수출시장 개척에 실패할 가능성이 높다. 수출은 바이어의 상품 검색에서 시작되기 때문에 바이어 니즈에 부합하는 외국어 홈페이지, 동영상 및 카탈로그를 제작하여 기업과 상품을 지속적으로 노출시켜야 한다. 기업이 인터넷을 통해 거래선을 효과적으로 확보하기 위해서는 체계적인 온라인 해외마케팅 전략을 수립하여 시행하는 것이 필요하다.

과거 홍보수단은 4대 매체(TV, 라디오, 신문, 잡지)를 통하여 주로 이루어졌으나, 최근에는 인터넷, 휴대폰, 모바일기기(모바일 컴퓨터, PDA, 스마트폰, e-Book 리더, 휴대용 게임기 등) 등 다양한 온라인 매체와 인프라가 발달하면서 온라인 홍보가 주목을 받고 있다. 온라인 홍보는 인터넷 홈페이지가 주류를 이루고 있으며, 카페, 블로그, 미니홈피, 미투데이, 트위터, 페이스북(facebook) 등 다양한 형태로 발전하고 있다.

온라인 수출마케팅은 인터넷을 활용하여 자사가 원하는 바이어 또는 공급업체를 만나거나 제품과 서비스를 광고하여 그들을 지속적으로 관리하는 것을 말한다. 온라인 수출마케팅이 기존의 마케팅기법과 크게 차이나는 점은 인터넷을 이용한 프로모션이 강조된다는 것이다. 온라인 수출마케팅을 전개하기 위해서는 인터넷에 대한 지식과 기술 특성 등을 잘 이해하는 것이 중요하다.

한편, 중소기업이 온라인을 통해 수출상품의 해외홍보를 강화하기 위해서는 다음과 같은 수출 인프라를 구축할 필요가 있다.

- 외국어 홈페이지, 다국어 상품페이지 제작
- 구글 등 검색엔진 마케팅 추진
- 모바일 홈페이지 제작
- 알리바바 등 해외 유명 무역거래 알선사이트에 수출상품 홍보
- Twitter, Facebook, Instargram 등 소셜미디어(SNS) 활용
- 해외한인무역협회(OKTA), 한상네트워크 등의 사이버전시관 입점 등

### 1) 수출용 홈페이지 및 모바일 홈페이지 구축

기업이 해외마케팅을 수행하기 위해 구축하는 홈페이지에는 주로 회사(회사의 강점, 거래 태도), 제품(제품리스트, 제품 설명 및 특징), 연락처(e-mail, 전화, 팩스, 주소, 담당자) 등에 대한 정보가 포함되어 있다.

수출용 홈페이지의 컨텐츠가 갖추어야 할 필수요건은 다음과 같다.

첫째, 상품정보 제공이 우선적인 기능이 부여되어야 한다. 바이어의 최우선적인 관심은 수출기업이 취급하는 상품의 차별화된 정보와 해당 기업이 보유하는 특별한 가치(기술성, 비교우위 요소)에 관한 내용이다. 일반적으로 바이어들은 홈페이지를 통해 기업이 어느 정도의 전문성이 있는지, 해외시장 점유율은 어떤지, 그리고 구매할 때 제공되는 인센티브는 무엇인지에 대해 특별한 관심을 갖고 있다.

둘째, 컨텐츠의 문구는 정확한 영어(또는 타겟 시장 언어) 텍스트로 작성되어야 한다. 이는 홈페이지의 영문 내용에 오타와 문법상의 오류가 발견되면 바이어의 신뢰를 떨어뜨릴 가능성이 있기 때문이다.

셋째, 구태의연한 회사소개를 가급적 회피해야 한다. 예를 들어 기업을 소개할 때 "당사는 한국 내 최대 제조업체의 하나로서 귀사에게 경쟁적인 가격으로 최고의 제품을 공급할 수 있다"라는 진부한 표현보다는 "품질은 당사가 추구하는 최고의 가치입니다"와 같이 일류 기업처럼 인식되는 표현을 사용하는 것이 바람직하다.

넷째, 상세한 영업정보를 게재할 경우에는 신중을 기해야 한다. 예를 들어 특허등록이 완료되지 않은 상태에서 해외거래처, 도면, 특허번호 등 불필요한 세부자료를 제공하게 되면 상대방이 사기 바이어일 경우에는 큰 문제가 될 수 있다.

다섯째, 바이어가 수출기업의 신뢰도를 검증할 수 있도록 신용정보를 제공하는 것도 바람직하다. 바이어가 인터넷의 익명성을 극복하고 망설이지 않고 구매를 결정하기 위해서는 해외규격인증, 공인시험인증서, 기업재무정보(연차보고서 등), 거래은행 정보 등 신용정보를 홈페이지에서 다운로드 받을 수 있도록 해야 한다. 이렇게 하면 거래성사 기간이 단축되고 바이어의 조속한 회신을 기대할 수 있다.

여섯째, 수출기업의 인터넷 홈페이지는 세계의 유명 거래알선사이트와 잘 연계되어야 한다. 한국무역협회, 중소기업진흥공단(www.sbc.or.kr) 또는 대한상공회의소(www.korcham.net) 등의 홈페이지 무료제작 지원사업을 이용하는 것도 바람직하다. 물론 민간 전문업체를 통해 홈페이지를 유료로 제작할 수도 있으나 이 경우 세계 유명 웹사이트와 연계가 이루어지지 않는다면 의미가 없다. 아무리 디자인이 우수한 홈페이지를 제작하더라도 바이어들이 자주 찾아오는 사이트에 연계되지 않는다면 무용지물에 불과하다.

일곱째, 기업은 홈페이지의 사후관리에 철저를 기해야 한다. 사후관리가 이루어지지 않는 홈페이지는 출생과 동시에 사망신고를 하는 것과 같다. 홈페이지에 대한 사후관리는 종종 여자의 화장에 비유된다. 화장을 1～2주에 한번만 한다면 매력을 느끼는 사람은 아무도 없을 것이다. 아침 저녁으로 화장을 고치지는 못할지라도 1주일에 1~2회는 게재된 내용을 고치고 신상품이 나오면 홈페이지를 즉각 수정해야 한다.

마지막으로 대다수 수출기업과 공공기관의 홈페이지는 국제 웹표준을 준수하지 않고 묻지마식으로 제작되어 해외바이어의 입장에서 아예 홈페이지가 보이지 않거나( '백치 아다다형 홈페이지') 깨져 보여( '난파선 홈페이지') 바이어가 아예 접근하기 어렵게 되어 있다. 따라서 해외에서 가장 많이 사용되고 있는 구글 검색에 노출되지 않은 경우가 대부분이여서 중소기업 홈페이지의 99%가 무늬만 글로벌 홈페이지인 경우가 많다. 이에 따라 수출기업이 온라인 수출상품 해외홍보를 강화하기 위해서는 제대로 된 수출용 홈페이지(스마트 홈페이지)를 구축할 필요가 있다.

한편, 최근에 나온 스마트폰이나 스마트 태블릿 PC만 해도 종류가 다양하다. 다양한 장비들이 쏟아져 나와 지금은 국내에서도 천만명 이상의 유저들이 본인의 인터넷검색의

50% 이상을 모바일에서 이용하고 있다. 모바일 홈페이지는 공공기관과 수출기업의 필수적인 홍보 수단이 되고 있다. 모바일 홈페이지 제작은 하나의 내용, 하나의 도메인, 하나의 URL로 데스크톱과 모바일 홈페이지가 동시에 지원된다. 또한, 전세계 방문객을 고려하여 최소한 Android, Iphone, BlackBerry, Symbian, Windows Phone 등에서 잘 보여야 한다. 모바일 전용 홈페이지 및 응답형(responsive) 모바일 홈페이지는 가능한 회피하는 것이 좋다. 응답형의 경우 데스크톱의 무게가 그대로 모바일에 적용되기 때문에 해외용에는 적합하지 않을 수 있다.

**인터넷 홈페이지 제작 시 유의사항**

- 홈페이지는 전체적으로 통일성을 유지해야 한다.
- 초기 첫 화면에 제품, 회사소개 및 대표 상품을 배치해야 한다.
- 복잡하고 화려한 것보다 깔끔하고 유용한 정보 위주로 구성해야 한다.
- 이용자의 접속환경(모뎀 통신 속도)을 고려한 디자인이어야 한다.
- 유용한 정보제공 및 지속적인 정보의 갱신이 가능해야 한다.
- 연락처(전화번호, 팩스번호, 이메일, 담당자)를 정확히 기재한다.
- 영문소개에 주의한다. 철자법, 문법, 문장 등을 올바로 표기한다.
- 회사소개는 수출지역, OEM 경력, 보유기술 등 구체적인 내용을 제시한다.
- 상품소개는 용도, 인증, 특허 등 특기 사항을 강조한다.

### 한국무역협회의 영문 미니사이트 무료 제작 지원사업

한국무역협회는 무료로 영문 미니사이트(minisite)를 제작하여 수출기업의 글로벌 마케팅을 지원하고 온라인 무역을 확대하고 있다. 수출시장 개척을 위한 전자상거래 인프라 구축과 글로벌 e마케팅 확대 지원을 위해 제작되는 Minisite는 한국무역협회의 글로벌 e마켓플레이스인 tradeKorea.com에 등록되어 해외마케팅, 바이어 발굴, 인콰이어리 수신 등 온라인 무역 전반에 활용되고 있다.

- 글로벌 e마켓플레이스(tradeKorea.com)를 통한 수출기업의 회사 및 상품 홍보
- 수출상품 웹프로모션 실행
- 무역전문가 거래알선 서비스인 〈해외비즈니스 매칭서비스〉 사업 연계
- 구글, 야후, 네이버 등 국내외 검색엔진을 통한 글로벌 마케팅 전개

### 중소기업진흥공단의 외국어 홈페이지 무료 제작 지원사업

중소기업진흥공단은 외국어 홈페이지 제작을 통해 수출상품 해외홍보 등 중소기업의 수출인프라 구축을 지원하고 검색엔진 마케팅을 강화하는 사업을 추진하고 있다. 이에 대

한 세부 지원사항은 아래와 같으며 중진공 사이트(www.gobizkorea.or.kr)를 통해 확인할 수 있다.

- 외국어 홈페이지 제작 : 영어, 중국어, 일본어 등 외국어 택일
- 웹호스팅(5년간) 및 도메인명(1년간) 무료 지원
- 기초적인 검색엔진 최적화 기법 적용

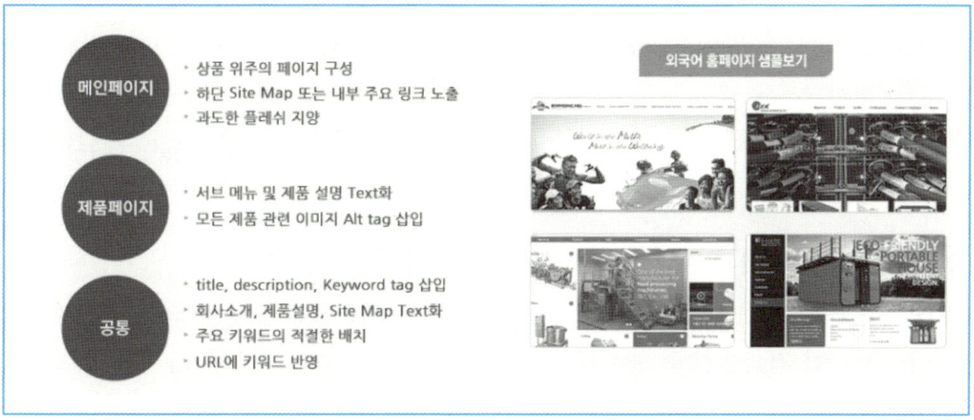


**▌소상공인시장진흥공단의 홈페이지 제작 지원사업**

소상공인시장진흥공단(www.semas.or.kr)도 소상공인 발전을 위한 특화사업의 일환으로 전국 32개 센터를 중심으로 제조업을 영위하는 상시근로자 10인 이내의 소상인을 대상으로 홈페이지 지원 사업을 수행하고 있다.

**▌e-무역상사의 홈페이지 제작 지원사업**

e-무역상사(전자무역 전문업체)인 이씨플라자(주)(www.ecplaza.co.kr)도 수출기업 지원을 위해 홈페이지 제작 서비스를 제공하고 있다.

## 2) 검색엔진 등록

일단 홈페이지 제작이 완료되면 외국 바이어가 자사의 홈페이지에 많이 접속하도록 웹 프로모션 전략을 시행해야 한다. 세계적으로 유명한 검색엔진인 구글, 알타비스타, 야후 등에 자사의 홈페이지를 등록하고 상위 페이지에 노출될 수 있도록 하여 바이어의 홈페이지 방문을 유도해야 한다. 검색엔진에 등록할 때에는 사이트의 성격과 내용에 맞는 디렉토리를 고려해야 하며 키워드와 메타 태그의 정의를 잘 내려야 한다. 그래야만 사용자가 검색을 할 때 상위 페이지에 등록될 수 있다. 인터넷상의 각종 검색엔진은 나름대로 특징

을 갖고 있기 때문에 검색엔진 등록에 앞서 검색엔진의 특성과 원리를 이해한 후 프로모션에 임하는 것이 바람직하다. Google, Altavista, Infoseek, Exite, Webcrawler, Hotbot, Lycos 등 많은 검색엔진은 로봇 또는 스파이더라는 프로그램을 이용하여 전세계 홈페이지를 검색해 준다.

현재 인터넷에는 다수의 검색엔진과 디렉토리가 존재한다. 따라서 모든 검색엔진에 등록하는 것은 현실적으로 어렵기 때문에 검색엔진 등록 대행업체를 활용하는 것이 바람직하다.

OSO사(www.oso.co.kr)와 EC21(www.ec21.net)사의 사이트를 통해 자사 홈페이지를 해외에 효과적으로 홍보할 수도 있다. OSO사는 세계 1천여 개의 검색엔진과 무역사이트에 등록을 유료로 지원하고 있다. (주)EC21은 「advertise your homepage」 메뉴를 통해 수출기업의 홈페이지를 해외의 유력 검색엔진에 홍보해주고 있다.

**❙ 중소기업진흥공단의 검색엔진 마케팅 패키지 지원사업〉**

중소기업진흥공단은 해외 유명 포털사이트 검색 시 상위에 랭크 되도록 기존 외국어 홈페이지에 대한 검색엔진 최적화 지원을 하고 있다. 지원 대상 기업은 아래와 같으며, 세부사항은 중진공 사이트(www.gobizkorea.or.kr)를 통해 확인할 수 있다.

### 3) 무역거래알선 사이트에 거래제의 내용 게시(Posting)

인터넷을 통한 거래알선은 기존 방식에 비해 비용절감, 시간절약, 기업 이미지 구축 등 여러 가지 장점을 갖고 있다. 인터넷 상에 존재하는 수많은 무역관련 사이트에서는 거래알선을 위해 자사 제품이나 거래정보를 스스로 등록할 수 있도록 지원하고 있다. 그러나 수많은 웹사이트 중에서 어느 사이트에 자사 또는 수출상품 정보를 게시할 것인지를 결정하는 것은 쉬운 일이 아니며 기업이 원하는 수출목표시장에 효과적인 마케팅을 전개하기 위해서는 지역별, 국가별, 서비스 종류별로 웹사이트의 특성을 이해하는 것이 무엇보다 중요하다. 기업은 한국무역협회, KOTRA 등 무역지원기관과 국내 전자무역 전문업체가 운영하는 무역거래알선사이트나 알리바바, 유로페이지 등과 같은 외국의 무역거래알선사이트에 수출상품 정보와 거래제의 내용을 게시할 필요가 있다.

수출기업이 다수의 거래알선사이트에 거래제의 내용을 일일이 등록하는 것은 쉽지 않기 때문에 EC21과 같은 일부 국내 전자무역 전문업체는 해외 유명 거래알선사이트에 국내 중소기업의 홈페이지나 거래제의 오퍼 정보를 링크해 주는 Multi-posting 유료 서비스를 제공하고 있다. 이 서비스는 한번의 Posting을 통해 다수의 거래알선사이트에 자동으로 등록되는 것을 말한다. 이 서비스를 제공하는 국내기업으로는 Tpage(www.tpage.

com) 등이 있다.

**❙ 등록대상 주요 무역거래알선사이트 ❙**

| 국내 무역거래알선사이트 | 외국 무역거래알선사이트 |
|---|---|
| • 한국무역협회(www.tradekorea.com)<br>• KOTRA(www.buykorea.org)<br>• EC21(www.ec21.com)<br>• EC Plaza(www.ecplaza.net)<br>• Tpage(www.tpage.com)<br>• 중진공(www.gobizkorea.com) | • 알리바바닷컴(www.alibaba.com)<br>• 글로벌소시즈(www.globalsources.com)<br>• 유로페이지(www.europages.com)<br>• 국제무역협회연맹(www.fita.org)<br>• EC Trade(www.ectrade.com)<br>• 트레이드키닷컴(www.tradekey.com) |

이외에도 한국무역협회가 국내 기업의 수출시장 확대를 지원하기 위해 운영하고 있는 온라인 해외판매 정보포털(kmall24.com)에 입점해서 홍보하는 것도 바이어 발굴에 효과적인 방법이 될 것이다. 현재 영/중 쇼핑몰 및 아마존, 이베이 등 글로벌 쇼핑몰을 통해 전세계 판매 중이며, 국내 기업의 온라인 수출 확대를 지원하고 우수한 한국 상품을 해외에 홍보하는 역할을 하고 있다.

KMALL24의 주요 특징을 살펴보면, 한국을 사랑하는 해외 팬들을 위한 한류 온라인 쇼핑몰, 자체 쇼핑몰(영, 중) + 해외오픈마켓 판매(아마존, 이베이, 글로벌 티몰 등), 글로벌 결제 서비스(신용카드, 페이팔, 알리페이) 탑재, 실시간 고객 상담(C/S) 및 해외배송 대행, 바이어의 대량 주문 문의 유입 시 B2B 매칭서비스를 통한 수출 지원 등이다.

한편, Kmall24에서는 입점상품의 해외 노출 확대 및 판매 증진을 위해 아마존, TmallHK.com(알리바바에서 운영하는 해외직구 B2C 온라인 쇼핑몰) 등 글로벌 해외 오픈마켓에 Kmall24 스토어를 개설하여 상품등록 연계 판매를 지원하고 있다.

### 4) 유명 무역거래알선사이트 돌출광고

한국무역협회, KOTRA, EC21 등 국내 무역지원기관 또는 해외마케팅 전문업체가 운영하는 무역 e-Marketplace를 방문한 해외 바이어들에게 수출상품에 대한 관심을 신속하게 유발시키기 위해서는 사이트 초기화면에 돌출광고를 대행해 주는 유료 서비스를 활용하면 효과적이다. ㈜EC21은 돌출광고를 희망하는 업체로부터 매월 일정액의 광고수수료를 받고 거래알선사이트의 초기화면에 "Featured Products"라는 메뉴를 만들어 수출상품을 지속적으로 홍보해 주고 있는데, 이 서비스를 통해 거래가 성사된 경우가 많이 발생하고 있다.

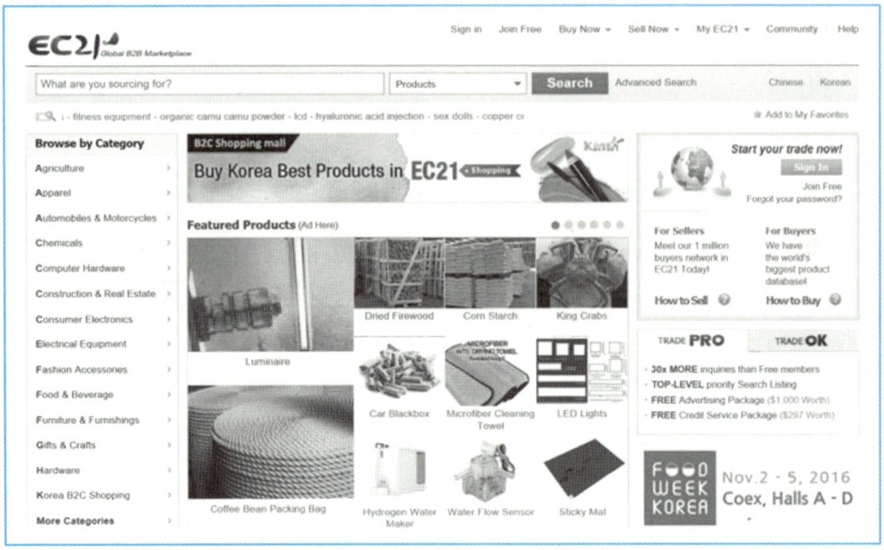


### 5) YouTube 게시(Posting)

최근 우리나라 기업들은 동영상을 통해 자사제품을 짧은 시간 내에 상세하게 소개할 수 있는 YouTube를 수출상품 홍보수단으로 적극 활용하여 좋은 성과를 거두고 있다. 유튜브에 동영상을 게재할 때 적절한 키워드를 삽입하면 구글 등 검색엔진에서 노출되는 부수적인 효과를 거둘 수도 있어 제품홍보수단으로 매우 유용하다.

이와 함께, 수출기업은 링크드인(Linkedin) 등 SNS를 통해 해외 유력 바이어와의 네트워킹을 구축하여 수출상품의 해외홍보를 강화하고 있다. 현재 전세계적으로 SNS를 이용하는 사람은 17억 명에 달하며, 이용자 수가 급증하고 있어 온라인 마케팅의 중요성이 높아지고 있다.

### 6) 해외 온라인 쇼핑몰 입점 홍보

국내외 인터넷마케팅 전문업체가 운영하는 해외 온라인 쇼핑몰에 자사의 수출상품을 입점하는 방법도 적극 활용해 볼 필요가 있다. 최근 동남아시장에서도 전자상거래가 활성화되면서 온라인 쇼핑몰을 통한 제품구매가 크게 늘어나고 있다. 특히, 소비제품 등 B2C 제품의 경우에는 이러한 온라인 쇼핑몰을 활용한 마케팅 방법이 매우 효과적이다.

KOTRA(호치민무역관)는 연간 30억 달러 규모에 달하는 베트남 전자상거래시장을 공략하기 위해 "동남아의 아마존"으로 불리우는 베트남 최대 온라인쇼핑몰인 LAZADA (www.lazada.vn)와의 협력으로 온라인상에서 "한국상품관(K-Shop)"을 운영하고 있다. LAZADA는 베트남 전자상거래시장의 36%를 차지하고 있으며, 베트남, 인도네시아, 말레이시아, 태국, 필리핀 등 동남아 시장 진출을 위한 온라인 교두보 역할을 하고 있다.

### 7) QR코드 제작

디지털에서 스마트 혁명으로 진화하고 있는 현대사회는 해외마케팅과 제품 발굴 방법에도 빠른 속도로 진보와 변화를 거듭하고 있어 장소에 구애받지 않는 스마트 기기의 보급에 맞는 제품소개 채널과 컨텐츠를 갖추는 것이 중요하다. QR코드를 제작하여 오프라인 홍보물에 수록하여 바이어들이 언제든지 회사를 방문하도록 유도할 필요가 있다. 최근에는 해외전시회에 참가하는 기업들도 현장에서 오프라인 마케팅자료를 배포할 경우 비용도 많이 들어가고 바이어의 수집자료 활용율도 낮다는 점을 감안하여 전시회 부스 앞에 설치한 배너에 QR코드를 삽입해서 내방 바이어들이 휴대폰에 담아 언제든지 회사정보를 활용하도록 하고 있다. QR코드의 사용비중은 유럽과 북미를 중심으로 한 선진국에서 높은 스마트폰 보급률로 인해 사용빈도가 높으며, 아시아권에서는 일본에서 이미 2005년부터 사용하여 현재는 어디서나 쉽게 접할 수 있다.

### 8) 웹디렉토리 등록

웹디렉토리는 웹사이트를 분야별, 주제별, 지역별로 구분하여 알파벳 순으로 열거한 것으로서 일종의 웹사이트 전화번호부와 유사하다. 대부분의 디렉토리는 이용자가 직접 등록하며 서비스를 무료로 제공하고 있다. 대표적인 웹디렉토리 사이트로는 26개 비즈니스 카테고리와 회사명으로 검색이 가능한 올비즈니스(http://allbusiness.com)와 FITA(www.fita.org) 등이 있다.

**웹 프로모션 해외마케팅 성공기법**

- 인상적인 도메인명을 잡아야 한다.
  "www.wine.com"과 같은 도메인명은 기억하기 쉽고 사이트명만 보아도 관련 품목을 알아보기가 쉽다. 기억하기 쉽고 인상적인 도메인명을 갖는 것이 무엇보다 중요하다. 기억하기 쉬운 숫자를 사용하여 도메인명을 짓는 것도 유용한 방법 중 하나다.
- 자사의 웹사이트를 쉽게 찾아오게 해야 한다.
  검색엔진에 자사의 사이트를 등록하는 것은 무료이지만 약간은 시간을 요하는 일이다. 검색엔진에 등록하는 것은 자사의 웹사이트를 찾아오는 길을 아주 잘 만든 고속도로를 통행하게 만드는 작업이다. 어렵지만 일일이 체크하면서 검색엔진에 등록 작업을 해야 한다.
- 무역거래알선 사이트를 자주 이용해야 한다.
  국내 거래알선 사이트 뿐만 아니라 인지도가 있는 해외거래알선 사이트를 자주 이용하여 제품과 자사

사이트에 대한 소개를 지속적으로 해야 한다.

- 전자우편을 자주 보내야 한다.
  검색엔진에 등록하는 것만으로 인터넷 무역마케팅에 성공하는 것이 아니다. 자사의 웹사이트를 방문할 수 있는 길만을 만들어 준 것에 불과하다. 이제는 적극적인 방법으로 해외 바이어의 전자우편 주소를 조사한 후 계속해서 자신을 알리는 전자우편을 보내는 것이 필요하다.
- 자신의 전자우편을 자주 체크한다.
  인터넷 무역마케팅의 의사전달 수단은 전자우편이다. Inquiry도 전자우편을 통해 이뤄진다. 자신에게 연락한 바이어를 기다리게 한다면 사업을 하지 않겠다는 의사표시와 다를 바가 없다.
- 웹사이트 관리에 유의해야 한다.
  웹사이트 관리는 자사의 신용과도 직결되는 문제이다. 제품 구입 시 웹사이트를 통해 얻은 정보에 근거해 구매의사를 결정한다. 웹사이트에 들어온 순간 오래된 자료가 있다든지 또는 링크되지 않는 페이지가 있다면 바이어는 실망할 것이다.
- 제품경쟁력을 갖추어야 한다.
  전자우편을 받은 후 자사의 웹사이트를 찾아온 고객이 있다면 절반은 성공한 것이나 다름없다. 찾아온 바이어를 잡을 수 있는 방법은 제품 경쟁력에 달려 있다.

# 제10장

# 해외전시회 활용

## 01 해외전시회 참가의 중요성

전시회는 상담에서 주문까지의 과정이 신속하게 이루어지고 회사와 제품을 효과적으로 홍보하고 정보교환과 수집이 용이하며 고객 니즈를 파악하고 고객과의 관계 강화에 기여하는 등 효과적인 마케팅 수단으로 인식되고 있다. 특히, 해외전시회는 단기간에 신제품과 신기술 동향을 파악하고 국내외 시장의 요구와 추세변화 및 경쟁업체 정보 파악이 가능하여 새로운 수출시장개척 수단으로 각광받고 있다.

### 1) 해외전시회의 장점

- 고객과의 현장 상담기회 제공(전 세계 바이어를 대상으로 현장대면 상담)
- 판매촉진 기회 제공(구매 의사결정권자의 전시회 참가 증가 추세)
- 신규 거래선 발굴 기회 제공
- 네트워킹과 협력관계 구축 기회 제공
- 다양한 시장정보 수집 기회 제공
- 기업 브랜드 이미지제고 기회 제공
- 기업 및 제품 홍보효과 극대화 기회 제공
- 신제품·신기술 소개 및 시장테스트 기회 제공

### 2) 마케팅믹스(4P)전략 관점에서의 해외전시회 기능

- 제품전략(Product) : 품질, 브랜드 이미지, 디자인, 포장 등에 대한 현지 바이어 반응 결과를 토대로 제품의 수용성을 검증할 수 있으며, 추후 자사의 제품생산, 디자인, 포장 등에 반영이 가능하다.
- 가격전략(Price) : 현지 바이어와의 상담과 경쟁회사 가격정보 수집 등을 통해 자사제품의 가격수준을 파악하여 합리적인 수출가격 산정에 활용 할 수 있다.
- 유통전략(Place=Distribution) : 다양한 전문수입업체, 유통업체, 딜러 등과의 상담을 통해 기존 유통채널의 적합성이나 개선 필요성을 파악하고 유통채널을 다변화할 수 있는 기회로 활용할 수 있다.
- 판매촉진전략(Promotion) : 경쟁기업의 판매촉진에 관련한 자료 수집이 가능하고 벤치마킹할 아이디어 발굴을 통해 회사와 제품을 바이어에게 효과적으로 알리기 위한 전략 개발이 가능하다.

## 02 해외전시회 참가목표 수립

해외전시회 참가에 앞서 명확한 참가목표를 수립하지 않고 막연한 기대감을 갖고 참가하게 되면 비용과 시간을 낭비할 수 있다. 전시회 참가목표의 내용에 따라 전시회 준비사항이 달라지므로 사전에 명확한 참가목표를 수립하는 것이 무엇보다 중요하다. 참가목표가 명확하게 수립되어야만 객관적인 전시회 참가 성과 평가가 가능해진다.

해외전시회 참가 목표는 아래의 예시 중 1~2개를 주요 목표로 정하고 여기에 회사의 역량과 자원을 집결하여 준비해야만 성과 달성이 가능해진다. 참가 목표가 많으면 회사의 역량과 자원이 분산될 수 있으므로 유의해야 한다.

**해외전시회 참가목표 예시**

- 신규 거래선 발굴을 통한 새로운 시장 개척
- 기존 거래처와의 거래 확대 및 관계 강화
- 현장에서의 오더 수주
- 신제품 출시 및 고객 반응 조사
- 자사의 객관적인 경쟁력 파악(수출가능성 분석)
- 신규 에이전트, 딜러 또는 유통업체 발굴

- 기업 및 제품 브랜드 이미지 제고
- 최근 시장동향 파악
- 신제품 개발동향 및 신규 디자인 트렌드 파악
- 경쟁사 제품정보 입수 및 경쟁정도 파악
- 업계 관계자와의 네트워킹 구축
- 전시회 부대행사(세미나 등) 참가
- 직원 교육기회 활용(해외 판매경험 취득)

## 03 참가대상 해외전시회 선정기법

### 1) 해외전시회 선정의 중요성

충분한 사전조사를 통해 회사와 제품의 특성에 부합하는 전시회를 선정하여 참가해야 한다. 아무리 규모가 큰 유명 전시회라고 하더라도 자사 제품이 잘 팔리지 않는다면 좋은 전시회가 될 수 없으며, 오히려 규모가 작고 지명도가 다소 떨어지는 전시회에서 자사 제품이 잘 팔린다면 좋은 전시회가 될 수 있다.

### 2) 참가대상 전시회 선정기준

좋은 전시회에 대한 판단기준은 기업마다 차이가 있겠지만 일반적으로 아래 조건을 충족시켜야 한다.

- 전시주최자가 선정한 대표적인 전시품목에 자사의 전시제품이 포함되어 있는가?
- 자사의 전시회 참가 목적에 부합되는 전시회인가?
- 개최장소와 시기가 적절한가?
- 전시 주최자가 믿을만한가?
- 동종업계의 유력바이어들이 많이 참가하는가?
- 국내외 경쟁업체들이 많이 참가하는가?
- 과거에 어떤 기업들이 참가했으며 그들의 만족도는?
- 과거에 한국기업들도 참가한 적이 있는가?
- 접근이 용이하고 잘 알려진 전시장에서 개최되는 전시회인가?
- 공신력 있는 기관에서 인증 받은 전시회인가?

- 개최국뿐만 아니라 인근국가 등 해외 참관객들이 많은 방문하는가?
- 자사의 제품이나 브랜드를 효과적으로 홍보할 수 있는 전시회인가?
- 신제품이 많이 출품되는 전시회인가?
- 참가비 부담이 크지 않은 전시회인가?
- 다양한 부대행사가 개최되는 전시회인가?
- 정부, 지자체 및 무역지원기관이 후원 또는 파견하는 전시회인가?
- 중앙정부 또는 지자체로부터 예산지원을 받는 전시회인가?
- 부스 확보가 용이한 전시회인가?
- 참가기간 중 인근 호텔 예약이 용이한 전시회인가? 등

### 3) 해외전시회 정보 수집방법

KOTRA는 국내 중소기업의 해외전시회 참가 지원을 위해 한국전시산업진흥회(AKEI)와 공동으로 전시회 전문포털사이트(www.gep.or.kr)를 운영하고 있는데, 이 사이트를 통해 다양한 국내외 전시회 정보를 입수할 수 있다.

이외에도 해외전시회 정보를 제공하는 글로벌 사이트는 아래와 같다.

- 글로벌소스사(www.globalsources.com)
- 독일 www.expodatabase.com / www.auma-fairs.de
- 미국 www.tsnn.com, www.exhibitiononline.com
- 기타 www.reedexpo.com (유명전시회 전시 주최자 및 운영자)

# 04 해외전시회 참가 준비사항

## 1) 해외전시회 업무 추진 절차

해외전시회에 참가하여 좋은 성과를 거두기 위해서는 충분한 시간을 두고 체계적으로 준비해야 한다. 따라서 해외전시회 참가 준비는 주먹구구식으로 해서는 안 되며, 아래와 같은 절차에 따라 체계적으로 진행해야 한다.

전시회 참가목적 및 목표설정(1년 전)
↓
참가 대상 전시회 선정(1개월 전)
↓
전시회 참가예산 수립 및 확보(11개월 전)
↓
전시회 참가 신청 및 부스예약(6~11개월 전)
↓
항공권 및 숙박예약(6개월 전)
↓
전시품 준비 및 발송(2~6개월 전)
↓
전시회 사전마케팅(3개월 전)
↓
전시회참가 현장마케팅
↓
전시품 반송
↓
전시회 사후관리(Follow-Up)
↓
전시회 참가 성과분석 및 피드백

## 2) 해외전시회 참가 신청

참가 대상 해외전시회 선정이 완료되면 신속하게 참가신청을 하는 것이 유리하다. 그 이유는 전시회 주최 측이 업체 모집을 위해 부스 임차료 할인혜택을 주거나 전시부스를 우선 배정해 주는 등 다양한 인센티브 제도를 운영하기 때문이다. 전시 주최 측의 웹사이트를 통해 참가 대상 전시회 매뉴얼을 입수하여 내용을 세밀하게 검토한 후 참가 신청하는 것이 바람직하다.

참가신청서를 제출할 때에는 부대서비스(집기, 의자, 주방용기, 조명, 사무용기기, 전기, 전화, 인터넷, 급배수, 가스 등 각종 유틸리티)를 동시에 신청할 필요가 있다. 사전에 신청하지 않고 전시회 기간 중 현장에서 부대서비스를 신청하게 되면 비용이 많이 발생하기 때문에 유의해야 한다.

그리고 전시회 참가 신청할 때 부스요원, 통역요원, 안내원 등에 대한 전시회 출입증과 주차증을 함께 신청해야 한다. 추후 분실 가능성에 대비하여 되도록 넉넉하게 신청할 필요가 있다.

다음으로 전시 주최 측이 발간하는 전시회 디렉토리에 회사정보가 실릴 수 있도록 관련 정보를 미리 제공해야 한다. 추후 내방객들은 전시회 디렉토리를 보고 회사 부스를 방문하는 경향이 있다. 입장료가 비싼 전시회의 경우 신청할 때 전시부스 참가업체에게 일정 분량의 무료입장권을 제공하는 경우가 있으므로 그 여부를 확인하고 사전에 신청해야 한다.

### 3) 전시부스 예약 및 부스위치 선정

#### (1) 전시부스 예약

전시회 주최 측은 조기 신청기업에 대해 할인혜택을 부여하고 부스를 우선 배정하는 특별 인센티브를 제공하기 때문에 좋은 부스를 배정받기 위해서는 가급적 신속하게 부스를 예약해야 한다. 이를 위해서는 전시 주최 측 실무자와 긴밀한 유대관계를 구축할 필요가 있다. 전시회에 참가할 때에는 전시 주최 측 실무자에게 줄 조그만 선물을 준비하거나 전시회 기간 중 식사 초청하는 문제를 적극 검토할 필요가 있다.

#### (2) 전시부스 위치 선정

전시부스의 위치는 상담실적에 큰 영향을 미치므로 가급적 좋은 위치를 확보하는 것이 무엇보다 중요하다. 이를 위해서는 전시 주최 측이 조기 참가 신청 기업에게 좋은 위치의 부스를 우선 배정하는 인센티브를 제공하므로 가급적 참가 신청을 신속하게 하는 것이 유리하다.

일반적으로 KOTRA, 한국무역협회 등 무역유관기관이 주관하는 전시회에 공동으로 참가하는 경우에는 제비뽑기로 부스의 위치를 정하지만 개별적으로 참가할 경우에는 아래와 같은 사항을 고려하여 좋은 위치의 부스 확보를 위해 노력해야 한다.

**전시부스 위치 선정 시 고려사항**

- 참관객들이 주로 이용하는 동선 주변을 선택한다(전시장 입구나 중앙, 주통로 양쪽).
- 가급적 코너 부스를 확보한다(일반 통로에 비해 참관객의 왕래가 많음).
- 오른쪽 부스를 확보한다(사람들은 본성적으로 오른쪽을 먼저 주시하는 경향이 있음).
- 대기업 부스 주변을 선택한다(대기업 부스를 방문한 참관객의 시선을 끌 수 있음).
- 경쟁업체의 주변 부스를 확보한다(자연스럽게 경쟁사와 비교 가능한 환경을 조성).
- 업종별로 전문화된 부스를 선택한다.

**부스위치로 피해야 할 장소**

- 통로 안쪽 가장자리는 피해야 한다(참관객 출입이 적기 때문).
- 물류창고 근처는 피한다(소음이 많아 산만함).
- 화장실이나 식당 근처는 피해야 한다.
- 장애물이 있는 계단 등은 피해야 한다.

### 4) 해외전시회 참가예산 확보

전시회 참가에는 많은 예산이 소요되므로 예산 절감을 위해서는 세부 예산계획서를 수립해야 한다. 한국무역협회, KOTRA, 중소기업중앙회, 중소기업진흥공단, 중기부 수출지원센터, 지역 테크노파크 등 무역지원기관들은 해외전시회에 참가하는 중소기업에 대해 자금 등 다양한 형태의 지원을 하고 있다. 이와 함께, 중소벤처기업부, 산업통상자원부, 지자체 등도 전시회 참가업체에 대해 적극적으로 예산을 지원하고 있으므로 이를 적극 활용할 필요가 있다. 이에 대한 세부내용은 전시포털사이트(www.gep.or.kr)를 확인하면 된다.

**해외전시회 참가예산 절약 기법**

| 구 분 | 세부내용 |
|---|---|
| 부스임차료 | * 조기 신청자에 대한 할인혜택 및 무역지원기관 및 지자체 전시회 지원사업 활용 |
| 장치비 | * 국내 장치업체 활용 바람직(전시회 개최지 소재 장 치업체와 업무제휴) |
| 유틸리티 비용 | * 전시회 참가 신청 시 함께 신청하면 할인가격으로 계약 가능 |
| 전시품운송비 | * 핸드캐리 시 허용 무게와 수량이 유리한 항공편 선택 바람직<br>* 전시회 참가업체들끼리 물류회사를 공동 활용<br>* 무역지원기관 및 지자체의 전시회 물류지원사업 |
| 통역 및 안내원 채용비 | * 코트라 해외무역관이나 해당국가 교민회 또는 유학생회 등을 통해 통역 조달 바람직 |
| 광고, 홍보 및 판촉활동비 | * 해당 전시회의 공식 디렉토리나 제휴 전문지 및 일간지에 참가내용 홍보 |
| 항공임, 숙박비 및 식비 | * 항공권과 호텔은 빨리 예약할수록 비용절감 가능 |

**| 해외전시회 참가예산 작성 양식 |**

| 항목 | | 예상비용 | 실제 집행액 |
|---|---|---|---|
| 전시공간 임차비 (exhibit space) | 전시부스 바닥면적 임차비용 | | |
| | 소계 | | |
| 운영비 (서비스 사용료) | 전기, 카펫, 청소비, 가구비, 조명, 음식접대비, 인터넷 사용료, 장비임차료(컴퓨터, TV, 휴지통, 전화코드) | | |
| | 소계 | | |
| 부스 장치비 | 부스 디자인비, 부스 장치 및 철거비용, 그래픽, 조명, 기타 부스 장치비 | | |
| | 소계 | | |
| 물류비 (선적 및 운송비) | 전시품 발송비, 현지운송 및 통관비 | | |
| | 소계 | | |
| 통신비/판매촉진비 | 시장조사비용, 사전 접촉비용(전화료, 우편료), 메일링리스트 입수비용, 홍보물제작비 (카탈로그, 브로슈어 등), 제품 demo자료, 스폰서십 비용, 언론홍보비, 사후관리(전화료, 우편료 등), 인터넷사용료 | | |
| | 소계 | | |
| 출장 및 숙박비 | 항공임, 숙박비, 식비, 일비, 렌트카비, 엔터테인먼트 비용 | | |
| | 소계 | | |
| 인건비 | 부스파견 요원 임금, 파견 요원 교육훈련비, 의복비(파견 요원 유니폼), 통역비, 안내원(도우미) 고용경비 | | |
| | 소계 | | |

## 5) 전시부스 서비스 신청 및 보험가입

전시부스를 임차하는 것과는 별도로 전시 주최자의 전시회 매뉴얼을 참고하여 서비스(신청내용 체크리스트 수록)를 신청해야 한다. 전시회 기간 중 현지에서 신청할 경우에는 가격이 비싸므로 주의할 필요가 있다.

전시품 운송 과정에서 분실 등의 위험에 대처하기 위해서는 사전에 전시회 주최 측을 통해 전시회 특별보험에 가입하는 것이 바람직하다. 또한, 한국무역보험공사를 통해 전시회 참가 후 수출이 성사되지 않을 경우 2년 후 전시회 지출경비 총액의 95%까지 보상해 주는 '해외시장개척보험제도'를 적극 활용할 필요가 있다.

### 6) 해외전시회 참가 출장계획 수립

해외전시회 참가 신청이 완료 되는대로 좌석 확보 및 비용 절감 등을 위해 항공 티켓과 숙소 예약을 서두르는 것이 바람직하다. 전시회 개최국가와 해당 지역에 대해 다음과 같은 정보소스를 통해 다양한 정보를 수집하여 숙지하고 참가하는 것이 유리하다.

- KOTRA(www.kotra.or.kr) : 국가정보(country profile) 메뉴
- 한국무역협회(www.kita.net) : 국별정보
- 유럽국가정보(www.europages.com)

숙소는 다소 비싸더라도 가급적 전시장에서 가깝고 대중교통(셔틀버스 운행)이 편리한 호텔 중에서 전시 주최 측이 지정한 호텔이나 KOTRA 해외무역관이 추천하는 호텔을 활용하는 것이 바람직하다. 숙소는 전시 부스요원의 피로도와 상담효과 제고를 위해서 다소 비용이 소요되더라도 개인별로 룸을 배정하는 것이 좋다.

**출장준비 사항 체크리스트**

- 호텔예약을 한다(전시회 주최회사와 연계된 호텔 이용 가능).
- 모든 인쇄물과 그래픽을 선적할 준비를 한다(언론매체 홍보자료는 직접 휴대가 편리).
- 해당국가 및 인근국가 정보를 수집한다.
- 현지 비즈니스 스타일, 상관습, 기호, 에티켓, 상담 시 유의사항 등을 파악한다.
- 부스설치 지시서를 해당 업체에게 송부하고 별도로 한 세트를 휴대한다.
- 외주를 주어야 하는 사항들을 점검한다.
- 보험가입 여부를 점검한다(여행자 보험 가입은 필수).
- 전시장 보관시설에 장비 또는 귀중품을 보관할 수 있는지 체크한다.
- 전시품 운송 및 선적에 따른 모든 조치를 한다(상대국 통관절차 및 서류를 확인하고 운송 및 통관업체와 협의).
- 운송업체 담당자 긴급연락처, KOTRA 해외무역관 및 공관 연락처 등을 준비한다.
- 기사 홍보자료 및 광고 문안을 준비한다.
- 전시면적, 부스 서비스 등에 필요한 비용을 전시회 운영기관에 기간 내 납부한다.
- 전시부스 업무분담 스케줄을 준비한다.
- 전시기간 중 착용할 배지, 인콰이어리 양식, 전시장 내 가구 등을 준비한다(배지는 일반적으로 전시 주최자가 제공함).
- 회사 안내책자 및 각종 증거자료(facts sheet)를 준비한다.

- 전시부스에서 사용할 장비를 체크한다(여유분의 전구, 퓨즈, 케이블, 교체부품, 공구 등을 준비).
- 사무용품(마킹펜 등 필기구, 종이, 멀티탭 등)을 준비한다.
- 충분한 명함을 준비한다.
- 비자와 여권을 확인한다(여권 유효기간, 비자 발급 소요일자 등).
- 노트북과 카메라(메모리카드, 충전기 포함), 로밍된 휴대폰 등을 준비한다.
- 간단한 세제와 세면도구(스킨로션, 면도기, 치약, 치솔) 등을 준비한다.
- 비상약(소화제, 감기약, 두통약, 상처치료제, 일회용 반창고 등)을 준비한다.

**해외전시회 개막 직전에 부스요원이 해야 할 사항은?**

부스상담요원은 현지에 도착하는 대로 아래의 사항을 빠짐없이 체크하여 전시회 개막에 대비하여야 한다.

- 자사부스 상태를 점검(부스 위치, 위치 및 면적이 도면과 차이가 있는지, 주변 부스상태 등)한다.
- 전시품을 인수하고 도난방지에 유의한다.
- 방문객의 관심을 끌 수 있도록 전시품을 잘 디스플레이 한다.
- 전시 주최자를 통하여 서비스 신청사항(전기, 전화, 인터넷, 냉장고, 주차권 등)을 확인한다.
- 부스 도우미에 대한 오리엔테이션 교육을 실시한다(도우미는 개막 3~4주 전에 확정하여 제품소개 책자, 상담자료 등을 보내서 출품 제품에 대해 숙지하도록 한다).
- 다른 회사의 부스를 들러보면서 참고할 사항을 파악한다.
- 개막 전날 오후까지 모든 준비를 마무리 한다.

## 05 전시품 선정 및 전시부스 설치

### 1) 해외전시회 출품 제품 선정

해외전시회 참가 목적에 부합하는 전시품을 준비해야 한다. 전시할 품목이 너무 많으면 오히려 역효과가 날 가능성이 있으므로 유의해야 한다. 전시회에 출품할 제품은 기본적으로 품질, 가격, 기술면에서 경쟁력을 갖고 있어야 한다.

**어떤 제품을 출품하는 것이 좋은가?**

- 독창성을 가진 아이디어 제품을 출품하는 것이 바람직하다. 전시회에서 평범한 제품은 참관객들의 이목을 끌지 못한다. 그리고 전시회에는 항상 경쟁업체들이 존재하기 때문에 새로운 아이디어나 기술로 제품을 업그레이드하지 않으면 경쟁업체에게 추월

당할 수 있다.

- 신제품이나 업그레이드된 모델을 준비하는 것이 좋다. 대부분 바이어들은 신제품이나 최신 모델을 찾기 위해 전시회를 참관한다.
- 국제적인 품질 및 규격인증마크를 적절히 활용해야 한다. 국제적인 품질이나 규격 인증마크를 획득한 제품의 경우에는 전시부스에서 제품을 홍보하는데 매우 유리한 위치를 점하게 된다. 따라서 회사의 지명도가 낮은 중소기업이 전시회에 참가할 때에는 이러한 조건을 갖추게 되면 품질을 인정받는 효과가 있어 바이어와 상담하는데 유리하다.
- 해당 국가의 규정상 수입가능 제품이어야 한다. 미국, 유럽 등 일부 선진국들은 엄격한 인증 제도를 유지하고 있기 때문에 이를 충족시키지 못할 경우에는 통관이나 현지 판매를 금지하고 있다. 따라서 해당 국가의 인증규정에 통과할 가능성이 없는 제품은 출품하지 않는 것이 바람직하다. 예를 들어, 회교국가에서 개최되는 전시회에 술이나 비키니 차림의 여자모델 사진을 담은 제품을 출품하는 경우 통관할 때 전시품이 몰수될 가능성도 있다.
- 틈새시장 진출이 가능한 제품이 유리하다. 해당 전시회와는 직접적으로 관련은 없지만 약간의 관련성을 가진 제품을 출품하여 틈새시장을 공략하는 전략도 바람직하다. 이러한 제품은 경쟁업체들이 적어서 바이어와의 상담에서 유리한 포지션을 차지할 수 있다. 예를 들어, 액세서리 박람회에 액세서리 케이스를 갖고 참가하거나 정보통신 전시회에 핸드폰 줄이나 케이스를 갖고 참가하는 것이다.
- 가전·전기제품의 경우 현지 전기 주파수나 전압에 맞는 제품을 출품해야 한다. 각국마다 전기 주파수나 전압이 상이하기 때문에 사전에 면밀한 조사를 통해 이에 부합되는 제품을 갖고 전시회에 참가해야 한다. 아무리 품질이 우수하고 성능이 좋다 하더라도 이러한 기준을 충족시키지 못하면 무용지물이나 마찬가지이다.
- 법적인 분쟁 소지가 있는 제품을 출품할 경우에는 주의를 기울여야 한다. 전시회에 출품한 제품이 경우에 따라서는 특허권 침해나 디자인 Copy와 같은 법적 분쟁을 유발시킬 가능성이 있으므로 전시회 출품에 앞서 문제의 소지가 있는지 여부를 면밀히 검토할 필요가 있다.
- 신제품의 경우 기밀 누출에 유의해야 한다. 신제품을 출품하는 참가업체들은 제품 카탈로그와 같은 세부정보를 전시부스에 진열하지 않는 경우가 많다. 왜냐하면, 신제품 메이커들은 항상 경쟁업체에 노출되어 있기 때문이다. 특히, 최근에는 중국 업체들이 전시회에 출품한 신제품을 복제하여 해당 기업에게 엄청난 피해를 가져다주는 사례가 빈번하게 발생하고 있다. 이에 따라 일부 업체들은 부스에서 전시품 촬영을 금지

하기도 한다. 전시 주최자가 카메라 반입을 금지할 수 있지만, 최근에는 휴대폰 카메라 기능의 발달로 이를 원천적으로 금지시키기가 어려운 실정이다.

**▌무형제품의 경우에는 어떻게 해야 하는가?**

회사의 주종 품목이 컴퓨터 하드 드라이브 수리업, 여행 및 금융상품, 소매 건설업 등 서비스분야의 '무형제품(intangible products)'인 경우에는 과거의 사업실적을 부각시키는 것이 바람직하다. 전시품목이 서비스 제품인 경우에는 아래의 사항을 참고하여 전시하여야 한다.

- 과거에 수행한 프로젝트를 설명하는 바인더, 보고서 또는 컴퓨터 프리젠테이션 자료 등을 준비하되, 여기에는 완성된 프로젝트와 관련한 사진자료나 해당 프로젝트에 대한 주요 고객의 호의적인 반응자료 등이 포함되어야 한다.

## 2) 전시부스 설치

전시부스는 참가 기업의 이미지로서 부스를 어떻게 설치·운영할 것인가는 매우 중요하다. 부스의 규모와 디자인, 그리고 장식이 그 업체가 차지하고 있는 위상과 출품된 제품의 중요성과 조화를 이룰 수 있도록 해야 하며, 경쟁업체의 부스와 비교하여 위축되지 않도록 해야 한다. 또한, 참관객들은 기업과 상담하기에 앞서 부스를 먼저 접촉하기 때문에 기업의 신뢰성과 특성을 잘 표현하여 참관객을 유인할 필요가 있다.

전시부스의 크기를 결정할 경우에는 아래의 사항을 고려하는 것이 바람직하다.

- 전시품 진열 공간 : 전시품의 수와 크기를 고려해야 한다.
- 상담 공간 : 바이어와 상담할 수 있는 자리 및 테이블 등의 비품을 고려해야 한다.
- 보조 공간 : 휴대품 보관소, 주방, 창고 등 전시회 운영 공간을 고려해야 한다.

**▌전시부스 설치 시 고려사항**

- 부스장치는 부스에 대한 첫인상을 좌우한다. 방문객들의 관심을 끌기 위한 필수조건은 부스장치와 디자인이다. 부스장치는 회사의 이미지와 직접 연결되므로 자주 전시회에 참가하는 업체일수록 부스장치에 신경을 많이 쓰게 된다. 우리나라 기업의 경우처럼 좋은 제품을 갖고도 바이어의 관심을 끌지 못하는 이유는 부실한 부스장치에 기인한다. 부스를 장치할 때에는 방문객에게 전달하고자 하는 기업의 이미지, 출품 전시품 내용, 부스규모, 예산사정, 부스 운영요원 수, 예상 방문객수 등을 고려하여야 한다.
- 참관객들의 이목을 끌 수 있는 부스이어야 한다. 유명 전시회일수록 방문객의 이목을

끌 수 있도록 쌍방향(interactive) 커뮤니케이션이 가능한 부스를 설치하는 것이 좋다. 왜냐하면, 참관객들은 많은 참가업체의 부스를 방문할 기회가 있기 때문에 당연히 평범한 부스는 그대로 지나쳐 버리기 때문이다. 이를 위해서는 전시품을 참관객들이 가장 잘 볼 수 있는 위치에 전시하고 사진 판넬, 조명, 보조도구 등을 적절히 활용하여 참관객들의 눈에 들어오도록 해야 한다.

- 부스 조명에 신경을 많이 써야 한다. 아무리 장치가 훌륭하더라도 조명이 부실하면 전시품을 제대로 부각시키기가 어렵다. 우리나라 기업들은 조명에 소홀한 감이 있지만, 외국의 유명 기업들은 조명 전문가를 동원하면서까지 부스조명에 많은 신경을 쓰고 있다. 부스조명이 미흡하게 되면 참관객들의 관심을 효과적으로 끌지 못하게 된다.

### 전시부스 디자인

많은 기업이 참가하는 전시회에서 자기 회사를 특별하게 표현하는 것은 매우 중요하다. 이는 부스의 이미지가 참관객에게 회사의 이미지와 신뢰성에 큰 영향을 주기 때문이다. 따라서 전시회에 출품하는 모든 제품들은 각자의 특징들을 시각적으로 최대한 나타낼 수 있도록 전시부스 내에 배치되어야 한다.

전시부스는 출품제품의 진열 공간, 상담 공간, 주방, 창고, 홍보물 비치 공간, 휴대품 보관소 등의 보조 공간을 최대한 나타낼 수 있도록 배치해야 한다.

- 자사만을 특별하게 표현하는 구조물, 광고물을 눈에 잘 띄는 색상으로 제작하여 강렬한 이미지를 준다. 단, 국가마다 선호하거나 싫어하는 색이 있으므로 이를 고려해야 한다.
- 부스는 최대한 밝게 하고 전시품 개별 조명을 적극 활용한다.
- 전시품 및 관련 자료를 부스 입구에 배치하여 참관객이 쉽게 자료를 가져갈 수 있도록 하고 전시품을 잘 볼 수 있도록 개방하여 막힌 느낌이 들지 않도록 해야 한다.
- 전시품은 참관객의 눈높이에 맞추어 진열하여 쉽게 볼 수 있도록 해야 한다.
- 부스의 벽면은 제품 이미지와 회사 관련 액자 및 포스터 등을 설치하여 단정하고 깔끔한 이미지를 갖춘다. 단, 거치식 현수막은 회사의 이미지가 저평가 될 수 있으므로 설치에 신중을 기해야 한다.
- 동영상 및 시청각 매체는 참관객의 이목을 끄는 효과가 크므로 회사와 공장의 전경, 제품생산과정 등을 표현하면 좋다. 단, 동영상 분량은 5분 이내로 준비하여 보는 사람이 지루하지 않도록 해야 한다.
- 부스 근무자들의 근무복을 통일시켜 단정한 느낌을 갖도록 한다.

**전시부스 및 전시품 색상은 기업 이미지와 연계 필수**

회사의 로고나 상표뿐만 아니라 전시부스의 색상도 회사의 이미지 형성에 도움을 준다. 특히, 색상은 인간의 심리에 영향을 미치는 중요한 요소 중 하나다. 전시부스의 색상을 잘못 선택하면 참관객들의 시선을 끌지 못하기 때문에 부스 방문객들이 적어질 가능성도 있다. 색상은 전시부스와 제품을 연계시킨다. 전시부스 색상을 잘 선택하면 방문객들의 상상력을 자극하는 시각적인 이미지를 창출할 수 있다. 색상을 잘 선택해야 하는 궁극적인 목적은 부스 안에 진열되어 있는 전시품을 돋보이게 하는 것이다. 일부 전시품들은 특성상 시각적인 주의를 끌지 못하는 경우가 있기 때문에 전시부스의 색상을 잘 선택해서 이를 커버할 필요가 있다. 제품 색상과 전시부스 색상이 조화를 이루도록 해야 한다는 점도 잊어서는 안 된다.

## 06 전시품 선적 및 통관

전시품의 선적과 운송이 늦어지면 전시와 거래상담에 차질이 발생할 수 있으며, 선적비용이 많이 발생되므로 전시품의 운송 문제를 소홀히 다뤄서는 안 된다.

전시품이 준비되면 선적에 필요한 상업송장(Commercial Invoice), 포장명세서(Packing List), 선하증권(B/L: Bills of Lading / 항공운송일 경우 Airway Bill) 등의 선적서류를 준비해야 한다. 전시용 물품을 수출 또는 재수입할 경우에는 수입관세 등을 부과하지 않고 해당국 세관을 통과하기 위하여 대한상공회의소로부터 ATA까르네(물품무관세임시통관증서)를 발급받아 수출입 통관을 진행해야 한다. 이는 ATA협약국 간에 일시적으로 물품을 수입/수출 또는 보세운송하기 위하여 필요로 하는 복잡한 통관서류나 담보금을 대신하는 것으로 통관절차를 신속하고 편리하게 하려는 목적을 갖고 있다. 따라서 ATA Carnet을 이용하게 되면 통관할 때 부가적인 통관서류의 작성이 필요 없으며, 관세, 부가세, 담보금 등을 수입국 세관에 납부할 필요가 없게 된다. 이 증서는 중남미와 아프리카를 제외한 ATA에 가입된 67개국에서 통용되고 있다. ATA 까르네를 이용하게 되면 ATA 협약가입국에서 신속하고 원활한 통관을 할 수 있다. ATA 까르네는 대한상공회의소, 부산상공회의소, 대구상공회의소, 안양상공회의소 등 4곳을 통해서만 발급받을 수 있다.

**전시품의 운송 및 통관 시 유의사항**

전시품이 준비되면 전시 개막일 1~2일 전에 전시장에 도착되도록 운송회사에 의뢰해야 한다. 부피가 큰 전시품은 해상운송을 이용하는데 운임이 저렴하지만 시간이 오래 걸리므로 반드시 운송회사를 통해 운송기간을 확인하고 결정해야 한다. 그러나 부피가 크지 않고 무게가 많이 나가지 않는 전시품은 항공운송을 이용할 수 있는데, 운임은 다소 비싸지만 운송기간이 짧게 걸린다는 장점이 있다.

한편, 전시품을 휴대할 경우에는 항공사마다 무료로 실어주는 무게와 가방 또는 박스 수량에 제한을 두고 있어 허용범위를 사전에 확인하는 것이 중요하다. 특히, 귀금속이나 분실 가능성이 있는 제품은 직접 휴대하는 것이 유리하다. 다만 귀금속 등 고가품은 통관 시 문제가 될 수 있으므로 미리 대비하는 것이 중요하다. 그리고 해상운송이든 항공운송이든 전시물품에 대한 손망실을 대비하여 보험에 가입해야 한다. 운송비가 지나치게 저렴한 운송회사는 포장이나 서비스, 현지 통관 수속 능력이 떨어지는 경우가 있으므로 운송비만 보고 운송회사를 선정하는 것은 바람직하지 못하다.

한편, 해외전시회의 경우에는 전시품 통관절차와 관련된 규정들이 나라마다 상이하고 복잡하며 까다로워 전시품 운송에 있어 주의해야 한다. 이 경우 국제화물 운송 전문업체들이 전시품 현지 반입 및 국내운송까지 원스톱 서비스를 제공하고 있어 이들을 적극 활용할 수 있다. 출장 직원이 직접 전시품을 운송할 경우에는 대한상공회의소에서 발행하는 ATA 까르네를 이용하면 용이하게 운송할 수 있다. 그러나 안전하고 확실하게 전시품을 운송하기 위해서는 국제화물 운송 전문업체에 위탁하는 것이 바람직하다.

전시품을 운송 및 통관할 경우 다음과 같은 사항을 유의해야 한다.

첫째, 전시품은 충분한 시간을 두고 발송해야 한다. 대부분 중소기업들은 전시품을 선편으로 발송하고 일부 가벼운 전시품만 항공편으로 발송하거나 핸드캐리 하는데, 가끔 선편으로 발송한 전시품이 제때에 도착하지 않아 전시에 어려움을 겪기도 한다.

둘째, 가급적 현지 사정에 정통한 전시회 주최자가 지정한 통관대행업체를 이용하는 것이 안전하다. 전시품을 수령하는 수탁인(Consignee)은 신뢰할 수 있어야 하기 때문이다.

셋째, 전시품의 도난 방지를 위해서는 포장에 신경을 써야 한다. 각 전시품마다 회사명, 부스번호, 전시회명을 필히 기재해야 한다. 대부분의 국가에서 개최되는 전시회에서는 전시품 통관과정에서 도난사고가 자주 발생하고 있다. 도난 방지를 위해서는 Carton Packing 보다는 Wooden Packing이 바람직하며, 만약의 사태에 대비하여 중요한 샘플은 여분으로 핸드캐리 하는 것이 바람직하다.

넷째, 전시품 통관서류 작성 시 가격을 정상가격보다 낮게 표시(undervalue)하는 것에 유의해야 한다. 많은 기업들이 전시품의 인보이스 작성 시 보험료를 절감하기 위해 언더밸류 된 가격을 기재하는데, 이럴 경우 세관에 적발되거나 도난사고가 발생하게 되면 제대로 보상을 받지 못하는 경우가 발생한다.

다섯째, 전시회가 열리는 국가의 통관절차와 규정을 사전에 파악할 필요가 있다. 국가별 수입 금지품목, 통관절차의 특이사항 등을 사전에 파악하여 전시품 통관에 문제가 없도록 한다. 이에 관한 주요 국가별 통관절차와 규정은 글로벌 전시포털 사이트(www.gep.or.kr)를 통해 확인할 수 있다. 그리고 가능하면 전시회 개최국가 언어로 작성된 상품설명서를 첨부해야 한다. 일부 국가들은 다른 국가와 상이한 통관절차나 규정을 시행하고 있는 경우가 있다. 특히, 회교국가의 경우 술이나 여성 나체사진이 있는 잡지는 반입이 금지되므로 이런 아이템을 전시품과 함께 보내서 적발되면 해당 아이템은 몰수되고 전시회 참가 자체가 불가능할 수 있다.

여섯째, 샘플을 항공으로 핸드캐리 하는 경우 관세부과에 대비해야 한다. 이를 위해서는 공항에서 관세면세를 받기 위해 전시품을 증명하는 물품무관에 임시통관증서(ATA Carnet), 송장(Invoice), 포장명세서(Packing List) 등 전시품 통관 관련 서류를 사전에 준비해 가야 한다.

일곱째, 전시회 종료 후 전시품의 재반송 여부를 결정할 때 신중을 기해야 한다. 반송비용이 많이 소요되는 전시품은 현지에서 구매자를 물색하여 전시회 종료 즉시 인계하는 것이 바람직하다. 이때에는 재반송 비용과 현지 처분비용을 비교하여 결정하는 것이 유리하다. 현지 매각도 바람직하겠지만, 전시회 기간 중에 매각할 경우에는 전시 주최자로부터 경고를 받거나 심한 경우에는 블랙리스트에 올라 차년도 부스 배정이 배제되거나 벌금을 부과 받게 되므로 유의해야 하며, 가급적 전시회 마지막 날 매각하는 것이 좋다. 따라서 전시품을 처분하려면 사전에 예약을 받아두었다가 전시회가 끝날 때 해당 전시품을 인도하는 것이 바람직하다.

마지막으로 전시회 참가 직원은 운송과정에서 문제가 발생할 수 있으므로 주말에도 연락이 가능한 운송업체 담당자 긴급연락처를 필히 파악해야 하며, 전시품 운송관련 사본서류도 별도 준비하여 만일의 사태에 대비하는 것이 중요하다.

### 전시품 운송 시 고려사항

- 전시품을 운송할 때에는 박스 숫자를 가능한 줄여서 포장하되 표시를 명확하게 해야 한다.
- 전시품 반송용 라벨은 미리 준비하는 것이 중요하다.
- 의료기기 등 통관 문제가 발생할 수 있는 품목의 경우에는 사전 대비가 중요하다(현지어로 작성된 제품 설명서 등 준비).
- 전시품의 현지 처분 가능 여부를 사전에 확인할 필요가 있다.
- 해외전시회에 참가하는 기업은 전시품 운송 및 핸드캐리에 관한 제도가 국가마다 상

이하므로 사전에 반드시 확인할 필요가 있다.

- 관세부과에 대비하여 ATA Carnet(무관세 임시통관증서), 인보이스 등 선적서류 등을 사전에 준비해야 한다.
- DHL 등 특급우편도 국가에 따라 통관이 어려울 수 있으므로 대비해야 한다.
- 안전한 전시품 운송을 위해서는 Wooden Packing이 유리하다.
- 샘플, 카탈로그, 명함, 기념품은 충분하게 준비하는 것이 좋다.
- 해당운송 도중 변질 위험이 있는 전시품은 항공운송을 이용하거나 직접 휴대하는 것이 바람직하다.
- 전시품 손망실에 대비하여 사전에 보험에 가입할 필요가 있다.
- 전시품 손망실, 통관 불허, 지연도착 등에 대비하여 비상용 상담자료를 준비하는 것이 바람직하다.

## 07 해외전시회 마케팅기법

### 1) 사전 마케팅기법

전시회에는 많은 참관객과 바이어, 기업 등 다양한 이해관계자가 참가하기 때문에 유명 전시회라 하더라도 사전에 체계적인 계획을 수립하지 않는다면 좋은 성과를 기대할 수 없다. 유명 전시회일수록 체계적인 사전마케팅 계획을 수립·시행할 필요가 있다. 왜냐하면, 유명 전시회일수록 참관객이나 바이어들이 방문할 수 있는 부스가 한정되어 있기 때문에 그들을 자사 부스로 유치하기 위해서는 사전마케팅 활동에 많은 노력을 기울여야 한다. 이를 위해서는 전시회 참가에 앞서 부스 유치대상 내방객 명단을 확보하여 초청장이나 이메일을 보내서 접촉한 후 사전에 상담일정을 잡는 것이 중요하다.

#### ▍잠재 바이어 리스트 정보 수집방법

최근 인터넷의 발달로 회사의 제품을 취급하는 해외바이어 또는 유통업체 명단을 국내외 웹사이트를 통해 쉽게 입수할 수 있다.

**▌국내외 주요 거래알선사이트 현황▐**

| 국내 웹사이트 | 해외 웹사이트 |
|---|---|
| • 한국무역협회(www.kita.net)<br>• KOTRA(www.kotra.or.kr) 및 www.buykorea.or.kr<br>• (주)EC21(www.ec21.ent)<br>• (주)이씨플라자(www.ecplaza.com)<br>• 중소기업진흥공단(www.sbc.or.kr) | • 알리바바(www.alibaba.com)<br>• 유로페이지(www.europages.com)<br>• 미국 트레이드넷(www.tradenet.gov)<br>• 글로벌소스사(www.globalsources.com)<br>• 인디아마트(www.indiamart.com)<br>• 트레이드인디아(www.trade-india.com)<br>• 차이나페이지(www.chinapage.com)<br>• 컴파스(www.kompass.com)<br>• 트레이드컴파스(www.tradecompass.com)<br>• 토마스레지스터(www.thomasregister.com) |

### ▌내방객 부스 유치기법

내방객을 자사 부스로 유치하기 위해서는 아래와 같은 다양한 사전마케팅 활동 노력을 기울여야 한다.

#### (1) 개별초청 : 초청장(Invitation Letter) 발송

유력 바이어를 초청하는 가장 효과적인 방법은 유치대상 고객(기존 및 잠재 고객)에게 회사의 전시부스를 방문하도록 요청하는 공식적인 초청장을 보내서 개별적으로 초청하는 것이다. 잠재고객 리스트는 회사의 영업부서를 통해 확보할 수 있다. 초청장을 보낼 때에는 직접우편(Direct Mail), 팩스, 인터넷 등을 활용할 수 있지만 비용을 절감하면서 많은 잠재고객을 접촉하기 위해서는 인터넷을 활용하는 것이 가장 효과적이다.

초청장에는 전시회 개요, 회사 소개 및 연락처, 전시회 참가여부 문의, 전시회 참가 시 부스방문 요청, 출품예정 전시품 소개, 거래희망 의사표현, 부스위치, 방문 시 혜택 등의 내용이 포함되어야 한다. 초청장은 일반적으로 전시회 개막 2~3개월 전에 일괄적으로 회사의 대표이사나 고위 경영진의 명의로 발송하고 회신이 없으면 초청장 발송 후 2~3주 정도 지나서 다시 발송해야 한다. 관심을 보인 고객에 대해서는 출품 제품에 대한 상세한 정보(가격표, 스펙 등)를 보내 주면서 부스상담 약속을 이끌어낸다.

#### (2) 전시회 디렉토리 게재 및 광고

대부분의 전시 주최자들은 참가업체 명단이 알파벳과 품목별로 명시된 공식적인 카탈로그나 전시회 디렉토리(Show Directory)를 발간하는데, 여기에 자사의 이름이 반드시 게재되도록 조치해야 한다. 선진국에서는 디렉토리 게재비용이 비싸지만, 개도국의 경우에는 게재비용이 거의 없기 때문에 디렉토리를 적극 활용할 필요가 있다. 선진국의 경우에는 전시회 디렉토리 광고비용이 비교적 비싼 편이지만, 개도국은 저렴한 것이 특징이다. 일반적으로 전시회 디렉토리 광고 효과는 매우 높은 것으로 평가되고 있다.

### (3) 부스방문 권유 전화접촉

전화접촉은 개별초청 다음으로 유망고객을 자사의 전시부스로 유치할 수 있는 좋은 방법이다. 현지 전화번호부(Yellow Page)를 활용하여 회사와 거래관계가 없었던 공략대상 신규 고객의 전화번호를 입수하여 전시회 개막 2개월 전부터 접촉하여 자사의 전시부스를 내방하도록 권유한다. 통신비용을 절감하기 위하여 현지에 있는 지사나 업무 대리인을 활용하는 것도 바람직하다.

### (4) 거래제의 서한(Circular Letter) 발송

기존 및 잠재 고객, 관련단체 및 조합, 디렉토리 등에서 바이어 명단을 입수하여 전시회 개막 3개월 전부터 거래제의서한을 3~4주 간격으로 2~3회 발송한다. 서한에는 작은 기념품이나 선물을 동봉하면 더욱 효과가 있을 것이다. 기념품이나 선물로 자주 이용하는 볼펜, 달력, 열쇠고리 등은 피하는 것이 좋다. USB를 이용하는 것도 고려해 볼만하다. USB 내용은 자사의 전시회 참가 사실을 간단명료하게 설명하고 초청하면 된다. 사람들은 대개 우편물의 경우 대충 훑어보고 버리지만 USB의 경우에는 그렇지 않다. 그리고 전문잡지에 회사의 전시회 참가 광고를 낼 때 편집인에게 요청하여 광고 페이지를 추가 인쇄하여 우편물로 발송하는 것도 고려해 볼만하다. 한편, 거래제의 서한에는 상대방을 알게 된 경위, 자신의 업종, 취급품목, 거래실적, 거래국가, 자국 내 위치, 거래경험, 생산규모, 거래조건(특히 결제 및 가격조건 등), 신용 조회처(거래은행명 및 주소), 연락처 등이 포함되어야 한다.

### (5) 현지매체 광고(Public Relations)

무역잡지, 소비자 신문, TV, 미디어, 라디오, 인터넷 등 언론매체에 자사가 전시회에 참가할 것이라는 점을 홍보하게 되면 큰 효과가 있을 것이다. 이러한 노력은 전시회가 열리기에 앞서 잠재고객들에게 새롭고 흥미로운 제품정보를 전달하는 기회가 된다. 회사가 광고를 할 경우에는 먼저 어떤 미디어를 선택할 것인가를 결정해야 한다. 전시 주최자의 지원을 받으면 많은 도움이 될 것이다. 왜냐하면, 이들은 전시회를 대내외에 알리기 위해 각종 매체를 활용하고 있어 미디어에 관한 많은 정보를 갖고 있기 때문이다.

광고는 비용이 많이 소요되기 때문에 예산이 충분하지 않으면 게재하지 않아도 무방하겠지만, 게재할 경우에는 전시회 개막 수개월 전부터 작게 여러 번 게재하는 것이 바람직하다. 특히, 전시회를 맞이하여 발간하는 현지의 신문 또는 잡지 등의 특집란에 광고하는 것도 하나의 방법이 될 것이다. 미국과 유럽의 경우에는 품목별로 다양한 전문잡지가 발간되고 있는데, 여기에 광고하는 것도 바람직하다.

#### (6) 전시장 및 옥외광고

전시회마다 다소 차이는 있겠지만 어떤 전시회는 사람들의 통행이 잦고 노출이 잘되는 야외의 공공장소에 광고할 수 있는 공간을 마련하여 참가업체로 하여금 광고물을 설치할 수 있도록 배려하고 있다. 옥외 매체를 통하여 홍보할 경우에는 공항, 행사장, 숙박 호텔 주변 시설물 등에 현판, 조형물, 현수막, 아치, 가로등 배너, 유도사인을 활용할 수 있다.

#### (7) 무료입장권 발송

입장료가 비싼 독일이나 미국에서 열리는 전시회의 경우에는 잠재 고객에게 무료입장권을 보내는 것이 효과적이다. 무료입장권은 적절한 인사말과 함께 보내야 한다.

### 2) 현장마케팅 기법

기업은 많은 참관객들을 전시부스로 유인하기 위하여 매직쇼와 같은 볼거리(entertainment), 세미나 또는 컨퍼런스와 같은 교육기회(education) 또는 게임기회(game)를 제공한다. 이외에도 경품을 제공한다거나 제품시연회를 실시하고 전시회 기간 중 특별할인 등의 인센티브를 제공하여 많은 참관객들의 관심을 끌 수도 있다.

**참관객들을 효과적으로 전시부스로 유인하기 위한 전략은?**

- 전시부스에 참관객들의 이목이 집중되도록 해야 한다. 전시부스를 디스플레이할 때 전시품은 통로를 오가는 참관객들의 시야에 잘 들어오도록 적당한 위치에 전시하여 참관객들의 관심을 집중시켜야 한다.
- 참관객들과 쌍방향 커뮤니케이션이 가능한 전시부스를 설치해야 한다. 참관객들에게 컴퓨터를 통해 게임이나 퀴즈에 참가할 기회를 제공하거나 제품시연회 일정에 관한 정보를 제공하여 참관객들이 부스 안으로 들어 오도록 유도해야 한다.
- 경품과 같은 판촉물을 비치하여 참관객을 맞이할 준비를 해야 한다. 통로를 오가는 참관객들이 볼 수 있는 곳에 경품 등을 비치하여 그들의 호기심을 자극하여 회사의 전시부스에 관심을 갖도록 유도한다.
- 참관객의 정보수집에 편리하도록 부스를 정리해 놓아야 한다. 부스 안에서 참관객들이 부스요원을 기다리지 않고 그들이 필요로 하는 정보를 수집할 수 있도록 편리한 환경을 조성해야 한다. 왜냐하면, 부스요원이 유망 고객과 상담하고 있을 때 일반 방문객이 어떤 정보를 요청하면 상담에 방해받게 되기 때문이다.

- 부스요원 가까이에 방문객들에게 배포할 판촉물이 항상 있는지 확인한다. 회사 소개서, 제품 카탈로그, 브로슈어, 가격표, 명함 등 부스 방문객과의 상담에 필요한 각종 판촉물이 부족하지 않도록 비치해야 한다.
- 전시부스는 항상 정돈되어 있어야 한다. 전시부스가 복잡하거나 정돈되어 있지 않으면 참관객들은 다른 부스로 발길을 돌릴 것이다.
- 부스요원은 항상 방문객과 대화할 준비가 되어 있어야 하고 그들과의 대화에 적극 개입하도록 해야 한다.

### (1) 경품제공

일반 참관객들의 부스 방문을 유인하기 위하여 배포하는 판촉물은 회사를 기억나게 하고 좋은 상담분위기를 조성해주는 역할을 한다. 판촉물은 부스방문객들에게 부담이 되지 않는 아이템을 선택하는 것이 바람직하다. 우선 가격 면에서 저렴하고 실용성이 있으면서 해당 기업이나 제품 이미지를 잘 전달할 수 있는 아이템이 효과적이다.

대부분 전시 참가업체들은 전시회 기간 중 참관객들이 자사를 오랫동안 기억할 수 있도록 회사 로고가 새겨진 실용성이 있는 볼펜, 넥타이 핀, 명함지갑, 소형 탁상시계, 우산, 봉투 커터, 열쇠고리, 손톱깎이 세트, 쇼핑백, 모자, 휴대폰 줄 등 작은 경품(giveaways)을 제공한다. 일부 기업들은 부스 방문객들에게 사탕이나 캔디, 초콜릿, 팝콘 등을 조그만 경품으로 제공하기도 하는데, 경품은 적절하게 사용될 때에만 가치를 갖게 된다. 방문객들은 빈손으로 부스를 떠나는 것보다 티셔츠, 볼 캡, 제품 샘플 등 기념이 될 만한 작은 물건을 갖고 가게 되면 그 회사에 대해 긍정적인 인식을 갖게 된다. 하지만 음식 종류와 부피가 크거나 무거운 경품을 제공해서는 안 된다.

### (2) 제품시연회 실시

제품시연회(product demonstration)는 참관객들을 부스로 유인하기 위한 효과적인 수단이지만 짧은 시간(5~7분) 내에 고객들에게 자사제품의 특징과 장점 등 핵심적인 내용을 간단명료하게 전달하는 것이 무엇보다 중요하다. 제품시연회를 할 때 가장 중요한 원칙은 "부스 방문객들이 무엇을 알 필요가 있는가" 보다는 "그들이 무엇을 알기를 원하는가"에 초점을 맞추어 진행해야 한다.

제품시연회 진행시 유의사항으로는 먼저 참관객들이 가급적 부스에 오래 머물게 하도록 제품을 직접 테스트해 볼 기회를 제공하는 등 "쌍방향이어야 한다"는 점을 간과해서는 안 된다. 이외에도 제품시연회는 간단명료해야 하고 참관객들의 니즈에 초점을 맞추어 진행하고 끝까지 참여하는 방문객들에게는 경품을 제공하는 등 무엇인가를 보상해야 한다.

#### (3) 특별할인 행사 실시

기업은 실질적인 거래 성사를 위해 전시회 기간 중 주문한 제품에 대해서는 일정 비율의 할인행사를 진행하여 바이어들을 자사 부스로 유인하여 적극 상담을 진행할 수 있다.

#### (4) 세미나 등 교육기회 제공

전시회는 신제품과 새로운 서비스에 대한 정보를 수집하는 것도 중요한 목적이므로 방문객들에게 그러한 정보 수집 기회를 제공할 필요가 있다.

### 3) 사후관리 마케팅 기법

전시회장에서 거래 상담이 종결되는 경우도 있지만 대개는 전시회가 종료된 후 3~6개월에 걸쳐 상담이 본격적으로 진행되기 때문에 사후관리가 반드시 필요하다. 사후관리를 체계적으로 진행하지 않을 경우 전시회 참가를 통해 성과를 기대하기가 어렵다.

부스 내방객에 대한 사후관리는 빠를수록 효과적이므로 전시회가 종료되자마자 전시회에서 상담한 내방객들을 중요도에 따라 분류하고 데이터화하는 작업이 필요하다.

사후관리 내용으로는 먼저 부스 내방객의 인콰이어리에 대해서는 신속한 회신이 필요하다. 특히 부스 상담 시 바이어가 요청한 추가 정보는 신속하게 제공해야 한다. 그리고 전시부스를 방문한 모든 고객에게 일주일 이내에 감사서한을 발송하여 그들의 관심을 지속시킬 필요가 있다. 이와 함께 전시회 참가 결과보고서를 작성하여 전시회 참가에 따른 성과를 평가한다.

**전시회 사후마케팅 세부기법**

- 전시회 종료 후 모든 인콰이어리, 명함, 상담내용 정리
- 각 바이어별 중요 정보 및 답변시기 정리
- 바이어 요청사항 Follow-up
- 인콰이어리로 인한 판매과정 정리 및 계약
- DB정리 및 지속적 접촉
- 감사서한 발송
- 차기 전시회 및 각종 행사에 초대 등

# 08 전시부스 운영기법

## 1) 부스요원 선발

전시회에 어떤 직원을 파견하느냐에 따라 전시성과가 크게 달라지므로 기업은 훌륭한 부스요원을 선발하여 교육시킨 후 파견하는 것이 중요하다. 외국어를 잘 하더라도 제품관련 지식과 경험이 부족하면 바이어의 신뢰를 얻을 수 없으므로 부스요원은 무엇보다 자사제품에 대해 정통해야 한다.

일반적으로 부스요원은 다음과 같은 자격을 갖추어야 한다.

- 취급제품에 대해 정통(이론적, 실무적인 지식 보유)해야 한다.
- 성격이 외향적이고 공손하며 사람들과 어울리기를 좋아해야 한다.
- 신뢰감을 줄 수 있으면서도 세련된 매너를 갖고 있어야 한다.
- 자신의 의사표시를 명확하게 할 줄 알아야 한다.
- 임기응변에 능해야 한다.
- 외국어에 능통해야 한다.
- 전시회 참가경험이 풍부해야 한다.
- 부스 내방객의 관심과 수준을 맞출 수 있는 프로근성을 가져야 한다.
- 부스업무를 효율적으로 수행할 수 있도록 체력적으로 건강하고 여행을 좋아해야 한다.
- 신입직원보다는 중견직원을 선택하라. 회사와 제품에 대한 충분한 지식을 가진 중견직원을 선택하는 것이 바람직하다.
- 제품지식과 기술적인 스킬을 가진 직원들을 병행하여 선발하라. 전시부스에서는 내방객으로부터 제품이나 기술적인 내용에 대해 많은 질문을 받을 수 있다. 그러나 부스요원이 모든 것을 답변한다는 것은 어려운 일이다. 따라서 제품지식을 많이 알고 있는 요원과 기술적인 스킬에 정통한 요원 간에 서로 협력할 수 있는 분위기를 조성해 주어야 한다.

## 2) 부스맨십과 부스운영기법

부스맨십(Boothmanship)은 부스요원이 내방객을 대하는 일반적인 예의범절과 판매기법을 의미한다. 부스요원은 전시부스에서의 활동요령을 사전에 잘 숙지하고 있어야 한다. 참관객들이 전시부스를 방문하기 전에 다음과 같이 부스요원이 해야 할 행동과 하지 말아야 할 행동이 있다.

부스요원은 복장에도 신경을 써야 한다. 전시회 복장은 일반적으로 아래의 4가지 카테고리 중 하나에 해당된다.

- 정장을 입어라 : 참관객들에게는 첫인상이 매우 중요하기 때문에 부스요원들은 항상 정장차림을 하는 것이 바람직하다.
- 반 정장을 하라 : 참관객들의 대부분이 캐쥬얼 차림을 하고 있다면 반 정장을 하는 것도 무리는 아닐 것이다.
- 회사 로고가 새겨진 복장을 입어라 : 이러한 복장을 입으면 참관객들에게 회사의 이미지를 각인시켜 기업 인지도를 높이는데 도움이 될 것이다.
- 유니폼을 입어라 : 회사 유니폼을 입으면 참관객들을 부스로 유인하는데 도움이 될 것이다.

**| 부스요원의 내방객 상담 시 유의사항 |**

| 해야 할 사항(Do) | 하지 말아야 할 사항(Don't) |
|---|---|
| • 15분 먼저 부스에 도착한다.<br>• 부스를 항상 청결하게 유지한다.<br>• 명찰을 오른쪽에 잘 부착하라. 특히 내방객이 잘 볼 수 있도록 눈높이에 착용하라.<br>• 편안한 복장을 착용하라.<br>• 머리는 단정히 빗어야 한다.<br>• 신발을 자주 갈아 신어라.<br>• 항상 내방객에게 깊은 관심이 있는 것처럼 보여라.<br>• 식사는 제때에 하라. 특히 부스 근무 전후에 고단백 식사를 하는 것이 좋다.<br>• 술이나 매운 음식과 마늘을 피하라.<br>• 부스요원 업무스케줄을 지키라.<br>• 부스를 방문하는 모든 사람을 만나라.<br>• 상대방이 알아들을 수 있도록 또렷하게 말하라.<br>• 내방객과 나누었던 대화내용을 메모해 두어라. 따라서 항상 기록할 준비를 하라.<br>• 내방객이 없을 때에도 항상 긴장하고 있어야 한다.<br>• 부스를 항상 정돈하고 산뜻하게 하라.<br>• 다른 회사 부스요원들이 좋은 인상을 주는 태도를 적극 배워라. | • 부스 안에서 음식을 먹지마라.<br>• 껌을 씹어서는 안 된다.<br>• 따분하게 보이지 않도록 하라.<br>• 담배를 피우지 말라.<br>• 상담하는 경우를 제외하고 앉거나 기대어 있지 말라.<br>• 새로운 신발을 신지 말라.<br>• 컴퓨터를 사용하자 말라.<br>• 등을 돌리지 말라.<br>• 팔짱을 끼고 있지 말라.<br>• 호주머니에 손을 넣지 말라.<br>• 부스 동료들과 잡담을 하지 말라.<br>• 농담을 하지 말라.<br>• 휴대폰을 하지 말라. 부스 안에 전화기가 있다면 통화는 간단히 하고 보이지 않는 곳에 두어라.<br>• 무차별적으로 홍보물을 배포하지 말라.<br>• 근무시간에 부스를 떠나지 말라.<br>• 전시품이나 장비에 기대어 있지 말라. |

한편, 부스요원들은 내방객과의 상담에서 유리한 결과를 이끌어 내기 위해서는 제품뿐만 아니라 가격, 대금결제조건, 물품 인도기간, 품질보증, 유통구조 등에 대해 종합적으로 이해하고 있어야 한다. 특히, 베트남 등 동남아에서 열리는 전시회에는 독점권을 가진 에이전트에 대한 요구사항이 많으므로 에이전트 계약 내용에 대한 철저한 이해가 중요하다.

### 3) 전시부스 운영기법

#### (1) 전시장 도착 시 점검사항

① 자사부스 및 전시장 구성내용 확인

부스요원은 자사의 부스위치와 면적이 당초 신청한 내용대로 적절하게 배정되었는지 여부와 회사명(영문 스펠링 오류 여부) 등을 확인해야 한다. 전시회 주최 측에 신청한 유틸리티(전화, 전기, 인터넷, 조명 등)와 비품(테이블, 의자, 전시대 등)이 제대로 구비되어 있는지 여부를 체크하고 그렇지 않을 경우 전시 주최 측에게 개선을 요청해야 한다. 그리고 부스 내 바닥 카펫이 찢기거나 오물이 떨어져 있는지 여부도 살펴봐야 한다.

② 전시품 도착 여부 확인

전시품의 수량 및 내용물이 맞는지, 손망실은 없는지 여부를 확인해야 한다. 전시물품이 도착하지 않거나 수량과 내용물이 상이할 경우에 대비하여 부스요원은 전시물품 운송 대행업체의 연락처 등을 확보해 놓아야 한다.

③ 전시품 디스플레이

부스요원은 다음과 같이 전시품 디스플레이에 신경을 써야 한다.

- 어떻게 하면 내방객의 시선을 끌 수 있는가?(색상, 디자인, 포장, 배치방법 등)
- 어떻게 하면 내방객들이 전시품을 직접 만져보고 시연해 볼 수 있겠는가?
- 파손이나 분실에 대비해서 내방객들이 자유롭게 만지거나 조작하는 것을 일정수준에서 통제해야 할 것인가?
- 어떤 전시품을 가장 중앙에 배치할 것인가?
- 어떤 정보를 내방객들에게 전달해야 하는가? 그리고 정보전달을 위한 효율적인 도구(플립차트, 진열대, 오디오 및 비디오기, 시연 샘플 등)는 준비되었는가? 컬러와 그래픽을 이용하여 시각적인 형태로 표현되었는가?
- 부스 내에서 내방객들의 동선 이동에 지장은 없는가?
- 상담용 테이블과 의자는 어떻게 배치하고 테이블 위에 무엇을 놓을 것인가?
- 부스 벽면에는 무엇을 부착할 것인가?
- 통역과 안내원 위치는 어디로 할 것인가?
- 전시품 이외에 내방객의 시선을 끌만한 포인트는 무엇이고 어디에 배치할 것인가?(부스요원 한복 착용 등)
- 통로까지 전시품이나 비품 등이 침범하지 않는가?
- 가구와 전시회 진행을 위해 필요한 각종 기구들의 색상과 질은 적당한가?

- 조명장치 활용이 적절하여 내방객들의 시선을 집중시키고 제품에 대한 선전효과를 증대시켜 성과를 높이는데 기여할 것인가?
- 사진 슬라이드 상영, 시청각매체(TV, 멀티비전 등)를 적절히 활용할 것인가?
- 주최 측에서 금지하는 전시품이나 비품이 부스내로 반입되지는 않았는가?(전열기구, 가스기구, 소음이 큰 오디오 등)

### (2) 전시회 부스 상담기법

부스요원은 부스 내 상담시간을 절약하기 위해 가능성이 있는 바이어와 그렇지 않은 바이어를 구분하여 상담을 진행해야 한다.

**가능성이 없는 바이어 특징**

- 제품과 시장에 대해 잘 모른다.
- 상담을 하지 않고 샘플부터 요구한다.
- 당장 오더를 하겠다거나 에이전트를 달라고 한다.
- 명함이 없거나 명함을 주더라도 전시품과 관련 없는 회사에 근무한다.
- 수출입 절차에 대해 잘 모른다.
- 전시품을 건성으로 본다.
- 말에 과장이 심하다.
- 부스에 들어와서 상담한 후 자사 전시품과 별 관련이 없는 옆 부스로 들어간다.

### (3) 상담일지 작성

부스요원은 상담일지를 꼼꼼히 작성해서 사후관리에 체계적으로 대비해야 한다. 상담일지에는 바이어와 상담한 직원 이름, 상담일자 및 시간, 바이어 정보(성명, 기업명, 부서, 연락처), 관심제품명, 향후 바이어가 얻고자 하는 정보, 향후 바이어와의 재미팅기간, 향후 조치 요망사항 등을 기재해야 한다.

# 09 해외전시회 성과분석 및 성공전략

## 1) 해외전시회 성과분석

전시회 참가가 종료된 이후에는 차기 전시회 참가 효과를 높이기 위해 성과분석을 구체적으로 실시할 필요가 있다.

일반적으로 전시회 참가 성과가 부진한 이유는 첫째, 전시품이 경쟁업체에 비해 경쟁력이 없거나 부실한 경우이다. 아무리 유명 전시회라 하더라도 전시품의 내용이 빈약하면 성과를 거두기 힘들 것이다. 둘째, 전시회 성격에 부합되지 않는 전시품을 출품한 경우이다. 전시품이 경쟁력을 갖추고 있다 하더라도 해당 전시회에서 주로 거래되는 품목이 아니라면 상담이 이루어질 수 없을 것이다. 셋째, 거래가 잘 안 되는 전시회에 참가한 경우이다. 아무리 훌륭한 제품을 갖고 전시회에 참가하더라도 거래가 잘 이루어지지 않은 전시회라면 성과를 기대하기 힘들다. 넷째, 전시회 참가준비 또는 사후관리가 미흡한 경우이다. 전시품이 우수하고 유명 전시회라 하더라도 철저한 사전 준비나 적극적인 상담 활동이 없이는 좋은 성과를 기대하기 어렵다. 다섯째, 시장수요가 전체적으로 감소하는 경우이다. 해당산업의 경기가 좋지 않으면 그 여파가 전시회에도 미쳐 거래가 줄어들게 된다.

### 해외전시회 주요 성과분석 내용

- 전시장에서 바이어들이 관심을 보인 제품과 그 이유
- 자사 제품에 대한 바이어들의 평가
- 부스를 방문한 바이어들의 성격상 분류
- 전년 대비 이번 전시회의 전체적인 개최 규모 및 내방 바이어 숫자
- 일자별, 시간대별 부스를 방문한 바이어 숫자 분석
- 전시장에 나온 신제품들의 특성, 디자인, 소재, 주요 성능
- 전년 대비 시장의 변화와 그 요인
- 전체적인 상품 트렌드 및 향후 시장 전망
- 틈새시장 발굴 여부 및 공략방안
- 새롭게 부상하는 국가와 시장을 잃어가고 있는 국가 및 그 요인
- 준비해 간 상담 자료는 충분했는지 여부
- 출품 전시품은 적정하게 선정했는지 여부
- 부스 위치는 적정했는지 여부
- 전시장 부스 디자인, 소재, 전시대 등 집기와 조명 상태
- 주요 참가업체들의 전시 기법
- 주요 경쟁업체들의 참가 유무 및 참가규모
- 사전 마케팅 활동의 효과성 여부
- 사전 약속한 바이어들의 실제 방문 여부
- 당초 목표 대비 실적(바이어수, 상담의 질, 성약 및 계약, 정보 수집 건수 등)

- 전년도 참가 성과와의 비교 분석
- 유사 타 전시회 참가 성과와 비교 분석
- 신제품 소개 성과
- 기업 브랜드 이미지 제고 여부
- 경쟁기업들의 성과 및 의견
- 참가규모 및 파견인원의 적정성 여부
- 전시회 참가 준비 기간의 충분성 여부
- 전시주최자, 장치업체, 운송회사, 여행사 등의 서비스 여부
- 예산 대비 실제 집행액 간의 차이

**해외전시회 참가 성과 부진 고려사항**

- 전시회 선정 오류 가능성(시기, 지역, 품목, 성격, 인근지역에서 경쟁 유사 전시회 개최, 주최자 능력 등)
- 전시회는 잘 선정되었지만 출품 전시품 선정의 오류 가능성
  - 해당 전시회 주종 전시품과 거리가 있는 제품
  - 해당 지역에서 별다른 수요가 없는 제품
  - 현지 종교, 문화, 기후 등의 요인으로 인해 전통적으로 사용하지 않는 제품
  - 너무 오래된 모델(유행, 신제품 출시 등으로 판매 격감 제품)
  - 디자인, 소재가 현지 실정에 안 맞는 제품
  - 인증, 수입허가 등 현지 수입요건을 못 맞춘 제품
  - 현지 소비자가 구입하기에는 너무 비싼 제품
  - 경쟁사에 비해 경쟁력이 떨어지는 제품
- 미흡한 사전 준비
- 정보 부족
- 예산 제약
- 주변국들 정세 및 경제 불안으로 바이어 격감
- 부스 위치가 나빠 바이어 접근성에서 불이익
- 파견 부스요원의 자질 부족(외국어 구사력, 상담능력, 상품지식, 매너, 책임감 등)
- 자사보다 경쟁력이 훨씬 앞선 경쟁국, 경쟁사들 대거 참가
- 너무 작은 규모로 참가(부스 면적 제약으로 충분하게 상품 전시 불가)
- 파견인력 부족
- 부적격한 통역 채용

- 빈약하고 너무 평범한 부스 디스플레이로 바이어들의 시선을 끌지 못함
- 전시장 내 전력, 인터넷 등 유틸리티 서비스 부실로 제품시연 또는 프리젠테이션 어려움
- 자사 제품 경쟁력에 비해 너무 경직적인 비즈니스 전략(과다한 최소 주문량, 샘플 미제공, 경직적인 가격 제시 등)
- 돌발변수로 전시품 도착 지연, 통관지연 및 불허, 전시품 도난/망실
- 단체 참가의 경우 파견기관의 준비 소홀 및 업무 미숙

## 2) 해외전시회 참가 성공전략

### ▍해외전시회 참가 성공 10계명

① 자사의 제품 성격과 부합하는 전시회를 발굴하여 참가한다.

② 철저한 사전준비가 필요하다. 과거의 단순한 경험에 의지하지 말고 경험을 기록하고 체계화할 필요가 있다.

③ 구체적인 전시회 참가 목표를 수립한다.

④ 보다 적극적인 사전마케팅 활동이 필요하다.

⑤ 전시회는 신제품 경연장이므로 전시품은 신제품과 최근 모델, 아이디어 제품을 위주로 출품하는 것이 유리하다.

⑥ 특색 있고 분위기가 좋은 전시부스를 설치해야 한다.

⑦ 상담은 전시회 현장에서 마무리 지어야 한다. 전시회 기간 중 구체화 되지 않은 상담은 추후 거래로 연결되기 어렵다.

⑧ 위치가 좋은 전시부스를 선택해야 한다.

⑨ 전시회 종료 후 사후관리에 철저를 기해야 한다.

⑩ 유능한 세일즈맨을 전시부스에 파견해야 한다.

### ▍중소기업의 해외전시회 참가 세부 성공전략

① 자사제품 특성에 부합되는 전시회를 선택한다. 최종 선정은 전시회의 주요 전시품, 개최역사, 전시업체 수, 바이어 수 등을 조회하여 참가할 전시회를 결정한다. 이에 관한 정보는 전시포털사이트(www.gep.or.kr)를 통해 입수할 수 있다.

② 마케팅 대상과 목표를 명확하게 설정한다. 즉, 전시회 동안의 판매목표는 어떤 제품을 전시할 것인가, 어떻게 제품을 소개할 것인가, 전시회를 성공으로 이끌기 위한 최소한의 유망고객 숫자는 등과 같이 구체적인 목표를 설정해야 한다.

③ 관람객 흐름을 파악하여 부스형태를 정해야 한다. 전시회 부스 선정 시 고려해야 할

사항은 부스의 위치, 크기, 형태 등이다. 위치는 전문 제품관 입구 관람객들의 흐름을 살펴본 후 선정한다. 부스의 크기는 전시품목과 상담할 수 있는 바이어, 자사 판매요원 수를 고려한다. 다수의 판매요원을 배치하면 그 만큼 많은 바이어들과 상담하고 더 높은 목표달성이 가능하다.

④ 부스디자인에 관심을 가져야 한다. 부스디자인이 좋을 경우 바이어의 관심을 끌기가 보다 용이해질 것이다. 이를 위해서는 전시 컨셉은 무엇이며, 그것이 자사제품을 대표하는가, 어떻게 그 주제를 표현할 것인가, 전시기간 중 설명회를 개최할 것인가 등을 고려해야 한다.

⑤ 전시기간 중 이벤트 마케팅을 적극적으로 전개하여야 한다. 이를 위해 전시회 개최에 앞서 다음 사항을 필히 점검해야 한다.

- 무료입장권을 주요 고객들에게 발송한다.
- 편지 또는 이메일을 고객들에게 보낸다.
- DM은 무료입장권과 특별 판촉물, 초청장 등과 함께 보낸다.
- 전시회 개막 1개월 전 잡지, 신문 등에 광고하여 전시참가를 간단하게 알린다.
- 신제품, 자사제품의 혜택을 알리기 위해 기자회견을 한다.
- 기존고객 및 예상고객들과 전시장 내에서 미팅을 사전에 준비한다.

⑥ 언론매체를 활용하여 홍보에 최선을 다한다. 보도 자료를 준비하여 배포하고 전시장 내 자사 부스를 방문하는 VIP와 찍은 사진을 홍보자료로 적극 활용한다.

⑦ 해외 전시회 전담인력을 현장에 배치한다.

⑧ 해외 전시회 참가 지원제도를 최대한 활용한다.

⑨ 충분한 사전활동으로 바이어와의 미팅을 확약하고 전시회에 참가한다.

⑩ 바이어에게 보내는 초청장은 온·오프라인을 병행해야 한다.

⑪ 현장에서 경쟁기업 동향이나 비이어 구매성향 등 해외시장 트렌트에 주목한다.

⑫ 오만찬, 세미나, 투어 등 네트워킹 이벤트에 적극 참가한다.

⑬ 감사서한이나 추후 행사안내 등 지속적으로 바이어를 관리해야 한다.

⑭ 모조품 피해, 기타 샘플 주문 등 사기 행위에 주의해야 한다.

## 10 해외전시회 참가 지원제도

산업통상자원부는 해외마케팅 능력이 부족한 중소기업에게 해외전시회 참가 예산을 지원하고 있으며, 지원 전시회는 3가지로 분류된다. 첫째, "단체참가 해외전시회"는 해외에서 개최되는 전시회에 한국관 등을 단체로 구성하여 참가하는 해외전시회를 말한다. 둘째, "개별참가 해외전시회"로 한국관을 구성하지 않고 개별기업이 독자적으로 참가하는 해외전시회를 말한다. 셋째, "해외 특별전시회"로 전략시장 개척을 위하여 국내 전시 주최 사업자가 해외에서 전시회를 개최(해외 주최 사업자와 공동으로 개최하는 경우도 포함)하고 국내기업이 단체로 참가하는 대규모 해외전시회를 말한다.

한편, 해외전시회에 참가하는 기업에게 지원되는 경비는 직접경비와 해외마케팅비로 구분된다. 직접경비는 전시회 참가를 위한 경직성 경비와 수행기관 지원비이며, 해외마케팅비는 전시회 참가기업의 참가성과 제고지원을 위한 전시회 운영비 및 부대 사업비이다. 예산은 지원 금액 한도 내에서 수행기관에 전시회 참가 직접경비의 50%를 지원하고 있으며, 국가전략 및 지원성과의 극대화를 위하여 일부 전시회의 경우 70%까지 지원하고 있다.

### 1) 중앙정부의 단체 참가지원

산업통상자원부는 KOTRA를 통해, 중소벤처기업부는 중소기업중앙회를 통해 지원하고 있다. KOTRA는 산업통상자원부로부터 위임받아 국내 중소기업의 신흥시장 및 전략시장 진출을 지원하기 위해 한국관을 구성하여 연간 100회 내외의 세계 유명전시회에 참가하고 있다.

KOTRA는 신청 접수된 단체 참가 해외전시회를 대상으로 전시회 참가 선호도, 수출품목 및 수출시장의 성장성, 국가정책 기여도 등의 평가항목으로 구성된 해외전시회 선정기준에 의해 평가한 후 산업통상자원부와의 협의를 거쳐 단체 참가 해외전시회 선정위원회에서 최종 선정하고 있다.

각 기업들은 통상적으로 전시회 개막 5~6개월 전부터 참가신청을 해야 하며, 참가비용(임차료, 장치비, 전시품 운송료, 공동수행기관 관리비)의 최대 50%까지 국고지원이 가능하다. 다만, 국가전략과 지원성과의 극대화를 위해 일부 전시회는 산업통상자원부와 협의하여 70%까지 지원할 수 있다. 또한, 참가업체에게 제공되는 부스는 업체당 1부스를 원칙으로 하되 최대 4부스까지 배정할 수 있다.

한편, 중소벤처기업부는 중소기업중앙회를 통해 업체당 1천만 원 범위 내에서 해외전시회 단체 참가를 지원하고 있다. 항목별 지원기준은 부스임차료의 경우 업체당 1부스 이내 임차료의 50%를 지원하되 전시회에 따라 최대 3개 부스까지 지원이 가능하다. 임차료에는 보험료, 등록료 및 부가세 등이 포함된다. 장치비는 KOTRA 전시회별 신청금액의

50%를 지원하되 보석, 화장품, 공예, 패션, 멀티미디어 업종은 80%까지 지원이 가능하다. 운송료는 1CBM 이내 편도 운송료의 50%(대형전시물의 경우 2CBM)가 지원되며 항공 운송료의 경우 선박운송경비에 준하여 지원한다. 이외에 홍보 부스 설치 및 운영비, 바이어 초청 간담회비, 항공료(주관단체 1인에 한함) 및 사전간담회 등 운영경비를 지원받는다. 이 지원 프로그램은 중기청과 중앙회가 홈페이지 및 신문 공고를 통해 모집 공고를 하고 선정심의위원회를 개최하여 최종 심사를 통해 선정한다.

### 2) 중앙정부 개별 참가지원

중앙정부의 개별 참가지원은 기업이 한국관이나 단체관이 아니라 단독으로 해외전시회에 참가할 경우 지원해 주는 제도로 참가가 완료된 이후에 지원금이 지급된다. 한국전시산업진흥회는 "해외전시회개별참가선정계획"을 글로벌 전시포털 사이트(www.gep.or.kr)에 공고하며 연간 2회 선정계획을 공고하고 상반기 참가기업 공고는 전년도 12월에, 하반기 참가기업 공고는 당해 연도 4월에 모집 공고하는 것을 원칙으로 하며 예산집행 현황을 고려하여 필요한 경우 추가 모집공고를 할 수 있다. 개별참가 해외전시 참가 신청은 전시포털 사이트에서 인터넷 신청을 원칙으로 하고 인터넷으로 신청한 기업은 인터넷 신청서 및 증빙서류를 우편으로 제출해야 한다.

지원내역은 기본 부스료의 70% 또는 면적임차료의 100%와 1부스당 1CBM 기준 전시품 국내 입고장소(운송회사 지정 장소)에서 해외전시장까지 소요되는 해상운송(항공운송은 지원 불가) 편도 운송비로 개별 기업당 최대 700만원 한도 내에서 지원하고 있다. 한국전시산업진흥회는 예산 사정에 따라 개별기업 당 지원한도를 조정할 수 있으며, 개별참가 해외전시회의 기업별 지원횟수는 연간 1회를 원칙으로 한다. 단체참가 해외전시회로 선정된 전시회는 개별 참가해도 지원되지 않으며 동일한 전시회에 정부 지원금을 중복 지원할 수 없다. 지원 대상 선정은 참가신청서 서류심사 및 해외전시회 지원 대상 선정위원회의 심사를 거쳐 확정되는데 서류심사는 해외전시회 개별참가 신청서 및 증빙서류를 바탕으로 인터넷 신청여부, 증빙서류의 사실여부 등을 심사한다. 선정위원회는 서류심사를 통과한 기업을 대상으로 수출잠재력, 해외전시회 참가성과, 정책호응도 등을 심사하여 지원 순위를 정한 후 당해 연도 예산 범위 내에서 최종 지원기업을 선정한다.

### 3) 지자체 참가 지원

각 지자체에서도 도 및 광역시 내 공장등록 기업 및 수출실적이 해당 지자체로 집계되는 기업들을 대상으로 부스 임차료, 통역비 및 항공임 등을 전부 또는 일부 지원하고 있다. 지원 희망기업들은 각 지자체 홈페이지를 방문하여 해당 신청서를 제출해야 한다. 지자체별 세부 지원 전시회 정보는 글로벌 전시포털 사이트(www.gep.or.kr)를 통해 입수할 수 있다.

이외에도 한국농수산식품유통공사, 정보통신산업진흥원 등도 국내기업의 해외전시회 참가를 적극 지원하고 있다.

# 제11장

# 소셜미디어 활용 해외마케팅 기법

## 01 SNS와 해외시장개척 활동

정보통신기술 인프라가 확대되고 소프트웨어가 발전되면서 소비자 간에 네트워킹을 가능하게 하는 온라인 소셜네트워크서비스(Social Network Service : SNS)의 형태가 진화하고 있다. 초기에는 이메일, 리스트서브, 뉴스그룹 등 비교적 동질적인 집단 간 네트워킹이라는 제한된 형태로 나타나던 소셜네트워크서비스가 이제는 기업이나 쇼핑몰 사이트의 게시판, 개인의 미니홈피나 블로그, Facebook, Twitter와 같은 마이크로 블로그에 이르기까지 다양한 형태로 확대되고 있다.

최근 기업들은 소셜미디어를 새로운 마케팅 도구로 활용하여 많은 성과를 거두고 있다. 특히, 모바일 상거래가 지속적으로 확대되면서 모바일 환경에 익숙한 젊은 층이 핵심소비층으로 등장하면서 기업들은 SNS와 같은 소셜미디어를 통해 자사의 제품을 홍보하고 구매를 유인하는 등 적극적으로 마케팅 활동에 활용하고 있다. Wikipedia는 "소셜미디어(social media)를 사람들이 자신의 생각과 의견, 경험, 관점 등을 서로 공유하고 참여하기 위해 사용하는 개방화된 온라인 툴과 미디어 플랫폼"으로 정의하고 있다. 소셜미디어의 종류는 Blog(Blogger, Wordpress), Social Network(Facebook, Twitter, Instagram), Contents Communities(Youtube, Wikis〈Wikipedia, Wikispaces〉) 등 다양하다.

한편, 전세계 SNS 이용자 수는 갈수록 큰 폭으로 늘어나고 있다. SNS는 온라인상에서 이용자들이 인적 네트워크를 형성할 수 있게 해주는 인프라로써 Facebook, Twitter, Instargram 등이 대표적이다. 사람들은 SNS를 통해 자신의 인간관계를 확장하는 한편, 특

정한 관심사나 이슈에 대해 자신의 생각을 표출함으로써 사회와 양방향으로 소통할 수 있게 되었다. 오프라인에서의 인맥은 동향, 동창, 동료 등 동일한 사회적 배경을 갖는 경우가 많지만, SNS에서의 인맥은 관심사를 매개로 연령, 직업, 지역 등 서로 다른 배경을 가진 사람들로 무한정으로 확장될 수 있다.

**| 소셜미디어 종류 및 특징 |**

| 구분 | Twitter | Facebook | YouTube | Linkedin |
|---|---|---|---|---|
| 특징 | 단문 전용<br>(140자이내)<br>마이크로 블로그 | 세계 최대 이용자를 보유한 소셜미디어, 네트워킹 및 커뮤니티 중심 | 세계 최대의 동영상 공유 서비스 | 세계 최대의 비즈니스 네트워킹 서비스, 커뮤니티 중심 |
| 이용목적 | 친목,<br>의견소통(실시간, 휘발성이 강함) | 친목, 홍보 | 동영상 공유, 홍보 | 비즈니스 파트너/사업기회 발굴, 홍보, 채용 |
| 서비스 개시 | 2006년 3월 | 2004년 2월 | 2005년 2월 | 2003년 5월 |
| 사용자 수 | 약 1억 명 | 약 6억 명 | 약 5억 명 | 약 1억 명 |
| 사용자 평균연령 | 주로 25~44세 | 주로 25~54세 | 주로 25~54세 | 주로 35~54세 |
| 비고 | 기업의 C/S, 이벤터 홍보, CEO 직접 운영 | 기업용 계정 팬페이지 서비스 제공 | 세계 2위의 검색량 보유 | B2B 마케팅에서 가장 많이 이용 |

자료 : 한국무역협회 Trade Focus, "중소기업, SNS마케팅으로 신시장 일군다"(2013.8).

SNS의 보급은 기업과 소비자 간 관계에도 큰 변화를 초래하였다. 과거에는 소비자가 단순히 제품 소비를 통해 만족감을 얻었다면, 이제는 제품을 매개로 하여 자신과 기업 간

소통 및 관계 맺기 등을 통해 더 큰 만족감을 얻고 있다. "좋은 기업"에 대한 평가도 제품 기획, 디자인, 생산, 판매 등 일련의 과정 속에서 기업이 얼마나 소비자의 의견에 귀를 기울이고 소통하기 위해 노력하는지가 중요한 포인트로 부각되고 있다. 소비자들은 기업이 발신하는 정보보다 SNS 상의 지인과 유명인의 제품 사용후기 및 평판에 관한 정보를 더 신뢰하게 됨에 따라 기업의 SNS 활용은 중요한 마케팅 수단이 되고 있다. 특히, 소비자들은 제품(서비스)의 인지 및 정보탐색 단계에서 보다는 구매결정 단계에서 SNS의 평판과 입소문 정보에 크게 의존하는 경향이 있으므로 SNS마케팅을 강화할 필요가 있다.

**❙ 온라인 마케팅환경의 변화 ❙**

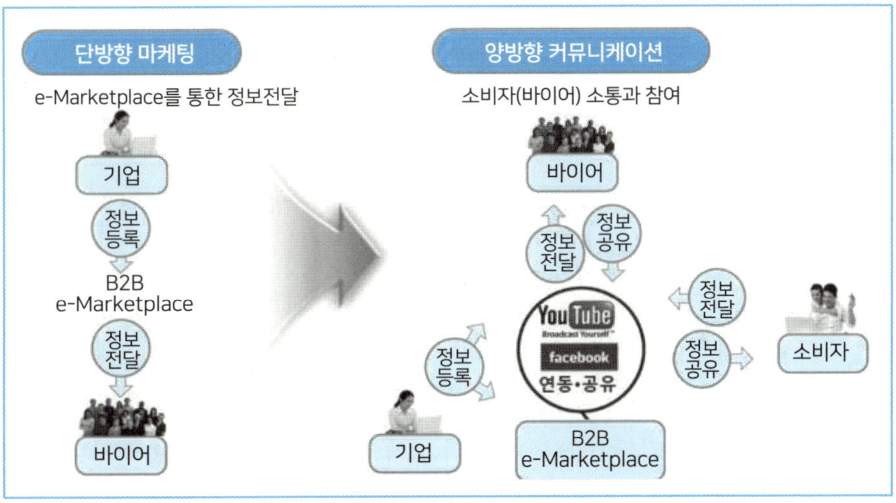


최근 기업들은 페이스북, 트위터, 인스타그램, 링키드인 등과 같은 SNS를 적극 활용하여 실질적인 매출 증가와 마케팅 효과를 거두고 있다.

**❙ 전세계 SNS 이용자수 ❙**

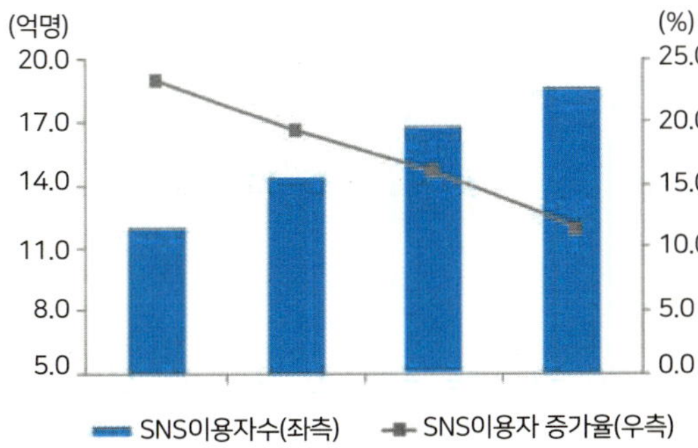


자료 : eMarketer

**❙ 기업이 주로 사용하는 SNS 플랫폼(11) ❙**

| 1 | 페이스북 |
|---|---|
| 2 | 스위터 |
| 3 | 링크드인 |
| 4 | 블로그 |
| 5 | 유튜브 & 비디오 |
| 6 | 소셜 북마크 |

자료 : Social Media Examiner(2011), Michaela stelzner(2011), 소셜 미디어 광고 효과 연구(DMC미디어, 2012) 재인용.

이처럼 기업은 SNS를 수출마케팅에 활용함으로써 신규바이어 발굴과 함께 제품, 디자인 개발 등에 해외 소비자들의 니즈를 반영할 수 있게 되었으며, 바이어 조사 및 거래성사까지의 시간도 크게 단축시킬 수 있게 되었다.

| B2B시장에서 소셜미디어 마케팅 이점 | |
|---|---|
| 새로운 시장 발굴<br>비즈니스 기회 확장 | • 커뮤니케이션을 통해 시장의 니즈 및 기회 발굴<br>• 매출을 증대시킬 수 있는 새로운 제휴 기회 개발 |
| 네트워크 구축<br>판매주기 단축 | • 입소문 효과가 큰 B2B 마켓 특성을 활용한 소셜미디어의 긍정적인 피드백으로 신뢰 구축<br>• 사전조사 가능해 거래성사까지의 시간 단축 |
| 브랜드 홍보<br>인지도 확보 | • 지속적인 네트워킹을 통한 브랜드 이미지 구축 및 확장<br>• 전문 지식 및 문제 해결방안 공유를 통한 인지도 확보 |

한편, 스마트 모바일과 SNS 간 유기적 결합과 위치 정보 등 추가적인 기능 보급에 힘입어 앞으로 기업의 SNS 활용 마케팅은 더욱 활성화될 것으로 전망되고 있다. 이에 따라 기업의 마케팅 채널도 초창기의 B2B e-MP에서 검색엔진과 소셜미디어로 점차 확대되고 있다.

❙ B2B e-Marketplace와의 차이점 ❙

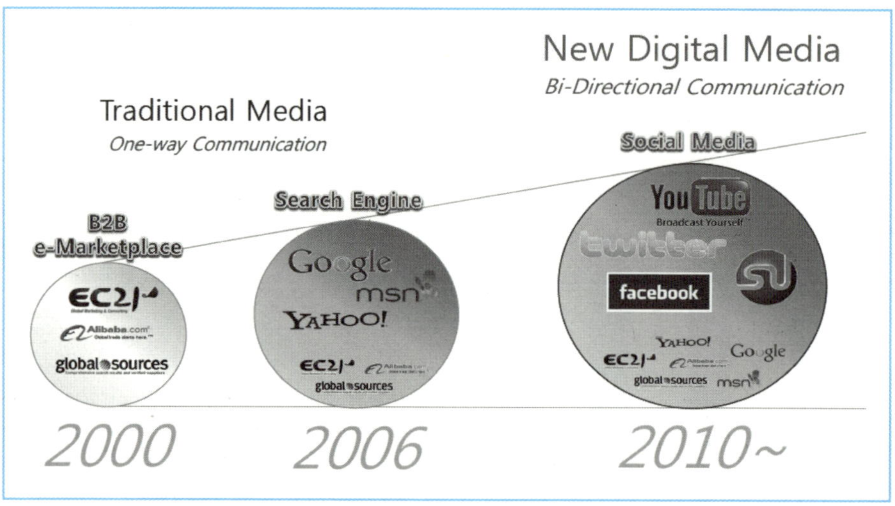

| Linkedin | 구분 | Alibaba |
|---|---|---|
| 비즈니스 파트너 발굴/ 인맥구축<br>신규 사업기회 모색/ 기업 홍보/ 채용 | 이용목적 | 바이어: 신규 서플라이어/ 제품 발굴<br>셀러: 수출, 상품 홍보, 신규 바이어 발굴 |
| 약 7,500만 가입자/ 월 2억 3천 이용 | 사이트 현황 | 약 5,300만 가입자/ 월 9,800만 이용 |
| 중소, 중견, 대기업/ 미국, 인도, 영국 순 | 주 이용자 | 중소기업/ 중국 위주 분포 |
| 담당자 네트워크 구축 커뮤니티 정보공유<br>메시지 기능을 활용한 인콰이어리 교환 | 주요활동 | 바잉/ 셀링 오퍼/ 바이어, 셀러 검색 후<br>인콰이어리 발송 |
| 회원가입 및 정보공개 필수,<br>네트워크 이후에만 커뮤니케이션 가능<br>쌍방향 수평적 커뮤니케이션 | 매체 특징 | 바이어: 회원가입 없이도 가능<br>셀러: 유료회원만 제한 없는 접촉<br>일방향 비수평적 커뮤니케이션 |
| 신뢰도 높은 바이어 접촉<br>장기적인 업계 인지도 구축<br>단, 초기 바이어들에게 노출 제한 | 장단점 | 유료가입을 통한 다양한 바이어 접촉<br>단, 바이어 및 셀러의 신뢰도 낮으며<br>이로 인한 사기 문제 발생 |

## 02 소셜미디어를 활용한 해외마케팅 기법

### 1) Facebook

Facebook은 글로벌 시장에서 가장 많은 월 이용자 수를 확보하고 있는 거대 SNS 채널로 세계 각국의 소비자들이 연결되어 있는 최대 온라인 접점으로 자사 브랜드와 스타일

상품을 글로벌 시장에 쉽게 확산시킬 수 있는 강력한 마케팅 수단의 하나라고 할 수 있다. 페이스북은 유저들이 입력한 정보와 페이스북 활동을 바탕으로 한 인구통계학적 특성, 관심사, 행동 등의 데이터를 활용하여 정밀한 타겟팅이 가능한 채널이다.

Facebook의 주요 서비스는 친구 및 가족과 연락하기, 사진 및 동영상 공유, 온라인 개인 정보관리, 학교동창 찾기, 관심사와 취미에 대한 의견 나누기 등으로 구성된다. 또한, 회사, 지역, 학교를 기반으로 하는 수많은 네트워크로 이루어져 있으며, 실제로 활동하고 있는 영역의 네트워크에 가입하여 직장동료나 이웃 동창들과 더 긴밀한 관계를 유지할 수 있다. 게임, 채팅, 지도, 사진, 날씨, 영화, 음악 등의 어플리케이션을 플러그인처럼 선택해서 사용할 수도 있다.

Ⅰ Facebook 효과 Ⅰ

| 개인 | 기업 |
|---|---|
| 1) 친구/ 지인과 교류<br>2) 새로운 친구 만나기(비슷한 취미)<br>3) 일상의 기록(Life Streaming)<br>4) 개인브랜딩(Personal Branding)<br>5) 사업(서비스와 상품)을 홍보 | 1) 웹에서의 존재감(Create New Awareness)<br>2) 판매증대(Increase Sales)<br>3) 시장조사 및 영감 얻기<br>(Market Research & Insight Generation)<br>4) 고객 서비스(Customer Service)<br>5) 블로그/ 홈페이지로의 트래픽 증가<br>(Drive Traffic) |

## 2) Linkedin

The World Biggest Business SNS
Linkedin

Linkedin은 다른 SNS의 대부분이 친목 기능에 초점을 두고 있는 것과는 달리 전 세계적으로 비즈니스 중심의 소셜네트워크 사이트의 성격을 갖고 있다. 같은 학교 출신이나 같은 졸업년도 등으로 사용자를 검색해서 관계를 맺을 수 있으며, 직장 경력자의 경우 현재 직장이나 이전 직장의 동료들과의 관계 및 사업 분야의 사람들과 인맥을 형성할 수 있다. 또한, 구직자와 고용자에게 자신의 네트워크를 통해 구직 및 구인 활동을 도와줄 수 있다.

비즈니스 인맥 형성과 비즈니스 정보 교류 목적을 갖고 있는 세계 최대의 비즈니스 소셜네트워크 서비스인 Linkedin은 전세계 200개국 약 7,500만 명의 가입자, 월 2억 3천만 명의 이용자, 100만 개의 기업프로필을 보유하고 있다. 링키드인은 Fortune 500대 기업, 미국소재 전체 기업의 45%, 미국 화이트칼라의 40%를 가입자로 보유하고 있다. 가입자의 48.3%가 매니저급 이상, CEO, 임원 등 Top Management 비즈니스 결정권자 75만 명을 보유하고 있으며, 미국 B2B 기업 사용자의 45%가 Linkedin을 통해 신규 바이어를 발굴하는 것으로 나타났다(www.emarketer.com).

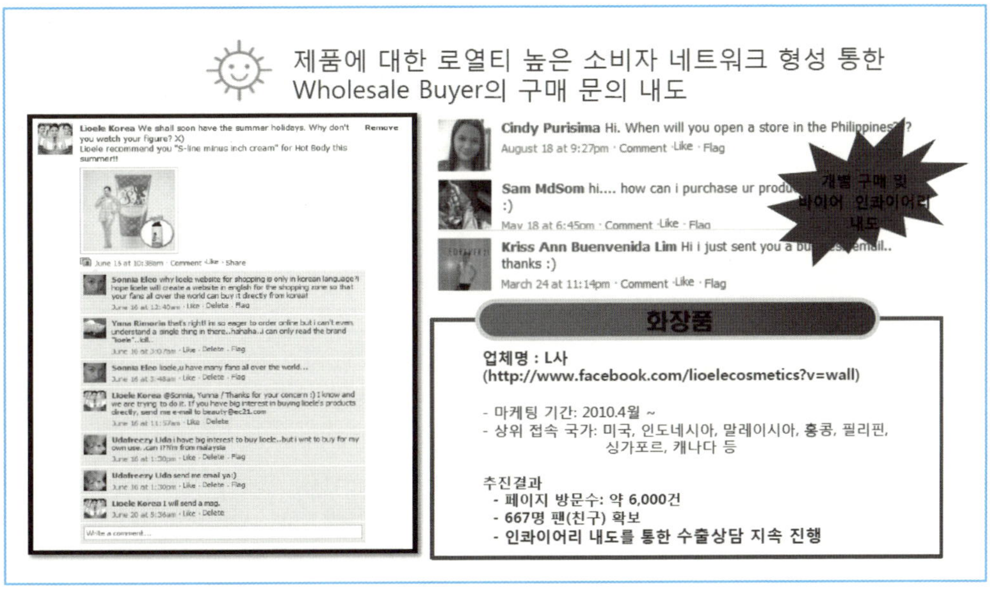


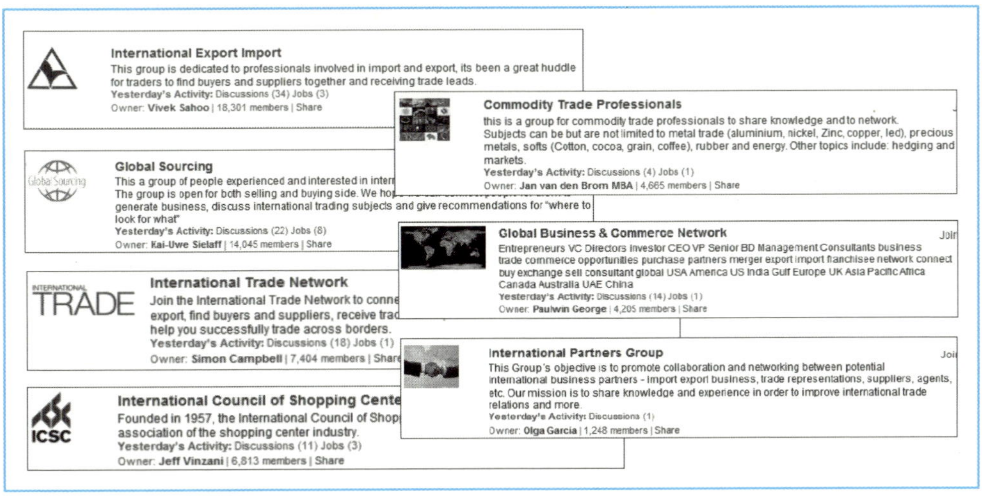

## Linkedin을 통한 해외마케팅 절차 2 – 그룹가입

1. 관련 그룹 가입

2. 그룹 내 잠재 바이어/서플라이어 검색

3. 대상 바이어/서플라이어 프로필 및 홈페이지 검토

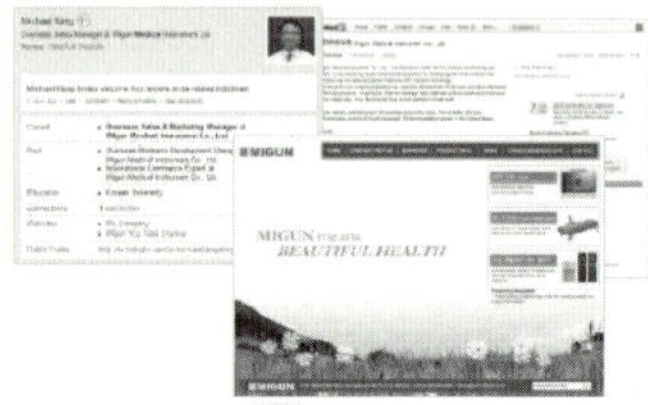

4. 대상 바이어, 서플라이어 네트워킹 신청

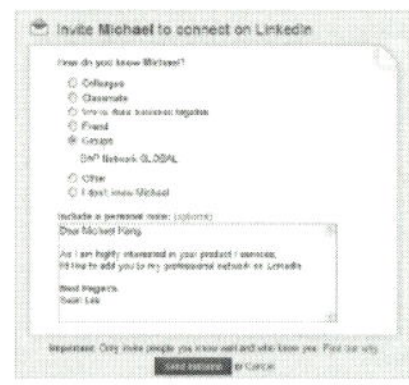

5. 네트워킹 수락 후 메시지 전송

6. 제품 및 가격 검토 후 수출 협의

## Linkedin 성공사례

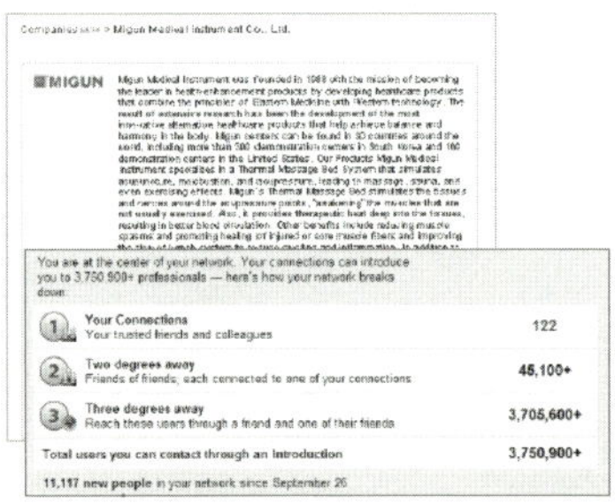

업체명: 미건의료기
(30개국에 수출되는 온열의료기 전문업체)
사업기간: 2010년 9월~
사업성과: GE 헬스케어 및 다수 기업으로부터
15개의 인콰이어리 수신 및
120명 이상의 관련분야 인맥
(잠재바이어, 투자자) 관계 형성

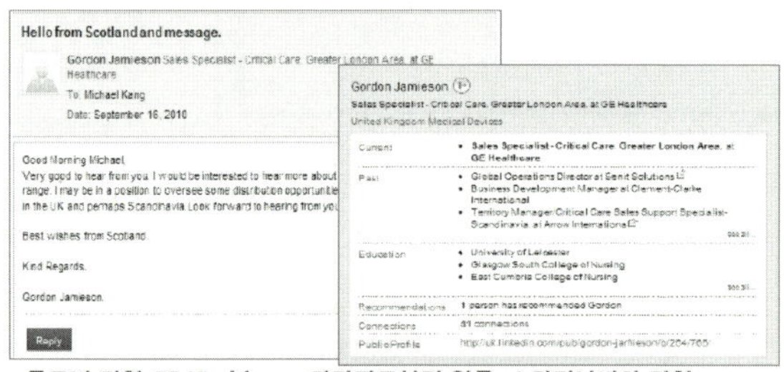

글로벌 기업 GE Healthcare 담당자로부터 영국, 스칸디나비아 지역 총판 제의 인콰이어리 수신

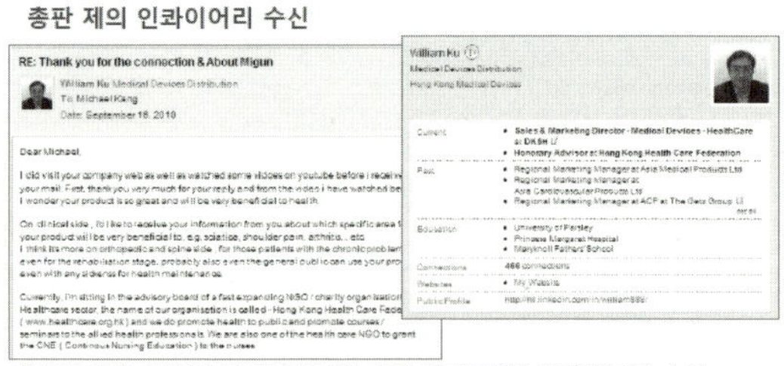

글로벌 기업 DKSH 담당자로부터 구매/총판 제의 인콰이어리 수신

Linkedin에는 수많은 업종 관련 그룹이 존재하고 있고 이런 그룹들을 통한 활발한 네트워킹이 진행 중이다. 관련 업종 그룹의 가입과 적극적인 네트워킹 활동을 통해 관련 업계 종사자와 잠재 바이어를 대상으로 하여 기업이나 제품 홍보가 가능하다(무역관련 약 3,000개의 그룹 활동 중).

### 3) YouTube

The World Biggest Video Social Media

YouTube는 1억 2천만 개 이상의 동영상을 보유한 세계 최대의 동영상 공유 네트워크로서 구글에 이어 세계 2위의 검색량과 세계 3위의 사이트 방문자(트래픽) 수를 기록하고 있다. 매일 65,000개 이상의 동영상이 업로드 되고 있으며, 전체 1억 회 이상의 동영상 클릭수가 발생하고 있다. 고화질 동영상 업로드가 가능하고 빠른 재생 속도의 서비스 제공(3초 이내 재생 시작)이 가능하며, 다른 소셜미디어, 홈페이지, 전자카탈로그 등과의 연동이 용이한 장점도 있다.

이외에도 YouTube 채널의 장점은 다음과 같다.

- 독립된 YouTube 주소 보유 가능 (www.youtube.com/user/ID)
- 배경 디자인 적용 가능
- '구독', '친구 추가' 기능을 통해 방문자와 지속적인 네트워킹 가능
- '메시지 보내기' 기능을 통해 인콰이어리 수신 가능 및 웹사이트 링크 기능을 통해 홈페이지로의 방문자 유입 가능
- 제품과 서비스를 설명하기 용이하고 보다 강력한 메시지를 전달할 수 있는 동영상을 활용한 수출상품의 효과적인 홍보 가능
- 모바일을 비롯한 전 세계 어디서나 접근이 용이한 유튜브를 통해 기업 브랜드 이미지 및 인지도 제고 가능
- 홈페이지, e-마켓플레이스, 다른 소셜미디어와 쉽게 연동 가능(One Source-Multi Use)
- Google, Yahoo 등의 외부 검색사이트에 동시 노출 가능
- 고객의 자발적인 입소문 효과(다양한 미디어와 손쉽게 공유 가능)
- 해외 바이어의 인콰이어리 수집 채널 확대

### 4) 인플루언서 마케팅

한국 상품에 관심 있는 해외 인플루언서(influencer)에게 제품정보 수집 및 체험기회를 지속적으로 제공하기 위해 인플루언서 초청 행사를 개최하는 것도 유용한 방법이다. 이 경우에는 공연, 시상식, 이벤트 등 문화컨텐츠와 접목된 초청 행사를 개최하는 것이 바람

직하다. 테마별 유력 인플루언서들에게 오프라인 체험기회를 주게 되면 생소한 제품이라 하더라도 홍보 마케팅을 효과적으로 진행할 수 있다. 고비용 유명 인플루언서와 광고성 포스팅 보다는 다수의 진성 인플루언서들과 지속적인 관계를 구축하고 이들에게 체험기회와 샘플을 제공하여 진정성 있는 후기 및 사용평 포스팅을 유도하는 것이 바람직한 전략이다.

일반적으로 인플루엔서는 산업이나 제품별로 다양하게 분류되어 있으므로 단순 구독자 수로 매칭하지 말고 기업 특성에 맞는 인플루언서를 매칭할 필요가 있다.

영향력으로 구분한 인플루언서 유형

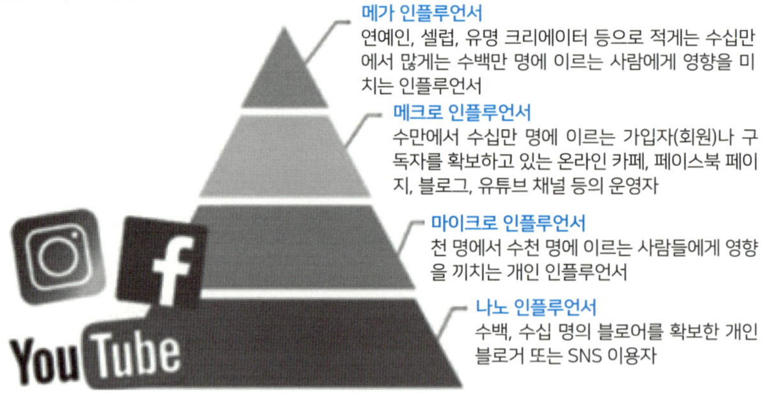


자료: 소셜인플루언서를 활용한 미국 시장 진출 컨택자(KOTRA, 2017.9)

### 5) SNS 유료광고 마케팅

이베이, 아마존, 큐텐에 등록된 상품을 페이스북 삽이나 인스타그램에 등록한 후 유료 타겟 광고를 진행하는 것도 유용한 방법이다. 해외 소비자가 페이스북 샵이나 인스타그램에 등록한 상품을 클릭하면 이베이, 아마존, 큐텐의 해당 상품으로 이동하여 소비자 구매를 유도할 수 있다.

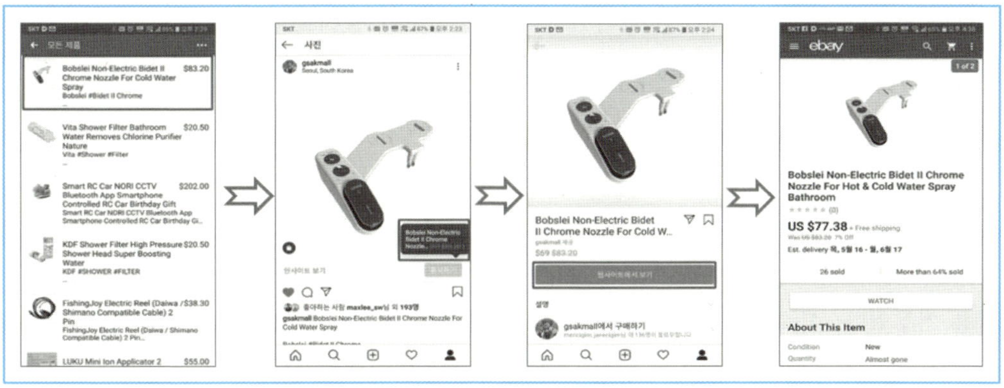


[페이스북 샵] [인스타그램] [이베이]

## 03 국내외 기업의 SNS마케팅 활용

### 1) 국내외 기업의 SNS 활용사례

이하 내용은 한국무역협회(국제무역연구원)가 분석한 국내외 기업의 SNS 활용 성공사례를 재정리하였다.

#### (1) Bike Dock Solutions (영국 런던)

이 회사는 영국의 자전거 거치대 업체로서 2008년 James Nash와 Joch Coleman이 대학 졸업 과제를 비즈니스 모델로 구체화하여 설립된 중소기업이다. 이 회사의 대표 제품은 자전거 거치대, 잠금장치 부착 보관소, 자전거 락커 등 전통적인 주력 제품 이외에 흡연자 쉼터, 경기장 쉼터 등이 있으며, 주요 거래처는 학교, 병원 등 공공기관이다. 창업 초

**❙ 대표 제품 ❙**

| 자전거 거치대 | 자건거 개인 락커 | 경기장 쉼터 |
|---|---|---|
| 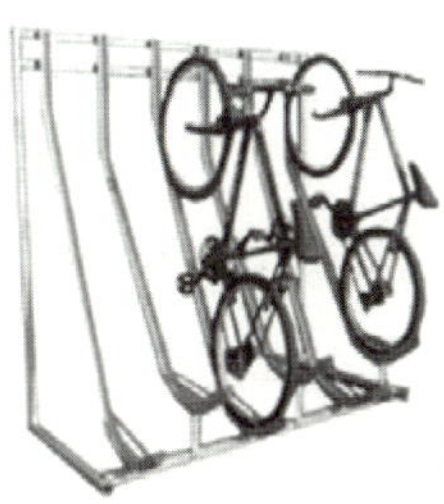 |  |  |

자료 : bike dock solutions 홈페이지

기에는 단순한 자전거 거치대만 생산했으나 자전거 도난 방지를 위한 보관소 개발로 부가가치를 한 단계 올렸으며, 최근에는 버스 정류장 쉼터, 옥외 흡연 쉼터 등 새로운 형태로 사업을 다각화하고 있다. 이 기업은 사업다각화를 위해 2011년 Shelter Store, 2012년 Hudson Garden Rooms의 자회사를 설립하였다.

특히, 이 회사는 2012년 런던 올림픽 때 각 경기의 성격에 맞는 자전거 거치대 1천개 이상, 승마 등 야외 경기의 심판석 등을 공식 납품하여 전 세계인들에게 제품을 홍보하는 효과를 거두었다. 이 회사는 SNS를 활용한 마케팅을 전개하기 위해 먼저 사람들이 도난 위험 때문에 교통수단으로 자전거 이용을 꺼린다는데 착안하여 몰래카메라 형식으로 자전거 도난의 심각성을 알리는 동영상을 제작하였다. 런던의 한 번화가에 몰래 카메라를 설치하여 연기자가 자전거를 훔치는 모습과 이를 외면하는 사람들의 모습 등을 촬영하고 자전거 도난이 얼마나 쉽게 발생하는지를 보여주었다.

자전거가 울타리나 난간같이 안전하지 않은 곳에 보관될 경우 도난 위험이 훨씬 크다는 점을 강조하였다. 제작된 동영상을 기자단, 블로거, 지방 공무원, 경찰, 자전거 동호회원 등 다양한 사람들을 초대해 공개하고 유튜브에 배포하였다. 이 동영상은 자전거 노상보관 시 도난 위험이 높고 이로 인한 사회적 손실이 매우 크다는 사실을 공익적 관점에서 홍보한 것이다. 자전거 도난이라는 문제 인식과 해결 방안을 제시함으로써 교통청, 학교, 병원, 도서관 등 공공기관에 Bike Dock Solutions의 자전거 거치대가 필요하다는 사회적 여론이 형성되었다.

결과적으로 Bike Dock Solutions 제품 구매의 당위성 확보와 함께 브랜드 인지도 향상, 그리고 폭넓은 고객층 확보에 성공하게 되었다. 이 회사는 후발 기업으로서 기존의 업계 선두기업과의 직접 경쟁을 피하기 위해 SNS 마케팅기법을 적극 활용함으로써 오랜 역사를 가진 경쟁업체 보다 높은 시장점유율을 확보할 수 있었다.

### (2) Yeti Coolers (미국 텍사스)

2006년 미국 텍사스의 Roy Seider와 Ryan Seider 형제는 다양한 아웃도어 활동에 맞는 내구성이 좋은 아이스박스를 제작하기 위해 Yeti Coolers사를 설립하였다. 당시 아이스박스는 주로 일회용으로 사용되고 버려진다는데 착안하여 금속경첩, 고무걸쇠, 두꺼운 뚜껑 등으로 내구성을 강화한 아이스박스를 개발하였다.

필리핀에서 생산하여 Yeti 온라인샵과 Cabela's, Bass Pro Shops 등 미국의 대형 아웃도어 용품 매장에서 판매하였다. 이 회사의 대표 제품은 아이스박스로 히트상품인 Yeti Tundra Coolers이며, 이외에 제품라인을 야외활동에 필요한 모자, 티셔츠, 병따개 등으로 확장함으로써 소비자들의 충성도를 높이고 아울러 판매수익도 급상승하였다.

Ⅰ Yeti coolers 대표 제품 Ⅰ

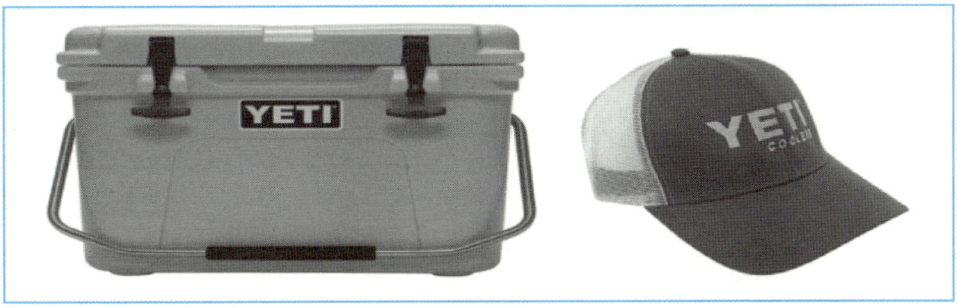


Yeti Coolers사는 SNS를 통해 다양한 이벤트를 개최하여 주요 타겟층인 야외스포츠 애호가들이 Yeti 홈페이지 안에서 커뮤니티를 형성하고 즐거움과 추억을 공유하도록 유도하였다. 고객들은 Yeti 홈페이지 내 블로그에서 Yeti와 관련된 생활 에피소드를 사진이나 동영상으로 공유하고 Yeti 사진콘테스트, Yeti 대리점 디스플레이 콘테스트 등의 이벤트에 적극적으로 참여하였다. 5만 명이 넘는 Yeti Facebook 팔로워들은 매달 수백장의 사진을 Yeti Facebook에 게시하고 활발하게 제품관련 정보를 교환하였다. 매월 개최하는 Yeti 사진 콘테스트에는 600장 이상의 사진이 출품되며, 어떤 고객은 Yeti 관련 비디오 영상을 자체 제작하여 공유하는 경우도 있었다. 유튜브에는 현재 Yeti 관련 100여 개의 동영상이 있는데, 야생곰이 Yeti를 열려고 했지만 실패한 영상, 바닷속 상어가 Yeti를 공격해도 꿈쩍하지 않는 영상 등 "강력한 내구성"이라는 하나의 주제로 다양하고 흥미 있는 콘텐츠가 소비자에 의해 자발적으로 제작되었다.

Yeti사는 SNS 활용 마케팅을 통해 단순히 상품을 판매하는 기업이 아니라 고객의 즐거움을 함께 나누는 기업이라는 이미지를 부각하는데 성공하였다. 오프라인에서의 유쾌한 아웃도어 활동을 공통분모로 하여 온라인에서 다양한 사람들이 즐거운 추억을 공유할 수 있는 대화의 장을 제공하여 고객들의 충성도를 높이는데 성공하였다.

### (3) Earlex Limited (영국)

Earlex사는 1987년 산업용 벽지제거 기계를 시작으로 페인트 스프레이어, 진공청소기 등 DIY 관련 제품 분야로 사업영역을 확장하고 있다. 현재 Earlex그룹에는 Earlex Limited 외에도 Ewbank, Clarke Cable, Tan Spray Station, Create 등 총 5개 부문이 있다. 창립 이래 수차례 위기가 있었는데, 특히 2003년 경쟁사가 저가 경쟁을 촉발하면서 영국 내 판매량이 감소하자 프랑스, 스페인, 이탈리아, 미국 등 해외시장으로 눈을 돌렸다. 이 회사는 영국 내 생산으로 고품질과 리드타임 단축을 확보하여 경쟁사 제품들과 달리 주문 후 10일 내 완성 및 배송이 최고의 차별화 요소가 되었다. 이 회사의 대표 제품은 벽지제

거기인 DIY Wallpaper Stripper와 페인트 분사기 DIY HVLP Spray Station 등이다. DIY Wallpaper Stripper은 기계에 물을 채워 가열한 뒤 벽에 기계를 밀착시켜 뜨거운 수증기로 벽지가 쉽게 떨어지도록 하는 제품이다. DIY HVLP(High Volume Low Pressure) SprayStation은 실내외에서 간편하게 페인트칠을 할 수 있는 도구로 인체에 유해하지 않으며 페인트 양을 세밀하게 조절할 수 있어 섬세한 작업이 가능하고, 페인트 과다 사용 방지 효과도 있다. 이외에도 진공청소기, 스팀청소기 등도 판매하고 있다.

이 회사는 SNS 마케팅을 전개하기 위해 먼저 DIY 제품 특성상 '시연'의 가장 확실한 전달 경로인 유튜브를 적극 활용하여 DIY제품에 대한 일반 초보자들의 두려움을 덜어주는 동시에 잠재고객들에게 흥미를 유발시켰다. 튜브 Earlex 페이지에는 각 제품별로 카테고리를 나누어 자세하게 시연 동영상을 제공하고 있으며, 이 영상을 Earlex 소매점에 설치된 TV를 통해서도 반복적으로 상영함으로써 매장 직원들이 직접 시연할 수 있도록 했다. 그리고 유튜브와 연동된 페이스북 내 Earlex 페이지에는 시연 동영상 외에도 다양한 홍보와 이벤트들도 게시되어 있다.

❙ 스리랑카 동영상>

❙ 시연동영상 ❙

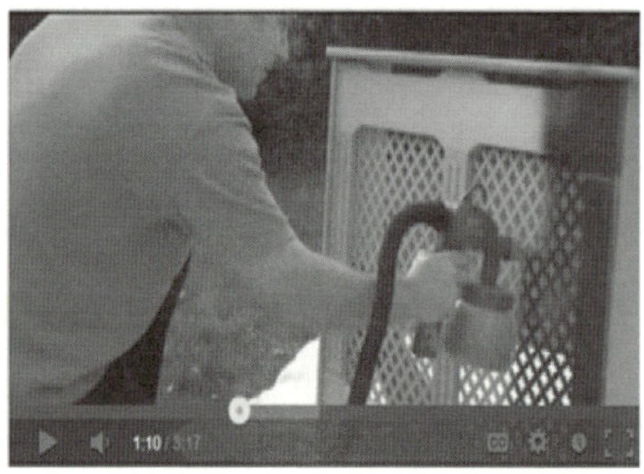

자료 : 유튜브 earlex 채널

한편, 이 회사는 유튜브의 자사 채널을 해외 수출에도 적극 활용하여, 현재 총 52개국으로 수출되고 있으며, 영국, 프랑스, 독일, 미국 등지에 230명의 직원이 근무하는 글로벌 기업으로 성장하고 있다. 시연 영상 배포 이후 매출은 이전 대비 10배 이상 증가하였으며, 미국, 프랑스 등 해외바이어에게 유튜브의 자사 채널을 보여줌으로써 제품의 신뢰성과 자국 고객들의 긍정적인 반응을 확인시켜 주었다. 중국, 두바이, 인도, 미국 등 해외 무역박람회에서의 고객 반응을 영상으로 촬영하여 페이스북에 게시함으로서 글로벌 수출기업으로서의 브랜드 이미지도 각인시켰다.

### (4) PN풍년 (한국)

피엔풍년은 1954년 세광알미늄공업사로 설립된 후 2009년 58년간 축적된 브랜드명 '풍년'과 현대적 감각에 맞는 'PN'을 결합한 상호명으로 변경하여 종합주방용품 회사로 성장하고 있다. 1990년대부터 수입 주방용품 브랜드의 국내 진출을 계기로 제품가격대가 상승하여 국내 주방용품 시장은 매년 4% 정도의 성장을 지속하였다. 주방용품은 과거 요리만을 위한 기능적 측면에서 이제는 인체공학적 디자인, 친환경제품, 다양한 색상 등 오감을 만족시키는 생활 필수요소로 자리 잡았다. 이 회사의 대표제품은 압력솥으로 기존의 무거운 느낌의 디자인에서 벗어나 심플하고 세련된 디자인의 원터치 압력솥이다. 최근에는 여름 야외활동에 적합한 아웃도어 캠핑용품 '캠킷', 해외시장 공략 및 국내 프리미엄 주방용품 신규 브랜드 '오메라스'를 출시하였다.

**▎풍년의 대표제품 ▎**

**▎압력솥 안전 캠페인 ▎**

**▎PN압력솥을 이용한 요리 레시피 ▎**

자료 : PN풍년 페이스북

한편, 이 회사는 인터넷 마케팅 기법을 활용함으로써 오랜 역사를 갖는 경쟁업체 보다 높은 시장점유율을 확보할 수 있었다. 특히, 이 회사는 페이스북, 블로그 등 SNS 채널을 활용하여 자사제품을 이용한 요리 레시피 및 공익 성격의 압력솥 안전캠페인 등 흥미 있는 콘텐츠를 제공하였다.

소비자가 직접 PN제품을 사용하는 동영상을 촬영하여 유튜브에 게시하는 VIP(Vedeo in PN) 동영상 공모전을 실시하여 SNS 마케팅 효과를 극대화 하였다. PN압력솥을 주제로 한 창의적이고 재미있는 영상을 20초~5분 정도 분량으로 촬영하였다. 주부 20명을 제품 체험단으로 선정하여 3개월 간 PN풍년의 설문조사, 아이디어 제안, 요리클래스 등 오프라인 모임 등을 운영하여 소비자와의 소통에도 노력하였다.

### 2) 국내외 기업의 활용사례 시사점

국내외 기업들의 성공적인 SNS 활용사례를 통해 다음과 같은 시사점을 도출할 수 있다. 첫째, 공감(共感), 공익(共益), 공유(共有) 등 소비자 감성을 자극할 콘텐츠를 지속적으로 발신함으로써 소비자와의 긍정적 관계 구축에 주력해야 한다.

둘째, SNS를 통해 사람들의 소통 욕구를 자극할 신선하고 센스 있는 콘텐츠는 대기업보다 중소기업 풍토에서 탄생할 가능성이 높다.

셋째, SNS를 활용할 때에는 입(정보발신)과 귀(정보수신) 둘 다 중요하지만, 소비자의 의견을 낮은 자세로 청취한다는 "소통 중시" 기업의 이미지를 심어주기 위해서는 입보다 귀가 더 중요하다.

넷째, 소비자의 입을 빌린 마케팅이 효과적이라는 점이다. 소비자는 SNS를 통해 제품 출시 전의 전망, 출시 후의 상품평 등을 발신하는 등 과거 기업이 전담했던 마케팅 업무를 자발적으로 대신해 주고 있다. 기업은 소비자에게 더 큰 마케팅 권한과 능력을 부여하되 기업 브랜드에 유리한 방향으로 진행되는지 관리해야 한다.

다섯째, 제품과 서비스의 특징을 효과적으로 보여줄 매체를 활용해야 하는데, 기계, 화학, 부품 등 비소비재의 경우 제품의 장점 및 사용법 시연 등의 설명이 용이한 유튜브 마케팅이 효과적이다. 이에 비해 화장품, 미용제품, 의류/잡화 등 소비재는 의견 공유 및 전달이 용이한 페이스북 마케팅의 성과가 크다고 할 수 있다.

여섯째, SNS는 매출 증대를 위한 판매 루트가 아니라 소비자와의 커뮤니케이션 도구라는 사실을 인식하고 소비자와의 친밀도 제고 등 기업 이미지 강화에 힘써야 한다.

## 04 SNS 해외마케팅 성공기법

SNS의 보급으로 기업과 소비자 간 양방향 소통이 가능해지면서 소비자가 제품으로부터 얻는 만족감과 해당 제품을 생산하는 기업에 대한 평가요소도 변화하고 있다. 과거 소비자는 단순히 제품을 소비하는 단계에서 만족감을 얻었지만 이제는 제품을 매개체로 하여 자신과 기업, 자신과 사회와의 소통, 관계 맺기에서 만족감을 얻고자 한다. "좋은 기업"에 대한 평가도 제품의 기획, 디자인, 생산, 판매 등 일련의 과정에서 얼마나 소비자의 의견에 귀를 기울이고 소통하려고 노력하는지가 중요한 요소가 되고 있다. 과거 기업이 전담했던 제품의 출시 업무에 소비자를 참여시키는 것에 대해 "기업의 상품 개발력과 마케팅 능력이 부족하다"는 등의 일부 부정적인 견해도 있지만 "고객 친화적이다", "기업 노력의 중요한 일부분이다"라는 긍정적 평가가 지배적이다.

첫째, SNS는 소통의 도구이며, 핵심은 감성을 자극할 '콘텐츠'라는 점이다. SNS를 이용하지 않는 중소기업의 CEO 입장에서 SNS를 마케팅에 활용하라고 하면 익숙하지 않은 것에 대한 두려움 등으로 상당히 어렵게 느끼기 마련이다. 그러나 트위터, 페이스북 등은 소통을 위한 '도구'로써 초보 사용자를 위한 단기 교육 및 초기 계정 운영 대행 등 다양한 지원 사업에 참가하면 쉽게 숙달될 수 있다. 중요한 것은 소비자와 어떤 내용으로 소통하고 교감할 것인지, 즉 소통의 핵심이 되는 '콘텐츠' 구상이 관건이다. 공감(共感), 공익(共益), 공유(共有) 등 소비자의 감성을 자극할 콘텐츠를 지속적으로 개발하고 발신하여 소비자와의 긍정적 관계를 구축하는 것이 SNS 성공을 위한 관건이라 할 수 있다. 앞서 Bikedock Solution 사례에서 자전거 도난 동영상에서 자사 제품은 전혀 언급되지 않지만, 자전거 도난 사건이 얼마나 쉽게 발생하는지, 자전거 도난에 따른 막대한 사회적 손실 등을 보여줌으로써 사람들은 자연스럽게 "자전거 거치대" 제품의 필요성을 인식하게 되었다.

둘째, 참신한 콘텐츠 등 중소기업이 오히려 유리할 수도 있다. 사람들이 SNS를 통해 특정 커뮤니티에 참가하고 싶은 것은 그 커뮤니티 구성원들과 즐거움을 나누고 지지받고 싶은 감정 때문인데, 이를 자극할 신선한 이벤트나 센스 있는 콘텐츠는 대기업 보다는 중소기업 풍토에서 탄생할 가능성이 높다. 또한, 특수한 상품이나 서비스를 제공하는 중소기업일수록 특정 소비자층을 겨냥해야 하므로 일반적 온라인 홍보나 대중매체 보다는 SNS를 활용한 마케팅이 효율적이라 할 수 있다. 후발주자로 신규 진입할 경우에도 SNS 마케팅에 주력하면 기존 선두기업들과 직접적 경쟁을 피할 수 있다.

셋째, '입'보다 '귀'가 먼저라는 점을 잊어서는 안 된다. 기업 입장에서 SNS를 활용할 경우 입(정보발신)과 귀(정보수신) 둘 다 중요하지만, 소비자의 의견을 낮은 자세로 청취한다는 소통 중시 기업의 이미지를 심어주기 위해서는 귀가 더 중요하다. SNS 보급으로 기업뿐만 아니라 소비자도 정보를 대량 생산하는 이른바 “정보의 홍수” 상황 속에서 과다 정보 발신은 자제하면서 소비자 의견 청취에 보다 적극적인 기업이 호감을 얻을 수 있다. 트위터 이용자가 트위터 관계를 중단하는 이유 중 “너무 많은 트윗을 날릴 때”(34.6%), “특정 목적성이 보일 때”(28.3%) 등 잘못된 정보 발신에 대한 거부감이 큰 것으로 나타났다.

넷째, 소비자 스스로 마케팅하게 해야 한다. SNS 보급으로 소비자의 정보력과 네트워크가 기업보다 뒤지지 않는 상황이므로 기업은 소비자에게 마케팅 능력과 권한을 부여하되 브랜드에 유리한 방향으로 진행되는지 모니터링 하는 것이 중요하다. Yeti Cooler와 PN풍년의 사례처럼 소비자들이 직접 제품을 체험하여 제품의 우수성과 활용도, 즐거운 추억 등의 영상을 유튜브에 게시하게 함으로써 소비자의 ‘입’을 빌려 제품을 홍보해야 한다. 제품에 관심을 가진 소비자들이 출시 전부터 제품관련 전망을 발신하여 사람들의 기대를 끌어올리고, 출시 후에는 다양한 제품평을 소개하는 등 과거 제조업체가 담당했던 마케팅 활동을 소비자가 대신하고 있다.

다섯째, 품목 특성에 맞도록 SNS 매체를 선정해야 한다. 제품과 서비스의 특징을 가장 효과적으로 보여줄 수 있는 매체를 활용하는 것이 성공률을 높일 수 있다. 기계, 전기전자, 화학, 부품 산업제품 등 비소비재 분야로서 전문가 및 바이어를 대상으로 한 제품일 경우 제품 장점 및 우수성, 사용법 시연 등의 설명이 가능한 유튜브 동영상 마케팅이 효과적이다. 화장품, 미용제품, 의류/잡화, 선물, 식품, 휴대용 전자기기, 가정용품 등 개인이 쉽게 이해하고 공유할 수 있는 제품일 경우 의견 공유 및 전달이 용이한 페이스북 마케팅이 효과적이다.

여섯째, 매출 증대가 아니라 기업 위상 강화를 지향해야 한다. SNS는 매출 증대를 위한 판매 루트가 아니라 소비자와의 커뮤니케이션 도구라는 사실을 명심하여 소비자와의 친밀도 제고 등 기업 위상 강화를 지향해야 한다. 신제품 출시 등 홍보가 반드시 필요한 경우를 제외하고는 SNS에서 직접적인 제품 홍보 및 판매는 피하는 것이 좋다. 소비자들은 자신이 직접적인 마케팅의 대상이 되는 것을 좋아하지 않는다. 직접적인 제품 홍보 보다는 일상에서 쉽게 발견할 수 있는 소재를 이용하여 자연스럽게 제품의 필요성이 연상될 수 있도록 유도하는 방식이 효과적이다. 또한, SNS 특성상 한번 게시된 글이나 영상 등은 다시 주워 담을 수 없고, 칭찬보다는 부족한 점, 개선이 필요한 점, 타사와의 비교 등이 보다 유용한 의견이며, 장기적으로 관리하지 못한다면 없느니만 못하다는 점 등을 명심하여 기업 내 SNS 전담자를 지정하여 적극적으로 대응하는 자세가 필요하다.

# 제12장 해외바이어 신용조사

## 01 개 요

국제무역은 서로 다른 국가 간 거래라는 특성으로 인해 항상 불확실성이 존재하기 때문에 수출기업은 거래를 확정하기에 앞서 반드시 바이어 신용조사를 실시해야 한다. 최근 우리나라 중소 수출기업들은 해외시장 개척에 적극 나서면서부터 아프리카, 중남미, 그리고 동남아 기업들과의 무역거래에서 사기를 당하는 사례가 증가하고 있기 때문에 해외바이어 신용조사의 필요성이 더욱 중요해지고 있다. 특히, 인터넷을 통해 해외바이어와 접촉하는 경우 사이버 공간에서는 상대방의 재정이나 신용상태를 확인할 수 없기 때문에 최종 수출계약 체결에 앞서 신용조사가 필수적이다.

특히, 수출기업은 샘플을 수집해서 생계수단으로 삼고 있는 “Sample Merchant”로 지칭되는 위장 무역상과 고의로 클레임 제기를 미리 계산하고 거래하는 “Claim Merchant”라는 간교한 상인도 있다는 사실을 간과해서는 안 된다. 이러한 악덕 무역상을 만나면 재산상 큰 손해를 입을 수 있으므로 사전에 신용조사를 하는 것이 안전하다.

무역거래에서 신용조사는 수출자의 물품인도 능력과 수입자의 대금지급 능력을 확인하는 것을 말한다. 원칙적으로 신용조사는 거래 상대방에게 거래제의를 하거나 상품조회를 하기 전에 실시하는 것이 순서이지만 실제로는 거래제의와 동시에 또는 수출계약을 체결하기 바로 직전에 신용조사를 실시하는 것이 바람직하다.

일반적으로 수출자는 바이어와의 첫 거래 시 수출대금 결제조건으로 선불(T/T) 또는 일람불 신용장(At Sight L/C)방식을 선호하지만 수입상과 수입국에 대한 신용조사는 생략하는 경우가 많다. 신용장 거래의 경우에는 수입자의 신용도를 조사할 필요가 없지만 수입자가 신용장(L/C)을 개설할 금융기관과 수입국에 대한 신용조사는 반드시 실시해야 한다. 특히, 비신용장(Non-L/C)의 경우에는 수입자와 수입국에 대한 신용평가가 필수적이다.

신용조사에는 시간과 비용이 많이 소요되므로 인터넷을 통해 바이어의 개략적인 신용상태를 신속하게 파악할 수 있다. 인터넷 검색을 통해 바이어의 신용도가 만족스럽지 못한 경우에는 본격적으로 신용조사 전문기관에 의뢰하는 것이 바람직하다.

**중국 바이어와 거래 시 철저한 신용조사 필수**

중국에 수출하는 우리나라 기업들은 수출실적에 집착하여 중국 바이어 측이 제시하는 계약조건의 대부분을 그대로 수용하는 사례가 있는데, 이것은 매우 위험하므로 상호 간의 협상을 통해 자신의 조건도 관철시켜 향후 문제발생에 대비해야 한다. 선적서류 작성에도 완벽을 기해야 한다. 특히, 서류를 작성할 때에는 트집을 잡을 수 있는 가능성을 사전에 차단하는 노력이 필요하다. 그리고 거래 상대방에 대한 정보를 가급적 많이 확보해야 한다. 담당자나 책임자의 개인 연락처를 확보하는 것이 매우 중요하다.

또한, 중국 바이어와의 신용장 거래 시에는 한국무역보험공사가 지정한 인수적격 은행이 개설한 신용장만 정상적으로 인수하고 신용장 내도 이전에는 발주를 금지하는 것이 바람직하다. 그리고 무신용장 거래는 원칙적으로 금지하는 것이 좋다.

중국에서는 문제 발생이 소송을 통해 해결되는 경우가 거의 없다. 이것은 중국에서의 소송은 엄청난 변호사 비용과 법정비용이 필요하고 소송이 끝날 때까지 오랜 시간이 소요되기 때문이다.

## 02 해외바이어 신용조사 내용

바이어의 Character(성격), Capital(지불능력), Capacity(거래능력) 등은 신용조사의 필수조건인 3C라고 하며, 여기에 Currency(통화)와 Country(거래국가)를 포함한 것을 5C라고 한다.

### 1) Character(성격)

Character는 상대방의 성실성, 영업태도, 계약이행에 대한 열의, 업계의 평판 등 거래에 임하는 상대방의 계약이행에 대한 도덕성을 말한다. 국제무역 거래에서 클레임을 사전에 방지하기 위해서는 상대방의 사업태도(Business Behavior)를 파악하는 것이 필수적이다.

### 2) Capital(지불능력)

Capital은 바이어의 재정 상태를 말하는 것으로 아무리 성실하고 신용 있는 회사라 하더라도 재정상태가 양호하지 않으면 거래가 크게 늘어날 수 없으며, 경우에 따라서는 대금결제가 불가능하게 된다. 따라서 재무제표를 중심으로 자본금 규모와 자산내용 등을 충분히 검토해야 한다. 해당업체의 재무상태 즉 수권자본과 납입자본, 자기자본과 타인자본, 기타 자산상태 등 지불능력과 직결되는 내용에 대한 신용조사도 매우 중요하다.

### 3) Capacity(거래능력)

Capacity는 상대방의 영업형태(개인회사, 주식회사, 기업공개 여부 등), 연간 매출액, 회사의 연혁 내지 경력과 영업권 보유현황 등 상대방의 영업능력과 관계되는 내용을 말한다. 성실하고 재정상태가 양호한 회사라 하더라도 영업능력이 없으면 장기적인 전망을 기대할 수 없다. 특히, 신용장 거래의 경우 개설은행의 신용상태를 아래와 같이 파악하는 것이 무역사기를 사전에 예방하는 효과적인 방법이 될 것이다.

- 신용장 통지은행에 문의하여 개설은행의 신용도 확인
- 한국무역보험공사(www.ksure.or.kr)에 문의(국가신용조사팀)
- 신용전문기관을 통해 확인 : P&L Korea(www.pnlkorea.com)는 불량은행 리스트를 제공하고 있다.
- 은행정보 검색사이트 활용(www.bankersalmanac.com) : 이 사이트에서 해당 은행명을 찾을 수 없다면 불법은행 혹은 가짜 은행일 가능성이 크다.
- 중국에서 내도한 신용장은 한국무역보험공사에서 29개 지정은행에 대해서만 수출보험 가입이 허용된다.

## 03 전통적인 해외바이어 신용조사 방법

바이어 신용조사는 1차적으로 온라인에서 해당 수입자의 신용 및 재무정보를 입수하고 2차적으로 신용조사 전문회사에 의뢰하는 것이 바람직하다. 오프라인 신용정보는 비용이 많이 들고 조사기간도 2주 이상 소요되기 때문에 신속한 의사결정을 내리기가 어렵다. 그러나 온라인상의 신용정보는 객관적이며 입수가 신속한 장점은 있으나 현장감이 떨어지고 업종 전문가의 식견이 배제되어 있으므로 중요한 의사결정은 오프라인 정보를 참고하여 최고경영자의 책임에 따라 이루어져야 한다.

신용조사는 일반적으로 거래은행을 통하지만 상대국의 거래처나 상공회의소 등을 활용하기도 한다. 거래은행을 통해 신용 조회하는 것을 은행조회(Bank Reference)라고 하며, 은행이 아닌 거래처 등을 통해 하는 것을 동업자 조회(Trade Reference)라고 한다. 이것은 잘 아는 현지인에게 신용조회를 요청하는 것을 말한다. 거래의 중요성이 인정되거나 앞으로 D/A(인수도 조건) 거래까지도 예상될 경우 한국무역보험공사나 신용보증기금을 통한 신용조사가 바람직하다.

국내 신용조사전문기관으로는 한국무역보험공사(www.ksure.or.kr), 신용보증기금(www.kodit.co.kr), KOTRA(www.kotra.or.kr) 등이 있으며, 이들 기관은 무역업체의 위탁에 따라 무료 또는 유료로 신용조사 서비스를 제공하고 있다.

수출거래 시 해외바이어 신용조사는 한국무역보험공사의 수출신용정보센터를 이용하는 것이 효과적이다. 한국무역보험공사는 외국의 유수한 신용전문조사기관과 업무제휴를 맺고 보험 부보에 앞서 이들 기관에 해외바이어에 대한 신용조사를 의뢰하며, 외국의 불량 거래처에 대한 정보도 많이 보유하고 있다. 특히, 한국무역보험공사는 수출보험에 부보한 후 수출대금 회수가 불가능한 경우 일반적으로 90%까지 보상하고 있다. 수입 시 해외 수출업체에 대한 신용조사는 해당국에 소재하거나 거점을 두고 있는 전문 신용조사기관을 활용하는 것이 효과적이다.

한편, 국내에서 활동하고 있는 신용조사 및 수출미수금 회수 대행업체로는 D&B Korea, P&L Korea, ABC, SPS 등이 있으며, 이들은 신용조사나 채권추심 등의 신용서비스를 동시에 제공하고 있다.

## 04 온라인 해외바이어 신용조사 방법

### 1) 한국무역보험공사의 해외기업 신용조사 서비스

한국무역보험공사는 1999년부터 홈페이지(www.ksure.or.kr)를 통한 온라인 신용조사 서비스를 제공하여 수입자 신용조사 의뢰의 편리성과 신속성을 도모하고 있다.

이 기관의 수출신용정보센터는 수출업체가 필요로 하는 각종 해외신용 정보자료를 수집·제공하여 업체의 정보수집에 따르는 어려움을 해소하고 수출대금 회수불능 등의 사고를 사전에 방지하는 등 수출을 지원하고 있다.

회원들에게는 한국무역보험공사의 해외사무소, 해외 전문 신용조사기관 및 KOTRA 등과의 업무제휴를 통하여 입수한 해외의 수입자와 금융기관에 대한 신용정보 자료를 제공하며, 해외채권 추심기관 소개와 해외신용정보와 관련된 상담 등 다양한 서비스를 제공하고 있다.

한국무역보험공사는 해외 수입자의 신용정보 입수에 많은 어려움이 있기 때문에 DB에 저장된 모든 수입자 정보자료를 별도의 신용조사 의뢰나 수수료를 받지 않고 홈페이지(www.ksure.or.kr)를 통해 수출희망 중소기업에게 연간 최대 10회까지 무료로 제공하고 있다.

### (1) 수출자 신용조사

수출자 신용조사는 무역거래에서 발생할 수 있는 제반위험 중에서 수출자의 귀책으로 인한 클레임 발생 가능성에 대비하여 수출자의 수출계약 이행능력을 조사하기 위한 것이다. 수출자의 부도 또는 파산으로 수입자가 대금결제를 하지 않는 사례가 종종 발생하기 때문에 수출보험 사고 방지 차원에서도 수출자 신용조사가 필요하다. 수출자 신용조사를 위해서는 수출자 신용조사 의뢰서와 최근 3년간 감사보고서 또는 세무서 확인 대차대조표와 손익계산서를 구비해야 하며, 회사 설립 후 2년이 경과하지 않은 업체의 경우에는 별도의 서류가 요구된다. 조사 내용은 수출자가 제출한 자료를 토대로 연간 수출실적, 은행관계, 종사 업력, 경영능력 및 대외평판 등의 항목에 따라 신용등급이 부여되며 통상 조사 기간은 약 1주일 가량 소요된다.

### (2) 수입자 신용조사

최근 각국의 수출경쟁이 날로 심화되어 무신용장 방식의 대금결제가 점차 늘어나고 있고 대금 미회수 위험이 증대됨에 따라 수입자의 신용조사가 더욱 중요해지고 있다. 수입자 신용조사는 수입자의 파산, 지급 불능, 일방적인 계약 파기, 채무이행 지체 등에 대비하기 위해 이루어진다.

### (3) 해외기업 신용조사 서비스 이용방법

이 서비스를 이용하기 위해서는 한국무역보험공사 사이트(https://cyber.ksure.or.kr)에 접속한 다음 사이버수출보험(Cyber Keic)을 클릭하면 된다. 이 서비스를 이용할 경우에는 약간의 수수료가 발생한다.

**▎활용방법**

- 사이버 수출보험(Cyber Keic) 접속
  - 사이트(www.ksure.or.kr)에 접속한다.

- 사이버 수출보험 초기화면이 나타나면 사용자 ID와 패스워드를 입력하고 로그인한다.
- 화면상단에서 사용 희망 메뉴를 선택한다.

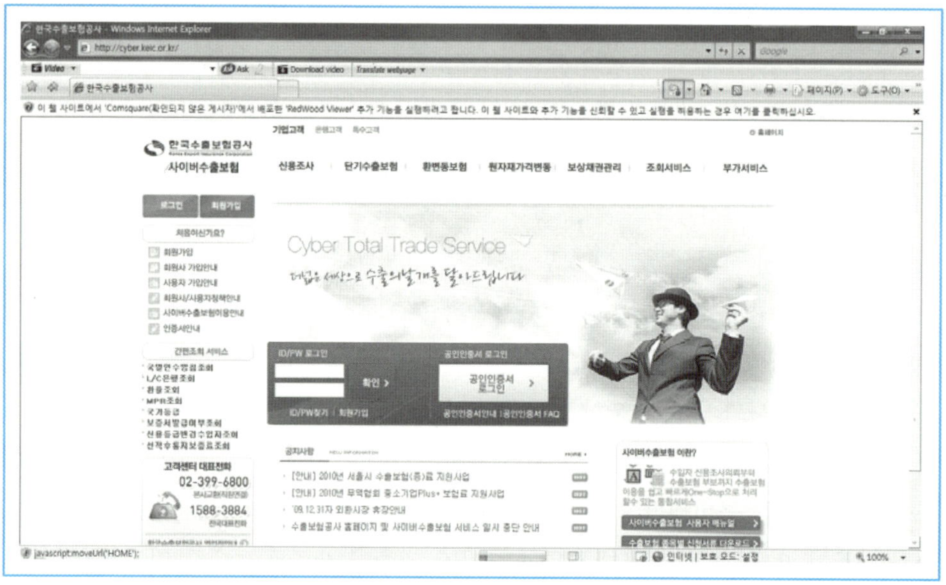


[http//www.ksure.or.kr]

## 2) 중소기업진흥공단 인터넷 중소기업관(kr.gobizkorea.com)

중소기업진흥공단은 인터넷 중소무역관에 '해외바이어 구매오퍼정보' 코너를 설치하고 세계적인 신용정보회사인 D&B의 해외바이어 신용정보를 무료로 제공하고 있다.

이 코너는 평소 거래가 없던 해외바이어나 신규 바이어로부터 수입오퍼가 왔을 때 바이어 정보가 부족한 중소기업을 지원하기 위한 것이다. 이 서비스를 이용하기 위해서는 인터넷 중소기업관에 회원으로 등록(무료)되어 있거나 직접 'kr.gobizkorea.com'에 접속하여 자사의 홈페이지를 'Addf-URL'에 등록하면 가능하다. 사이트 초기 화면 중간부분에서 "해외바이어 구매오퍼정보"를 선택하면 된다. 그러나 여기에서 제공되는 신용정보는 바이어의 사업장 주소, 대표자, 취급품목, 매출규모, 설립연도, 종업원수 등의 기초자료이기 때문에 재무상태와 같은 세부적인 신용정보를 입수하기 위해서는 한국무역보험공사 또는 국제신용조사기관의 서비스를 이용해야 한다.

## 3) 중소기업수출지원센터(www.exportcenter.go.kr)

중소벤처기업부 산하 중소기업수출지원센터는 한국수출입은행과 연계하여 세계 최대의 기업정보 회사인 D&B를 통해 해외 수입자의 신용정보를 무료로 제공하여 수출시장개척에 따른 리스크를 경감시켜 주고 있다.

### 4) 한국신용정보(www.nice.co.kr)

한국신용정보(주)는 국내외 기업정보와 신용조사 및 관련 산업 보고서를 제공하고 있다. 신용조사 보고서는 기업개요 및 재무자료와 함께 신용조사 기관의 평가의견과 등급 등으로 이루어져 거래업체의 신용상태를 판단하고 결제조건 등 구체적인 의사결정을 내릴 수 있도록 지원하고 있다.

이 회사는 세계 유수 신용조사기관 네트워크인 Info Alliance와 일본의 양대 신용조사기관 중 하나인 TSR과의 업무협약을 통해 세계 주요국의 기업 및 산업 조사정보를 제공하고 있다.

프로파일 보고서는 기업개요 및 재무자료로 이루어지며, 기업개요는 주소, 전화, 대표자, 주주, 거래은행, 사업내용 등의 자료를 포함하고 있다. 해외 바이어 인콰이어리에 대해 신용조사를 의뢰할 필요 없이 적은 비용으로 신속하게 인콰이어리 발송업체의 개요를 파악하고 지속적인 거래상담 진행 여부를 판단할 수 있도록 지원하고 있다.

### 5) KOTRA 해외무역관

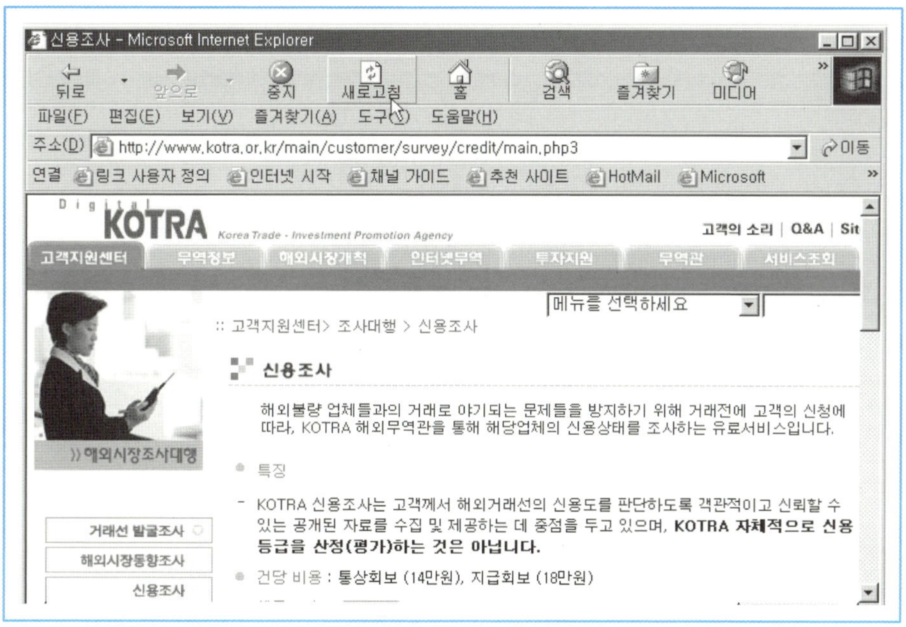


[http://www.kotra.or.kr]

KOTRA는 중소기업의 해외바이어 신용조사를 지원하기 위해 해외무역관을 통한 신용조사 서비스를 유료로 제공하고 있다. 요금과 조사 소요기간은 지역별로 상이하며, 본사 또는 해당 해외 무역관에 신청서를 제출하면 이 서비스를 이용할 수 있다.

### 6) 한국무역협회(www.kita.net)

한국무역협회는 국내 중소기업이 해외시장 개척에서 직면하게 되는 무역사기에 효과적으로 대처하도록 무역사기 사례 정보를 포털사이트를 통해 무료로 제공하여 수출기업으로 하여금 사전에 대비하도록 지원하고 있다. 이와 함께 한국무역협회는 연간 국내기업 100개사에 프레미엄 기업정보를 무료로 제공하여 무역사기 예방을 지원하고 있다. 이 서비스를 이용하기 위해서는 트레이드내비(www.tradenavi.or.kr)에 접속한 후 해외기업정보 메뉴에 들어가서 프레미엄 기업정보를 검색하면 된다.

### 7) Dun & Bradstreet(www.dnb.com)

세계 최대의 기업정보를 갖고 있으며 미국 뉴저지에 본사를 두고 있는 D&B는 오랜 역사(1841년 설립)를 갖고 있으며 세계적인 신용평가기관인 Moody's Investors Service 등 20여 개의 자회사를 거느리고 있으며 전 세계 200여 개 국가에 지사를 두고 있다. 우리나라에도 지사가 있으며 1995년 9월 1일부터 신용조사 서비스를 제공하고 있다. 포천지가 선정한 500대 기업의 대다수는 이 회사의 고객이며, 국내 은행, 공공기관, 30대 그룹 대부

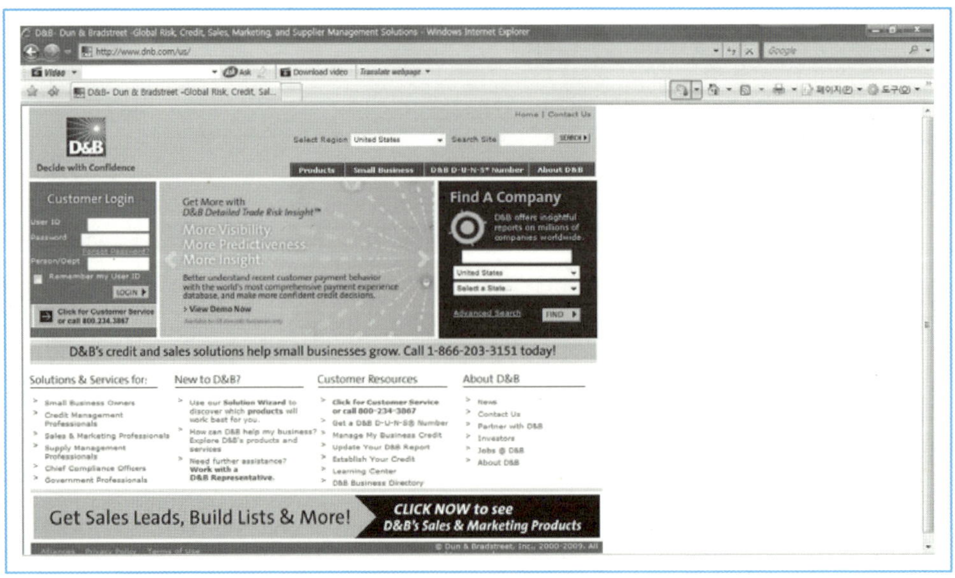


[http://www.dnb.com]

분이 이 회사를 통해 위험관리를 해오고 있다. 이 회사의 한국지사(전화 : 02-761-4128)는 웹사이트(korea.dnb.com.hk)를 통해 해외기업과 국가정보 등 세부 정보를 유료로 제공하고 있다. 그러나 기업체 검색과 개략적인 정보는 무료로 제공하고 있다. 이 사이트를 통해 볼 수 있는 정보는 업체의 재정상태, 대차대조표, 손익구조, 거래은행, 주요 주주명단, 최근 소송결과 등이다. 이 회사의 강점은 해당 바이어 정보를 인터넷으로 실시간으로 조회할 수 있다는 점이다. 해당 기업에 대한 전반적인 사전 신용조사 리스트 등을 작성·보고할 필요가 있는 업체에게 유용하다.

#### (1) 해외 상장사 기업 및 재무정보

세계 약 120개국 2만 개 상장 기업체의 기업정보와 요약 재무정보가 수록되어 있다. 세계 각국의 은행정보는 무역거래 시 반드시 확인해야 할 사항이다(요약 재무 분석 자료, 회사연혁, 사업내용, 국내외 지점 및 투자자 등 경영진, 감사기관, 장기부채 내역, 자본금 변동, 중간 재무제표).

#### (2) 국가정보 제공

약 200개국의 일반사항(국토 면적, 인구, 수도, 주요 도시, 민족, 언어, 종교, 외교, 경제 등), 주요 경제지표, 산업지표 등에 관한 정보가 제공된다.

#### (3) Country Risk 신용등급

IRPR(International Risk & Payment Review) 리포트로 더 알려진 보고서로서 세계 각국에 주재하는 Dun & Bradstreet 조사팀의 자료를 전문 분석가들이 심층 분석하여 매월 각국의 신용등급과 현재의 위험요소를 요약 제공하며, 과거 1년간의 신용등급 변화를 보여주므로 상대국의 위험요소를 한눈에 볼 수 있다.

### 8) P&L Korea

상대 바이어가 눈치 채지 못하게 조용하고 개별적인 신용조회가 필요한 경우 이 회사의 신용조사 서비스를 이용하는 것이 바람직하다. 거래에 앞서 상대 바이어로부터 수집한 정보를 확인하거나 경영진 개인에 대한 개별적인 조사가 필요할 때 유용하다. 상대방이 자신에 대한 신용조사를 하는 것을 인지할 경우 거래에 불이익을 초래하지는 않을까 우려하는 예가 많다. 이 회사는 이러한 고객의 우려를 고려하여 은밀하고 조용한 신용조사를 통해 해당기업이나 경영진의 개인 신상 등에 대한 정보를 제공한다. 따라서 해당기업에 대한 전반적인 보고서 작성보다는 실제 거래하기 마지막 단계에 '그래도 혹시'라는 생각이 들 경우 이용하면 많은 도움이 될 수 있다.

**❙ 해외바이어 신용정보제공 국내외 사이트 ❙**

| 운영기관명 | 홈페이지 주소 |
|---|---|
| Andersen Consulting | www.ac.com |
| J.P.Morgan | www.jpmorgan.com |
| Moodys | www.moodys.com |
| Standard & Poors | www.standardandpoors.com |
| Fithch Ratings | www.fitchratings.com |
| Business Environment Risk Intelligence | www.beri.com |
| World Trade Database | www.wtdb.com |
| Japan Credit Agency Ltd. | www.jcr.co.jp |
| Japan Rating and Investment Information, Inc. | www.r-i.co.jp |
| Metra Research & Consulting | www.mercosur.com (남미공동시장) |
| 신용보증기금 | www.kodit.co.kr |
| (주)서울신용평가정보 | www.sci.co.kr |
| 한국기업평가(주) | www.rating.co.kr |
| 한국수출보험공사 | www.keic.or.kr |
| 한국신용평가정보(주) | www.kisline.co.kr |
| 한국신용정보(주) | www.nice.co,kr |

## 05 무역사기 방지 기법

### 1) 최근 동향

전자무역이 빠르게 확산되면서 인터넷의 익명성을 악용한 무역사기가 늘어나고 있어 수출기업의 각별한 주의가 필요하다. 인터넷 무역사기는 대개 샘플비용 요구, 서비스대금 선납 독촉, 바이어 리스트 제공 등 거래 초기에 집중되며, 정보수집 능력이 취약한 중소기업과 소규모 무역업체들이 표적이 되고 있다.

대기업은 그 동안 쌓은 인맥이나 현지 지사 또는 현지 법인을 통해 거래업체에 대한 신용조사를 실시할 수 있어 인터넷 무역사기를 사전에 방지할 수 있지만, 상대적으로 현지 네트워크가 취약한 중소업체들은 위험에 노출되기 쉽기 때문에 무역 사기꾼들의 주요 표적이 될 수 있다.

인터넷 무역사기가 급증하는 것은 인터넷이 익명성이 보장되고 제도적으로나 기술적으로 미비하기 때문이다. 즉, 사이버공간에서는 누군지 밝히지 않아도 거래에 지장이 없고 각국별로 규제 관련 법률이 상이한데다 그나마 법적·기술적으로도 보완책을 제대로 갖추지 못하고 있다.

최근에는 인터넷 무역을 홍보하는 업체들의 과장광고가 크게 늘어나고 있어 주의할 필요가 있다. 최근 중남미를 중심으로 인터넷 상에 올라와 있는 상당수 해외 무역사이트나 투자회사들은 유령회사인 것으로 밝혀지고 있다. 이들은 도메인 네임만 갖고 있을 뿐 존재하지 않는 회사이거나 부실한 회사들인데 인터넷의 익명성을 이용하여 국제거래를 하는 기업을 상대로 사기를 벌이고 있다.

인터넷을 통한 무역사기는 당하면 별다른 대책이 없어 그대로 손해를 보게 된다는 점에서 심각한 문제가 되고 있다. 그러나 이에 대한 확실한 대응책은 아직 없는 상태이기 때문에 관련 기관이나 기업의 입장에서는 스스로 조심하는 것이 최상의 방법이다. 특히, 중소기업들은 대기업의 현지정보망을 이용하거나 무역보험공사 등을 통해 신용조사를 하는 것이 바람직하다.

한편, 인터넷을 통한 무역사기는 조금만 주의를 기울여도 피해를 사전에 예방할 수 있으므로 수출기업은 무역거래 시 다음의 사항을 반드시 점검할 필요가 있다.

첫째, 거래상대방의 이메일 주소만 믿고 너무 깊게 상담에 집중해서 상황 판단을 흐려서는 안 된다. 이메일 주소는 국내외 서버를 활용하면 얼마든지 바꾸고 옮길 수 있기 때문이다.

둘째, 홈페이지라고 하는 거래상대방의 웹사이트를 인터넷상의 기업으로 착각하지 말아야 한다. 웹사이트는 누구나 쉽게 개설이 가능하며 하루 만에 없앨 수도 있다. 반드시 웹사이트 주소(URL)를 인지해 사업자 면허나 법인등록 유무 등을 확인하는 작업이 필요하다.

셋째, 이메일로 날아든 오퍼정보가 지나치게 유리한 조건을 제의한다거나 턱없이 저렴한 가격을 제시할 때에는 각별히 유의해야 한다. 이러한 거래제의 일수록 오프라인에서 신용조사 기관을 통해 꼼꼼하게 신용을 조회하는 것이 필요하다.

넷째, 인터넷 특성상 익명성이 보장되기 때문에 샘플제공을 요청하면 샘플비용의 선지급을 요구하여 샘플을 사취한 채 사라져 버리는 경우를 방지해야 한다.

다섯째, 불법 은행과 유령 투자자들이 인터넷을 통한 수출업체들의 설비자금 투자 유치에 적극 참여하면서 사취하는 경우가 늘고 있다는 점이다. 중요한 의사결정에 앞서 오프라인 상의 공신력 있는 유력 신용조사기관을 통해 꼼꼼히 점검해야 한다.

고의적인 사기에 의한 피해도 조심해야 하겠지만 언제든지 일어날 수 있는 대금 미결제에 대비한 보험 활용도 필요하다. 바이어 신용조사나 보험활용에 대한 우리나라 기업의 인식이 아직은 낮은 것이 현실이다. 또한, 분쟁발생을 대비하여 대한상사중재원이 제시하는 '표준상사중재안'을 계약서에 넣는 것이 좋다. 중재에 관한 합의 없이 상사분쟁이 발생하면 신용장이든 비신용장 방식의 거래 여부를 불문하고 외국 업체와 민사소송을 벌일 수밖에 없다. 이 경우 대부분 국내기업이 소송을 포기하는 것이 일반적이다.

**인터넷 무역사기 방지 기법**

인터넷을 통한 무역사기를 사전에 방지하기 위해서는 아래 사항에 유의해야 한다.

- 비즈니스 레터에 연락처가 확실히 기재되어 있지 않은 경우
- 첫 거래에서 대량 주문 가능성을 내비치면서 서방은행 신용장 개설이나 선송금방식 같은 매력적인 결제조건을 제시할 경우
- 상품대금 결제조건으로 수표를 제시할 경우
- 비자금 국외반출 협조, 대규모 국제입찰, 수의 납품계약 등을 들먹일 경우
- 현지은행의 송금조건, 국제입찰 발주처의 품질검사 운운하며 사전견본이나 선적서류를 보내 달라고 요구하는 경우
- Off-shore(역외국가) 은행이 신용장을 발행하는 경우
- 현지 중개인에게 과도하게 의존하는 경우
- 마켓클레임 등을 내세워 물품인수를 거부할 가능성이 있을 경우
- 처음부터 추심결제(D/A, D/P)와 사후 송금결제를 고집하는 경우
- 신용장 개설은행의 신용도에 의심이 가는 경우
- 후지급 조건의 언더밸류(under-value)를 강하게 요청하는 경우
- 무역대금결제 사고 빈발지역에서 신용장을 받은 경우

## 2) 유형별 무역사기 사례 및 대응방안

2017년의 경우 무역사기 최다 발생 국가는 중국(14%)으로 다른 지역에 비해 훨씬 지능적이고 복잡한 형태를 띠고 있다. 그밖에 가나(8.8%), 미국(8.6%), 나이지리아 및 필리핀(7.1%), 폴란드(4.9%) 등 전 지역에서 무역사기가 광범위하게 나타나고 있다. 유형별로는 최근 급증하고 있는 신종 수법인 이메일 해킹을 통한 무역사기가 가장 많으며 서류위조, 금품갈취, 결제관련 등 피해규모와 범위가 계속 늘어나고 있다.

### (1) 마켓클레임

클레임을 피하기 위해서는 우선 제대로 된 수출상품을 선적해야 하겠지만 제반 수출과 정상의 서류작성에 있어 점 하나라도 정확성을 기하는 것이 무엇보다 중요하다. 신용장

거래는 신용장에서 요구한 내용과 일치하는 서류를 제출하는 경우에 한하여 대금을 지급한다. 한천(Agar)을 취급하는 국내 S사는 신용장에 유효기간을 2년으로 표기해 달라는 중동 수입상의 요청에도 불구하고 유효기간을 3년으로 표기하였다. 수입상은 L/C상의 조건과 일치하지 않는다는 이유로 물품인수를 거부(Unpaid)했는데, 실제로는 현지의 한천 가격 급락에 따른 마켓클레임(market claim)으로 판명되었다. S사는 결국 다른 수입상에게 15% 인하된 가격에 제품을 전매할 수밖에 없었다.

신용장 개설 당시와 달리 시장상황이 악화되면 일부 불량 수입상들은 서류상의 사소한 하자나 검사조항(inspection)을 걸어 수출상을 물고 늘어지는 경향이 있다. 바이어가 서류상의 하자를 들고 나오면 대부분의 경우는 당하는 것이 현실이다. 이것은 신용장 거래라는 한계에서 비롯된다.

### (2) 샘플대금 횡령

독일의 Agrimax GmbH는 SD램을 팔겠다는 전자우편을 국내 인터넷 무역거래알선사이트인 EC21(www.ec21.net)에 올려놓고 샘플비 송금을 요구하였다. 반도체 관련 수입업체인 우리나라의 B사는 이 회사의 요구대로 250마르크를 송금했으나 샘플은 오지 않았다. 홍콩지사를 통해 샘플을 보내겠다는 연락이 마지막이었다. K기업은 주한독일대사관과 한독상공회의소에 문의했으나 당사자들이 해결해야 할 사안이라는 회신만 받았다.

### (3) 이메일 해킹

해커들은 악성코드에 감염된 수출업체 컴퓨터에 잠복하여 거래현황을 체크하다가 입금단계에서 수출업체를 사칭하여 바이어에게 결제계좌 변경을 통지하고 거래대금을 편취하고 있어 유의해야 한다. 거래처가 계좌변경과 거래내용 변경을 통보할 경우에는 이메일과 함께 반드시 유선으로 확인이 필요하며 바이어와 공동으로 대처하는 것이 중요하다. 또한, 보안이 취약한 포털 이메일보다 회사 자체 이메일을 사용하는 등 이메일 보안을 강화할 필요가 있다.

### (4) 로비자금, 수수료 등 금융사취

서부아프리카와 중국에서 발생 빈도가 높은 무역사기 유형으로 로비자금, 변호사 선임비용, 은행보증료, 공증비, 활동비 등을 사취하려는 사기를 말한다. 국제기구 직원을 사칭하고 홈페이지까지 만들어 접근할 정도로 사기 수법이 치밀하며 주로 국제입찰, 원부자재 공급 등 기대수익이 큰 대규모 프로젝트 추진에 필요한 적은 비용을 요구하기 때문에 유혹에 넘어가기 쉬운 편이다.

현지 고위층과의 친분을 이용하여 국제입찰을 지원하겠다거나 각종 현지 활동을 핑계로 선수금을 요구하는 경우에는 무역사기의 가능성이 크므로 철저하게 신뢰도를 확인한 후 거래를 추진할 필요가 있다.

이러한 무역사기는 주로 나이지리아와 필리핀에서 많이 발생하고 있다. 나이지리아 무역사기의 대표적인 사례로는 우선 이메일이나 팩스를 통해 자신이 90년대 나이지리아 국가정부 수반의 부인이거나 또는 현지 고위관리인데 비밀자금을 해외로 이전하여 투자하기 위해 계좌를 이용하고 싶다고 하거나 미국이나 영국 등에서 발행된 것으로 보이는 수표로 대금결제를 한 후 추심은행에서 후에 이 수표가 사기로 판명되는 경우, 대량 오더를 미끼로 샘플만 착취하는 경우, 우리나라를 방문할 수 있도록 초청장을 보내 달라고 한 후 불법 입국하는 경우 등 다양하다.

한편, 1990년대 이후 나이지리아의 국제무역 사기는 잘 알려져 있다. 최근에는 남아공 등 인근 국가로 진출하여 계속 무역사기를 일삼고 있다. 나이지리아 국제무역 사기단은 지구상의 수많은 기업들에게 일확천금을 벌 수 있는 절호의 기회가 있다는 미끼를 달아 팩스 서신을 보내는 것으로 올가미를 던진다. 예를 들면 다음과 같다.

- 아프리카 국가의 권력층이 조성한 엄청난 비자금을 밖으로 빼돌리려 하는데 당신이 도와주면 몇 %의 수수료를 지불하겠다.
- 아프리카에 투자할 매력적인 투자매물이 있으니 이곳에 와서 협의하자.
- 한국에서 고가 물품 구입 의사가 있다. 절반은 T/T로 지급하고 나머지는 추가 상담 후에 지불할 것이니 급히 방문하라.

그리고 결국에는 이 돈을 유출시키려면 유럽 등 제3국에 임시계좌를 개설해야 하는데, 계좌개설을 비롯한 경비를 위해 당신이 전체 금액의 1%나 3%에 해당하는 비용을 부담하라고 유도한다. 그들은 밑져야 본전이기 때문에 이러한 사기행위를 계속하고 있으며, 수출기업들이 가끔 여기에 걸려든다.

### 나이지리아 무역사기 대처방법

나이지리아 사기꾼들이 코트와디브와르 바이어로 위장하여 전 세계의 수출업체를 상대로 상호를 제멋대로 바꾸어가면서 샘플사취를 주업으로 하고 있다. 이런 사기꾼들을 상대하느라 시간과 돈(통신비)을 헛되이 낭비하지 않으려면 다음 4가지 사항을 염두에 두는 것이 좋을 것이다.

첫째, 코트와디브와르에서 수입문의나 샘플요청이 올 경우 상대가 나이지리아인가를 확인해야 한다.

둘째, 불어권이기 때문에 유창한 영국식 영어를 쓰면 일단 나이지리아인으로 의심해 봐야 한다.

셋째, 협소한 아프리카 시장규모에 비해 과도한 물량의 수입을 하겠다고 미끼를 던질 때는 현실성이 없는 것으로 간주해 버려야 한다.

넷째, T/T 송금이나 L/C로 하겠다고 하다가 슬며시 수표로 소량을 시험주문 하겠다고 말을 바꿀 때는 사기성을 의심해 보아야 한다. 수표는 개인수표나 은행수표이든지 간에 대금회수가 보장되지 않는다. 설령 외국은행에서 추심이 허용되더라도 분실 또는 도난수표임을 원소지자가 주장하면 꼼짝없이 상환할 수 밖에 없다.

다섯째, 불어권국가에서 회사이름이 영어이고 전화번호가 나타나 있지 않으면 대개 유령회사로 간주해야 한다. 사업자등록을 할 때 회사를 영어로 표기하면 불가능하리 만큼 관공서의 불어사용은 일반화되어 있다. 전화번호는 추적을 피하기 위해 고의로 누락시키는 경우가 일반적이다.

### (5) 초청장 발급요청 사기

중국을 비롯한 개도국의 경우 바이어 유치도 중요하지만, 이로 인해 파생되는 불법체류 방지 문제도 매우 중요하다. 그러나 사실 확인을 위해 필요한 증빙서류 사본의 징구를 요구하지만 이 역시 변조가 많아 사실 확인 자체가 어려운 실정이다. 다음의 몇 가지 방법으로 사실 여부의 확인을 시도해 보는 것이 바람직할 것이다.

첫째, 제출서류(신분증, 허가증)의 진위 여부와 서류발급 기관의 실제 존재 여부 등을 반드시 확인해야 한다.

둘째, 초청대상자를 전화상으로 사전 접촉을 시도하여 업체의 존재 여부, 해당 초청대상 인물의 실제 근무여부를 확인해야 한다. 특히, 전화를 통해 쉽게 확인되는 경우도 있으나 상당수가 이미 사전에 각본을 짜 두었다는 사실에 유의해야 한다. 이러한 경우에도 취급 품목, 구입 희망품목에 대한 시장상황 등에 관한 몇 가지 질문을 해보면 어느 정도 판단할 수 있다.

셋째, 반드시 관련 전화국에 문의하여 제출한 회사 전화나 팩스의 실제 소유자가 누구인지와 제출 서류의 명의와 일치하는지 여부를 확인해야 한다. 특히, 기존의 지명도가 높은 실제 존재하고 있는 업체의 이름과 한두 글자만 바꾼 업체도 있는데, 이러한 업체에 대해서는 더욱 철저한 확인이 필요하다.

이상의 몇 가지 방법으로도 초청장 발급 시의 사실 여부가 거의 확인이 되며, 불법체류를 하고자 하는 것인지 아니면 실제 바이어인지를 어느 정도 파악할 수 있다.

### (6) 유령은행 사기

무역사기는 국내 업체들이 과거 주력 수출시장이었던 동남아 시장이 경기침체를 겪자 새로운 수출선으로 중남미, 중동, 아프리카 등 신시장을 개척하는 과정에서 발생하고 있다. 현지 상거래관행에 익숙하지 않은 신규 시장에서 "일단 수출하고 보자"는 방식으로 접근할 경우 악덕 바이어들의 농간에 당할 가능성이 높다.

최근의 무역사기는 한국에 불법 체류하기 위해 바이어를 위장해 초청장을 받거나 해외

'유령은행(Paper Bank)'에서 가짜 은행 송금증을 보내는 등 점차 지능화되고 있다. 한 수출업체 사장은 나이지리아의 한 수입업체로부터 남아공의 한 은행이 발급한 송금영수증과 함께 시장조사를 위한 초청장 발송 의뢰를 받았다. 이 수입업체는 전 세계에 사무소를 갖고 있는 다국적 기업이라고 자신의 회사를 소개한 후 요청이 있을 때마다 정확하게 은행송금 영수증을 보내왔다. 이를 믿고 약 5천만원 상당의 물건을 발주했고 며칠 후 업체 명의로 바이어 초청장까지 발송했다. 그러나 수출입은행과 현지 대사관을 통해 알아보니 이 회사와 송금영수증을 발급한 은행 모두 가짜로 밝혀졌다.

### (7) 바이어리스트 판매사기

H사는 종교용품을 수출하는 회사로서 최근 미국의 한 업체로부터 바이어 리스트를 제공해 주겠다는 제의를 이메일로 받고 송금하였으나 돈만 사취 당했다. 확인결과 미국교포가 개입한 사기사건으로 밝혀졌다. 聖物(종교용품)을 취급하는 H사의 S사장은 거의 매일 인터넷을 통해 바이어 정보를 얻어 왔다. 특이한 제품이라 바이어도 많지 않아 항상 새로운 정보에 갈증을 느끼고 있던 어느날 종교용품을 취급하는 바이어를 소개해 줄 수 있다는 인터넷 메일을 받았다. 일단 바이어 정보 샘플을 보내주면 그때 가서 결정하겠다는 메일을 보낸 뒤 기다리고 있는데, 다음날 바로 연락이 왔다. 아주 만족스러웠다. 연락처는 물론 취급품목, 매출액, 자본금 등 인터넷에서는 얻을 수 없는 풍부한 정보가 있는 자료였다. 그리고 앞으로는 한국인 직원이 있으니 그와 연락을 하라는 내용도 첨부되어 있었다.

곧바로 메일을 보냈다. 평소 관심이 있던 미국의 몇 개주와 캐나다에 관한 정보를 신청할 테니 견적을 보내라고 한글로 메일을 작성해서 보냈다. 답은 그 다음날 바로 왔다. 총 441개사의 리스트를 보유하고 있어 개당 1달러씩 총 441달러의 견적을 보내면서 41달러는 디스카운트해 주겠다고 했다. 441개의 바이어 정보를 얻을 수 있다는 생각에 일단 400달러를 송금했다. 그러나 일주일이 지나도 연락이 없자 초조해진 S사장은 다시 독촉메일을 보냈다. 그러자 파일크기가 너무 커서 바로 보낼 수 없다는 내용의 메일이 왔다. 여러 곳에 접촉해서 그 정도 분량의 파일은 인터넷 메일 발송에 아무런 문제가 없다는 사실을 확인한 후 그렇다면 파일을 여러 개로 나누어 보내달라는 메일을 보냈다. 그러자 다시 연락이 없었다. 정확한 거래선 정보는 상당한 노력과 시간이 투입되어야 확보가 가능하다. 당장 거래가 가능한 바이어 정보를 즉석에서 저렴한 가격에 알려 주겠다는 제의는 현실성이 전혀 없는 것이므로 아예 상대를 하지 말아야 한다.

### (8) 유령 거래알선사이트 사기

서울의 중견 수출업체인 A사는 회사 설비자금이 필요해 은행에 대출신청을 했지만 여의치 않자 고심 끝에 인터넷을 통해 투자자를 모집했다. 얼마 되지 않아 미국의 한 투자회사로부터 100만 달러에서 1억 달러까지 투자할 의향이 있다며 샌프란시스코에서 면담을 하자는 메일을 받았다. 이 투자회사의 사장은 이미 본사와 투자에 대한 합의가 끝났다며 처리비용으로 1만 달러를 먼저 지급해 달라고 요구했다. 일이 너무 잘 풀려 이상한 느낌을 받은 A사 사장은 한국에 돌아간 후 생각해 보겠다고 답을 미룬 후 국내 신용정보회사에 이 투자회사의 신용을 의뢰했다.

조사 결과 유령회사임이 드러났고 투자회사 사장의 명함에 기재된 박사학위도 허위임이 밝혀졌다. 회사도 미국 주정부의 법인등기에도 등록되어 있지 않을 뿐더러 전화번호도 샌프란시스코의 허름한 호텔 번호였다.

인터넷 무역이 수출의 새로운 형태로 각광받기 시작하면서 이를 통한 무역사기 사건도 늘어나고 있다. 특히, 신용파악이 거의 불가능한 인터넷상에서 이뤄지는 거래이기 때문에 일단 피해를 당하게 되면 하소연할 곳도 마땅치 않아 이에 대한 대책마련이 시급하다.

최근에는 중남미를 중심으로 인터넷 유령 회사들도 판을 치고 있다. 또한, 불법 은행과 유령 투자회사들도 여기에 가담하고 있는 상태이다. 불법 투자회사와 유령은행들도 인터넷에 홈페이지를 개설하고 수출에 사운을 걸고 있는 선량한 무역업체들을 유혹하고 있다.

### 3) 무역사기 대처 기법

해외기업과 거래 이전에 업체의 신용도, 과거 거래내역 등 기본적인 기업정보 확인을 통해 대부분의 무역사기를 예방할 수 있으므로, 해외기업의 기본 정보를 사전에 확인하는 것이 필수적이다. 해당 국가 사업자등록 여부, 회사 연락처, 사업장 주소, 웹사이트, 재무상황 등을 필수적으로 확인할 필요가 있다. 이를 위해서는 한국무역보험공사의 해외기업 신용조사 서비스를 활용하는 것이 바람직하다.

무역사기의 90% 이상은 거래 전 상대방에 대한 간단한 정보의 확인만으로 예방이 가능하다. 계좌번호 변경 등 바이어가 평소와 다른 연락을 해오면 반드시 전화를 걸어 확인해야만 최근 증가하는 이메일 해킹을 방지할 수 있다. 그리고 전혀 알지 못하는 바이어가 대량주문, 선금 제안, 각종 거래비용 바이어 부담 등 터무니없이 좋은 거래조건을 제시하거나 과도한 선수금을 요구해 온다면 무역사기의 가능성이 크므로 일단 의심해야 한다. 신뢰도가 높은 선진국 기업을 가장한 제3국인의 무역사기를 예방하기 위해서는 선진국에서 온 인콰이어리도 쉽게 신뢰해서는 안 된다. 선진국일수록 사기수법이 세련되므로 선진국 바이어라고 믿을 만하다는 생각은 버려야 한다. 교포를 상대하는 경우에도 항상 거래는 국제적인 거래라는 생각을 가지고 임해야 한다.

그리고 사전 예방이 어려운 이메일 해킹은 거래 당사자 모두의 주의가 필요하다. 중요 정보 수발신시 거래처 이메일 주소를 재확인하고 기존 거래업체라도 갑작스런 계좌변경을 통보해 온다면 유선으로 재확인할 필요가 있다. 신흥국이거나 대향 거래인 경우에는 충분한 안전망을 확보하는 것이 필수적이다. 무역사기가 빈번하게 발생하는 국가 또는 대규모 거래의 경우 무역보험 가입을 통해 결제위험을 낮추는 방안을 마련할 필요가 있다. 따라서 기업이 해외바이어와 수출계약을 체결하기 전에 아래의 사항에 특별히 주의를 기울여야 한다.

- 상대방의 전화번호와 주소 등을 반드시 확인한다.
- 팩스번호나 이메일 연락처는 신빙성이 낮다.
- 바이어의 홈페이지 유무를 확인한다.
- 처음부터 대규모 오더를 제시하면 일단 의심하고 신용장 개설은행 등을 반드시 확인한다. 무역사기꾼들은 상대방의 판단을 흐리게 하기 위해 현지시장의 실제 수요를 훨씬 초과하는 대규모 오더를 제시하며 접근한다.
- 국제입찰에 참가한 후 낙찰되었다면서 금품을 요구하는 바이어는 주의한다.
- 평소 소액의 외상거래를 하다가 갑자기 거래금액을 확대하는 바이어는 주의를 요한다.
- 프랑스어권 국가에서 영문거래 제의를 해 온 바이어는 주의한다.
- 샘플 사기 방지를 위해 샘플 오더도 가능한 한 대금을 청구한다.
- 가능한 한 대금결제는 T/T 결제를 유도한다.
- 미심쩍은 외국은행이 신용장을 개설하였을 경우 국제은행 명부에 등재되어 있는지 여부를 반드시 확인한다(신용정보 전문기관에 의뢰).
- 선적서류의 발송처가 신용장 개설은행이 아닌 일반회사인 경우 개설자와의 관련성을 검토한다.
- 아프리카와 중남미 지역에서 내도하는 인콰이어리는 조심한다.
- 아시아 개도국과 거래할 경우에는 무역거래를 가장한 불법 취업자 송출 가능성에 유의해야 한다. 방글라데시 등 아시아 개도국에는 우리나라로 불법 취업자를 무역거래 관계자로 위장하여 송출하는 인력 송출 회사들이 판을 치고 있다.
- 역외국가 은행이 신용장을 발행했을 경우 위조 신용장일 가능성이 높으므로 반드시 먼저 신용도를 확인해야 한다. 바이어가 신용장 개설 애로 등을 들어 자국 내 은행을 통하지 않고 우루과이나 카리브해 등지에 있는 어느 국가에도 속하지 않는 역외국가 은행을 통해 신용장을 개설했을 때에는 유령은행일 가능성이 있다는 점에 유의해야

한다.

- 무역대금결제 사고 빈발지역에서 내도하는 신용장은 사전에 치밀하게 검토해야 한다.
- 구프랑스 식민지국가에서 내도하는 유창한 영어레터나 영어로 꾸며진 은행서류들은 현지업체가 아닌 외국 사기단이 만든 것으로 일단 의심해야 한다. 나이지리아 사기꾼의 행각은 국제적으로 널리 알려져 있어 미끼감이 잘 걸려들지 않자 최근에는 국경을 맞대고 있는 불어권 국가로 몰려가 임시 근거지를 마련해서 무역사기를 벌이고 있다.

**바이어 진위여부 확인을 위한 체크리스트**

- 기업 및 연락처 정보가 정확하지 않은 경우 핸드폰으로 연락
- 바이어의 취급품목이 다양하고 상호 관련성이 낮음
- 현지시장 규모 및 수용과 동떨어진 대량 주문으로 유혹
- 일반 거래조건보다 수출자에게 매우 유리한 조건 제시
- 제품선적을 독촉하고 거래조건을 수시로 변경
- 일부 선수금을 결제해 신뢰감을 준 후 남은 결제는 사후송금으로 변경
- 특수한 사정을 전제로 장황한 설명을 앞세움
- 공신력 있는 기관을 사칭, 유력인사 또는 정부기관과의 유대관계를 강조
- 홈페이지에 기존 대형기업의 회사명과 유사한 회사명이 많이 검색
- 사업자등록증 등 제시 요구에 불응

**신규업체와 거래할 때는 가급적 D/A, D/P 방식 지양**

무역사기는 예방이 최선이다. 대부분 무역사기의 경우 일단 피해를 입으면 사실상 수출대금을 받기 힘들다. 현지 법원에 제소하는 방식이 있으나 결코 쉬운 일이 아니다. 우선 형사소송이 아닌 민사소송으로 법원으로부터 최종 판결을 받기까지 상당한 시간이 소요되며 소송비용 등으로 인해 국제소송은 쉽지 않기 때문이다.

- 무역사기 예방 5계명
  - 신규업체와 거래 시 정규 무역방식(L/C base)을 이용하라.
  - 일정 금액에서 거래하고 신용거래를 확대하는 것은 금물이다.
  - 무역보험제도를 최대한 이용하라.
  - 문제가 발생할 경우에 대비, 중재조항을 계약서상에 반드시 명시하라.
  - 수입상이 외상거래방식을 요구하면 일단 주의해야 한다. 특히 D/A(인수도조건)방식은 문제 발생 시 100% 손실을 보게 된다. D/A조건으로 거래할 수밖에 없는 상황이라면 금액과 수출물량을 최소화하고 한국무역보험공사에 부보하는 것이 바람직하다.

# 제13장

# 거래제의 및 무역계약 체결

## 01 해외바이어 거래제의

### 1) 거래제의 오퍼

#### (1) 개요

해외시장조사와 거래선 발굴 작업을 통해 해외바이어가 선정되면 거래를 희망하는 내용의 서신을 보내게 되는데, 이를 거래제의(business proposal) 또는 거래권유장(C/L : Circular Letter)이라고 한다. 일반적으로 거래권유 서한(C/L)에는 상대방을 알게 된 경위, 거래제의 업체의 업종, 취급품목, 거래실적, 거래국가, 자국 내 위치, 거래경험, 생산규모, 거래조건(특히 결제 및 가격조건 등), 신용조회처(주거래은행명 및 주소), 정중한 인사말 등이 포함된다.

**거래제의 서한 작성 시 유의사항**

- 문장은 간단하고 명료하여야 한다.
- 상대방을 알게 된 동기를 밝힌다.
- 해당 시장을 상대회사를 통해 최초로 개척한다는 점을 강조해야 한다.
- 자사를 소개할 때 과장된 회사소개는 가급적 삼가고 회사규모를 알리려면 연간 생산량이나 매출액 등을 구체적으로 제시한다.
- 당사의 업종, 취급제품 및 거래국가, 자국 내에서의 지위, 경험, 생산규모 등을 밝힌다.
- 품질의 우수성과 경쟁적인 가격을 제시할 수 있다는 점을 강조한다. 이 경우 미국 등 선진국에 대한 수출경험을 언급하면 유리하다.

- 처음부터 오퍼나 샘플을 보내지 않으며, 요청하는 경우에만 보내겠다고 언급하는 것이 좋다.
- 거래관계가 개설되면 상호이익을 바탕으로 한다는 점을 강조하고 독점 공급 가능성을 은근히 시사한다.
- 당사의 거래은행과 같은 신용조사를 위한 정보(신용조회처)를 제공한다.
- 회신용 주소와 연락처(전화번호, 이메일 주소, 홈페이지 URL 등)를 명확하게 표시한다.

### (2) 거래제의 오퍼 작성요령

수출기업이 보낸 거래제의 오퍼가 해외 바이어에게 클릭되기 위해서는 바이어의 관심을 유발시키는 내용으로 작성하는 것이 중요하다. 오퍼에 포함할 중요한 4가지 요소는 주의(Attention), 흥미(Interest), 욕구(Desire), 행위(Action) 등인데, 오퍼를 작성할 때 이러한 요소들을 반영하여 회사와 제품을 가장 효율적인 방법으로 바이어에게 알려야 한다.

#### ▎거래제의 오퍼 작성 시 유의사항

첫째, 거래제의 오퍼는 바이어가 수출기업 및 제품에 대해 신뢰감을 가질 수 있도록 작성되어야 한다. 하루에도 수출기업으로부터 수많은 오퍼를 받아보는 바이어의 입장에서 볼 때 불필요한 미사여구는 오히려 신뢰성을 의심받게 되는 빌미를 제공할 수 있다.

둘째, 거래제의 서한의 제목은 전체 내용을 효과적으로 표현할 수 있어야 한다. 서술형으로 작성하는 것보다 수출기업의 제품 특성을 잘 표현하는 말이나 핵심 키워드를 열거하는 것이 바람직하다.

셋째, 본문은 무조건 긴 문장의 내용을 서술하는 것 보다는 상품정보, 일반거래 조건, 선적, 보험, 운송 등 거래에 반드시 필요한 내용을 간결하게 표현하는 것이 효과적이다. 오퍼는 단지 몇 초 동안 바이어의 모니터에 살아 있기 때문에 본문을 길게 작성하게 되면 바이어의 관심에서 멀어질 수 있다.

넷째, 수출기업의 제품을 취급할 때 주어지는 중요한 이익이 무엇인지를 바이어에게 명확하게 제시해야 한다.

다섯째, 오퍼는 행동을 유발할 수 있어야 한다. 따라서 오퍼를 본 바이어가 자세한 내용을 알기 위해 수출기업의 웹사이트를 방문하거나 수출기업에게 인콰이어리를 보내오도록 유도하는 것이 중요하다.

여섯째, 신속한 거래관계 구축을 위해서는 바이어가 접촉해 올 수 있도록 홈페이지와 이메일 주소를 제공해야 한다. 이 경우 수출담당자 개인이 아니라 회사명으로 된 이메일 주소를 제공해야 한다. 그 이유는 바이어의 신뢰를 높일 수 있고 추후 담당자가 퇴사하더라도 바이어와 지속적인 관계를 유지할 수 있기 때문이다.

#### ▎바이어의 회신이 저조한 거래제의서 유형

- 회사소개 내용에 핵심 내용이 없는 경우 : 거래제의서의 첫 부분부터 회사를 장황하

게 소개하는 것보다 기존 제품과의 경쟁력, 선진국에 대한 수출실적 등 바이어가 관심을 가질만한 핵심적인 제품 및 거래정보를 명시하는 것이 바람직하다.

- 담당자 및 수신인이 생략된 경우 : 수신인 란에 '사장(president)' 또는 '수입담당자(import manager)' 등의 표기가 있으면 거래제의 서한이 실질적인 업무담당자에게 전달될 가능성이 낮아서 답장을 기대할 수 없다. 따라서 거래제의 서한 수신자를 사전에 파악하는 것이 중요하다.
- 영어에 익숙하지 않은 국가의 바이어와 거래할 경우 : 예를 들어 일본의 중소기업과 거래를 희망한다면 가급적 거래제의 서한을 영어가 아니라 일본어로 작성하는 것이 바람직하다. 그 이유는 일본의 대부분 중소기업은 종합상사나 전문무역상사를 통해 무역을 대행하는 것이 일반적이기 때문이다.
- 회사 내부 사정이 변경된 경우 : 해당 바이어가 업종을 변경했다거나 M&A, 도산 등 회사 내부 사정이 변경된 경우 수출기업의 거래제의 오퍼에 대한 바이어의 응답이 없을 수도 있다.

**❙ IT기업인 E사의 거래제의 서한 작성 예 ❙**

Dear Sir/Madam;

We have learned from the Chamber of commerce in Korea that you are an importer of Digital Information Display (DID)products.

We are a leading manufacturer and exporter who produce all kinds of Digital Information Display(DID) products and some software that is related to DID.

We have been exporting our Digital Information Display products to Japan, and Australia and providing them to the biggest local market. Also, we had experience about delivery of DID system at Jeju International Airport, Korea Institute of Machine & Materials (kiosk), Korea Institute of Oriental Medicine, Korea Aerospace Research Institute and many other enterprise. And recently, we have taken export contract with the Japanese company (CMN) at April 2019. We would like to supply our high quality products to you on favorable terms including the competitive price.

|  |  |  |  |
|---|---|---|---|
| [portrait] | [landscape] | [Multi Screen] | [T-Shine] |

Currently we create 22 inch Transparent T-Shine display may well probe to be the next generation of shop front signage. The LCD displays are created by Samsung with the 22 inch version. A 46 inch is expected on the market by September 2020.

This address will show the video of our product T-shine.

http://www.youtube.com/watch?v=ipkhuUCLZVc

For further information about our company and products, please visit or contact us directly. We are looking forward to hearing your favorable reply.

Best wishes,

__________________

Gil Dong, Hong
Export Manager

Website:
E-mail:
Phone:
Fax :

### (3) 거래제의 서한 작성 샘플 수집

한국무역협회(www.kita.net)는 무역전문인력이 부족한 중소기업의 수출을 지원하기 위해 거래제의 서한 등 무역서한 샘플을 웹사이트를 통해 무료로 제공하고 있다. 여기에는 무역서한 작성 방법, 모범 무역서한 샘플, 번역 등 거래제의 서한 작성과 관련한 다양한 정보가 담겨져 있다.

## 2) 해외 바이어 인콰이어리 처리

인콰이어리(inquiry)는 수출기업의 제품에 관심이 있는 잠재 바이어가 수출기업에게 원하는 정보를 이메일, 전화, 팩스, 우편 등으로 요청하는 것을 말한다. 따라서 수출기업은 바이어에게 신속하고 구체적인 정보를 제공하는 것이 중요하다.

### (1) 해외 바이어 인콰이어리 관리기법

① 인콰이어리 분류

수출기업은 바이어로부터 인콰이어리를 받게 되면 거래 성사 가능성을 기준으로 A(Hot leads : 긴급한 것), B(Good leads : 성사 가능성이 높은 것), C(Future prospects : 장기적인 노력이 요구되는 것) 등 3개의 카테고리로 분류하여 관리할 필요가 있다. 인콰이어리를 분류할 때에는 다음과 같은 몇 가지 사항을 고려해야 한다.

첫째, 거래제의가 시급한 것인지 여부를 판단해야 한다. 이것은 거래제의가 전화, 이메일, 팩스, 우편 등 어떤 방법으로 이루어졌는가를 보면 알 수 있다.

둘째, 거래제의 내용이 구체적인지 아니면 일반적인 사항인지를 판단한다.

셋째, 사업형태, 연간 매출규모, 주문 예상규모, 예상 주문시기 등 바이어에 관한 정보를 통해 분석이 가능하다.

**실질적인 구매의사가 있는 바이어 유형**

- 바이어가 자사의 회사 소개서를 먼저 보내 옴
- 샘플은 소량의 필요 수량만 요구
- 샘플 용도를 명시하고 샘플 구매비용 부담 의사 표시
- 필요한 제품 사양을 구체적으로 제시

**구매의사가 없는 뜨내기 바이어 유형**

- 가능한 한 많은 샘플을 무상으로 제공해 줄 것을 요구함
- 샘플 용도를 명시하지 않고 급하다고만 함
- 대량 오더를 제시함
- 후진국 바이어 대부분이 이에 해당
- 샘플대금에 대한 언급이 없고 샘플 발송 재촉

**바이어의 샘플 요청 시 대처방안**

- 바이어 회사의 기본 사항에 대한 추가 질문 필요
- 바이어 정보(company profile) 요청
- 수출기업 제품의 가격대를 제시하면서 바이어 시장 경쟁 상황 질문
- 수출기업 제품을 취급한 경험이 있는지 여부 질문
- 샘플대금 송부 요청 : KITA(www.tradekorea.com) 및 KOTRA(e-Pay 시스템 활용)

> 한국무역협회는 중소기업의 편리한 수출대금 결제를 지원하기 위해 해외신용카드(VISA, MASTER, JCB, PayPal) 결제서비스( "KITA ePay서비스")를 제공하고 있다. 수출기업이 tradeKorea.com을 통해 수출대금을 신용카드로 결제받기 위해서는 사전에 결제대행사인 엑심베이(EXIMBAY) 서비스에 가맹점 가입계약을 해야 한다. 결제한도는 건당 3백만 원, 월 2천만 원 이하, 동일카드 5회까지 허용되며, 서비스 수수료는 VISA, MASTER, JCB, CUP 등은 2.6%(부가세 포함)이고 PayPal은 4.29%이다.

② 바이어 인콰이어리에 대한 답신방법

**신속한 회신**

바이어가 수출기업과 제품에 대해 긍정적인 인식을 가질 수 있도록 모든 인콰이어리에

대해 가급적 신속하게 답신해야 한다. 바이어가 요청한 정보를 보내는데 다소 시간이 걸린다면 일단 바이어에게 언제까지 요청한 정보를 보내주겠다는 것을 미리 알려줘야 한다. 그리고 바이어에 대한 세부정보가 필요하다면 즉각적으로 요청할 필요가 있다. 신속한 답변 내용에는 다음의 내용을 포함해야 한다.

- 개인적인 감사함 전달
- 언제 어떻게 인콰이어리를 받았는지 언급
- 질문에 대한 답변과 회사 소개
- 완벽한 제품 및 인콰이어리 수행 능력에 관한 정보
- 각 제품별 가격 정보
- 바이어 참고를 위한 회사 웹사이트 주소 등 연락처

**▎최고의 답신 방법**

- 독점적인 판매 이점 제시
- 경쟁사들이 갖지 못한 장점 소개
- 바이어에게 제공할 수 있는 혜택(인센티브) 소개
- 회사, 제품 및 서비스가 제공하는 혜택 소개

**▎철저한 답신**

바이어의 인콰이어리에 대한 수출기업의 응답 내용에는 바이어가 보인 관심에 대해 감사하다는 내용의 커버 레터를 반드시 첨부하고 인콰이어리를 받은 시기와 방법, 바이어의 질문사항에 대한 대답과 수출기업의 소개 내용을 포함해야 한다. 또한, 바이어가 요청한 제품에 대한 세부 정보를 전자적인 형태나 인쇄된 팜플렛으로 제공하고 각 품목의 가격정보, 자사 웹사이트 주소, 가능한 모든 연락방법 등을 포함시켜야 한다. 바이어 질문에 대한 진지하고 철저한 답변이 필요하다.

**▎바이어 인콰이어리에 대한 응대원칙**

- 최소 하루 1회 이상 바이어 인콰이어리 확인
- 모든 문의는 24시간 내 답변 원칙
- 답변이 어려운 경우에는 회신 가능 기한 제시
- 오더가 없어도 2~3개월에 한 번은 연락

### (2) 바이어 인콰이어리의 진정성 확인 기법

무료 거래알선사이트를 무작정 신뢰하는 것은 금물이다. 인콰이어리의 선별에 신중을 기해야 한다. 뜨내기 바이어에 대한 기계적이고 무조건적인 가격정보나 무상 샘플 제공,

그리고 일과성 질문에 대한 이메일 회신 등에 유의해야 한다. 먼저 구체적인 거래 의도가 내포된 인콰이어리 인지 여부를 확인해야 한다. 이를 위해서는 해당 바이어에 대해 언제까지 어떤 결제방식으로 주문할 것인지 구체적인 내용을 물어본 후 반응을 지켜보면 알 수 있다.

샘플대금을 청구한 후 바이어의 반응을 지켜보는 것도 좋은 방법이다. 우리나라는 국제적으로 바이어가 무상으로 샘플을 요청할 경우 매우 관대하다는 소문이 돌고 있어 가짜 바이어의 주요 목표물이 되고 있다는 점을 알아야 한다. 따라서 바이어가 샘플을 요구할 경우 정당하게 샘플대금을 청구하게 되면 진정 바이어는 대금을 지급하고서라도 샘플을 입수할 것이다.

### 3) 바이어와의 수출거래 진행기법

#### (1) 최초 상담 시 응대요령

- 첫 마디에 강한 인상으로 바이어를 사로잡아야 한다.
- 상대가 중시하고 있는 사항에 대해 공감(mind share)을 표시해야 한다.
- 자사제품을 소개하려 하지 말고 상대방의 요구에 응대해야 한다.
- 자사제품을 소개하는 기회가 오면 짧게 핵심만 설명하고 세부내용은 자료로 제공한다.
- 정보는 받은 만큼만 공개한다(give and take 원칙 고수).
- 계약은 서두르지 말고 상대방 의도를 먼저 파악하기 위해 노력한다.
- 글로벌 비즈니스 매너를 지켜야 한다.
- 해외 수출경력과 국내 유명기업 납품경력을 강조해야 한다.

#### (2) 거래조건별 수출거래 진행 기법

먼저 수출기업이 제품(product)을 설명할 때에는 일반적인 사항을 기계적으로 제시하기 보다는 경쟁사에 비해 무엇이 다르며 어떤 특성을 갖고 있는지를 강조해야 한다. 자사제품의 우수성을 강조하려면 국내 대기업이나 일본, 미국, 유럽 등 선진국 시장에 제품을 공급하고 있다는 점을 강조하면 된다.

둘째, 가격(price)은 바이어가 소속된 국가가 가격 또는 품질 시장인지 여부를 먼저 파악해야 한다. 품질이 중시되는 시장인 경우에는 가격조건에 덜 민감한 경향이 있으므로 품질의 우수성을 제시하면서 가격인하를 요구하지 않도록 바이어를 설득시킬 필요가 있다. 바이어의 가격인하 요청이 있을 경우 금방 수락할 수 있더라도 난처한 표정을 지으면서 수락이 어렵다는 점을 간접적으로 보여주어야 한다.

셋째, 바이어가 주문수량(order quantity)을 테스트 오더(test order) 형태로 제시하는 소량 주문에 대해서도 적극 대처할 필요가 있다. 만일 바이어의 최소 물량 요구를 수용할 수 없다면 제품공정이나 운임문제 등을 내세워 그 이유를 구체적으로 설명할 필요가 있다. 선진국 바이어들은 수출기업의 신뢰성을 확인하기 위해 처음부터 소량의 주문량을 제시하는 경우가 있으므로 유의해야 한다.

넷째, 수출대금결제(payment)와 관련해서는 바이어가 먼저 수출대금을 송금하는 사전송금방식(T/T in advance)이 있는데, 이는 수출기업의 입장에서 가장 유리한 결제방법이다. 만일 바이어가 이 조건을 수용하지 않는다면 그 대안으로 신용장방식(Letter of Credit : L/C)을 제시할 수 있다. 여기에는 일람불 신용장 방식과 기한부 신용장 방식이 있는데, L/C에서 요구하는 선적서류를 갖추어 자사의 주거래은행에 제시하여 하자가 없으면 수출대금결제가 이루어지는 일람불 신용장 방식(L/C at sight)을 제안할 필요가 있다. 바이어가 이들 조건 중 하나를 수용하지 않을 경우에는 사전송금 방식과 일람불 신용장 방식을 절충한 형태의 결제상식을 제시하는 것도 바람직하다. 그러나 외환사정이 여의치 않은 후진국 바이어나 중남미, 아프리카, 중동지역 바이어들은 D/A, D/P와 같은 외상조건을 선호하는 경향이 있으므로 외상조건 수용 여부를 사전에 검토하여 대비해야 한다. 만일 외상 조건을 수용할 경우에는 한국무역보험공사에 수출보험을 가입하여 수출대금 회수 불가능 사태에 미리 대비하는 것이 바람직하다.

다섯째, 제품 인도기간(delivery)은 만일의 사태에 대비하여 비교적 인도기간을 여유있게 제시하는 것이 바람직하다.

여섯째, 바이어가 에이전트 독점계약을 요구할 경우에는 판촉비용을 누가 부담할 것인지, 커미션은 얼마로 할 것인지, 판매지역을 어떻게 설정할 것인지 등을 자세히 검토한 후 바이어와의 상담에 임해야 한다.

### 대면상담 시 바이어의 주요 관심사항

- 수출기업의 품질관리시스템 (제품 업그레이드, 신제품 출시 주기)
- 주요거래처(해외 수출실적, 국내 유명기업 납품실적 등)
- 제품 보증(warranty)정책
- 현지 물류창고(warehouse) 보유 여부
- 결제통화 및 결제방법
- 원자재 가격상승에 따른 대비책
- 제품개발의 자체 수행 또는 외부 용역 여부(기술제휴 여부 및 범위, 연구개발 비중 등)

- 품질을 입증할 수 있는 시험검사서, 인증서, 추천서 등

**바이어와의 상담 시 준비사항**

- 제품의 품목분류번호(HS Code) 파악 및 제품 스펙(Spec.) 준비
- Offer 조건 및 가격 : 수량별 Price List 준비
- 가격협상 시 수용할 수 있는 최저 가격대
- 정형거래조건(Incoterms 2020)에 따른 가격 견적
- 대금지급 방법
- 월 생산량(capacity) 정보
- 최소 주문량(order minimum)
- 제품관련 기본사항(특성, 용도, 타제품과의 차별성 등)
- 경쟁사 제품과의 비교분석표
- 제품의 시험보고서(Test Report) 혹은 인증서 준비

**바이어와의 수출거래 진행 요령**

- 수출기업은 협상을 탄력적으로 전개하기 위해 다양한 가격표를 준비해야 한다.
- 바이어에게 최상의 가격임을 주지시켜야 한다.
- 협상 시작 전에 시장동향을 분석해야 한다.
- 바이어와의 연결고리를 유지해야 한다.
- 현재의 생산현황을 파악해야 한다.
- 제품에 대한 기술정보와 노하우를 알아야 한다.
- 논리적으로 반박할 자료를 준비해야 한다.
- 상대방이 아니더라도 다른 바이어와 거래할 수 있다는 자신감을 내비쳐야 한다.
- 바이어의 무리한 요구에도 흥분하지 말고 침착하고 성실하게 대응해야 한다.

**바이어 상담일지 작성**

바이어와 만나 상담하면서 제대로 기록을 남기지 않으면 사후관리에 어려움을 겪게 된다. 따라서 상담 전에 기업과 제품의 특성에 맞게 나름대로 상담일지 양식을 만들어 상담 과정에서 습득한 정보뿐만 아니라 수출계약을 위해 필요한 모든 정보를 파악하여 상세히 기록해 두어야 한다.

**| 바이어 상담일지 예시 |**

<table>
<tr><th colspan="4">바이어 기본 정보</th></tr>
<tr><td colspan="2">회사명</td><td></td><td>전 화</td><td></td></tr>
<tr><td colspan="2">이 름</td><td></td><td>팩 스</td><td></td></tr>
<tr><td colspan="2">직 책</td><td></td><td>이메일</td><td></td></tr>
<tr><td colspan="2">부서명</td><td></td><td>홈페이지</td><td></td></tr>
<tr><td colspan="2">구사언어</td><td colspan="3"></td></tr>
<tr><td rowspan="4">구분</td><td>I</td><td colspan="3">수입상( ) 유통업체( ) 소매상( ) 제조업체( )</td></tr>
<tr><td>II</td><td colspan="3">기존 바이어( ) 신규 바이어( )</td></tr>
<tr><td>III</td><td colspan="3">일반바이어( ) 샘플 주문 바이어( ) 주문 가능성 있는 바이어( ) 정부/단체 종사자( ) 일반인( )</td></tr>
<tr><td>IV</td><td colspan="3">즉시 거래가 가능한 주요 바이어( ) 향후 거래 가능성 있는 바이어( ) 지속적인 Follow Up이 필요성 바이어( ) 관리 불필요한 바이어( )</td></tr>
<tr><td colspan="2">관심품목</td><td colspan="3"></td></tr>
<tr><td colspan="2">관심분야</td><td colspan="3">수입( ) OEM( ) 대리점( ) 제3국 진출( ) 기타( )</td></tr>
<tr><td colspan="2">전달물품</td><td colspan="3">명함( ) 카달로그( ) 가격표( ) 샘플( ) 기념품( ) 기타( )</td></tr>
<tr><td colspan="5">상담내용</td></tr>
<tr><td colspan="2">가 격</td><td colspan="3"></td></tr>
<tr><td colspan="2">품 질</td><td colspan="3"></td></tr>
<tr><td colspan="2">디자인</td><td colspan="3"></td></tr>
<tr><td colspan="2">브랜드</td><td colspan="3"></td></tr>
<tr><td colspan="2">납 기</td><td colspan="3"></td></tr>
<tr><td colspan="2">A/S</td><td colspan="3"></td></tr>
<tr><td colspan="2">최소 주문수량</td><td colspan="3"></td></tr>
<tr><td colspan="2">향후 조치사항</td><td colspan="3"></td></tr>
<tr><td colspan="5">성사 가능성</td></tr>
<tr><td colspan="5">매우 높음( ) 높음( ) 보통( ) 낮음( ) 매우 낮음( )</td></tr>
<tr><td colspan="5">향후 상담일 확정 여부</td></tr>
<tr><td colspan="5">예( )/날짜 : 아니오( )</td></tr>
<tr><td colspan="5">기타 특이사항</td></tr>
<tr><td colspan="5"></td></tr>
</table>

## 4) 수출입오더 진행기법

### (1) 최선의 서비스 제공

- 항상 동일한 품질을 유지하고 가격대비 품질이 최고라는 인상을 심어준다.
- 자사 제품은 다른 기업에 비해 독특하고 차별적인 장점이 있다는 것을 인식시켜 준다.

- 바이어 소속 국가의 소비자 취향에 맞춰야 한다.
- 납기는 필히 준수해야 한다.
- 지키기 못할 약속은 하지 말아야 한다.
- 바이어 인콰이어리에 대한 답신은 당일에 처리해야 한다.
- 생산가능 물량을 넘어서는 주문은 받지 말아야 한다.
- 평소 인간적인 신뢰관계를 구축해야 한다.
- 주문처리 담당자는 정교함과 신속함, 그리고 취급제품에 대한 전문지식으로 바이어를 사로잡아야 한다.

### (2) 거래선 유지를 위한 해외바이어 관리요령

바이어와 지속적이고 장기적인 거래를 위해서는 개인적인 유대관계를 구축하여 상호 신뢰를 확보하는 것이 중요하다. 이메일, 전화, 팩스, 정기적인 출장, 초청 등 원활한 의사소통을 통해 유대관계를 구축하여야 바이어와 장기적으로 거래관계를 유지할 수 있으며, 이에 대한 구체적인 방법은 아래와 같다.

- 바이어에게 새로운 아이디어와 제품 및 시장정보를 수시로 제공해야 한다.
- 다품종 소량 생산체제를 구축하여 샘플 및 소량주문에도 적극 대응해야 한다.
- 바이어의 문의에 즉각적으로 응답해야 한다.
- 신제품 출시에 대한 신속한 정보 제공이 필요하다.
- 바이어에게 적정한 마진을 보장하고 바이어의 거래방식을 존중한다.
- 바이어의 불만족 및 클레임 처리에 대해 신속하고 적극적으로 대처해야  한다.
- 바이어의 판매실적을 파악하여 다음 시즌에 대비해야 한다.

### (3) 주문처리 진행 시 유의사항

- 모든 거래관계는 문서화하여 근거를 남겨 놓아야 한다. 구두로 한 거래승낙이나 거래확인 등은 차후 문제를 야기할 가능성이 있기 때문이다.
- 거래 관련 사항은 반드시 기록해 두어야 한다.
- 거래담당자와는 비즈니스 관계를 떠나 친구 관계로 만드는 노력이 필요하다.
- 가능한 한 거래상대방 요구에 부응해야 한다.
- 오더진행 시 완벽한 서비스를 제공하여 거래상대방이 자사만을 찾도록 해야 한다.

# 02 무역계약의 체결

## 1) 무역계약의 개념 및 체결 프로세스

### (1) 무역계약의 개념

무역계약(trade contract)은 국제 간 물품매매계약으로 운송계약, 보험계약, 환거래계약(대금결제)을 동시에 수반하며, 수출자에게는 계약물품의 소유권 이전 의무가 발생하고 수입자에게는 대금지급 의무가 발생하는 것을 말한다. 무역계약은 비엔나협약(Vienna Convention : United Nations Convention on Contracts for the International Sales of Goods)을 적용받는다. 이 협약은 모든 국제매매계약에 적용되는 무역계약의 공통법규이며 UN국제무역법위원회(UNCITRAL)가 1980년에 제정한 것이다. 이 협약은 계약 성립, 매도인의 의무, 매수인의 의무, 위험이전, 매도인과 매수인의 의무에 관한 공통규정 등으로 구성되어 있다.

기업은 무역계약의 4가지 법적 성격을 잘 이해할 필요가 있다. 첫째, 무역계약은 합의계약(낙성계약)으로 당사자 일방의 청약에 대해 상대방이 승낙하면 계약이 성립된다. 둘째, 무역계약은 쌍무계약으로 쌍방은 채무를 부담하게 되는데, 매도인은 물품인도 의무를 그리고 매수인은 대금지급 의무를 지게 된다. 셋째, 무역계약은 유상계약으로 채무 이행을 수반하는데 매도인은 계약물품 인도를 매수인은 대금지급을 해야 한다. 넷째, 무역계약은 불요식 계약으로 특정한 요식 행위가 불필요하다. 매매당사자 합의가 있으면 그 자체로 계약이 성립되며, 문서작성이나 교부가 계약 성립 요건은 아니다.

### (2) 무역계약의 체결 프로세스

무역계약(trade contract)은 통일된 양식이나 형식이 없으며, 계약체결방법도 서면이나 구두방식 등 어느 것을 선택해도 무방하며 정해진 절차도 없지만 일반적으로 아래의 과정을 거쳐 성립된다.

첫째, 무역계약 체결의 사전단계는 해외마케팅단계로서 해외시장조사(market research) 과정을 거쳐 거래상대방을 물색하여 거래제의(business proposal, trade inquiry 또는 circular letter)를 하고 유력 바이어에 대한 신용조사(credit inquiry)를 실시한다.

둘째, 수출자가 제시하는 확정적인 청약(firm offer)에 대해 수입자가 승낙(acceptance)함으로써 계약이 성립된다. 승낙은 절대적이고 무조건적인 동의이어야 한다. 수입자의 주문(order : buying offer)에 대해 수출자의 승낙(acknowledgement)이 있는 경우에도 계약이 성립된다. 통상적으로 수출자가 제시하는 Selling Offer를 Offer라 하고 수입자가 제시하는 Buying Offer를 Order라고 한다. 그러나 무역계약은 통일된 양식이나 형식이 없으므로 Offer대신 견적송장(Proforma Invoice)이 주로 사용되며, Order 대신 Purchase Order가 많이 활용된다.

셋째, 거래당사자는 수출입 본 계약(Sales Contract/Purchase Contract)을 확정한다. 무역거래 시 간단한 오퍼나 오더만으로 무역계약을 종결하지 말고 반드시 수출입 본 계약을 체결하는 것이 바람직하다.

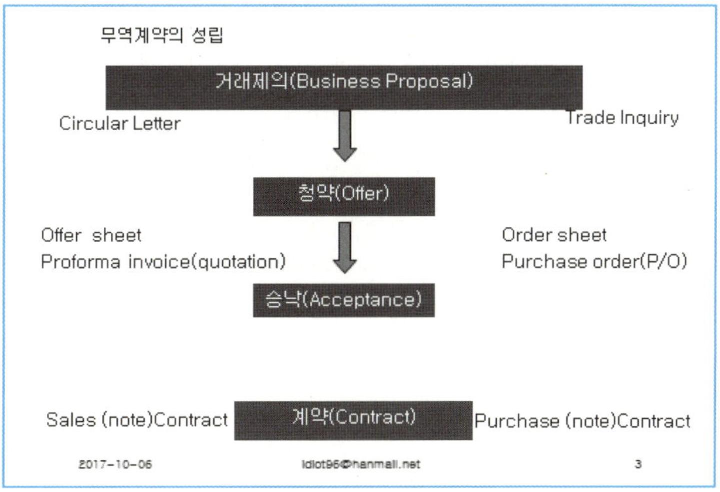


## 2) 무역계약의 체결방법 및 종류

### (1) 무역계약 체결방법

무역계약서 작성이 계약 성립의 필수조건은 아니지만 불필요한 분쟁 방지와 신속한 분쟁 해결을 위해 계약서를 작성하는 것이 바람직하다. 무역계약을 둘러싸고 법적 분쟁이 발생할 경우 공식적인 무역계약서가 견적송장이나 물품매도확약서(Offer Sheet)에 비해 법적 구속력이 강하다는 점을 알아야 한다.

**무역계약 체결방법**

- 주문요청서(sales note) : 수출자의 최종 오퍼내용에 대한 수입자의 확인
- 주문서(purchase note) : 수입자가 일정조건으로 특정물품을 구매하겠다는 것(order)
  → 수입자가 일방적으로 작성하여 수출자에게 송부
- 물품매도확약서(offer sheet) : 별도 계약서 작성 없이 오퍼시트를 계약서로 이용 가능
- 각서(memorandum) : 수출입자 상호간 대면으로 매매조건 합의하여 계약서 작성

→ 수입자가 일방적으로 작성하여 수출자에게 송부

### (2) 무역계약의 종류

무역계약은 개별계약, 포괄계약, 독점계약 등 3가지로 구분된다.

첫째, 개별계약(case by case contract : Sales Note or Purchase Note/ Order)은 거래건별로 먼저 간단한 오퍼나 오더를 확정한 후 수출입 본 계약을 체결하는 방법으로 통상적으로 거래상대방과 최초 거래를 하거나 초기의 거래에 사용된다. 이 방식에 의한 계약서는 표면과 이면 양면으로 구성되는데, 표면에는 당해 계약물품의 품질수준, 수량, 가격 등 거래상품에 관한 사항과 선적일자, 결제방법 및 보험조건 등이 명시된다. 이면에는 무역에 관한 일반약정(General Terms and Conditions)으로 계약서 표면약정사항인 품질에 대한 검사, 수량, 가격 및 선적조건을 정하는 기준 등 개별 약정사항의 해석기준과 계약불이행과 관련된 사항인 불가항력조항, 클레임조항, 중재조항, 준거법조항 등 수출입거래시 일반적으로 적용되는 공통사항이 명시된다.

둘째, 포괄계약(master contract or long term contract)은 통상적으로 동일한 거래상대방과 지속적으로 거래가 이루어지는 경우에 채택하는 방식이다. 이는 매거래시마다 건별로 수출입 본 계약을 체결하는 번거로움을 회피하는데 유용한 방법으로서 수출입 거래당사자는 향후 수출입거래준칙에 해당하는 "일반거래조건협정(Agreement on General Terms and Conditions)"을 체결하고 개별 거래 시에는 간단한 오퍼나 오더를 교환하여 계약을 확정하는 것을 말한다.

셋째, 독점계약(exclusive sales contract)은 수출자가 지정 수입자에게만 물품을 독점적으로 공급한다는 내용을 담는 계약을 말한다.

이외에도 Technical Licence Agreement(기술제휴협정서), Joint Venture Agreement(합작협정서), Distributorship Agreement(판매협정서), Exclusive Agency Agreement(독점대리점계약서) 등이 있다.

## 3) 무역계약의 내용

무역계약의 내용은 상품자체에 관한 사항, 계약이행에 관한 사항, 계약불이행에 관한 사항, 정형거래조건 등 4가지로 구성된다.

**| 무역계약서의 구성 |**

| 구 분 | 세부 계약조건 |
|---|---|
| 기본사항 | • 계약당사자(Principal) 및 서명<br>• 계약확정문언<br>• 계약체결일, 계약의 유효기간 |
| 상품자체 사항 | • 품질조건 : 품질결정방법, 품질결정시기<br>• 수량조건 : 수량단위, 수량표시방법, 수량결정시기<br>• 가격조건 : 가격책정기준, 결제통화, 인코텀즈<br>• 포장조건 : 포장재와 포장단위, 화인 |
| 계약이행 사항 | • 선적조건 : 선적시기(선적기일과 신용장 유효기일관계), 선적방법(분할선적 여부), 선적항, 도착항<br>• 대금결제조건 : 지급시기, 지급방법, 지급통화<br>• 보험조건 : 보험금액, 보험조건, 부보통화, 지급지 |
| 계약불이행 사항 | • 불가항력조항(force majeure)<br>• 클레임조항(claim clause)<br>• 중재조항(arbitration clause) |
| 정형거래조건 | • 정형거래조건(trade terms)<br>• 준거법(governing laws) |

### 4) 무역계약서 작성 시 고려사항

일반적으로 우리나라 중소기업은 상대방의 권리와 의무를 명확하게 해두는 것에 익숙하지 못하고 거래상대방을 일방적으로 신뢰하는 경우가 많다. 특히, 수출초보기업의 입장에서 스스로 무역계약서를 작성하는 것은 현실적으로 어려우므로 무역지원기관의 도움을 받을 필요가 있다. 한국무역협회는 국내 중소기업의 무역계약서 작성을 지원하기 위해 법률서비스를 제공하고 있으므로 이 서비스를 활용하여 무역계약 체결에 앞서 법적 오류나 누락 사항은 없는지 꼼꼼히 체크해야 한다.

계약을 체결할 때에는 반드시 구두가 아닌 서면으로 작성하고 계약체결 전에 법률지식이 풍부한 법률전문가의 자문을 얻어 계약서 상 불리한 내용이 없도록 해야 한다.

**에이전트 계약 체결 시 유의사항**

- 에이전트 선정 시 검증사항
  - 해당 바이어의 신뢰도, 제품관련 전문지식 보유 여부, 마케팅 능력(유통망/판매망, 시장개척능력, A/S), 재정능력, 현지 정부/언론/유력인사와의 네트워킹 능력, 현재 타사와의 에이전트계약 체결 내역, 정보수집 능력, 한국기업과의 거래경험, 현지 평판 등
- 검증 절차 이후 검토사항
  - 계약기간 중 연간 최소 보장 수입량, 각 제품의 판매목표와 타겟층, A/S방안, 판매경로(유통망), 시장확대방안, 인증 및 인허가 취득, 홍보 및 광고대책, 대금결제방법 등

- 계약서 포함 내용(표준계약서 사용)
  - 에이전트의 관할지역 범위, 대행하는 제품 및 서비스 범위, 에이전트 계약기간, 수수료 및 커미션, 분쟁 발생 시 적용되는 법, 에이전트의 역할 및 책임, 계약해지 조건 등
- 에이전트 지정 후 유의사항
  - 에이전트와 신뢰관계 유지, 에이전트 역량 극대화(시장개척 여건 조성/지원: 전시회 참가지원, 특판행사 지원, 광고지원, A/S지원)

### ▌견적송장(Proforma Invoice) 사례 ▌

From : SAM YONG CO., LTD
159 SAMSUNG-DONG KANGNAM GU
SEOUL, KOREA
Tel : 02-6000-6000
Fax : 02-6000-6001
E-mail : samyong@hotkey

Ref. NO :
MAR. 15. 20××

To : FABRY CO., LTD.

**PROFORMA INVOICE**

We as Seller confirm having sold you as Buyer the following goods on the terms and conditions as stated below :

COMMODITY : POLYESTER STAPLE FIBRE OPTICAL BRIGHT RAW WHITE
QUALITY : "A" GRADE
QUANTITY : 36,000.00KGS
PACKING & MARKING : 250.00KGS/BALS 250.00KGS/BALE 250.00
UNIT PRICE & TERMS OF DELIVERY : USD1.75.00/KG FOB BUSAN
AMOUNT : US$63,000.00
PAYMENT : AN IRREVOCABLE LETTER OF CREDIT AT SIGHT IN OUR FAVOR
TIME OF SHIPMENT :
MAY. 31. 2015 12,000.00KGS
JUN. 30. 2015 12,000.00KGS
JUL. 31. 2015 2,000.00KGS
PORT OF SHIPMENT : BUSAN, KOREA
DESTINATION : LONDON
INSURANCE : TO BE COVERD BY BUYER
INSPECTION : SELLER'S INSPECTION TO BE FINAL
SPECIAL TERMS & CONDITIONS:

1. L/C SHOULD BE ARRIVED HERE AT LEAST 30DAYS IN ADVANCE
2. All disputes, controversies, or differences which may arise between the parties, out of, or in relation to, or in connection with this contract, or for the breach thereof, shall be finally settled by arbitration in Seoul, Korea in accordance with the Arbitration Rules of The Korean Commercial Arbitration Board and under the laws of Korea. The award rendered by the arbitrator(s) shall be final and binding upon both parties concerned.

SAM YONG CO., LTD.
W. K. Park
President

## ▌물품매도확약서(Offer Sheet) 사례 ▌

**DAESUNG INDUSTRIAL CO., LTD**

① Manufacturers, Expoters & Importers

#146-1, SOOSONG-DONG, CHONGRO-KU, SEOUL, KOREA

TEL 735/5671
732/1985
733/8194

**OFFER SHEET**

② Messrs. OKAMOTO INDUSTRIES INC.

③ Offer No. DS01227
④ Date. DEC. 27, 20××

Gentleman :

⑤ We are pleased to offer you the following :

⑥ Origin : REPUBLIC OF KOREA
⑦ Shipment : WITHIN 45 DAYS AFTR RECEIPT OF YOUR L/C.
⑧ Shipping Port : BUSAN, KOREA
⑨ Payment Terms : BY AN IRREVOCABLE AT SIGHT L/C TO BE OPENED IN OUR FAVOR.
⑩ Validity of Offer : BY JAN. 31. 20××

| Item | ⑪ Commodity & Description | | ⑫ Quantity | ⑬ Unit Price | ⑭ Total Amount |
|---|---|---|---|---|---|
| | | | ⑮ CIF YOKOHAMA, JAPN/PC | | |
| | AUTOMOBILE TUBES | | | | |
| | SIZE | VALVE | | | |
| | 550-13 | TR13 | 2,100 PCS | @US$ 1.80 | US$ 3,780.00 |
| | 600-14 | TR13 | 3,900 PCS | 1.90 | 7,410.00 |
| | TOTAL : | | 6,000 PCS | | US$11,190.00 |
| | ******************************** | | ******** | ************* | ************* |

Very truly yours,

⑯ All disputes, controversies, or differences which may arise between the parties, out of, or in relation to, or in connection with this contract, or for the breach thereof, shall be finally settled by arbitration in Seoul, Korea in accordance with the Arbitration Rules of The Korean Commercial Arbitration Board and under the laws of Korea. The award rendered by the arbitrator(s) shall be final and binding upon both parties concerned.

⑰ Accepted by : ____________________

Date of acceptance ________________

⑱ DAESUNG INDUSTRIAL CO., LTD.

____________________________

**| 수출계약서 양식 예시 |**

ABC CO., LTD

Address

Cable :
Telex :
Tel :
Fax :

## SALES CONTRACT

ABC CO., LTD., as seller, hereby confirms having concluded the sales contract with you(your company), as Buyer, to sell following goods on the date and on the terms and conditions herein- after set forth. The Buyer is hereby requested to sign and return the original attached.

| MESSRS | CONTRACT DATE | CONTRACT NO. | |
|---|---|---|---|
| | | | |
| COMMODITY DESCRIPTION | QUANTITY | UNIT PRICE | AMOUNT |
| | | | |

Time of Shipment :
Port of Shipment :
Port of Destination :
Payment :
Insurance :
Packing :
Special Terms & Conditions :
Subject to the general terms and conditions set forth on back hereof :

| Marking |
|---|

Accepted by
(Buyer)

(Signature)

(Name & Title)

Date

ABC CO., LTD.
(Seller)

(Signature)

(Name & Title)

Date

## GENERAL TERMS AND CONDITIONS

All business hereunder shall be transacted between Buyer and Seller on a principal to principal basis and both parties agree to the following terms and conditions :

(1) Quantity : Quantity shall be subject to a variation of ( )% plus or minus at seller's option.

(2) Shipment : Date of bill of lading shall be accepted as conclusive of the date of shipment. Partial shipment and/or transhipment shall be permitted.
If shipment is prevented or delayed in whole or in party, by reason of Acts of God, or the consequence of, affecting Seller or any supplier to Seller of the goods sold hereunder or

any manufacturer of the goods sold hereunder or any supplier to such manufacturer, such Acts of God to include but not limited to fire, flood, typhoon, earthquake, or by reason of riots, wars, hostilities, governmental restrictions, trade embargoes, strikes, lockouts, labour disputes boycotting of Korean goods, unavailability of transportation or any other causes of a nature beyond Seller's control, then, Seller may, at its option perform the contract of the unfulfilled portion here of within a reasonable time from the removal of the cause preventing or delaying performance, or rescind unconditionally and without liability this contract or the unfulfilled portion here of.

(3) Payment : Irrevocable and confirmed letters of credit negotiable at sight draft shall be established through a prime bank satisfactory to Seller immediately after conclusion of contract with validity of at least 15 days after the last day of the month of shipment for negotiation of the relative draft. The amount of such letter of credit shall be sufficient to cover the contract amount and additional charges and/or expenses to be borne by the Buyer. If Buyer fails to provide such letter of credit, Seller shall have the option of reselling the contracted goods for Buyer's account, holding the goods for Buyer's account and risk, and/or cancelling the contract and claiming for damages caused by Buyer's default.

(4) Inspection : The inspection of quantity shall be done according to the export regulation of the Republic of Korea and/or by the manufacturers which shall be considered as final. Should any specific inspector be designated by the Buyer, all additional charges thereby incurred shall be borne by the Buyer and shall be added to the invoice amount, for which the letter of credit stipulates accordingly.

(5) Packing : Packing shall be at the Seller's option. In case special instructions are necessary the same should be intimated to the Seller in time so as to enable the Seller to comply with it.

(6) Insurance : In case of CIF or CIP basis, 110% of the invoice amount, will be insured unless otherwise agreed.
Any additional premium for insurance coverage over 110% of the invoice amount, if so required, shall be borne by Buyer and shall be added to the invoice amount for which the letter of credit shall stipulate accordingly.

(7) Increased Costs : If Seller's costs of performance are increased after the date of this agreement by reason of increased freight rates, taxes or other governmental charges and insurance rates including war risk, or if any variation in rates of exchange increases Seller's costs or reduces Seller's return, Buyer agrees to compensate Seller of such increased cost or loss of income.

(8) Price : The price stated in the contract is subject to change and the actual price to be paid will be that of Seller's current price list ruling at the time of dispatch of the goods. Seller shall notify Buyer in writing or by telex, cable or telegram of any revised price which shall be applied to goods still to be shipped, unless Buyer cancels in writing or by cable or telex the undelivered balance within 15 days from such notification.

(9) Any Claim : Dispute, or complaint by Buyer of whatever nature arising under this contract, shall be made in cable within 10 days after arrival of the cargo in the destination port. Full particulars of such claim shall be made in writing and forwarded by airmail so as to reach Seller within 20 days after cabling. Buyer must submit with such particulars as Public Surveyor's report when the quality and quantity of merchandise is in dispute. A claim made after the said 30-day period shall have no effect and Seller shall not be obligated to honor it. Seller shall not under any circumstance be liable for indirect or consequential damages.

(10) Trade Terms : The trade terms used herein such as CIF, CIP and FOB shall be in accordance with Incoterms 2000. In all other respects, this Contract shall be governed by and construed in accordance with the laws of Korea.
(11) Arbitration : All disputes, controversies, or differences which may arise between the parties out of or in relation to or in connection with this contract or for the breach thereof, shall be finally settled by arbitration in Seoul, Korea in accordance with the Commercial Arbitration Rules of the Korean Commercial Arbitration Board and under the Laws of Korea. The award rendered by arbitrator(s) shall be final and binding upon both parties concerned.
(12) Deduction : Buyer may not deduct any amount from the price without Seller's advance written authorization.
(13) Patents, Trade marks, Designs, etc. : Buyer is to hold Seller harmless from liability for any infringement with regard to patent, trademark, copyright, design, pattern, construction, stamp, etc., originated or chosen by Buyer.
(14) Force Majeure : Seller shall not be responsible for nondelivery or delay in delivery resulting from causes beyond its control. In the event of such an occurrence, Seller may at its option either postpone delivery until removal of the causes, or cancel the balance of the order in the Contract.

IN WITNESS WHEREOF, the parties have caused this Agreement to be executed by their duly authorized representatives as of the date first above writen :

| | |
|---|---|
| For and on behalf of, | For and on behalf of, |
| By : | By : |
| Typed Name : | Typed Name : |
| Title : | Title : |

# 제14장 수출협상기법 및 무역상관습 이해

## 01 중소기업과 이문화

### 1) 개념

문화적으로 서로 다른 배경을 가진 수출입 당사자 간 상담을 "무역상담(광의로는 국제협상)"이라고 한다. 사업 활동이 국경을 넘어 국제적으로 이루어질 때 협상은 기업의 성과에 절대적인 영향을 미치는 중요한 변수가 된다. 외국 바이어와의 협상과정에서 종종 이해하기 어려운 어떤 조건이나 요구 또는 절차 등으로 인해 협상을 효과적으로 진행시키지 못하거나 심지어는 협상 자체가 실패로 끝나는 경우가 발생한다. 이러한 협상은 담당

자의 협상 지식이 부족한 이유도 있겠지만, 이것 보다는 상대방의 문화적 배경과 그로 인한 협상의 행위적 특성에 대한 이해가 부족하기 때문이다.

국제협상의 주안점은 상대방의 가치와 관점, 그리고 인식을 변화시키는데 있다. 따라서 성공적인 거래협상을 위해서는 상대방의 문화적 배경과 그것에 기인하는 언어적, 비언어적 행위특성, 그리고 그들의 독특한 협상스타일을 이해하고 그에 적절하게 대처할 수 있는 전략과 전술을 활용해야 한다.

## 2) 이문화의 중요성

해외마케팅 담당자는 자주 외국 바이어와 거래협상을 벌이게 된다. 외국인과의 협상을 효과적으로 진행할 수 있는 능력은 마케팅 담당자가 갖추어야 힐 필수조건이라 할 수 있다. 모든 사업상의 협상은 당사자 간 공통적인 관심(common interests)과 상충적인 관심(conflicting interests)을 내포하고 있다. 그러므로 협상은 쌍방이 공통적이고 상충적인 관심사에 대한 차이점을 이해하고 타협할 수 있는 전제하에서 성립된다. 유능한 협상자는 상대방의 강점과 약점뿐만 아니라 상대방의 협상 시각을 파악할 수 있는 능력을 갖추어야 한다. 이러한 감정 이입을 통하여 협상자는 상대방의 의도와 문제점을 잘 이해할 수 있으며, 보다 유리한 협상전략을 수립할 수 있다. 그러나 상대방을 이해하기 위한 감정 이입을 얻는다는 것은 쉬운 일이 아니다. 따라서 마케팅 담당자는 외국인과의 효과적인 협상을 위해 그들의 문화와 그로 인한 각종 협상에 관한 언어적 특성을 이해할 수 있어야 한다. 특히, 상대방의 상이한 언어적 특성은 그들의 독특한 협상 스타일을 형성하므로 매우 중요하다.

마케팅 담당자는 협상에서 유리한 위치를 확보하기 위해 방문 국가의 역사, 문화, 관습 등을 잘 이해하고 있어야 한다. 비즈니스 매너 및 방법, 종교적 관습, 유머, 복장 등은 국가마다 상이하다. 이에 관한 정보는 코트라 홈페이지나 여행 가이드북 등에서 입수할 수 있다. 따라서 수출목표국가의 문화를 잘 알게 되면 상황 변화에 따라 융통성 있는 대처가 가능하다.

비즈니스 스타일, 시간준수의 정확성에 대한 태도, 협상 스타일, 선물관습, 인사법, 제스처의 의미, 색상과 숫자의 의미 등은 국가와 문화권별로 상이하다. 이러한 국가 간 문화적 차이를 이해하게 되면 국제 비즈니스를 성공으로 이끄는 데 많은 도움이 된다. 비즈니스 관행, 사회적 관습, 에티켓 등을 잘 모르게 되면 목표시장에서 기업의 입지가 약화되고 결국 사업 실패로 이어질 수 있다.

### (1) 색상과 숫자

포장에 있어서 색상이나 숫자와 관련되는 사항이다. 색상과 관련하여 빨간색이 우리나라에서는 죽음을 의미하지만 대부분 국가에서는 생명을 상징한다. 그리고 빨간색은 일장기를 연상시키므로 반일감정이 있는 지역에서는 주의를 요해야 한다. 예를 들어 미국의 디트로이트 시는 자동차산업에서 일본과의 오랜 경쟁관계로 인하여 반일감정이 심한 지역이다. 만일 디트로이트시를 방문할 때 빨간색의 차를 타고 가면 봉변을 당할 수도 있다. 그리고 검은색은 미국 등 대부분 국가에서 죽음을 의미한다. 그러나 흰색은 대부분 아시아 지역에서 죽음을 의미한다. 초록색은 일반적으로 건강을 의미하지만 말레이시아에서는 질병과 위험을 의미한다. 따라서 수출상품의 포장은 수출지역의 상관습을 감안하여 디자인되어야 한다. '7'이라는 숫자는 케냐에서는 '불운'을 의미하는데 반해, 체코에서는 '행운'을 의미한다. '10'은 한국에서 '불운'을 일본에서는 '4'가 악마와 죽음을 의미한다. 그러나 성경에서는 '6'이 악마의 숫자를 의미한다.

### (2) 제스처

불가리아에서 고개를 끄덕이는 것은 'No'를, 머리를 좌우로 흔드는 것은 'Yes'를 의미한다. 미국에서는 엄지와 인지로 원을 그리는 것이 'Okay'를 의미하는 반면, 프랑스에서는 'Zero'를, 일본에서는 '돈(money)'을, 그리고 브라질에서는 '상스런 의도'를 말한다. 미국에서 상대방을 향해 인지를 움직이는 것은 '여기로 오라(come here)'는 것을 의미하지만, 동양의 유교문화권에서는 예의에 어긋난 행동으로 비추어진다. 사람들은 특정한 메시지를 전달하기 위해 몸을 움직이거나 제스처를 취하기도 한다. 이러한 제스처에 대한 오해는 문화 간 커뮤니케이션 과정에서 자주 발생하며, 이에 대한 이해가 부족하면 비즈니스에서 혼란을 겪을 가능성이 높다.

### (3) 상담스타일

기업은 거래상담 스타일이 국가마다 다르다는 것을 알아야 한다. 예를 들어 일부 국가에서 협상자들은 거래상담에서 직접 본론으로 들어가는 반면, 다른 국가에서는 공식적인 대화보다는 비공식적인 대화로 거래협상을 시작하는 경향이 있다. 즉, 중동에서는 거래협상 개시에 앞서 약간의 담소로 대화를 시작하는 것이 일반적인 관례이다.

### (4) 시간준수 및 인사법

시간준수의 정확성에 대한 태도도 문화권별로 차이가 난다. 이것을 잘 모르게 되면 큰 혼란과 오해에 직면하게 된다. 루마니아인, 일본인 및 독일인은 시간관념이 매우 정확하지만 라틴국가에서는 시간엄수를 대수롭지 않게 여기는 경향이 있다. 일본인들은 비즈니스 미팅에 늦는 사람에 대해 무례하다고 여기는 반면, 일부 국가에서는 약속 시간에 늦게 도착해도 허용되는 경우도 있다. 인사법도 국가마다 다르므로 오해의 여지가 있다. 전통적인 인사법은 악수이지만 포옹하거나 코를 비비는 것, 그리고 키스 등 다양한 인사법이 존재하며 이러한 내용을 잘 모르면 당황하게 될 것이다.

### (5) 자기소개 및 명함교환

성명과 직함의 적절한 사용도 국제비즈니스에서 매우 중요한 사항이다. 영국, 프랑스, 덴마크 등 대부분 국가에서는 성(first name)을 공식적으로 사용하기 전까지 직함을 사용하는 것이 바람직하다. 독일에서 '성(first name)'은 좀처럼 비즈니스에서 사용되지 않는다. 따라서 사업상 사람들을 만나게 되면 직함 앞에 붙는 이명(surname)을 사용해야 한다. "Herr Diretor"라는 직함은 때로는 위엄, 신분 및 직위를 나타내는데 사용된다. 벨기에의 경우 프랑스권에 거주하는 비즈니스맨을 접촉할 경우 'Mousieur' 또는 'Madame'으로 부르는 것이 중요하며, 화란어권에 거주하는 사람을 접촉할 경우에는 'Mr.' 또는 'Mrs.'로 불러야 한다. 이를 혼동하게 되면 비즈니스에서 큰 실수를 범하게 되며, 당사자에게는 모욕감을 줄 수도 있다.

명함(business card) 교환에 관한 관습도 국가별로 차이가 난다. 해당 국가의 관습을 준수하는 것은 중요한 사업예절 중 하나이다. 예를 들어 일본에서는 서양처럼 명함을 받아 곧바로 주머니에 넣는 태도가 무례한 행동으로 간주된다. 일본에서는 명함을 받게 되면 주의 깊게 관찰한 후 직함과 소속기관을 확인하고 상대방의 위치를 알게 되었다는 내용을 고개를 끄덕여서 표현해야 한다. 거래당사자 간 협상도 상호 간 문화적 배경 차이 등으로 인해 매우 복잡한 양상을 띠게 된다. 먼저 거래협상 파트너 직위의 중요성을 이해하는 것이 필수적이며, 누가 의사결정권자인지도 파악해야 한다.

### (6) 선물관행

각국의 선물관행을 이해하는 것도 매우 중요하다. 일부 문화권에서 선물은 사업상 필요한 것으로 인식되고 있기 때문에 선물을 주지 않으면 하나의 모욕으로 여기는 경향이 있는 반면, 또 다른 문화권에서는 선물을 주는 것을 '공격적인(offensive)' 것으로 이해하게 되므로 주의해야 한다. 비즈니스맨들은 선물을 언제(처음 방문 시 또는 나중), 어디에서(사적 또는 공개 장소), 어떤 선물을, 그리고 몇 개를 전달해야 하는지에 대해서도 알아야 한다. 일본에서 선물을 주는 것이 사업을 수행하는데 매우 중요하며, 주로 첫 번째 미팅에서 선물이 교환된다. 독일에서는 선물 교환이 일반적인 사항이 아니기 때문에 사업상 선물교환은 부적절하다. 영국과 벨기에서도 선물 교환이 공식적인 관습은 아니지만 가정을 방문할 경우에는 꽃이 적절한 선물로 인식되고 있다.

### (7) 언어적 의미

언어 간 의미 차이와 발음에 따른 오해를 파악하는 것도 중요하다. 1920년대 코카콜라가 처음 중국에 진출할 때 브랜드 네임이 '암말'이나 '올챙이'를 의미하게 되어 이를 비슷한 발음의 '可口可樂(입안의 행복)'으로 바꾸었다. 미국 GM사의 'NOVA'라는 브랜드는 스페인말로 "No Va(No Go)"로서 "가지 않는다"는 것을 의미하여 'Caribe'로 바뀌었다. 그리고 항공사 EMU는 오스트리아에서는 날지 못하는 새를 의미한다. 무역잡지 Gift가 독일에서는 독(Poison)을 의미한다.

### (8) 상표

우리나라의 Avante는 일본의 Wagan에 동일한 이름이 있어 'Lantra II'로 수출되고 있으며, 'Elantra'도 상표문제로 인해 'Lantra'로 수출된 바 있다.

### (9) 현지관습(local customs)

아랍권은 글자를 오른쪽에서 왼쪽으로 읽으므로 일반적인 지역과 정반대이다. 이점을 사전에 인식하지 못해 왼쪽에서 오른쪽 방향으로 세탁과정을 예시하여 실패한 일본의 세탁기 광고는 좋은 사례이다. 인도네시아나 인도 등지에서 왼쪽 손은 악마의 손을 말한다. 그리고 베트남에서는 검은 이가 사회적인 명성을 상징한다.

**지역별로 독특한 관습에 유의해야!**

- 태국, 말레이시아, 인도네시아에서는 머리를 신성시하기 때문에 남의 머리를 만지지 않도록 한다. 어린이가 귀엽다고 머리를 쓰다듬어서는 안 된다.
- 국교가 이슬람교인 중동, 인도네시아, 말레이시아에서는 남에게 물건을 건네거나 받을 때에는 오른손을 이용해야 하며, 돼지고기와 술을 찾는 일은 삼가야 한다.
- 일본에서는 짝으로 된 것이 행운을 가져다 준다고 믿기 때문에 선물은 짝으로 된 세트를 주는 것이 좋다.
- 홍콩에서는 시계는 죽음을 상징하므로 시계선물을 하지 않는 것이 좋다.
- 중국문화에서 청색과 백색은 장례식의 색깔로 되어 있으므로 사용하지 않는 것이 좋다.
- 중국인들은 술자리에서 노래를 부르거나 술에 취해서 떠드는 일이 없으므로 주의해야 한다.
- 멕시코 인디언들은 사진을 찍으면 혼을 빼간다고 보기 때문에 촬영은 신중하게 해야 하며, 유적지에서 삼각대를 사용할 경우에는 허가를 받아야 한다.
- 일부 아랍국가에서는 주류, 돼지고기, 이스라엘 서적과 제품의 반입을 금지하는 것에 유의해야 한다.
- 중국이나 그 외의 동남아 국가에서 후진국이라고 생각하고 자존심을 상하게 하거나 무시하는 언행을 하지 말아야 한다.

• 나라에 따라 입국 시 외화 소지액을 신고하지 않으면 그 나라를 떠날 때 가지고 나갈 수 없거나 재환전할 수 없어 손해를 보는 일이 있다. 이런 나라들은 대부분 구공산권 국가들이나 폐쇄적인 국가들인 경우가 많으므로 주의해야 한다.

### (10) 음주문화 이해

중국에서는 상담이 잘 이루어져 계약단계에 도달하게 되면 멋지게 한잔씩 돌려 서로 축하하는 것이 관례이다. 가격이나 납기 등 일반적인 경쟁력 요소와는 무관하게 현지의 음주문화에 어두워 비즈니스까지 그르치는 경우가 종종 있다. 주요 국가의 음주 문화를 살펴보면 다음과 같다.

① 미국

미국에서 술을 주문할 때에는 조심해야 한다. 와인 한잔 정도가 좋다. 맥주를 주문하면 곁눈질로 쳐다본다. 비즈니스 점심을 먹을 경우에는 소다수 종류가 적당하다. 미네럴 워터와 아이스티와 같은 무알코올 음료가 무난하다.

② 일본

일본에서 비즈니스 관계로 식사초대를 받으면 술 못지않게 음식문화도 낯설다. 생선회나 생굴 등 날 음식에 익숙하지 않으면 힘들다. 술은 맥주나 아니면 기껏해야 17도짜리 사케가 보통이기 때문에 그리 어렵지 않다. '깜빠이'하고 외치면 잔을 다 비우는 것이 예의이다. 일본에서 정식으로 초대받은 경우에는 술을 많이 마시지 않는다.

③ 중국

중국에서는 사업과 관련한 주연 참석이 일종의 의무이다. 건배를 제의 받으면 단번에 잔을 들어 마시고 난 뒤 잔을 뒤집어 식탁 위에 세워야 한다. 술 종류는 맥주, 와인, 소주가 고루 나오고 마지막에는 55도짜리 전통 중국술인 마오타이주가 나온다. 체면을 유지하려면 대작을 피해서는 안 되고 마지막까지 견디는 것이 하나의 능력이다.

④ 이태리

이태리에서 사업 파트너와 점심을 먹을 때 와인 대신 콜라를 시키면 그들은 이해하지 못한다. 식후 커피를 주문할 때 농축커피인 엑스프레소 대신 카푸치노를 시키면 역시 이상한 눈으로 쳐다본다. 이태리 사람들은 이것을 에티켓에 어긋나는 일로 생각한다.

⑤ 프랑스

포도주의 나라 프랑스에서는 점심때 술을 마시는 것은 관행이 아니다. 사업상 점심을 하게 되면 술 대신 워터를 시킨다. 치즈를 먹을 때만 와인을 조금 마시는 정도이다. 코냑

음주관행은 더 엄격하여 반드시 저녁식사 후에만 마신다.

⑥ 러시아

러시아 사람들은 감성이 풍부하다. 예술과 문화를 사랑하는 것만큼 그들의 보드카에 대한 애착은 유별나다. 일단 친구가 되어 흉금을 털어놓을 수 있는 사이가 되면 보드카를 마시자고 한다. 보드카를 한 잔 같이 마시고 나면 복잡하던 비즈니스 문제가 말끔히 해결될 때가 많다. 러시아인의 건배 제안은 특이하다. 돌아가며 한마디씩 건배사를 하는데, 건배사가 끝낼 때마다 쭉 들이킨다. 최소한 한 번 이상 건배사를 준비해야 한다. 건배사는 주로 참석한 부인의 건강 또는 잘 아는 사람이지만 참석하지 못한 사람과의 우정 등을 위하는 것이 보통이다. 꾸밈없고 가슴으로부터 우러나오는 표현을 러시아인들은 좋아한다. 그들은 형식적인 것을 싫어한다. 돌아가면서 마시는 술자리에서는 중간에 일어서기가 힘들다. 술병에 술이 남아 있는 한 저녁은 끝나지 않기 때문이다. 공식 식사 때에는 보드카, 와인, 코냑, 맥주가 동시에 나온다. 식사 끝에는 노래가 이어진다. 손님이 취해야 직성이 풀리는 것이 러시아 사람들이다.

**술을 못 마시는 경우의 대처방법**

술이나 식사 자리를 한 번 이상 가져야 친구관계가 될 수 있다. 특히, 술을 못 마시게 되면 중국과의 비즈니스에서 치명적인 약점이 될 수도 있으나 길게 보아 큰 실수 없이 차근 차근 관계를 쌓아 갈 수 있는 강점이 되는 측면도 있다. 다만, 처음 대면하여 술을 안 마시는 것은 부정적인 인상을 주기 쉬우므로 정중히 양해를 구하고 선천적으로 또는 건강에 이상이 생겨 같이 대작할 수 없음을 이해시켜야 한다. 만약 상대방이 막무가내로 마시자고 하면 최대한의 성의를 다해 한 잔쯤 마시고 이후로는 음료수나 차를 마시면 된다.

## 3) 수출협상 내용 및 스킬 이해

마케팅 담당자는 바이어와의 유리한 계약 체결을 위해 제품뿐만 아니라 가격체계, 유통구조 및 거래상대방을 종합적으로 이해하고 있어야 한다. 이는 계약협상과 관련한 일련의 과정인 Letter 교환, Meeting 개최, Draft 작성, 계약체결, 계약이행 등을 포괄적으로 이해해야 한다는 것을 의미한다.

해외시장개척 활동을 위해서는 전시회 참가, 현지 세일즈 출장, 인터넷 등을 통한 바이어와의 상담이 필수적이다. 수출상담 과정에서 주도권을 잡고 거래를 유리한 방향으로 이끌어가기 위해서는 체계적인 접근방식이 필요하다. 유리한 계약체결을 위해 필요한 중요한 사항은 아래와 같다.

### (1) 가격

우선 수출 목표시장이 가격시장인지 아니면 품질시장인지를 파악해야 하는데, 이것은 시장에 따라 대처방법이 달라지기 때문이다. 가격이 중시되는 시장에서 가격을 충족시킬 수 없다면 그 대안으로 제3국에 진출한 공장에서 공급이 가능하다는 내용이나 현재 수입되고 있는 경쟁제품에 비해 품질이 우수하다는 점을 인식시켜야 한다. 품질시장인 경우에는 품질의 장점을 구체적으로 알려주어 자사제품의 구입에 따른 장점을 강조해야 한다.

대체로 가격은 본선인도가격(FOB)으로 제시되는 경우가 많지만 바이어들은 운임보험료포함조건(CIF)이나 운임포함인도조건(C&F)도 선호하므로 선사 또는 물류회사를 통해 이들 가격내용을 사전에 파악해 두어야 한다. 거래관계를 유지하고 있는 바이어에게 가격인상 내용을 통보할 경우에는 인상 요인을 구체적으로 설명하여 불필요한 오해가 발생하지 않도록 유의해야 한다. 가격은 수출계약 사항 중 매우 중요한 요소로서 언어, 관습, 법률 등이 상이한 국가의 매매당사자 간 가격조건 해석을 둘러싸고 분쟁이 발생하기도 한다. 이러한 분쟁을 방지하기 위해서는 국제상업회의소(ICC)가 제정한 무역거래조건에 관한 국제규칙(Incoterms 2020)을 이해하고 있어야 한다. 이에 관한 세부정보는 한국무역협회 사이트(www.kita.net)를 통해 확인할 수 있다.

바이어가 가격할인을 요구할 경우에는 약간의 시간을 보낸 후 가격을 다시 오퍼(price reoffering)하면서 고민했다는 흔적을 보여 주어야 한다.

### (2) 수량

바이어들은 시장수요의 반응을 파악하고 수출업체의 물품 인도기간 준수 여부를 판단하기 위해 테스트 오더(test order)를 소량으로 발주하는 경우가 있다. 처음 수출하는 기업은 대개 수출물량이 클수록 좋다고 생각한다. 그러나 결제조건이 D/A(인수도 조건) 또는 유전스(Usance) 신용장조건과 같은 외상거래일 경우 수입상이 재고를 안고 있으면 대금결제를 지연시킬 우려가 있다. 또한, 품질하자 등을 이유로 클레임을 제기하게 되면 막대한 손실을 입게 되고 물품인수를 거절할 경우 반송해야 하는 문제가 발생한다. 수입상이 최소물량을 주문할 경우 이를 수용할 수 없다면 제품공정의 문제점 등을 수입상에게 잘 설명해야 한다.

수량은 중량(weight), 길이(length), 용적(measurement), 포장단위(package), 개수(piece) 등으로 나눌 수 있다. 특히, 수량조건에 대해 상담할 경우 무엇보다 각국에서 사용하고 있는 수량단위를 잘 파악해야 한다. 길이는 Meter, Yard, Feet, Inch 등 여러 기준이 있으므로 주의해야 한다. 포장단위는 Bale, Case, Drum, Keg 등과 같이 상품에 따라 어떤 단위가 적용되는지 알아야 한다. 또 개수에는 Piece, Dozen, Gross 등이 있다.

### (3) 대금결제조건

수출거래 상담에서 바이어와 가장 치열한 줄다리기 싸움을 벌이는 것은 바로 대금결제 조건이다. 수출기업은 대개 선불조건(T/T in advance)이나 일람불 신용장조건(L/C at sight)을 선호하는 반면, 수입상은 대금결제를 가급적 늦추기 위해 기한부신용장(L/C 90 days 또는 120 days)이나 D/A(인수도 조건)와 같은 외상거래(추심) 방식을 선호하는 경향이 있다.

유전스는 은행이 보증하는 L/C에 의한 외상조건이기 때문에 대개 대금결제가 안전하고 금융시장에서 할인이 잘되며 할인율도 높지 않아 수입비용이 적게 든다. 그러나 수출상은 현지 상관습 및 수입상 정보가 부족할 경우 첫 거래라는 이유를 들어 먼저 일람불 신용장 조건(L/C at sight)을 요구하는 것이 바람직하다.

### (4) 물품 인도기간

물품 인도기간을 준수하지 못해 거래에 실패하는 경우도 종종 발생한다. 공장에 불의의 사고가 발생하는 등 상황이 급변할 수 있다는 점을 감안하여 물품 인도기간에 다소 여유를 두는 것이 좋다. 물품인도 기간이 지연되어 신용장의 수정을 요청하게 되면 바이어에게 정중한 사과표명과 함께 여유기간을 제시하는 것이 바람직하다. 신용장 수정(Amend)를 자주 요청하게 되면 신뢰를 상시하고 상대방에게 금전적인 손해를 줄 수도 있다.

### (5) 품질보장 및 견본확인

견본과 계약물품 간 품질, 규격, 디자인, 색상 등의 차이가 발생할 경우 심하면 수입상이 물품 인수를 거부하고 클레임을 제기하는 경우가 발생할 수 있기 때문에 반드시 확인 절차를 거쳐야 한다. 어떤 바이어는 견본에 변형을 가해 주문하는 경우도 있다. 이 경우에는 바이어의 견본을 받아두거나 변경사항을 기록하고 양측이 서명한 메모 내용을 복사해 보관하는 것이 필수적이다.

### (6) 에이전트 요구 대처

독점계약(exclusive contract)은 특정 품목의 수출입에 있어 수출상이 지정한 수입상 외에는 동일한 품목을 오퍼하지 않고, 수입상은 수출국 내 다른 공급업체와 해당 품목을 거래하지 않는다는 조건으로 이루어진다. 여기에는 매도자와 매수자의 의무가 함께 존재하게 된다.

## 협상스킬 : 바이어의 주요 관심사항 파악

- IT제품 : Upgrade, 신상품 출시 주기
- 기계류 : 제품보증기간(warranty period), Bond 발행 여부
- 자동차부품 : 수입국 내 창고(warehouse) 존재 여부
- 약품 : 독성검사, 임상시험 여부, FDA 등록, 승인
- 식품 : 식약청, 후생성, FDA 검사 및 등록 여부
- 건강보조식품 : 일반식품 또는 기능성 여부
- 의류 및 원단 : 세탁방법(dry cleaning)
- 품질입증 가능한 시험검사서, 인증서, 추천서 등
- 수출실적 및 국내기업 납품경력 증명서 제시 등

### 수출상담 및 고정바이어 확보 10계명

- 수출상담 10계명
  - 목표시장이 가격 또는 품질시장인지 여부를 사전에 파악하고 상담에 임하라.
  - ICC의 Incoterms 상의 무역용어는 반드시 익히고 수량, 중량, 길이, 용적, 포장단위, 개수에 대한 상대방의 단위를 사전에 파악해라.
  - 생산 상황을 파악하여 적절한 납기에 합의해라.
  - 처음 거래일 경우 수출물량 확보 보다는 유리한 결제 조건을 선택하라.
  - 바이어의 개인적 성향을 파악하라.
  - 시장의 흐름에 정통하라.
  - 상담에 대한 재량권을 확보하고 임하라.
  - 제품에 대한 기술적인 노하우를 파악하라.
  - 상담분위기를 리드하라.
  - 다시 만날 연결고리를 남겨 두어라.
- 고정 바이어 확보 10계명
  - 소량 거래에 적극 임하라.
  - 클레임 처리에 정성을 다하라.
  - 시장정보를 제공하라.
  - 판촉과 디스플레이를 조언하라.
  - 샘플보다 더 나은 제품을 보내라.
  - 상품이 아닌 정직을 팔아라.
  - 바이어의 판매상황을 체크하라.
  - 해당 제품과 같이 판매할 수 있는 아이템도 소개하라.
  - 적정이윤은 바이어 측에서 결정한다고 생각하라.
  - 모든 비즈니스 서신과 협상은 바이어를 중심으로 서술하고 진행하라.

# 02 상관습과 수출거래협상

## 1) 개념 및 중요성

'知彼知己 百戰不殆(지피지기 백전불퇴)'라는 말처럼 무역거래 상담의 성공적인 수행을 위해서는 우선 국가별로 고유한 시장특성과 상관습 또는 거래관행 등 사회 문화적 환경을 올바르게 파악하고 적절한 수출거래협상 전략을 수립하는 것이 중요하다. 국경을 초월하여 기업 활동을 수행하게 되면 다양한 언어 등 이질적인 문화적 차이에 접하게 되며, 이는 무역마케팅을 비롯한 모든 경영활동에 폭넓게 영향을 미친다. 국제경영 활동의 실패는 주로 행동양식, 습관, 가치관, 전통, 규범, 언어 등 전반적인 분야에서 현지국의 문화적 특성을 무시하거나 충분하게 이해하지 못하기 때문에 발생한다.

일반적으로 상거래 관행인 상관습은 그 나라의 문화적, 역사적 풍토와 사회적 관습 등에 따라 형성되는 것으로써 그 나라의 경제구조 가운데에서 생성되어 정착된다. 따라서 상관습은 국가 간 거래관행의 차이를 반영하여 나라마다 고유한 거래관행이나 독특한 특징을 보이는 경우가 일반적이다. 법률이나 규칙으로 제정되어 있지 않지만 과거부터 내려오는 상관습은 상거래 시 중요한 법률적 기능을 수행한다. 상거래에 적용되는 법률 규정이 충분하지 못한 경우 이를 보완하는 역할을 수행하기 때문에 매우 중요시된다. 현실적으로 거래관계가 증가함에 따라 거래관행의 적용범위도 확대되고, 이에 따라 무역거래의 관계자들도 상거래 관행의 합리성을 인식하고 이를 자기의 거래방식의 하나로 채택하게 된다.

따라서 법으로 정해진 것은 아닐지라도 특정한 대금결제방법과 제품의 사용방법, 구입채널, 광고방법 등이 관습적으로 이용되어 왔다면 마케팅 담당자는 해당 국가의 특별한 상관습을 파악하여 수출거래협상 전략에 반영해야 한다. 예를 들어 거래상대국이나 지역의 상관습에 대한 사전지식 부족으로 결정적인 실수를 범하거나 힘들게 구축한 신뢰관계가 무너지고 거래에도 많은 손상을 주게 된다.

수출이 성사되기 위해서는 해외바이어 발굴, 성공적인 무역계약 체결, 그리고 무역실무 이해 뿐만 아니라 상대국과 바이어에 대한 철저한 이해가 필수적이다. 예를 들어 포르투갈 바이어와 상담하는데 스페인어를 사용한다면 거래를 스스로 포기하는 것과 다름이 없다. 그 이유는 포르투갈인들은 한일감정처럼 스페인 사람들에 대해 부정적인 감정을 갖고 있기 때문이다.

또한, 중남미시장에서 카탈로그를 통해 바이어 발굴을 추진하는 경우 반드시 현지어로 제작되어야 호의적인 분위기에서 바이어와 수출거래 상담을 전개할 수 있다. 중국의 경우에도 카탈로그를 중국어로 제작하는 것이 바람직하다.

한편, 상관습에 관한 각국별 세부정보는 아래의 KOTRA 사이트를 통해 검색할 수 있다. 이 정보를 입수하기 위해서는 초기화면의 「무역통상정보-해외시장정보」를 클릭하고 원하는 국가를 클릭하면 된다.

## 2) 상관습과 수출거래협상 간 관계

### (1) 문화적 가치

일반적으로 국가 간에는 문화적 가치의 차이가 존재한다. 미국인들은 권위, 격식, 집단적 합의, 연장자 우대 등보다 평등, 자유, 자기신뢰 등에 우선순위를 두는데 비해, 일본인들은 미국인들이 높게 평가하는 개방성, 평판, 위험감수 등에 비해 인간관계, 집단적 조화, 가족의 평화 등을 중요시한다.

이러한 문화적 차이는 고용, 승진, 협상, 조직구조 등 기업경영에 중요한 영향을 미치게 된다. 따라서 다른 문화권의 사람과 성공적인 비즈니스 관계를 유지해 나가기 위해서는 자신과 상대방의 문화적 특성을 올바르게 이해해야 한다.

### (2) 문화적 차이와 상관습

상관습은 일반적으로 무역마케팅 환경 중에서 문화적, 법적 환경 요인의 하나로 인식되고 있다. 기업은 목표시장에서 성공적인 비즈니스 활동을 전개하기 위해 목표시장의 거시적인 문화 환경이 현지국 국민들의 생활과 행동패턴에 구체적으로 어떤 영향을 주는가를 철저히 분석하고 이에 따른 무역마케팅 활동을 전개해 나가야 한다. 철저한 시장조사를 통해 파악된 상관습을 사전에 숙지하고 상담에 임해야 무역거래 위험을 최소화하고 상담의 실패를 사전에 예방할 수 있다.

바이어와의 수출거래협상을 성공적으로 이끌어가기 위해서는 문화적 차이로 나타나는 상담의 방법이나 관행 등 국별, 지역별 상관습에 대응하기 위한 협상능력을 높여야 한다. 무역마케팅 담당자가 자국과 현지국의 문화적 가치를 이해하는 일은 비즈니스의 성공에 큰 영향을 미친다. 수출거래 협상을 할 때 협상참가자, 좌석배치, 도착시간, 대화의 양식 등 모두가 성공을 위한 중요한 문화적 가치를 갖는다. 협상과정의 진행은 특히 시간적인 약속과 예의를 갖추는 것이 필요하고 때로는 가벼운 선물 준비도 필요하므로 사전에 계획적으로 세심하게 준비해야 한다.

현지국 상관습에 대응한 협상능력의 강화는 협상담당자의 예리한 감지능력, 인내력, 유연성과 의상, 자세, 표정 등 비언어적 의사전달 능력 등을 갖추는 것을 의미한다. 또한 협상담당자는 상담의 성공적인 수행을 위해 현지국 문화에 대한 사전지식의 숙지, 새로운 문화와 관습 등에 대한 신속한 적응, 그리고 현지국의 상관습과 거래관행을 숙지하여 상담에 임해야 한다.

### (3) 거래협상 능력 강화

우리나라와 밀접한 거래관계가 있는 일본과 중국의 상관습에 따른 비즈니스 상담기법을 중심으로 거래협상 강화전략을 살펴보면 다음과 같다.

일본은 외국인이 이해하기 힘든 오랜 전통과 상관습이 뿌리 깊게 남아 있는 국가로 인식되고 있다. 따라서 외국기업이 일본에서 비즈니스 활동을 성공적으로 전개하기 위해서는 아래의 상담 및 마케팅 기법이 요구된다.

- 깊은 우정을 쌓는다.
- 회사소개를 철저히 한다.
- 첫 면담에 앞서 사전준비를 철저히 한다.
- 의사결정과정을 파악한다.
- Yes 또는 No를 기다릴 줄 알아야 한다.
- 지속적인 인내가 필요하다.
- 가급적 일본어를 사용한다.
- 영어 사용 시 상대방을 배려하는 자세가 요구된다.
- 사회분위기에 보조를 맞춘다.
- 복장에 주의한다.

한편, 중국인과의 거래상담을 위해서는 상담에 앞서 중국인의 풍습과 습관을 익히고 중국의 정치문제는 대화에서 제외시키고 상대방의 장점을 미리 파악하고 격에 맞는 선물을 준비하는 자세가 필요하다.

- 상대방으로 하여금 신뢰감을 갖도록 노력한다.
- 상대방 중국인의 체면과 자존심을 높이 존중해 준다.
- 상담할 때에는 의연함을 유지하도록 노력한다.
- 중국인은 자기중심으로 생각하고 행동하는 경우가 많다.
- 협상에 임하는 중국인은 대부분 전략을 깔고 전술적으로 대화하는 경우가 많다.
- 중국인은 잘못을 인정하지 않는다.
- 중국인과 상담할 때에는 대답을 잘 듣고 판단해야 한다.

- 중국인과 상담할 때에는 '꽌시'가 중요시되므로 로비스트를 활용하는 것도 바람직하다.
- 상대방 중국인에 대한 차별은 금물이다.

## 03 주요국의 상관습과 수출협상기법

### 1) 개요

거래협상 능력은 경영자나 세일즈맨 모두에게 필수적이다. 무역거래협상에서 실패하는 이유는 항상 자기중심적이고 자국 국민과 마찬가지로 생각하고 행동하는데서 기인한다. 협상은 긴장의 연속 속에서 상대방의 행위에 영향력을 미치기 위해 모든 정보와 영향력을 사용하는 것으로 이해되며, 주로 문화적 차이에 따라 협상방법이나 관행이 다르다. 왜냐하면, 문화는 한 집단만이 갖는 고유한 신조와 독특한 생활방식이기 때문에 민족에 따라 생각하는 가치관이 다르기 때문이다.

실례로 미국인은 매사 행동이나 목표는 예정된 기간 내 끝내려고 하는데 비해, 중국인은 협상을 통해 삶의 기쁨을 찾기 때문에 여유가 있으며 시간을 정하고 협상하는 것을 궁지에 몰린다고 생각한다. 일본인들의 경우 최고의 미덕은 집단을 우선으로 내세운 조화정신에 두고 있기 때문에 거래결정은 상향식 의사결정으로 협상이 타결되기까지 많은 노력과 시간이 요구된다. 러시아인들은 정치외교 교섭과 마찬가지로 협상에 주도권을 잡고 매사 지연작전을 활용하여 상대를 초조하게 만들어 어부지리를 얻으려는 전술을 주로 사용한다. 그리고 중동인들은 협상을 하나의 게임 또는 취미로 생각한다. 이들은 삶의 기쁨을 협상을 통해 얻으려 하기 때문에 매사 바쁜 것이 없고 모든 것은 신의 뜻에 따라 결정된다는 시장 상술에 능한 사람들이다.

이처럼 각국의 협상 자세나 방법은 그 나라의 문화적 특성에 따라 큰 차이를 보여준다. 그러므로 문화가 서로 다른 상황에서 협상에 성공하기 위해서는 국별, 지역별 협상관행을 숙지하고 이에 맞는 전략을 수립하여 실패를 사전에 예방하는 것이 중요하다.

### 2) 일본인과의 수출상담

대체로 일본인들은 서구인들을 말로만 모든 것을 해결하려 하는 피상적이고 불성실한 사람으로 간주하고 있다. 따라서 일본인들은 대체로 협상을 싫어하며 상대방과 정면 충돌을 피하고 막후에서 조정하는 경향이 많다. 이러한 막후조정은 'give and take'에 기초를 둔다. 상대방과 대화를 할 때 침묵을 지킨다는 것은 그 문제에 대해 할 말이 없다거나 말 재주가 없어 가만히 있는 경우이거나 아니면 그 문제를 호의적으로 깊이 생각하는 것으로 간주할 수 있다.

일본인들은 상거래에서 빈틈없는 준비보다는 완전한 인간관계에 의한 신용상태에서 거래협상을 행하므로 계약서, 상업송장, 상품목록 등과 같은 것을 교환하지 않고 거래하는 경우가 많다.

### (1) 특징

일본인의 상거래 상의 특징은 다음과 같다.

- 인간과 자연과의 조화를 중시한다.
- 집단 우선 정신과 양면성을 보인다.
- 소개자의 위치가 중요하다.
- 상담할 때에는 No라는 단어를 즐겨 쓰지 않는다.
- 의사결정은 Bottom-up 방식이다.
- 인간관계를 중시한다.
- 약속과 신용은 절대적이다.
- 인간적 신뢰관계를 바탕으로 장기적, 안정적, 지속적인 거래관계를 중시한다.
- 일반적으로 계약서에 의한 거래에 익숙하지 못하다.
- 품질, 규격, 납기 등 거래조건이 엄격하다. 따라서 철저한 품질관리와 물품의 적기 선적이 매우 중요하다.
- 반품제도, 리베이트 등의 특수한 상관습이 있다. 클레임에 대해서는 신속한 해결이 이루어져야 한다.

### (2) 협상태도

일본인들은 서면보다 대면접촉을 선호한다. 상담할 때에도 대부분 상대방의 말을 경청만 하거나 반응이 없어 상담에 소극적인 것처럼 보이지만 인내를 미덕으로 생각하기 때문에 상대방의 기분이나 입장을 고려하여 발언하거나 행동한다. 또한, 마찰을 피하려는 전통적 습성에 따라 좋고 나쁜 것을 확실하게 표현하지 않는 경우가 많다.

일본인들은 협상할 때 'Yes'의 의미를 "단순히 이해한다"는 뜻으로 사용하며, 'No'란 말을 할 때도 "생각해 보겠다"든지 아니면 "고려해 보겠다"는 식으로 답변하여 상대방을 난처하게 하지 않으려고 노력한다. 따라서 "검토해 보겠다", "노력해 보겠다", "최선을 다하겠다” 등의 표현은 완곡한 거절로 받아들여야 한다. 일본인과의 협상에서 공통된 또 하나의 문제는 ‘침묵’이다. 일본인의 긴 침묵은 때로는 거절의 표시로 오해를 받기도 한다.

한편, 일본인들은 협상팀 전원이 어떠한 합의된 의견으로 조정되기 전까지는 상대방에 자신들의 의견을 개별적으로 제시하지 않는다. 그러나 일본인과의 상담은 장시간을 요하지만 일단 협상이 이루어지면 신속하게 실행에 옮기는 경향이 있다.

### (3) 행동관습

일본인들은 개성이 강한 개인보다는 집단 우선주의와 단결정신을 우선으로 하며 나이나 사회적 지위 등을 고려하여 상하관계를 중시한다. 다른 사람과 동떨어진 행동보다는 말이나 행동도 상대방의 기분이나 입장을 살피면서 실행한다.

### (4) 표현관습

일본인들은 표현에 있어서도 확실하게 표현하지 않아 상대방을 난처하게 하지 않으려고 노력하며 거래에 있어 합리성보다는 인간관계를 중시하여 상대를 경시하는 행동을 삼가하고 신의와 성실로 대한다. 일본인들은 상담할 때 악수보다는 가벼운 절에 감사하며 의복도 보수적이므로 항상 정장을 한다. 또한, 상담 시에는 매시간 차를 제공하여 사업상의 거래를 위한 최상의 정중한 분위기를 만들기 위해 친절하고 상담 개시에 앞서 여러 차례 접대하기도 한다.

### (5) 유통관습

일본의 유통구조는 상품과 지역에 따라 세계 어느 국가보다 복잡하고 다층적인 구조를 갖고 있다. 일본의 소비자들은 가격보다 품질을 중시하고 있으며, 품질 외에도 제품규격, 기능과 외관의 안정성을 중요시하고 약간의 흠집이나 얼룩에도 신경을 쓰는 등 높은 품질 감각으로 엄격한 요구를 한다. 또한, 소비자들의 기호에 따라 일본인들은 상담 시 작은 부분까지도 철저하게 체크하며 견품과 조금이라도 차이가 나면 클레임을 제기하고 신속한 해결을 요구하며 적절한 조치가 신속하게 이뤄지지 않으면 거래를 중단한다.

또한, 일본인들은 재고관리 등을 중시하여 납기일을 엄격하게 지킨다. 일본인들은 상거래 협상과정에서 의견교환, 타협 등을 중시하여 신뢰관계에 의한 장기적 거래를 중시하는 습관이 있다. 한편, 상거래의 대부분을 약속어음을 발행하여 처리하는 상관습이 확립되어 있다. 특히, 면담 등의 개인적인 접촉을 중시하고 있어 상거래 이전에 중간소개인 등을 포함하여 인간적으로 친밀해지는 것이 중요하다. 상품의 판매자가 구매자에게 상품 구매가격의 일부를 되돌려주는 리베이트 제도가 발달되어 있어 제조업체, 도매상, 소매상으로 이어지는 각 단계별로 마진율이 다르며, 특별한 위탁판매나 반품제도가 널리 실시되고 있다.

### (6) 금기사항

- 상담 시 고압적인 자세
- 경쟁사 비방
- 숫자 4와 9를 싫어한다.
- tip 제도가 없다.
- 대중 앞에서 껌 씹는 행위
- 먹다 남은 커피 잔을 휴지통에 버리는 일
- 특정 종교 이야기
- 특정인 편애 등

### (7) 비즈니스 핵심 포인트

- 일본인들은 의사결정을 할 때 많은 사람들이 참여해 다양한 의견을 수렴하므로 의사결정에 시간이 많이 소요된다. 그러나 일단 결정되면 무서울 만큼 빠르게 추진된다. 일본인들은 겉으로는 표현을 안 해도 우리나라에 대해 자세히 알고 있다는 점을 유의해야 한다.
- 직급에 민감하므로 직급에 맞는 대우와 체면을 지켜 주어야 한다. 상사 앞에서 하급직원을 너무 칭찬하거나 깎아 내리면 곤란하다.
- 인맥으로 움직이는 경향이 짙으므로 사람을 많이 사귀고 좋은 인상을 남기는 것이 중요하다. 선물을 많이 준비하고 저녁에 초대를 받으면 잘 어울리는 것이 중요하다. 전문가적인 상담자세가 필요하다.
- 일 처리에 있어 주도면밀하고 계획성이 있으며, 사소하고 하찮은 일에도 최선을 다하는 성격이 있으므로 대강하자는 사고방식은 금물이다.
- 신용거래이므로 오랜 교제와 거래가 없으면 상거래가 이루어지지 않는다.
- 상담 시 Yes나 No를 분명히 표명하지 않는다. 예를 들어 "최선을 다해 보겠다, 노력해 보겠다"라는 말을 많이 쓰는데, 상대방 의중이 Yes인지 No인지를 정확히 파악해야 한다.
- 일본인은 소개자의 뜻을 따라야 한다는 의무감 같은 것을 갖고 있으므로 협상 상대자보다 직급이 낮은 하급자로부터 소개를 받으면 소개의 의미가 없다.

**일본인과의 수출상담 시 유의사항**

- 끈기 있게 하라.
- 여타의 서비스를 제공하라.
- 상품판매에만 급급한 사람으로 보이지 않도록 자사상품에 대해 이야기하지 말라.
- 인간관계를 제일 중시하라. 일본인들이 미덕으로 여기는 것은 사람들에게 호의적이고 상관의 명령을 충실히 따르는 것이다. 일본의 조직에서 성공하려면 상사와는 결코 다투어서는 안 된다.
- 양심에 호소하면 상당한 효과가 있다.
- 클레임에 대해서는 신속하게 해결해 주어야 한다.
- 일본인과 상담할 때 명함 교환을 중시하고 명함이 떨어지지 않도록 주의한다.

### 3) 중국인과의 수출상담

중국인들은 상거래 시 사소한 것이라도 흠을 잡아 할인하려는 경향이 있다. 거래가 불리할 때에는 히든카드를 제시하기도 하며, 계약보다는 언약을 중시 하므로 구두약속이라도 합의한 것은 성실히 이행하도록 노력해야 한다.

중국인들의 주요 특징을 살펴보면, 상담 시 본인을 타인에게 나타내지 않으며 신용을 제일로 삼고 체면을 매우 중시한다. 돌다리도 두드리는 습성과 상담 시 상대를 높여주는 연기력이 대단히 풍부하다. 매사 의사결정은 시간적 여유를 가지며 말이 많은 사람은 소인배 취급을 한다. 중국인과의 수출상담에서 성공하기 위해서는 인내심과 끈기가 필요하며 중국 문화와의 친밀성을 갖는 것이 중요하다. 거래상담 시 나타나는 중국인의 주요한 특징은 다음과 같다.

- 모두가 이득을 보는 호혜평등원칙을 중요시 한다.
- 먼저 상대방을 알고 자기와 상대방의 약점을 역이용하는 허허실실 작전을 이용한다.
- 협상을 느긋하게 이끌어 가면서 상대방을 지치게 한다. 표면적인 협상은 시간확보의 수단으로 사용하고 중요한 협상은 별도로 일정이 마련된 만찬, 연회, 관광 등의 자리에서 이뤄지는 경우가 많다.

중국인과의 협상에서는 조급함을 보이지 말고 협상단계마다 철저히 사람들을 점검하고 주도권을 빼앗기지 않도록 주의해야 한다. 특히, 중국인과의 거래상담 시 주의사항은 다음과 같다.

- 중국인은 이해대립을 원하지 않고 우호적인 분위기를 먼저 생각한다.
- 끝까지 마음을 놓아서는 안 된다. 중국인은 마지막 단계에서 가장 핵심적인 가격협상을 하는 경우가 많다. 따라서 마지막으로 서명해서 잉크가 마를 때까지 마음을 놓아

서는 안 된다.

### (1) 특징

중국인들은 자기 것에 대한 긍지와 자부심이 강한 나라이다. 이러한 의식은 외국인의 이름을 부를 때도 나타난다. 중국에서 일본의 자동차 '도요타'는 '펑티앤', 우리나라의 자동차 현대는 '씨엔따이'로 지칭된다. 중국인의 일반적인 특성을 요약하면 다음과 같다.

- 개인보다는 집단과의 조화를 중시하며 협동적인 삶의 철학을 가지고 있으며, 주인의식이 강하다.
- 상담 시에는 본심을 타인에게 노출하지 않으며 상대의 신용을 세심하게 체크하여 신용과 체면을 중시한다.
- 현실에 처한 대로 일을 해결하는 현실중시주의로 현금을 중시하며 수치의 개념이 철저하다.
  - 관계형성을 먼저 한 후 비즈니스를 시작하는 경향이 있다.
  - 상대방의 믿음을 먼저 얻은 후 비즈니스를 시작한다.
  - 인증(CCC)은 반드시 취득하고 위생허가(화장품) 등 각종 허가는 원칙대로 받아야 한다.

### (2) 협상태도

중국인은 체면을 생명보다 더 중시하므로 직접적인 표현보다 간접적인 표현으로 속임이나 배반을 당해도 침묵을 지키는 경우가 많다. 협상과정에서 궁지에 몰릴 경우 신축성 있게 오랜 시간을 갖고 협상에 임한다. 처음 상대하는 사람에게는 의심하며 신용을 세심하게 점검하지만 믿을 수 있는 거래처라는 확신이 서게 되면 자신에게 손해가 나도 이를 감수하는 경향이 있다. 또한, 상담 시 본심을 타인에게 노출하지 않으며 필요한 정보도 상대방보다 먼저 내놓지 않으며, 마지막 히든카드도 내놓지 않고 자신에게 불리할 때만 내놓는다.

### (3) 거래관습

중국인들은 구매할 때 철저히 가격을 인하하려 하며 판매할 때에는 박리다매로 자금회전을 신속하게 하지만 적정가격 이하로는 절대로 팔지 않는다. 경영주는 자재의 구입에서 판매 및 접대에 이르기까지 모두 담당하므로 경영주와 상담해야 하며, 이들이 아니면 상담이 진전되지 않는다. 중국인들은 상담이 상호이해에 기초해야 하며, 서면에 의한 표현은 그렇게 중요한 것이 아니고 융통성이 중요하다고 생각한다. 또한, 분쟁의 해결은 상담에 의해 해결되어야 한다고 생각하며, 상호 신뢰를 바탕으로 하는 장기적 거래관계를 선호한다.

### (4) 선물관습

중국인들은 가볍고 오래 기억될 수 있는 실용적인 선물을 좋아하며 다른 사람이 보는 앞에서 주는 것보다 거래가 끝난 다음에 주는 것을 관례로 하고 있다. 선물 중에도 이별이나 마지막을 의미하는 '終'과 시계의 '鍾'이 발음이 같으므로 탁상용 시계나 괘종시계의 선물을 금기시하고 있다. 선호하는 선물로는 지갑, 인삼, 손목시계, 고급볼펜, 화장품류 등이며, 좋아하는 색상은 황금색 또는 붉은색이다. 길조의 상징물로 동물의 경우는 붉은 박쥐, 나비, 용, 사자, 매, 학, 원앙, 잉어, 물고기 등이며, 숫자는 8과 9를 선호하며 과일로는 귤, 사과, 대추, 밤 등이다.

### (5) 비즈니스 에티켓

- 중국인들은 고개를 숙여서 인사한다. 악수가 일반적이지만 먼저 손을 내밀 때까지 기다려야 한다.
- 중국인들은 지위와 직함에 매우 민감하므로 공식적인 직함을 사용한다.
- 성에 직책을 붙이는 것이 보편적이며, 특별한 직함이 없으면 간단히 Mr, Mrs, Miss 등을 이름에 붙이거나 성에 선생을 붙인다.
- 약속과 관련한 에티켓의 경우 중국에서는 비즈니스 미팅뿐만 아니라 사교모임에서도 시간 엄수가 매우 중요하다. 늦는다거나 약속을 취소하는 것은 매우 모욕적인 일이다.
- 정오에서 2시 사이는 모든 사람들이 휴식을 취하는 시간이다.

### (6) 비즈니스 핵심포인트

- 중국과의 거래에는 많은 인내가 필요하다. 관료의 개입을 항상 염두에 두어야 한다. 장기적인 안목을 갖고 접근해야 성공할 수 있다. 대만에 대한 언급이나 정치사상에 관한 대화는 피하는 것이 좋다.
- 기대사항과 질문도 많아 회사에 대한 철저한 지식과 경쟁사에 대한 정보도 함께 준비해야 한다. 단독 출장보다는 전문가와 함께 가는 것이 유리하다. 명함은 한자 및 영문으로 된 것을 준비한다.
- 모든 상거래는 상당한 기간의 신뢰관계와 우의를 바탕으로 성사를 시킨다는 자세를 견지해야 한다. 사람과의 인간적인 관계가 매우 중요시 된다.
- 중국인은 의심이 많다. 따라서 남의 말을 좀처럼 믿지 않지만 그 대신 거래에서 신용

을 중시하고 일단 신뢰관계가 형성되고 난 후에는 쉽게 그 관계를 끊지 않는 특성이 있다. 따라서 같은 사람이 정기적으로 접촉하여 친숙감을 형성해야 한다.

- 상담에 임하는 중국인은 상대의 심리적인 측면을 이용하는 경우가 많다. 이것은 상대방으로 하여금 과장하게 해 놓고는 보다 많은 것을 요구할 수 있는 권리를 유보하도록 하는 형태로 구현된다. 즉, 약한 쪽이 강한 쪽으로 하여금 선심을 쓰도록 하는 점을 이용하는 것인데, 그러면서도 시종일관 자신의 체면을 살리는 것이다.
- 중국인들은 주인의 입장에서 상담의 페이스를 마음대로 정할 수 있는 이점을 누린다. 그들은 토의될 안건을 정하고는 상대방으로 하여금 먼저 이야기를 하게 한다. 이렇게 되면 손님들이 그들의 카드를 먼저 보여주지 않을 수 없는 처지가 되어 그들이 제의하는 바가 추후 모든 타협의 기점이 된다.
- 새해에는 비즈니스 여행을 계획하지 않는다. 이때에는 축제기간을 전후로 일주일간 모든 비즈니스를 멈춘다.
- 중국인들은 상담이 계속되기 위해서는 손님 쪽에서 타협해 올 것으로 기대하며 그러한 타협이 이루어지고 나면 그들은 쉽사리 추가적인 양보를 요구하는 입장이 된다.
- 상담이 진행되는 동안 중국인들은 소극적인 것처럼 보이며, 그들은 단지 정보를 캐내려고만 할 뿐 그들의 관심을 겉으로 표출하지 않는다.
- 중국인들은 각 당사자가 그에게 돌아갈 혜택이 무엇인가를 파악하게 되는 시점에서 계약이 체결되는 것으로 생각한다.
- 초면의 경우 지면 관계가 있는 사람으로부터 소개를 받거나 사전에 충분히 연락을 해두는 것이 좋다.
- 체면을 매우 중요시한다. 그래서 양측 간 이견이 발생할 때 중국 측의 체면이 손상되지 않도록 거래 진행을 해야 한다.
- 돈과 이익에 대해 철저한 실리주의의 바탕을 갖고 있어 무리한 요구나 양보를 서슴없이 말하고 나서 상대방의 의중을 떠보는 습성이 있다.

#### (7) 상담관행

중국인들은 상담 시 먼저 상대방을 치켜세우거나 거래의 장미 빛 전망을 설명하여 상대방의 호감을 산후 상담을 진행한다. 따라서 외국인은 냉정한 태도를 유지하여 철저한 사업 준비와 계획서를 갖고 거래에 임해야 한다.

아직 많은 기업인들이 시장원리보다 인간관계를 우선하는 관습이 농후한데, 최근 들어 중국 자체에도 상거래에 문제가 많이 발생하자 끼리끼리 모여 하나의 단체를 형성하여 단체 내 회원 간 거래는 신용중심으로 하고, 단체 외부와의 거래는 철저한 경제 원리에 의존하는 경향이 나타나고 있다.

중국 업체들은 시황이 좋지 않을 경우 종종 신용장이나 계약서, 원산지 증명서의 잘못된 부분과 오타를 문제 삼아 계약 내용을 변경한 후 가격요구 조건이 수용될 경우 거래대금을 지불한다.

또한, 중국인들은 거래만큼은 냉정하게 임하며 이해득실의 계산에도 빠르며 친한 사람과도 손해 보는 장사는 하지 않으며, "내가 생각해 주는 만큼 상대방도 알아주겠지"하는 한국적인 정서는 아주 친한 친구관계가 아닌 한 통하지 않아 담담한 마음으로 주의 깊게 살필 수 있는 자세가 요구된다.

### (8) 상사분쟁 예방수칙 및 유의사항

최초 접촉단계부터 철저히 준비가 필요하다. 무역 분쟁의 경우 대부분이 수출대금 회수불능에서 기인하므로 사전에 물품인수와 대금지불 간의 연계 방법을 강구할 필요가 있다. 계약서를 작성할 때 중국어와 영문 계약서 외에 한글로 된 계약서도 같이 작성하여 계약 내용을 정확히 이해하고 수시로 점검할 필요가 있다. 중국어 계약서만 작성할 경우 중국어를 보는 것이 부담이 되어 계약서를 잘 보지 않는 경향이 있는데, 이는 매우 위험하다. 계약서 작성 단계부터 법률전문가(변호사)의 도움을 받는 것이 오히려 비용을 절감하는 것이며, 계약서는 반드시 표준계약서 양식을 활용하는 것이 바람직하다.

상대방의 신용, 인물 등에 대한 정보를 최대한 파악한 후 사업을 개시해야 한다. 이 경우 소개자의 말만 신뢰해서도 안 되며 소개자의 말을 토대로 반드시 확인을 해야 한다. 정보 확인방법은 중국의 전문신용평가기관, 한국대사관, 정부투자기관, 한국 및 중국의 동종업종 종사자, 동일한 지역에서 장기간 사업을 한 경험자 등을 통하면 된다.

통역을 사용할 경우에는 충분한 의사전달이 되었는지 반드시 확인해야 한다. 통역이 중간에서 잘못 전달하여 분쟁이 발생하는 경우가 많으며, 통역원이 통역을 하면서 사업내용을 알게 되면 중간에서 사업을 가로채는 경우도 발생한다. 중국에서 장기적으로 사업을 하려면 어느 정도까지는 직접 중국말을 사용할 줄 알아야 한다.

분쟁의 소지가 있을 때 전문가를 찾아가서 상담 수수료를 지급하고서라도 먼저 상담을 하는 것이 현명하다.

한국 사람은 좋은 것이 좋다는 식으로 일을 대충대충 처리하는 경향이 있다. 철저한 모습을 보여주어 "호락호락 넘어갈 사람이 아니다"라든지 "함부로 무시해서는 안 될 사람이다"라는 인상을 심어주어야 한다. 그렇지 않으면 상대방은 겉으로는 '하오하오'하면서도 마음속으로는 "별 것 아니구나", "무시해도 되겠구나"하는 생각을 갖게 된다.

전체적인 안목에서 그냥 넘어갈 것은 넘어가되 따져야 할 것은 반드시 하나하나 꼼꼼히 따져야 한다. 사전에 철저히 하는 것이 사후의 분쟁의 소지를 없앨 수 있으며 상대방과의 장기적인 거래관계 유지에도 유리하다.

상대방에게 믿음을 주되 언제나 경계하는 마음을 잊어서는 안 된다. 특히, 중국어로 언어소통이 되지 않는 경우 중국과의 접촉, 회사경영 등 모든 것을 조선족에게 맡기는 경우가 있는데, 나중에 배신을 당하여 후회하는 경우가 많이 발생한다.

중국인과의 관계에 있어서 상호 신뢰관계가 형성되면 중국인으로부터 의외로 많은 도움을 받는 경우도 많으나 처음의 좋은 관계를 계속 유지해 나가기 위해서는 상호 간의 관계를 분명히 해야 하며, 관계가 좋다고 모든 것을 알아서 처리할 것으로 너무 믿고 맡기면 오히려 신뢰관계가 무너지고 큰일을 당하는 경우가 있다.

외국에서 사업할 경우 현지인이 외국인에 대하여 갖는 가장 큰 무기는 시간을 끌어 외국인을 지치게 한 다음 스스로 물러나게 하는 것이다. 이러한 현상이 중국에서는 더욱 두드러지게 나타나는데, 문제가 발생했을 때 절대로 초조하게 행동해서는 안 되며, 문제가 해결되지 않는 한 절대 물러서지 않는다는 인상을 주어야 한다.

내가 약점을 보이게 되면 상대는 나를 무시하는 마음이 생기기 쉬우며, 사기를 쳐도 별다른 마음의 부담을 느끼지 않게 된다. 특히, 조선족과의 관계에서 사업상의 비밀사항이나 떳떳치 못한 사항 등이 알려짐으로써 해고를 당하게 되거나 상호 관계가 악화될 경우 이를 이용하여 협박을 당하므로 주의해야 한다.

### (9) 대금결제관련 유의사항

국제관례상 신용장거래는 수출입계약과 독립되어 은행의 신용을 담보로 이루어지는 서류상 거래라고 하지만 현재 중국의 상황으로 볼 때 많은 수입상들은 화물을 인출한 후 상품하자를 이유로 개설은행에 인수 거절할 것을 요구하고, 개설은행은 수입상의 요구에 따라 서류상 작은 흠집이라도 트집을 잡아 인수를 거절하는 사례가 발생하고 있다.

신용장(특히 Usance L/C) 개설 시 중국 은행들은 수입자로부터 100% 예치금을 받지 않고 대개 30% 정도의 예치금을 받아놓았다가 신용장 만기에 수입자가 전액을 갚지 않으면 L/C 대금을 미지급하는 경우가 많다.

즉, 수출상이 수입상의 요구에 의해 선하증권(B/L)을 은행을 거치지 않고 직접 수입자 앞으로 송부하면 수입상은 B/L로 화물 인출 후 클레임을 제기하는 경우가 많다. 이 때 개설은행은 수입상의 요구에 따라 서류상의 경미한 하자를 이유로 인수를 거절한다. 따라서 L/C 거래라 하더라도 B/L을 수입상에게 미리 직접 보내는 것은 자제해야 하며, 또한 수출 품목이 쿼터 관리품목일 경우 수입상이 쿼터량을 확보하고 있는지 여부를 사전에 확인해야 할 것이다.

**꽌시(關係)와 중국비즈니스**

꽌시(關係)는 수세기 동안 중국 사회를 움직이는 핵심적인 요인으로 인식되어 왔으며, 비즈니스 차원에서도 매우 중요한 중국 특유의 인적 네트워크이다. 물론 인접 국가에도 일본의 '와(和)', 한국의 '인맥' 등 꽌시와 유사한 형태의 인간 관계가 존재한다. 그러나 중국인에게 있어 꽌시는 이보다 더 적극적이고 실리 추구적인 관계를 의미한다. 이는 중국 기업인들이 '뒷문으로 들어가라(走後門)'는 속담에 매우 익숙한 것을 보면 알 수 있다. 여기서 '뒷문'이란 공식적인 루트를 통한 기업 간 접촉이 아닌 꽌시에 의존한 배후 접촉을 의미한다.

꽌시에 대한 중국인의 전반적인 인식은 '좋지 못한 관습이지만 그래도 중요하다'는 것이다. 최근 꽌시에 대한 회의적인 시각도 대두되고 있다. 중국은 국유기업의 비중이 점차 감소하고 있는 추세이며, 행정 관료의 의사결정권이 축소되고 있고, 또한 해외 유학파들이 점차 증가하고 있다. 이러한 현상으로 인해 꽌시의 영향력이 점차 줄어들고 있다. 또한, 기업이 꽌시를 구축하는 데 필요한 비용과 시간에 비해 얻을 수 있는 단기적이고 가시적인 효과가 미미하기 때문에 꽌시의 실효성에 대한 회의론이 일고 있다.

그럼에도 불구하고 중국 비즈니스에 있어 꽌시는 여전히 중요하다. 꽌시는 비즈니스 프로세스의 진행을 가속화시키며, 크지 않은 문제점이 발생할 경우 이를 무마시키는 수단으로 이용되고 있다. 또한, 공공입찰 등 규모가 큰 비즈니스에서 실패한 경우 그 원인을 규명할 때에도 꽌시는 매우 효과적으로 이용된다. 실패 원인을 규명하기 위해서는 의사결정권자와의 꽌시를 통한 비공식적인 코멘트가 필수적이기 때문이다. 이처럼 중국 기업 및 행정 관료와의 꽌시 구축은 장기적인 관점에서 비즈니스 활동을 원활하게 만들고, 예측 불가능한 위험에 대응할 수 있는 수단이라는 점에서 여전히 큰 활용 가치가 있다.

## 4) 미국인과의 수출상담

미국인들은 합리적이고 논리적이며 협상할 때 신속한 결론에 도달하려는 경향이 있다. 미국인들은 "give and take" 방식을 취하는데 익숙하고 오퍼를 제시하는 경우 적정가격을 먼저 제시한다. 미국인과의 수출상담 시 유의할 사항은 시간을 엄수해야 하며, 계약서에는 당사자의 상호 책임을 세부적으로 명시하고 법률적인 효력이 있도록 해야 한다. 미국인들은 일등국민이라는 자긍심이 강하며 최종 결정을 내릴 권한을 갖고 있는 경우가 많음을 알아야 한다.

### (1) 특징

미국은 많은 인구와 높은 생활수준으로 다른 지역에 비해 단일시장으로는 세계 최대이며 우리나라의 최대 수출시장으로서 인종, 연령, 소득, 교육정도에 따라 다양하고 깊이 있는 것이 특징이다. 문화적 관점에서 본 미국인의 특징은 다음과 같다.

- 일등국민이라는 자부심이 크다.
- 세계는 정신보다는 물질이 중심이며, 인간은 자연을 지배해야 한다고 믿는다.
- 집단보다는 개인을 중요시한다.

- 모든 행동은 목적을 가져야 한다.
- 모든 일은 명시적으로 분명히 해야 한다.
- 시간은 귀중하며 특히 시간엄수는 중요하다.
- 협정은 구두로 이루어져야 하고 명시적이어야 한다.
- 계약서에는 당사자의 상호책임을 세부적으로 명시하고 법률적인 효력이 있어야 한다.

### (2) 시간 및 의사결정

미국인에게 사전 약속은 필수적이며, 최소한 1주일 전에 약속해야 한다. 가능하면 금요일이나 기타 휴일을 피하는 것이 좋다. 그리고 일단 약속이 되어 있더라도 하루 전에 확인하고 바이어의 기분 상태, 회사 분위기, 다른 거래선과의 약속 등도 함께 점검할 필요가 있다. 미국인들은 시간을 중시하고 합리적이고 논리적이다. 협상할 때에는 주제에 대한 명시적 동의를 요구하며 일을 신속히 매듭 지으려고 한다. 따라서 미국인들은 절박한 의사결정에 익숙해져 있고 최종적인 결정을 내릴 권한을 갖는 경우가 대부분이다.

### (3) 협상태도

미국인들은 협상에 응할 때는 "give and take" 방식을 취하는데 익숙하여 오퍼를 제시할 경우 적정가격을 제시하여 상대가 주저하고 있으면 수정가격을 제시하여 협상을 끝내려고 한다. 또한, 가격협상 시 견적을 소수점 이하 둘째 자리까지 제시할 경우 견적가격에 신뢰성을 더 가지며, 충동구매보다는 계획구매에 치중한다. 또한, 소비재일 경우에는 크리스마스 시즌을 대비한 구매가 절정을 이룬다.

### (4) 초대와 파티

미국인들은 파티를 좋아하는 국민으로 파티에 초대받을 경우 면식이 없는 사람과도 친숙해지도록 대화해야 하며, 현지의 신문, 뉴스, 잡지 등을 통해 공동의 화제에 대한 소재개발에도 노력할 필요가 있다. 상대방을 초대할 경우에는 약속장소에서 기다려야 하는지 또는 상대방 사무실로 찾아가야 하는지에 대해 사전에 점검하는 것도 예의이다.

### (5) 선물

선물에 대해 미국인들은 일본인이나 남미인과는 달리 의미를 부여하지 않으며, 이들은 물건 자체보다는 마음의 정성을 높이 평가하고 선물을 받을 경우 카드에 이름을 써서 주는 것에 대해 감사한다.

### (6) 침묵 및 무응답에 대한 인식

미국인들은 어릴 때부터 자기의 주장을 펼 수 있는 교육을 철저히 받으므로 상대방이 상담할 때 침묵을 지키거나 듣고만 있을 경우 무능한 것으로 인식하는 경향이 있다.

### (7) 상담 시 유의사항

- 상담약속은 사전에 하고 방문 시 구체적인 방문 목적과 협의 주제를 사전에 통보한다.
- 처음 만날 경우에는 상대방을 알게 된 동기를 설명한다.
- 대화는 가벼운 이야기부터 시작하는 것이 좋으며, 바이어의 이름 중 유명인사와 결부시켜 조크를 던지는 것도 한 방법이다. 특히, 대화 주제는 가벼운 내용(날씨, 스포츠, 과거의 경험, 오락, 집, 가족, 자동차 등)과 같은 시사성 있는 주제를 선택한다.
- 상담에 임할 때에는 의사결정권을 갖고 대등한 입장을 취하며, 주어진 시간 내에 업무를 마무리 한다.
- 자신을 소개할 때에는 본인의 직책을 사용하지 않는 것이 상례이며, 비즈니스 목적으로 만날 때는 Full Name과 소속회사를 분명히 밝혀야 한다.
- 한국에서는 인사할 때 명함을 교환하는 것이 보통이지만 미국에서는 비즈니스 목적이 아닌 경우에는 명함교환을 하지 않는 경우가 많다.
- 악수할 경우에는 눈을 정면으로 응시(eye contact)하는 것과 손을 굳게 잡는 것(firm grip)이 무엇보다 중요하다. eye contact은 정직성을, firm grip은 자신감 및 신뢰감을 연상시킨다.
- 소개를 받을 때 초면이라 할지라도 대부분 First Name을 부른다.
- 오퍼를 제시할 경우 소수점 이하 두 자리 숫자까지 표시한다.
- 결제조건으로는 Open Account 및 DDP 조건에 대한 사전 준비를 한다.
- 매사 논리적이고 수치적으로 설명한다.
- 구두로 약속한 내용도 법률적으로 구속력이 있으므로 미팅에서 있었던 것은 반드시 메모하고 전화통화도 수첩 등에 메모해 두면 법정에서도 이를 증거로 인정한다.
- 계약서에는 침해금지조항(infringement clause), 제조물 하자책임 조항 등을 반드시 포함시켜야 한다.
- 개인적인 질문은 삼가고 몸 접촉을 피해야 한다.
- 미국 사회는 개인의 실적이 절대적으로 평가되므로 상담할 때 바이어에게 해당 거래가 바이어 자신의 실적을 올릴 수 있는 건이라는 점을 강조하면 설득하기 쉽다.
- 흰 양말은 신지 말아야 한다.

## 5) 유럽인과의 수출상담

유럽인들은 보수성이 강하고 상대방의 신용을 확인한 후 거래를 하며 실용적인 저가품을 선호한다. 상대방의 자존심도 세워주고 정확한 품질, 적기 선적을 중시한다. 유럽인의 특징을 구체적으로 살펴보면, 그들은 합리적인 사고가 강하며 유행보다는 실용적이고 내구성이 강한 저가품을 선호한다. 계획구매와 소량구매를 원칙으로 한다. 거래는 신사적이며 논리적이며 일단 신용을 잃으면 회복이 어렵고 식민지 근성으로 자기 위주의 거래를 강요하는 경향이 있다.

### (1) 독일 바이어

독일 바이어들은 상담을 시작하면서 곧바로 본론으로 들어간다. 유머 감각이나 융통성과는 거리가 멀다. 인생, 철학, 정치, 경제, 환경 등 딱딱한 주제 일색이다. 시종 진지한 대화 자세를 유지한다. 약속시간에 늦어서도 안 되지만 일찍 가서도 안 된다. 정확성을 비즈니스의 생명으로 한다. 돈이나 권력보다 지식이 힘이라고 생각한다. 중요한 협상 담당자들은 대부분 박사 학위를 소지한 사람들이다. 자기가 틀렸다는 것이 논리적으로 증명되지 않으면 절대로 양보하지 않는 경향이 있다.

조직 내 의사결정이 수직적이다. 협상팀은 사전에 의견조율과 업무분담을 철저히 하여 각자 자기 담당분야만 이야기한다. 앉는 순서에도 질서가 있다. 가급적 상담시간 내에 결론을 내려고 한다. 프랑스나 일본 사람들이 회의 후에 별도의 협의시간을 갖고 결론을 내리는 것과는 다르다. 철저한 검토와 협의제 결정 관습 때문에 비즈니스 템포가 느린 편이지만 한번 내린 결정은 좀처럼 바꾸지 않는다.

또한, 프라이버시가 강한 문화이기 때문에 비즈니스 대화에 사적인 이야기는 삼가는 것이 좋다. '예스'와 '노'가 분명하고 마음에 없는 말은 하지 않으며, 형식과 격식을 중요 시한다.

### (2) 프랑스 바이어

프랑스인과 비즈니스를 할 때에는 학벌 파악이 필요하다. 인맥만 잘 뚫으면 절반은 성공한 셈이다. 미국과 영국이 실력사회라면 프랑스는 학벌사회이다. 협상팀에 참여하는 멤버들끼리도 학교 동문인 경우가 많다. 엘리트들은 대부분 국립행정대학원(ENA) 출신이다.

이들은 협상할 때 상대방 의도를 파악하는 데 몰두하고 자기 속마음은 잘 내비치지 않는다. 요구사항을 즉시 밝히지 않고 상대방의 마음을 폭넓게 떠본 다음 점차 자기 주장을 편다. 논리화를 위한 탐색시간을 필요로 하는 것이다. 상대방의 논리가 무너지면 즉시 약점을 잡는다. 협상 테이블에 앉으면 미국 사람들은 와이셔츠 바람에 소매를 걷고 자유롭게 시작하지만, 프랑스 사람들은 정장에 자세를 흐트러뜨리지 않는다. 결정을 재촉 받는 것을 싫어하고 논리가 맞지 않는다는 것을 상대방이 증명하기 전에는 자기주장을 굽히지 않는다. 상담 중간 중간에 주제를 벗어나기 일쑤고 이를 당연시하는데, 이는 생각을 가다듬는 과정이다. 최종 결정은 회의장 밖에서 이루어지는 경우가 대부분이다. 일본 사람들처럼 최고 결정권자가 따로 있는 것이 보통이다.

명예나 체면보다는 감정에 약하다. 논리 싸움을 하다가도 결국 인간적인 접근이 주효한 경우가 많다. 영국과 독일, 그리고 미국을 칭찬하는 것을 조심해야 한다. 이태리와 스페인은 한 수 아래로 보기 때문에 칭찬해도 무방하다. 프랑스의 영광과 문화, 그리고 그들의 역사를 이야기하면 좋아한다. 상담은 주로 식당이나 호텔에서 이루어지며 중요한 이야기는 식사시간을 이용한다. 주 메뉴가 끝나고 커피시간에 본론을 꺼내는 것이 좋다.

### (3) 영국 바이어

영국인들은 유모 감각을 높이 산다. 이들에게 있어 유머는 공격용 무기이기도 하다. 잘난 척하는 상대방에게는 냉소적인 유머로 공격한다. 상담 중에 어색한 분위기가 흐르면 유머로 깬다. 영국 비즈니스맨의 유머를 받아줄 수 있으면 호감을 얻을 수 있다.

그들은 재촉 받는 것을 싫어한다. 첫 만남에서 결론을 얻기는 쉽지 않다. 상담결과에 대해서도 명확하게 대답하지 않는다. 명쾌한 대답 대신 "좋은 아이디어"라거나 "재미있는 계획"이라는 식으로 간접적인 표현을 쓴다. 처음 만나면 격식을 차리지만 몇 번 만나면 금방 와이셔츠 소매를 걷어 붙인다.

그들은 협상문화가 발달되어 있다. 오랫동안 식민지 국가들을 다스리면서 협상을 해온 경험이 있기 때문이다. 그러므로 그들과 협상할 때에는 인내심을 발휘해야 한다. 반대의사 조차도 유머로 표시하는 경우가 많다. 독일 사람처럼 바로 본론으로 들어가지도 않고, 미국 사람처럼 단번에 결론을 내리지도 않는다. 기록을 남겨 놓지 않으면 처음의 흥미와 조건이 느슨해진다. 식사 자리에서 사업 이야기는 잘 하지 않는다. 영국 왕실을 놀리거나 비난하는 것을 삼가야 한다. 독일과 프랑스가 주도하고 있는 유럽통합 문제에 대해서도 칭찬은 피해야 한다.

### (4) 이태리 바이어

이태리에서는 법이나 문서보다 인간관계와 말을 중시한다. 독일과는 정반대의 비즈니스 문화이다. 이태리인들은 말이 많고 제스처가 풍부하고 융통성이 좋으며 정이 많다. 상담할 때도 독일 사람들은 바로 본론과 요점으로 들어가지만 이태리인들은 한참 개인적인 이야기나 주제와 관계없는 이야기를 하다가 본론으로 들어간다.

이태리에서는 대인관계가 매우 중요하다. 따라서 이태리에 파견되는 상사맨들은 2~3년의 짧은 기간으로는 성공하기 힘들다. 비즈니스에 절대적으로 필요한 인간관계를 구축하기에는 너무 짧은 시간이기 때문이다. 유럽인들이 휴가 시즌이면 가보고 싶어 하는 나라가 이태리이다. 날씨가 좋아서이기도 하지만 이태리 사람들의 정감과 수다를 좋아하기 때문이다.

그들의 문화는 개인주의에 기초한 가족주의이다. 가족주의는 사회의 중심 원동력이다. 사업 이야기도 가급적 개인적인 차원으로 끌어내려 감흥을 불러일으킬 수 있도록 이끌어 나가는 것이 좋다. 국가나 사회, 또는 회사 발전이라는 큰 명제보다는 상대방 개인의 문제에 초점을 맞추어 설득하는 것이 좋다. 그들이 외국인을 대하는 특유의 태도가 있다. 친절하고 호기심을 갖고 대하지만 내심으로는 깊이 관찰한다. 이태리 업체와 거래하고자 하면 제3자의 소개를 통하는 것이 좋다. 느닷없는 만남으로 인한 충격을 원하지 않기 때문이다. 스포츠와 가족 이야기 등 가벼운 이야기로 시작하고 가격은 처음에 좀 높게 불렀다가 낮춰 주어 깎아서 샀다는 느낌이 들게 해야 한다.

### (5) 스페인 바이어

스페인들은 명예와 자부심으로 사는 사람들이다. 약자를 보호하고 로맨스를 위해 몸을 바칠 줄 안다. 비즈니스도 물건을 보여 주기 전에 먼저 가슴을 보여 줘야 한다. 가까이에서 접촉할수록 그리고 많이 할수록 좋다. 몸과 눈을 가급적 많이 접촉해야 한다.

다른 유럽 사람들과 달리 체면을 깎이면 모든 것을 잃는다고 생각하는 점에서 중국이나 한국 사람과 일맥상통하는 점이 있다. 체면을 지켜주어야 비즈니스가 유지된다. 기사도 정신과 매너가 중요한데, 특히 여성에 대해서는 더욱 그렇다. 비즈니스에서도 신사도와 남성적인 의리 유지에 신경을 써야 한다. 그들과 만날 때 옷은 정장 차림이 좋다. 그들은 친해지면 금방 말을 놓는다. 그리고 선물을 좋아한다. 한국적인 향취가 밴 선물이면 좋다. 그들과 대화할 때는 마음을 열고 외향적인 면을 보여주어야 한다. 말수도 평소보다 좀 많아야 한다. 화제는 그들의 역사와 문화를 칭찬해 주는 쪽으로 이끌어 가는 것이 좋다. 가급적 자기 자랑을 삼가는 것이 좋고 남에 대한 비방도 금물이다. 인간관계 구축이 최우선이다. 조급하게 결정을 재촉하지 말아야 한다. 그리고 합의되었다고 해서 마음을 놓아서는 안된다. 언제든지 재협상을 요구해 올 수 있기 때문이다.

### ❙ 유럽국가별 상관습 및 상담 시 주의사항 ❙

| 국명 | 특징 및 주요 상관습 | 주의할 점 |
|---|---|---|
| 영국 | • 제품에 대한 철저한 질문과 경쟁사 제품과의 비교<br>• 업무상 식사를 같이 할 때 저녁 식사 보다는 간단한 점심을 선호<br>• 정확한 시간약속은 오히려 금물이며 상대에게 10~20분의 여유를 주어야 함<br>• 능숙한 영어를 구사하지 못해도 관대한 태도를 취함 | • 공장 상품이나 업무에 대한 대화는 금물<br>• 관련 영문서류에 서투른 표기가 없도록 세심한 주의 필요<br>• 선물은 엄격히 금지됨<br>• 지나친 신체적 접촉은 금물 |
| 독일 | • 정확성이야말로 독일인의 특징<br>• 상거래 활동은 간결하되 활기차게 임함 | • 특히 북독일에서는 종교적인 주제나 정치 현안에 관한 언급 회피 |
| 프랑스 | • 업무협의에 앞서 먼저 간단한 일상 대화를 나눔<br>• 불어를 말할 수 있으면 금상첨화<br>• 서면상 거래보다는 직접 접촉해야 호의적 | • 명함에 학위 기재는 가급적 삼가고 회사 내 직책은 기재<br>• 프랑스 내 외국인 문제는 민감한 사안<br>• 덩달아 비판하는 것은 금물 |
| 이태리 | • 협상에 매우 능숙, 융통성 있는 태도 및 상대방의 입장 배려 | • 이태리 남부와 북부 간 갈등에 관한 언급 회피 |
| 핀란드 | • 업무상 고객과 함께 사우나를 방문<br>• 대개 침착하고 신중히 고려한 후 결정을 내림 | • 옷차림, 올바른 태도, 명확한 말, 정확성에 주의해야 함<br>• 급속한 결정 촉구는 삼가야 함 |
| 노르웨이 | • 상호 간에 친칭 사용이 일반화 됨<br>• 항상 감사하는 말을 함<br>• 공중 석상에서 제스처나 큰 목소리를 어색하게 여김 | • 업무관련 대화에서 벗어나지 말아야 함<br>• 친분 이외의 다른 동기에 의한 선물은 금물 |
| 벨기에 | • 즐겨하는 대화주제는 가족, 휴가, 스포츠임<br>• 정확히 시간을 맞춰 도착하면 오히려 실례가 되며 15분 정도의 여유를 주어야 함 | • 지역별로 사용언어가 다름에 주의해야 함<br>• 상담과 협의는 간단하고 핵심을 다루어야 함 |
| 화란 | • 안면을 익힌 지 얼마 안되도 친칭 사용<br>• 관용이 주요 덕목<br>• 초청은 가급적 점심을 이용<br>• 의견충돌이나 논란은 대개 협의를 통한 해결 모색 | • 친절 이상의 의미가 담긴 선물은 금물<br>• 소개할 때 학위나 기타 칭호는 삼가는 것이 좋음<br>• 비판은 예민하게 반응하므로 주의해야 함 |
| 스페인 | • 더불어 살아간다는 의식이 강함<br>• 개인적인 친분이 무엇보다 중요함<br>• 바캉스 시즌은 업무상 협의가 불가능 | • 대금지불이나 지불조건은 처음부터 분명히 해두어야 함<br>• 협상도중 압박감을 느끼게 해서는 안 됨 |
| 스위스 | • 정확성이 매우 중요<br>• 회사 내에는 위계 질서가 거의 없음<br>• 철저한 장인정신 및 상인정신<br>• 겸손과 자기를 들어내지 않으려는 태도 | • 비엔나식의 친절은 금물<br>• 솔직하고 직설적인 표현을 해야 함<br>• 중간에 말을 가로채면 안 좋은 인상을 남김 |
| 그리스 | • 유럽의 발상지라는 높은 자긍심<br>• 예의 범절을 중요시 함<br>• 서로 소개할 때는 자유스럽게 함<br>• 개인회사는 위계질서가 강함 | • 남자주인에게 와인을 선물하는 것을 삼가<br>• 정치현안에 대한 언급 주의 |
| 룩셈부르크 | • 신중하고도 요점이 분명하며 논리적인 태도를 취하면 호감을 가짐 | • 초대받을 때는 값비싼 선물 준비하면 유익 |

| 국명 | 특징 및 주요 상관습 | 주의할 점 |
|---|---|---|
| 덴마크 | • 시간약속을 무척 잘 지키며 질서의식이 강함<br>• 상담 시 직선적이며 솔직한 태도를 보여야 효과적임 | • 국기게양 시 덴마크 국기를 게양하면 호감가짐 |
| 포르투갈 | • 상담은 상당정도 시간이 소요되는 것이 일반적임<br>• 개인적인 면식이 매우 중요 | • 지불조건과 물품인수 조건은 명확히 해야 함<br>• 제품설명이나 포장에 스페인어는 금물 |
| 아일랜드 | • 타인에게 친절하며 상대방의 입장 고려<br>• 장기적 관계보다는 순간적 이익에 집착<br>• 유머감각을 높게 평가함 | • 북아일랜드 사태 언급은 금물 |

### 6) 중남미인과의 수출상담

중남미인들은 매사 바쁜 일이 없으며 매사를 안일하게 생각한다. 상담은 주로 과부장 이상을 상대로 하며 상대방의 자존심을 상하게 하는 말은 피하고 타결되지 못한 문제는 다음으로 미루는 것이 좋다. 중남미인과 맺은 계약서나 서류상의 서명을 과신하지 말고 신용장도 제3국의 우량은행에서 확인하는 것이 바람직하다. 이들의 특성을 보면 정력적이고 낙천적이며 자존심이 강하며 유명브랜드와 외국제품에 대한 선호도가 높으며 커미션을 좋아한다.

#### (1) 일반적인 상관습

- 상담은 주로 부·과장급을 중심으로 이루어진다.
- 거래조건은 주로 CIF 조건이며, FOB는 5%에 불과하다.
- 가격이 시장을 주도하며 외상구매(D/A, D/P)를 선호한다.
- 한탕주의가 상존하는 시장이며, 높은 커미션을 요구한다.
- 과장된 표현에 주의해야 한다.
- 소량 주문에서 대량 주문으로 연결되는 경우가 많다.
- 계약이 무시되는 경우가 자주 발생한다.
- 각종 입찰에 참가하는 것이 바람직하다.

#### (2) 유의사항

- 시간약속은 사전에 하고 30분 정도 늦는 것이 일반적이다.
- 상대방과의 대화 시 거리는 되도록 가깝게 유지한다.
- 인사는 만날 때나 헤어질 때도 악수를 한다.
- 선물은 고급 향수나 실크제품 및 유명브랜드 제품 등 여성용이 적합하다.
- 저녁 초대를 받을 경우 꽃이나 고급 와인을 선물한다.

- 점심식사를 하루 중 주요 식사시간으로 간주한다.
- 건배할 때에는 상대방이 먼저 하도록 한다.
- 복장은 자켓을 입고 넥타이 등 정장을 해야 한다.
- 팁은 나라마다 다르며, 브라질, 아르헨티나, 멕시코를 제외하고는 택시기사에게 팁을 주지 않는다.
- 대화할 때 가급적 역사적인 인물, 축구, 자녀들에 대한 관심을 표시한다.

## 7) 러시아인과의 수출상담

### (1) 일반 특징

러시아인들은 강대국이자 세계 최고의 예술과 문화를 지니고 있다는 점에 대한 높은 자긍심을 갖고 있다. 따라서 러시아인과 상담할 때는 러시아의 뛰어난 과학기술, 예를 들면 세계 유일의 우주정거장, 세계 최고의 발레와 음악, 그리고 문학에 대해 칭찬하는 것이 좋다. 나폴레옹이나 히틀러 군대를 물리친 러시아인의 자랑스런 역사를 칭찬하는 것도 훌륭한 비즈니스 전술이다.

그들은 서양장기를 두듯이 협상을 한다. 몇 수 앞을 내다보고 장기를 두기 때문에 결과를 항상 염두에 두고 대응해야 한다. 그들은 상대방이 갑작스레 내놓은 의견이나 제안 변경에 적절하게 대응하지 못한다. 본부의 결심을 확인해야 하기 때문이다. 또한, 타협 의사를 밝히면 약한 모습을 보인다고 생각하기 때문에 너무 일찍 카드를 내놓아서는 안된다. 입지가 불리해지면 앉아서 버티는 인내 전술을 펼친다. 상대방이 단호한 태도로 나오면 이 전술을 바꾼다. 상대방이 후퇴하면 밀어붙이고 상대방이 강하게 나오면 주춤한다.

그들은 자신의 의사를 명확하게 표시하기 위해 감정을 담아 극적으로 발언하는 모습을 종종 보인다. 상대방이 양보를 할 때만 자신들도 하나씩 양보를 한다. 작은 양보를 하면서 큰 양보를 기대한다. 그들은 신분과 지위에 민감하기 때문에 동등한 자세로 협상을 진행해야 하며, 내려다보는 듯한 태도를 보이면 안 된다.

러시아는 시장경제로의 전환과정에서 높은 인플레와 실업에 시달리고 있다. 경제난도 차츰 풀려가면서 서방의 투자도 늘어나는 중이다. 러시아인들과 무역상담을 할 경우에는 성급한 상담태도를 버리고 여유 있는 자세로 임해야 한다. 국영무역의 습관이 남아 있어 인맥 형성을 중시하는 경향이 있다. 상담요원은 전문가여야 하며, 반드시 계약서만 믿어야 한다.

러시아 바이어들은 대부분 영세업체들이며 현지 시장 환경이 급격하게 변화되고 있어 신속한 유통 및 자금 흐름을 추구하고 있다. 뿐만 아니라 러시아 바이어들은 도소매상을 겸하는 경우가 많다. 러시아인은 명분과 형식을 중요시한다. 따라서 비즈니스 상담 시에는 필히 정장 차림을 하고 미팅은 사전에 구두 및 팩스로 확정한 후에 방문하는 것이 좋다. 국제적인 거래관행에 익숙하지 않은 바이어들이 상당수 있으며, 상거래에 대한 개념 정립이 되어 있지 않은 바이어들도 있다. 따라서 이러한 바이어들에게는 끈기를 갖고 설명하는 것이 필요하다.

### (2) 러시아 비즈니스 성공기법

**▎예술에 대한 이해로 인간적 공감대를 형성하라**

러시아 속담에 "러시아는 하나의 나라가 아니라 전 세계이다."라는 말이 있다. 러시아는 광활한 유라시아 대륙에 걸쳐 수많은 나라와 국경을 접하고 있고 150여개 민족이 함께 살고 있는 다민족 국가로서 아시아와 유럽의 특성을 일부 갖고 있는 한편, 러시아만의 독특한 문화와 관습에 따른 고유한 비즈니스 특성을 갖고 있는 나라이다. 러시아는 무엇보다도 개인적인 유대관계가 매우 중시되는 나라이다. 러시아와 비즈니스를 추진 중인 우리 기업인들이 자주 경험하는 것은 러시아가 "되는 것도 없고, 안 되는 것도 없는 나라"라는 점이다.

**▎인간적 친분이 비즈니스의 성패를 좌우한다**

아직도 러시아에선 '빠 블라투' 형식을 이용하여 일을 추진하는 경우가 비일비재하다. 지기나 연고 등 개인적인 친분관계를 이용하여 목적을 이루는 것을 일컫는 말로서 아무런 죄의식 없이 개인의 인맥을 자랑하는 말로 사용된다.

러시아에서는 실력이나 기준이 다소 떨어지더라도 자기 친구나 가까운 사람은 우선적으로 배려해 주는 인간관계 중시의 문화를 갖고 있다. 현지 실력자나 정부 고위관리 등과의 인간적인 유대관계를 확고히 구축할 경우 비즈니스가 비교적 손쉽게 풀릴 수 있다.

기업인들은 러시아에 대한 고정관념을 탈피할 필요가 있다. 못사는 나라, 추운 나라, 마피아와 비밀경찰(구KGB)이 득세하는 공포정치의 나라 등 러시아에 대한 부정적인 인식을 갖고 있다. 실제로 러시아 국민의 개인소득은 낮지만 정신적, 예술적인 깊이나 수준은 세계 어느 나라 국민보다 높다. 또 사계절이 있으며 5~9월까지의 봄, 여름, 가을시즌은 따뜻하고 푸른 숲과 꽃으로 아름답다.

러시아는 살인 등 범죄 발생률도 미국에 비하면 낮은 수준이다. 마피아들은 외국인들의 일반 수출입 비즈니스에는 크게 개입하지 않는다. 러시아 국민은 물질적으로 어렵게 살아가고 있기 때문에 잘사는 외국인에 대해 선망과 부끄러움을 동시에 느끼고 있다. 그러나 세계 강대국으로서 세계 최고 수준의 예술과 문화를 가지고 있다는 점에 대한 엄청난 자긍심을 갖고 있다.

**▌작은 일에도 감동하는 러시아인**

러시아인은 감성이 풍부한 민족이다. 예술과 문화를 사랑하는 만큼 그들의 보드카 사랑은 유별나다. 일단 친구가 돼서 흉금을 털어놓을 수 있는 사이가 되면 보드카를 마시자고 한다. 보드카를 한 잔 같이 마시고 나면 복잡하던 비즈니스 문제가 말끔히 해결될 때가 많이 있다. 감정이 풍부한 만큼 작은 일에도 매우 즐거워하고 감동하는 경우가 많다. 현지 직원들과 가까운 친구, 거래선들의 생일과 기념일을 축하하여 파티를 주선하고 정성이 담긴 작은 선물을 주고받는다면 훨씬 러시아인들과 가까워 질 수 있을 것이다.

다음에는 가족들을 저녁식사나 음악회로 초대해서 같이 시간을 보낼 수 있을 정도로 발전해야 할 것이다. 러시아인은 가족에 대한 사랑이 남다르다는 것도 명심해야 할 것이다.

**▌비정상적 교역관행이 일반화**

러시아의 상거래 특성은 비정상적 교역관행이 일반화되어 있다는 것이다. 교역관련 법률과 제도가 정비되어 있지 않으며, 현지 바이어들은 세금회피 목적으로 언더밸류 등 이중계약을 요구하는 경우가 많다. 또한, 바이어들은 신용장 방식을 기피하고 있으며 계약대금의 일부를 T/T로 선송금하고 잔액은 후불로 지불하는 대금결제방식이 널리 통용되고 있다. 심지어 바이어들은 첫 거래의 경우에도 외상결제를 요구하는 사례도 빈번한 실정이다. 대부분의 수입상은 영세하며 시황에 따라 소량 오더를 수시로 발주하기를 희망하고 있다. 대부분의 수입상들은 1990년대에 등장한 신생기업들로서 전문바이어가 미성숙 되어 있어 환율상승에 따른 환차 위험이 증가함에 따라 신속한 물품인도를 요구하고 있다. 러시아는 빈부의 격차가 심하고 사회 변혁기에서 오는 혼란과 무질서가 있는 나라라는 것을 항상 명심해야 한다.

현지 출장 시 수수한 옷차림을 하고 다니는 것이 좋으며 부자처럼 행동하거나 자랑하지 말아야 한다. 야간에 나이트클럽이나 카지노 출입을 삼가야 하며, 여권과 비자 등 증명서를 항상 소지하고 다니는 것도 잊지 말아야 할 것이다.

## 8) 중동인과의 수출상담

아랍의 비즈니스 문화는 특이하다. 이집트는 다른 아랍국 보다 개방되어 있고 유럽과 미국과의 교류도 활발하지만 인구의 90% 이상이 이슬람이기 때문에 기본적인 비즈니스 문화는 아랍 공통적인 요소가 다분하다. 아랍사람들에게는 종교가 정치, 경제, 사회생활을 지배하고 있다. 하루 다섯 차례의 기도시간, 일년에 한 달의 라마단 금식기간, 남녀 구별, 돼지고기 및 알콜 금기, 신 모독 금지, 가족 중시, 약자보호와 문화적 자부심이 특징이다. 사람관계를 중시하고 합리적이기 보다는 성실과 융통성을 중시한다. 손님을 환대하고 말이 많으며 부정적인 말보다는 미사여구와 칭찬을 좋아한다. 환대에 관한 한 자기 집에 한 마리 남은 낙타까지도 손님을 위해 잡을 정도이다. 물론 상대방에게도 같은 환대와 도움을 기대한다. 대화할 때 사람간의 접촉거리가 가깝다. 적정거리를 유지해야 편안함을 느끼는 서양 사람들은 아랍인들에게 몰인정한 사람이라고 오해받기도 한다. 한 번에 여러 가지 일을 동시에 하기 때문에 외국인에게는 혼란스럽게 비친다. 손님을 한꺼번에 몇 사람 함께 만나는 것이 보통이다.

프라이버시와 시간관념이 약하며 대화할 때 손발동작이 심하다. 유럽사람 특히 독일, 영국, 북구 사람과는 정반대의 문화이며, 이태리, 스페인, 그리스와는 비슷한 면도 있다. 여성에 대해서는 조심해야 한다. 여성과는 악수를 하지 말아야 하며 상대방 부인에 대해 칭찬도 삼가야 한다. 초대받아서 요리솜씨 칭찬까지도 참아야 할 정도다. 가족의 안부를 물어주면 좋아한다. 침묵과 겸손은 별로 좋은 덕목이 아니다. 일본사람과 북유럽 사람들이 환영받지 못하는 것도 말수가 적기 때문이다. 말수만 많은 것이 아니라 목소리도 크기 때문에 회의장에서 전달하고자 하는 메시지가 있을 경우에는 바로 옆에 앉아 귀에 대고 소리를 질러야 한다. 집에 환자가 있거나 어려운 일이 있어도 불상사는 얘기를 하지 않는다. 실례가 되는 행위이다. 모든 것을 좋게 얘기하기 때문에 잘 끝난 상담결과에 대해서도 너무 믿지 말고 계속 확인하는 것이 필요하다.

### (1) 상관습 배경 및 특징

아랍어로 상관습을 우르프(Urf)라고 하며, 아랍어로 "자금을 가진 자"라는 의미인 다럽과 경영에 능한 자라는 의미인 무다럽간의 '무다라바'라는 이익 공유 방식의 상관습이 있다. 중동의 상관습은 철저한 이슬람 교리에 입각하여 생성·발전되어 왔다. 이슬람 문화권에서는 무역을 "파들알라(Fadl Allah)", 곧 알라의 은총과 탁월함이라 하고, 코란에도 "무역은 정상적으로 하며 정직하고 진실한 사업가는 심판의 날 순교자와 함께 부활하니 무게는 정확히 하고 저울눈금을 속이는 자는 싯진 속에 기록되었다가 지옥에 간다"고 명시할 정도로 예언자 마호메트는 무역을 예배 다음으로 중요시하였으며, 무역업이 가장 존경받는 직업임을 강조하였다.

상관습 특징으로는 샤리아(Sharia)라는 이슬람법이 최우선시 되고 있고 샤리아에 명시되지 않은 것은 세속적 법률에 의하고 있다. 즉, 이슬람이 사회 의식구조의 핵심으로 종교적 관념이 곧 삶의 가치기준이자 척도이므로 이슬람에 역행하는 언행이나 행동은 절대금물이라는 것을 명심해야 한다.

### (2) 중동인의 기질 및 의식구조

개인주의 사상이 팽배해 있고, 혈통이나 전통사회를 중시하고 있다. 오랜 유목생활로 인해 무정부주의적 상태에 익숙하다보니 국가보다는 개인이 우선시 되었고, 자연스럽게 가문이 중시되게 되었다. 자존심, 의심, 아집, 자부심 및 이기주의가 강하다. 아랍인이 자존심이 강한 이유는 중동이 전형적인 남성위주의 사회인데다가 아랍어에 대한 긍지, 그리고 이슬람시대의 영광을 자기의식의 근원으로 삼고 있기 때문이다. 이들은 종교에 대한 자부심이 강해 외국인과의 인사 후 다짜고짜 '무슬림이냐'고 물을 정도이다. 이슬람은 과거 속에 사는 종교이므로 과거의 영광을 매우 자랑스럽게 생각하는 아랍에서는 이슬람 초기로 되돌아가자는 의식이 사회전반에 깔려 있다.

**▎중동 국가별 바이어 상담요령▎**

| 국가명 | 상담 시 유의사항 |
|---|---|
| UAE | • 비즈니스에 직접 돌입하지 말고 가족 안부와 인사 등으로 대화를 시작하라<br>• 실질적인 결정권을 갖고 있는 고위인사와 직접 접촉하라<br>• 친절과 인내가 필요하다 |
| 시리아 | • 만년필이나 고급 라이터를 선물하면 좋아한다<br>• 제품에 대한 정확한 지식을 갖고 협상에 임하라<br>• 칭찬을 많이 하라 |
| 사우디 | • 통신을 통한 접촉보다는 직접적인 접촉이 효과적이다<br>• 엄격한 종교윤리가 준수되는 국가임을 명심해야 한다<br>• 가격이 비싼 것보다는 특징적인 선물을 좋아한다<br>• 여성들은 비즈니스 상담에 나서지 않는 것이 좋다<br>• 사생활, 특히 가족을 매우 중시한다 |
| 이란 | • 주변의 여타 아랍국가와 동일시하는 발언은 절대 금물<br>• 비즈니스 정장차림은 피하라. 혁명 이후 넥타이를 매는 것이 금지되어 있다<br>• 통신을 통한 접촉보다는 직접적인 접촉이 효과적이다<br>• 거래계약 시에는 개인적인 이익보다는 공동의 이익을 더 중시하는 경향이 있다<br>• 외국상표가 부착된 물건은 좋은 제품이라는 인식이 강하다 |
| 쿠웨이트 | • 겉모습을 중시하므로 가급적 정장차림으로 상대를 만나라<br>• 계약이 성사되기까지는 시간이 오래 걸리지만 협상의 막바지에 갑자기 결정이 이루어지는 경우가 많다<br>• 개별방문은 지속적인 거래관계를 유지하는 바탕이 된다 |
| 요르단 | • 시간관념이 철저하다<br>• 옷차림은 가급적 정장 등 단정한 차림이 좋다<br>• 개별적으로 직접 접촉하는 것이 효과적이다<br>• 제품의 가격조건을 중시한다 |
| 레바논 | • 비교적 서구화되어 있는 국가로 식사에 초대하면 거절하지 말라<br>• 고위급 관계자들은 고급 시거 등을 선물하면 좋아한다<br>• 가격흥정을 할 때 최종가격을 되도록 나중에 제시하는 경향이 있다<br>• 내정이나 인근 중동국가와의 관계에 대한 언급은 회피하라 |

| 국가명 | 상담 시 유의사항 |
|---|---|
| 이스라엘 | • 팔레스타인과의 갈등에 관한 언급은 절대 피하라<br>• 시간관념이 철저하므로 약속을 지킬 수 없는 경우에는 반드시 미리 알려라<br>• 직함이나 직위를 사용하는데 신중하라<br>• 유대인 공휴일에는 비즈니스가 거의 이뤄지지 않는다<br>• 여권에 아랍국의 소인이 찍혀 있거나 아랍국의 우표가 붙어 있으면 입국이 거절된다 |
| 바레인 | • 선물을 주면 좋아한다<br>• 관공서를 방문할 경우에는 정장차림이 좋다<br>• 긴 협상 끝에 갑작스런 결정을 내려야 할 때가 종종 있다<br>• 개별적 방문은 좋은 비즈니스 관계에 기본이 된다 |

아랍인들은 또한 의심이 많다. 이는 역사적 소산이라고 할 수 있는데, 19세기 이후 서구의 지배를 받게 되자 아랍인의 자존심이 크게 상처를 받았고 이렇게 되면서 특히 서구인에 대한 의심이 많아 그들이 또 지배하지 않을까 염려되어 마음을 터놓고 일하기가 어렵다.

## 9) 아프리카인과의 수출상담

### (1) 남아프리카공화국

남아공은 아프리카 대륙에서 가장 경제규모가 큰 국가로 잘 갖추어진 인프라와 경제정책으로 세계 각국의 투자가 이루어지는 국가이다. 또한 아프리카 진출로의 교두보 역할을 담당하기 때문에 아프리카대륙에 무역하거나 진출하기 위해서는 남아공의 시장특징을 잘 알고 있어야 한다. 특히, 남아공은 인종차별정책에 의해 오랜 기간 동안 백인들이 경제권을 장악하고 있어 배타적인 백인 바이어들과의 상담은 어렵게 이루어진다. 남아공 바이어와의 첫 상담에서는 거래가 성사되기 힘들다. 여러 공급업체들의 가격과 품질을 비교해 보고 거래를 결정하기 때문에 첫 대면을 통한 상담 후에 충분한 교신이 이루어지게 되면 거래가 성사되는 것이 대부분이다. 또한 남아공은 다양한 인종들이 살고 있어 이들 인종들의 특성을 잘 알고 있어야 한다. 예를 들면 섬유산업은 인도계 상인들이 더반지역을 중심으로 많은 상권을 잡고 있다. 이들은 대부분 이슬람교도이기 때문에 종교적인 언급을 삼가야 하며, 이들이 형제라고 생각하는 중동지역 국가에 대한 비판도 삼가해야 한다.

첫 대면 시에는 남아공의 좋은 점, 예를 들면 기후 등에 대한 찬사를 하고 백인 바이어인 경우 치안불안의 문제점, 흑인 바이어인 경우 만델라 전대통령에 대한 관심 등을 표명하면 좋은 인상을 줄 수 있다. 남아공 비즈니스의 많은 부분은 백인들에 의해 이루어지지만 흑인정부 집권 이후 흑인 비즈니스맨들이 많이 탄생하고 있다. 흑인 비즈니스맨이라고 얕잡아 보거나 함부로 대해서는 안 되며, 실제로 남아공에서는 "Black Employment"라는 제도가 있어 흑인이 경영하는 회사에 특별 우대를 해주고 있어 흑인 바이어 중에 빅 바이어가 있을 수 있다는 사실을 간과해서는 안 된다. 남녀 간의 차별이 없어 여성들도 폭 넓은 사회활동을 하고 있으며, 국제 비즈니스를 담당하는 여성들도 많기 때문에 차별적인 시각을 가져서는 좋지 않다.

남아공과의 거래 시 유의할 점도 있다. 유통단계별로 높은 마진을 책정하고 있기 때문에 시장가격과 수입가격은 많은 차이를 보이고 있으며, 시장가격을 기초로 한 수출가격 책정은 바이어가 요구하는 가격과는 큰 차이가 있다. D/A 거래에 따른 수출대금 미결제 사례가 빈발하고 있어 수출보증보험 등 안전 장치를 강구하여야 한다.

### (2) 아프리카 출장 및 비즈니스 수행 시 주의사항

아프리카 출장 및 비즈니스 수행 시에는 주의가 요망된다. 출장자를 대상으로 하는 범죄수법 다양화, 사기행각 극성 등 무역사기는 세계 각국을 불문하고 발생할 수 있으나, 특히 아프리카에서는 무역전문사기단이 꾸준히 활동하고 있고 이들로 인한 국내업체의 피해사례는 KOTRA 등을 통해 잘 알려져 있다.

그러나 최근 들어 나이지리아를 비롯한 아프리카 각국의 무역사기단이 다시 극성을 부리고 있는 것으로 알려지면서 아프리카 무역사기와 관련된 업체의 문의도 크게 늘어나고 있다. 더욱이 최근 영국의 African Business지에 따르면, 해외에서 온 출장자들을 대상으로 한 아프리카 내 범죄유형이 다양해지고 있고 무역사기단의 수법도 고도화되고 있어 아프리카와 사업을 추진하는 국내업체들의 주의가 요망된다.

#### ▎출장 시 거리에서 벌어지는 현지인의 일에는 관여하지 말아야 한다

아프리카 출장을 간 비즈니스맨 앞에서 다급한 상황을 연출한 후 이들의 호주머니를 노리는 범죄자들이 늘어나고 있다. 길거리에서 갑자기 심장마비가 일어났다고 호소한 후 도움을 주러 다가온 비즈니스맨의 지갑을 터는 사례가 대표적인데, 부상을 입었다며 도와달라는 사람이나 깡패에게 아이를 빼앗기는 장면을 연출하는 사람들에게 함부로 다가가서는 위험하다.

#### ▎처음으로 거래하는 업체가 수표결제 조건을 제시할 때 일단 의심해야 한다

나이지리아 및 남아공에서는 수표위조가 그다지 어렵지 않은 편이다. 특히, 이미 사용된 유명회사 및 은행의 수표를 사기꾼들이 암시장에서 입수한 후 서명 등을 위조하면 받는 사람 입장에서는 구분이 불가능하다. 따라서 세계적으로 널리 알려진 은행의 수표라 해도 첫 거래에서는 되도록 수령하지 않는 것이 좋다.

### '419' 사기수법을 조심해야 한다

나이지리아의 지하자금 유출에 필요한 은행계좌 개설 비용을 대면 거액의 커미션을 지급하겠다는 나이지리아 무역사기단의 소위 '419' 무역사기 수법은 이미 국내에도 널리 알려져 있는 상태이다. 다만 수법이 점차 다양하고 고도화 되고 있는데, 최근에는 이들 나이지리아 사기단들이 남아공이나 코트디부아르 기관의 이름을 빌리는 등 활동무대를 바꾸고 있는 점에도 주의해야 한다. 기계류를 취급하는 우리나라의 A사는 나이지리아의 대표적인 국영공사인 나이지리아 석유공사(NNPC : Nigerian National Petroleum Corporation)로부터 3천만 달러에 달하는 거래제의를 받고 흥분한 나머지 현금을 들고 현지를 방문할 계획을 가졌으나 사기임이 밝혀져 허탈해 한 바 있다. 남아공을 제외한 아프리카 소재 수입상이 첫 계약에서 10만 달러 이상을 수입하는 경우는 거의 없다. 인터폴은 현재 아프리카 무역사기단으로 인한 외국기업들의 피해 금액이 1년에 10억 달러가 넘을 것으로 추정하고 있다.

### 아프리카 현지 출장 시 노트북 컴퓨터 분실을 조심하라

아프리카 현지 공항에서 비즈니스맨들의 노트북 컴퓨터를 노리는 도둑들이 기승을 부리고 있다. 이들은 먼저 비즈니스맨들이 금속탐지기에 연결된 컨베이어 벨트에 노트북을 내려놓으면, 일부러 기계를 오작동 시킨 후 금속탐지기 앞부분에서 탈취해 가는 수법을 쓰고 있다.

도난을 막기 위해서는 금속탐지기 통과 전, 자신의 앞사람이 완전히 기계를 통과했는지를 확인 후 컨베이어 벨트에 노트북을 내려놓아야 한다. 이외에도 출장 시 꼭 필요한 경우가 아니면 노트북 컴퓨터를 호텔에 두는 것이 안전하며 행사나 회의 중간에도 꼭 손에 챙겨드는 자세가 중요하다.

상기와 같은 경우가 아니더라도 전문가들은 아프리카 비즈니스에 있어 적어도 다음 3가지 사항은 명심해야 한다고 강조하고 있다.

첫째, 아프리카에서 쉽게 돈을 벌 생각은 버려라.

둘째, 냉정한 판단을 잃지 마라(흥분하면 사기행각에 넘어가기 십상이다).

셋째, 말주변이 좋은 사람을 경계하고 누구도 쉽게 신뢰해서는 안 된다.

## 04 글로벌 비즈니스 매너

### 1) 인사 에티켓

인사는 상대에게 자신의 마음속에서 우러나오는 존경심과 반가움을 나타내는 형식의 하나로 사람이 사람다움을 표현해 내는 행위이므로 우리의 일상생활에서 기본이 되는 예절이다. 인사를 T.P.O(Time, Place, Occasion)에 맞게 예의 있게 잘하느냐 못하느냐에 따라 그 사람의 인격이 평가될 수도 있기 때문에 이런 인사는 보통 3가지의 기본적인 기능을 가지고 있다.

첫째, 사람들이 만날 때 생길 수 있는 본능적인 불안감과 어색함을 감소시킨다.
둘째, 상대방에게 호의와 환영을 표시할 수 있다.
셋째, 좋은 인간관계를 유지시켜 준다.

인사는 인간관계를 형성하는데 있어서 가장 기본이 되는 에티켓이다. 인사는 자신의 교양과 인격을 표현하여 상대를 존경한다는 상징적인 것이기 때문에 마음에서 우러나오는 인사가 되도록 해야 하며, 정성과 감사하는 마음으로 정중하고 상냥하게 이루어져야 한다. 또한, 인사는 예절의 기본이며 단체생활에서의 인간관계의 시작일 뿐 아니라 사회생활을 하는 데 서로 마음을 통하고 친근히 지낼 수 있게 하고, 인간관계에 있어서 도덕과 윤리형성의 기본이 되고 있다.

- 처음 만날 때에는 대개 악수를 한다. 그러나 문화에 따라 인사법이 다를 수 있으므로 상대방의 인사방법을 익혀두는 것이 좋다.
- 구체적인 상담은 영어로 하더라도 인사정도는 현지어로 하는 것이 예의이다.
- 상대방을 호칭할 경우에는 Mr. 또는 Mrs.를 사용한다. 성과 이름의 구별이 쉽지 않으므로 사전에 물어보아 실수를 방지하는 것이 좋다.
- 남성은 자기가 소개된다는 것을 알면 바로 일어서야 한다.
- 권해주는 자리에 앉든지 좌석배치(서열)에 따라 착석한다.
- 자기소개를 하는 경우 자신의 지위는 밝히지 않고 이름과 성을 알려주는 것이 상례이며, 회사 밖에서 소개할 때에는 회사명을 덧붙인다.
- 자신의 우월성을 나타내는 문구는 피한다(Jeff works for me.).
- 자기 이름에 Mr. 또는 Miss와 같은 존칭은 삼가하고 이름 전체를 소개한다 (I am Hong Kil Dong).

- 다른 사람을 소개할 때에는 먼저 이름만 소개하고 그 사람에 대한 정보를 소개한다.

### 악수 에티켓

악수는 인류가 석기시대부터 지구상에 출현하여 살면서 발생한 자연스런 인사이다. 악수는 상대방의 눈을 마주보며 부드럽게 하는 것이다. 또한, 악수는 서양에서 유래한 수평적 인사의 성격이므로 고개를 숙이지 않아도 무방하다. 그러나 악수에도 상황에 따라 여러 가지 규범이 있기 때문에 주의해야 한다. 악수는 원래 서양의 인사법이다. 그러므로 그 유래도 서양의 역사와 문화가 그대로 반영되어 나타나게 되는데 서양의 역사를 살펴보면 알 수 있듯이 싸움을 많이 할 수 밖에 없었던 혼란스럽고 살벌한 시기였다. 그래서 항상 칼이나 창 같은 무기도 사용하는 등 자신을 보호하기 위해서 휴대하면서 생활하였는데 사람을 만날 때 '나는 무기가 손에 없다. 그러므로 너와 싸울 의사가 없다.'는 것을 표시하기 위해 자신의 손에 무기가 없다는 확인의 차원에서 손을 잡게 되었다. 이것이 악수의 기원으로 알려지고 있다. 기본적인 개념은 자신의 손에 무기가 없으니 안심하라는 것이 기본적인 유래이며 이 유래 때문에 오늘날에도 악수는 특별한 장애가 없는 한 반드시 오른손으로 하는 것으로 되어 있다.

이것이 우리나라에 들어와서 약간의 유교적 성격이 가미된다고 한 손을 다른 손으로 받치고 악수를 하는 경향이 있다. 아마도 동방예의지국이라 지위가 높거나 나이가 많은 사람에게 한손으로 인사를 한다는 것은 건방지게 보일 수 있다고 생각하기 때문이다. 그러나 악수는 서양의 인사법이라 그 기본적 법도도 서양의 방법을 근간으로 하기 때문에 악수를 할 때 너무 굽신거리거나 두 손, 혹은 한 손을 받치고 하는 것은 기본적으로 의도는 이해하지만 정통적 예법에 어긋난다.

그러나 국가원수, 왕족, 성직자 등은 이러한 기준에서 예외가 될 수 있다. 남성의 경우 국가원수나 왕에게 소개되면 머리를 숙이고, 공손히 인사를 한다. 그리고 국가원수나 왕이 악수를 청하면 재차 머리를 숙이며, 인사하고 악수에 응한다. 여성의 경우도 국가원수나 왕이 악수를 청하면 머리를 숙이고 악수를 받는다.

### 악수할 때 주의사항

- 상대방의 손을 너무 꽉 쥐거나 너무 가볍게 쥐어서는 안 된다.
- 지위가 낮거나 나이가 적은 사람이 손을 흔들어서는 안 된다.
- 악수하는 동안에는 상대의 시선을 응시해야 한다.
- 파티의 호스트는 남성이라도 여성에게 먼저 악수를 청할 수 있다.
- 상대방의 손바닥을 손가락으로 긁어서는 안 된다.
- 특별한 경우가 없는 한 왼손으로 악수를 청하지 않는다.

- 손에 물기가 있거나 오물이 묻어 있는 상태로 악수를 하지 않도록 한다.
- 정중한 인사를 할 경우에는 굳이 악수를 하지않아도 무방하다.
- 악수의 형식은 관습이나 문화에 따라야 한다.
- 일반적으로 조문을 할 경우에는 악수하지 않는다.

### 2) 명함교환 에티켓

명함은 반드시 명함지갑을 준비하여 그 곳에 넣도록 하자. 명함은 자기의 얼굴이기 때문이다. 그리고 명함은 구겨지지 않도록 보관하는 것이 좋으며, 특히 바지 뒷주머니 지갑 속에 보관하는 것은 구겨지기도 하며 꺼낼 때 상대방에게 불쾌감을 줄 수도 있다. 해외에 나갈 때는 명함을 넉넉히 준비하여 만나는 사람들과 자유롭게 교환할 수 있도록 해야 한다. 받은 명함은 언제라도 찾아볼 수 있도록 명함철에 잘 정리해 두는 것이 좋다. 정리할 때 만난 날짜, 그 사람의 특징 그리고 만난 장소, 같이 만난 사람의 이름 정도를 명함 이면에 메모해 두어야 한다. 명함을 정리할 때에는 필요한 명함과 그렇지 않은 명함을 구분하여, 필요 시 시간을 낭비하지 않도록 해야 한다.

**명함을 줄 때**

- 일어서서 오른쪽으로 준다. 왼손은 오른손을 받친다.
- 상대방의 위치에서 자기의 성명이 바르게 보이도록 건넨다.
- 일본, 중국, 싱가포르에서는 양손으로 명함을 전달한다.
- 2개 국어로 제작된 명함은 상대방 국가의 언어가 위로 가게 하여 전달한다.
- 식사 중에는 명함을 전달하지 않으며, 식사가 끝날 때까지 기다리도록 한다.
- 저녁파티에서는 상대방이 먼저 명함을 요청하지 않으면 꺼내지 않는다.
- 손아랫사람이 먼저 윗사람에게 내밀며, 방문자가 먼저 내민다.

**명함을 받을 때**

- 받을 때도 일어서서 받고 감사인사를 한다.
- 받은 명함은 곧바로 주머니 속에 넣지 말고 그 자리에서 읽어보는 것이 예의이다. 이것은 이름을 잊지 않기 위해서도 필요하며 상대방에 대한 존중의 표현이다.
- 명함의 내용 중 궁금한 것은 그 자리에서 물어본다. 발음하기 어려운 이름의 경우는 확실히 알고 넘어가며 모르는 한자일 경우도 물어본다.
- 받은 명함은 명함 지갑에 잘 보관하며, 아무렇게나 주머니 속에 넣지 않도록 한다.
- 상대방의 명함을 손에 쥔 채 만지작거리거나 탁자를 치는 등의 산만한 행동을 보여서는 안 된다. 또한 상대방이 보는 앞에서 명함에 만난 날짜를 적는 행동도 보기에 좋지

않다. 낙서처럼 보일 수 있기 때문이다.

### 3) 복장예절(정장 시 유의사항)

- 드레스셔츠 속의 내의가 비쳐 보이지 않아야 한다.
- 드레스셔츠는 긴 소매가 좋다.
- 망사구두는 신지 말아야 한다.
- 흰 양말은 절대 금물이다.
- 주머니에 물건을 많이 넣지 말아야 한다.
- 캐주얼 벨트는 피한다.
- 넥타이를 너무 짧거나 길게 매지 않는다.
- 벨트를 할 경우에는 멜빵을 하지 않는다.

### 4) 식사예절

- 왼손의 포크는 오른손으로 바꾸어 잡아도 무방하다.
- 음식 그릇은 자기가 직접 옮기지 않는다.
- 손에 든 나이프와 포크는 세우지 않는다.
- 먼데 있는 사람과 말하는 것은 옆 사람에게 실례가 된다.
- 음식을 씹고 있을 때는 말하는 것을 삼가한다.
- 기침이나 재채기 후에는 실례의 말을 한다.
- 자리를 잠시 비울 때는 냅킨을 대강 접어서 의자 위에 올려놓는다.
- 포크 또는 나이프를 떨어뜨렸을 때에는 웨이터를 부른다.
- 이쑤시개는 식탁 앞에서 쓰지 않는다.
- 식사가 끝나면 나이프와 포크를 중앙에서 오른쪽으로 가지런히 놓는다.
- 바른 자세를 유지하고 다리를 꼬지 않는다.
- 트림을 하지 않는다.
- 식탁에서 화장을 고치지 않는다.
- 술은 사교의 윤활유로서 취해서는 안 된다.
- 식사 중 잠시 자리를 뜰 때도 실례의 말을 한다.
- 나이프는 왼손에 쥐지 않도록 한다.
- 좌우의 손님들과 먹는 보조를 맞추도록 신경을 써야 한다.
- 웨이터가 술을 따를 때 술잔을 들어올리지 않는다.

- 반드시 head waiter의 안내를 받는다.

**▎상석을 정하는 기본적인 기준**

- 왼쪽보다는 오른쪽이 상석이다.
- 입구에서 먼 쪽, 입구가 보이는 쪽이 상석이다.
- TV와 같은 화면이 보이는 곳, 액자나 벽난로 앞이 상석이다.
- 정원과 같은 밖이 보이는 전망 좋은 곳이 상석이다.

물론 이러한 원칙들이 항상 지켜지는 것은 아니다. 때에 따라서는 이러한 원칙들이 서로 상충되는 경우도 발생하는데, 이럴 때에는 우선순위에 따른 자리배치가 필요하다. 가령 입구의 반대쪽이 상석이 되지만, 적당치 않을 때에는 전망이 좋은 자리가 상석이 될 것이다. 상석의 기준이 되는 이러한 원칙 외에도 좌석 배치 시에는 부부는 나란히 앉거나, 마주보고 앉는 것을 피한다거나, 동성 간에 마주보거나, 나란히 앉는 것을 피한다는 좌석 배치 상의 원칙이 있다. 물론 이러한 원칙 또한 서로 상충될 수 있기 때문에 적절한 좌석 배치가 필요할 것이다.

### 5) 비즈니스 상담 에티켓

- 인사가 끝났다고 바로 딱딱한 본론으로 들어가지 않도록 한다.
- 상대방의 얘기를 모두 메모하지 않아야 한다.
- 상대방의 말 도중에 끼어 들어 다른 화제로 바꾸지 않는다.
- 여러 사람과 함께 있을 때 두 사람만 통하는 말이나 은어의 사용을 피한다.
- '만약에'라는 가정법을 자주 쓰는 것도 좋은 대화법이 아니다.
- 알아듣기 쉽게 말하는 것이 좋다.
- 상대방이 이야기할 때는 눈을 응시해야 한다.
- 비즈니스뿐 아니라 다방면에 걸친 풍부한 화제를 준비한다.
- 칭찬을 고맙게 받는다.
- 자신의 관심영역을 너무 지나치게 말하지 않는다.
- 담배는 사양해도 예의에 어긋나지 않는다.
- 문화에 따라 유머가 다르므로 상대방의 유머를 올바로 이해하고 적절한 유머를 구사해야 한다.

**서양 에티켓의 기본 개념**

- 상대방에게 호감을 주라
- 상대방에게 폐를 끼치지 말라
- 상대방을 존경하라
- 자리를 양보하라
- 여성을 존중하라(lady first)
- 표현하라(침묵은 무관심, 불만 등 오해의 소지를 낳는다).

**바이어 접대의 필요성과 효과적인 방안은?**

해외영업에서 소기의 목적을 달성하려면 인간적인 유대관계를 간과해서는 안 된다. 비즈니스 상담이 끝나면 으레 접대라는 비공식 절차를 밟게 된다. 우리나라 사람들은 외국인에 대해 관대한 것으로 인식되고 있다. 그러나 바이어 접대가 과연 해외마케팅 전략상 반드시 필요한 것인지, 그리고 만일 필요하다면 그 타당한 수준과 효과적인 방안은 무엇인지를 알아본다.

- 선심성 접대보다는 바이어의 니즈를 충족시키는 것이 효과적이다

  자사제품이 가격경쟁력이 없거나 제품의 품질에 자신이 없을 때 흔히 시도되는 선심성 바이어 접대는 오히려 부작용만 초래할 수 있다. 그러므로 바이어의 요청사항(디자인 변경, 해외규격인증 획득 등)을 수용하려는 진지한 상담자세가 주문을 받아내는 데는 더욱 필요한 조건이다.

- 바이어의 속성을 제대로 파악하고 접대하자

  특히 중소기업의 경우 바이어가 방한하면 공항 픽업에서부터 식사대접은 물론 공항전송까지 일관된 서비스를 제공하는 것을 당연하게 여긴다. 그러나 일반적으로 접대의 힘으로 이루어진 거래는 고정바이어의 관계로까지 발전하지 못한다. 왜냐하면 고품질과 보다 좋은 거래조건이 나타나면 무정하게 떠나버리는 것이 바이어의 속성이기 때문이다.

- 바이어 취향을 고려하여 접대의 효율성을 극대화하라

  자신보다는 바이어의 취향에 맞는 음식, 선물, 관광지 등을 정확히 파악하여 제공한다면 적은 비용과 시간으로도 바이어 접대의 효율성을 높일 수 있다. 상품경쟁력 제고만이 고정 거래선 확보의 첩경이라는 사실을 잊어서는 안된다.

### 6) 거래상담 준비사항

#### 상담일정 및 장소 재확인

- 현지 도착 후 방문회사의 방문시간을 사전에 재확인한다.
- 시내 지도를 이용하여 상담장소까지 거리나 시간을 미리 파악한다.

#### 상담자료 준비

- 제품명 및 제품 스펙(specification) : 제품의 기본적인 사항 및 특성, 경쟁사 제품과의 비교 시 자사 제품의 장점 및 비교분석, 제품의 test report 또는 인증서 등

- offer 조건 및 가격 : 수량별 price breakdown
- 가격 협상 시 받아들일 수 있는 최저 가격대
- 정형거래조건(Incoterms 2020)에 따른 가격 견적
- 대금지급 방법(payment)
- 수량별 선적조건
- 바이어에 제공할 적절한 샘플
- HS Code 및 쿼타 카테고리(쿼터품목일 경우)
- 자사제품의 기존 거래선
- 월 생산량(capacity) 및 최소 주문수량(order minimum)

### 선물 준비

- 상대방 문화에 익숙하지 않으면 그 문화를 알고 있는 사람을 통해 사전에 파악한다.
- 들고 다니기 간편하고 가방에 손쉽게 넣을 수 있는 선물을 선택한다.
- 일반적으로 비즈니스 선물은 첫 미팅 때 전달한다.
- 우리나라를 상징하는 고유한 선물이 상대방에 많은 호감을 준다.
- 상대방의 직업과 관계있는 선물이 바람직하다.
- 선물 시 증정 회사 또는 성명 카드를 봉투에 넣어 준다(자필로 쓰는 것이 바람직함).

#### 선물 관련 주요 국가별 금기품목은?

- 미국 : 백합(부활절 제외)은 죽음을 의미한다.
- 독일 : 선물을 포장할 때 흰색, 검정색, 갈색의 포장지와 리본을 사용하지 않으며 빨간 장미는 연인 사이에만 선물하며, 꽃은 포장하지 않고 준다.
- 프랑스 : 빨간 장미는 연인 사이에만 교환한다. 향수는 금물이다.
- 중국 : 시계는 장송(葬送)을 의미한다.
- 일본 : 흰색, 밝은 색 포장지와 흰 꽃. '4'와 관련된 모든 선물.
- 멕시코, 브라질 : 자주색, 보라색의 꽃은 죽음을 의미한다.
- 라틴아메리카 : 칼은 인간관계의 단절을 의미한다.
- 중동 : 손수건은 눈물과 이별을 의미한다. 여성 누드화 또는 애완동물은 격이 낮은 선물로 취급된다.

| 선물로 적합한 품목 | 금해야 할 품목 |
|---|---|
| • 펜과 연필세트<br>• 양질의 문방구류<br>• 수첩, 달력<br>• 클래식, 재즈, 민속음악 테잎, CD<br>• 조각이 새겨진 열쇠고리<br>• 고급커피, 차, 치즈, 과일바구니<br>• 스포츠용품<br>• 샴페인, 와인, 그 밖의 술 | • 지나치게 값비싼 물건(10만원 이상)은 신중을 기해야 함)<br>• 부피가 크거나 깨지기 쉬운 것<br>• 질이 낮은 선물<br>• 외설적이거나 개인적인 선물<br>• 술(금주자), 담배(금연자)<br>• (애완)동물<br>• 향수나 남성용 코롱<br>• 자사 로고가 찍힌 선물(광고인상)<br>• 지갑이나 핸드백을 제외한 의류는 선물로 부적합 |

# 참고문헌


구기모 외(2017), 「SNS 마케팅」, 한국평생교육원.

김인호(2016), 「바이어를 사로잡는 30가지 비결」, 한국무역협회.

김연동(2013), 「전자무역 이론과 실무」, 도서출판 두남.

김용재(2010), 「인터넷을 이용한 무역실무」, 도서출판 두남.

김주태(2005), 「디지털시대의 글로벌 경영사례」, 도서출판 서울경제경영.

김중배 외(1999), 「글로벌시대의 국제마케팅」, 형설출판사.

김희철(2003), 「글로벌경영」, 도서출판 두남.

대한무역투자진흥공사(2016), 「해외시장 진출전략 과정」, KOTRA 글로벌아카데미.,

문병준 외(2008), 「국제마케팅」, 비즈프레스.

박승락 외(2012), 「해외시장 개척론」, 도서출판 두남.

반병길 외(2001), 「국제경영」, 박영사.

방용태(2002), 「이문화 비즈니스론」, 도서출판 두남.

손태빈(2012), 「국제상관습」, 도서출판 두남.

안광호 외(2011), 「마케팅조사원론」, 학현사.

안세영(2013) 「New 글로벌협상전략」, 박영사.

윤광운 외(2001), 「인터넷무역실무」, 삼영사.

이규현(2008), 「글로벌마케팅」, 경문사.

이순철(2015), 「해외시장조사론」, 시그마프레스.

이신모(2007), 「글로벌시장 문화경영」, 두양사.

이장로(2008), 「국제마케팅」, 무역경영사.

장세진(2001), 「글로벌경영」, 박영사.

전용수(2013), 「해외마케팅 특강자료」, (주)EC21.

조기창(2013), 「전시마케팅기법」, 도서출판 두남.

조석홍(2004), 「해외시장 진출론」, 도서출판 두남.

조정곤(2013), 「글로벌협상론」, 박영사.

최장우(2016), 「해외전시마케팅 이론과 실무」, 교우사.

최장우 외(2010), 「인터넷 무역마케팅」, 도서출판 두남.
최장우(2003), 「전자무역시대의 무역마케팅」, 도서출판 두남.
최장우(2002), 「인터넷 무역마케팅실무」, 도서출판 두남.
최종필 외(2000), 「마케팅조사론」, 학문사.
한국무역협회(2015-2019), 「Trade Focus」, 국제무역연구원.
한국무역협회(2015-2019), 「연구보고서」, 국제무역연구원.
함봉진 외(2011), 「인터넷마케팅」, 도서출판 두남.

〈인터넷 웹사이트〉
관세청 http://www.customs.go.kr
대한무역투자진흥공사 http://www.kotra.or,kr
대한상공회의소 http://www.korcham.net
대한상사중재원 http://www.kcab.or.kr
EC21 http://www.ec21.co,kr
이씨플라자 http://www.ecplaza.co.kr
중소기업수출지원센터 http://www.exportrcenter.go.kr
중소기업진흥공단 http://www.gobizkorea.com
한국무역보험공사 http://www.ksure.or.kr
한국무역정보통신 http://www.ktnet.co.kr
한국무역협회 http://www.kita.net
한국수출입은행 http://www.koreaexim.go.kr
통합무역정보 포털 http://www.tradenavi.or.kr 외 다수

# 찾아보기

## 저자 약력

### 최장우

〈주요 학력 및 경력〉

- 한양대학교 상경대학 무역학과 졸업(상학사)
- 벨기에 루뱅대 대학원 경제학 석사(M.A.)
- 창원대 대학원 경영학 박사(국제경영·마케팅전공)
- 미국 Western Carolina University 객원교수
- 인도네시아 President University 객원교수
- 미국 Michigan State University "글로벌 e-Business 교수연구과정" 수료
- 한국무역협회 차장(국제통상부, 벨기에 브뤼셀지부, 중기부 수출지원센터 등)
- 벨기에 국제통상법률회사(Van Bael & Bellis) 연구원
- 한남대 경영대학원장, 경영연구소장, 대외협력처장

〈현재〉

- 한남대 경상대학 학장 (무역학과 교수)
- 한국무역학회 및 한국통상정보학회 부회장
- 관세청 정부업무 자체평가위원회 위원장
- 관세청 FTA정책자문단 자문위원, 감사자문위원 등
- 충청북도 정책자문관(통상분야)
- 대전세종충남 수출기업협의회 자문위원

〈주요 저서 및 논문〉

- 해외전시마케팅 이론과 실무(교우사, 2016.8)
- 인터넷 무역마케팅(도서출판 두남, 2010.3)
- 실전 무역전시마케팅(교우사, 2008.2)
- 전자무역시대의 무역마케팅(도서출판 두남, 2003.3)
- 국제통상의 이해(교우사, 2002.9)
- 인터넷 무역마케팅실무(도서출판 두남, 2002.1)
- 인터넷무역과 글로벌 e-비즈니스(도서출판 두남, 2000.10)
- 사이버무역사(청림출판, 2000.9)
- 국제무역사시험(교육문화원, 1999.4)
- "한국수출기업의 인터넷무역 동기 및 성과에 관한 실증연구" 외 다수

**해외마케팅**

초 판 1쇄 인쇄 —— 2020년 3월 1일
초 판 1쇄 발행 —— 2020년 3월 5일
지은이 —— 최 장 우
펴낸이 —— 전 두 표
펴낸곳 —— 도서출판 두남
서울시 강동구 성내로6길 34-16 두남빌딩
신 고 : 제25100-1988-9호
TEL : 02) 478-2065~7, 2311
FAX : 02) 478-2068
E-mail : dunam1@unitel.co.kr
http://www.dunam.co.kr

**정가 28,000원**

ISBN 978-89-6414-872-3 93320